Kirche, Christen, Juden
in Nordelbien 1933–1945

Annette Göhres, Stephan Linck,
Joachim Liß-Walther (Hrsg.)

Als Jesus »*arisch*« wurde

Kirche, Christen, Juden in Nordelbien 1933–1945

Die Ausstellung in Kiel

EDITION TEMMEN

Die Internetpräsentation der Wanderausstellung:
www.kirche-christen-juden.org

Bildnachweis:
S. 2, 18, 88, 100, 101, 254, 255, 280: Nordelbisches Kirchenarchiv (NEK-Archiv); S. 37: NEK-Archiv, 91, Nr. 1560; S. 43: Archiv des Kirchenkreises Plön, Nr. 1362; S. 47: Kirchengemeinde Wandsbek; S. 60: Stadtarchiv (StA) Flensburg, Flensburger Illustrierte Nachrichten Nr. 16 (1940); S. 61: StA Flensburg, XIV A1 A; S. 62: Repro Thomas Nagel, Hamburg; S. 63: Privatbesitz Kupfer; S. 64/65: Privatbesitz Holst; S. 66/67: Privatbesitz Landgrebe; S. 68: Privatbesitz Bethke; S. 68/69: NEK-Archiv, 91, Nr. 4715 – 4718; S. 70/71: Archiv der Jerusalem-Gemeinde, unverzeichnet; S. 72: Privatbesitz Mulert; S. 74/75: Privatbesitz Schmidt; S. 76: Bundesarchiv Berlin (BAB), Bestände des ehemaligen Berlin Document Center (BDC), 1000072237; S. 77: BAB (BDC), SSO 6400003176; S. 78: NEK-Archiv, 91, Nr. 1562; S. 79: NEK-Archiv, 32.03.01, Bl. 90; S. 79: NEK-Archiv, 91, Nr. 1561; S. 81: NEK-Archiv, 18.11.02, Nr. 355 u. Nr. 343; S. 82: Ansgar-Kirchengemeinde in Kiel; S. 83/84: NEK-Archiv, 12.03, Nr. 169; S. 85: NEK-Archiv, 35.10, Nr. 50/25,8; S. 86/87: Ansgar-Kirchengemeinde in Kiel; S. 165: Evangelisches Zentralarchiv Berlin, 7/4166; S. 167/168: NEK-Archiv 32.01, Nr. 2040; S. 171/173: Großer Gott wir loben dich, Weimar 1941; S. 188/195: Chaim Yechieli (Haifa); S. 190: Bernd Philipsen (Flensburg); S. 193: Ingrid Wuga geb. Wolff (Glasgow); S. 196: Tova Antmann geb. Feuer (Kfar Saba); S. 198: Jacob Gower (Frankfurt/Main); S. 201: Henry Glanz (London)

ISBN 3-86108-539-9

© EDITION TEMMEN 2003
Hohenlohestraße 21
28209 Bremen
Tel. 0421-34843-0
Fax 0421-348094
info@edition-temmen.de

Inhalt

Einführung

7 Zum Geleit
Bärbel Wartenberg-Potter

8 Vorwort der Herausgeber
Annette Göhres, Stephan Linck, Joachim Liß-Walther

12 Schulderklärungen von 1998 und 2001 zum nationalsozialistischen Unrecht und dem Verhältnis zum Judentum
Synode der Nordelbischen Ev.-Luth. Kirche

Die Ausstellung

20 Ein Erlebnis stiften. Zur Gestaltung der Ausstellung
Bernhard Schwichtenberg

24 Zum Konzept der Ausstellung
Stephan Linck

26 Die Ausstellungstexte
Stephan Linck

      26 Einführungen
      31 Zeitleiste
      60 Die Stationen
      80 Das »lokale Fenster« in Kiel

Die Beiträge

90 Grußwort des Landtagspräsidenten
Heinz-Werner Arens

92 Grußwort der Kieler Stadtpräsidentin
Cathy Kietzer

94 Eröffnungspredigten
Bernd Gaertner, Joachim Liß-Walther, Jörgen Sontag

102 Einladung in die Ausstellung
Andacht auf der Kirchenkreissynode Kiel am 27.2.2002
Joachim Liß-Walther

105 Wurzeln der Judenfeindschaft
Siegfried Bergler

117 Martin Luther und die Juden
Jörgen Sontag

132 »... vor zersetzendem jüdischen Einfluß bewahren.«
Antisemitismus in der schleswig-holsteinischen Landeskirche
Stephan Linck

147 Halfmanns Schrift »Die Kirche und der Jude« von 1936
Klauspeter Reumann

162 »Entjudung der Kirche«
Ein Kircheninstitut und die schleswig-holsteinische Landeskirche
Hansjörg Buss

187 »Am schlimmsten war es für uns Kinder.«
Jüdische Kinder und Jugendliche in Schleswig-Holstein unter dem NS-Regime
Bettina Goldberg

203 Zwischen Anpassung und Widerstand.
Katholische Kirche und Nationalsozialismus 1933–1945
Bernd Gaertner

229 »Aber das Wort sagten sie nicht!«
Die mühsamen Schritte der evangelischen Kirche zur Anerkennung ihrer Mitschuld an der Judenverfolgung
Jörgen Sontag

256 Credo – Ich glaube an Gott, den Gott Israels.
Über die Wunden und das Verbindende im Verhältnis zwischen Christen und Juden, Kirche und Israel
Joachim Liß-Walther

274 Predigten zum Abschluss der Ausstellung und zur Eröffnung der Woche der Brüderlichkeit
Joachim Liß-Walther, Bernd Gärtner

278 Autorenverzeichnis

Zum Geleit

Es war die Zeit, als Kinder aufgefordert wurden, diesen Satz aus der Bibel zu streichen: **Das Heil kommt von den Juden.** Die Wanderausstellung »Kirche, Christen, Juden in Nordelbien 1933–1945« will dieses dunkle Kapitel unserer Kirchengeschichte darstellen und anregen, die verschütteten Erinnerungen – auch wenn sie schmerzhaft sind – ans Licht zu holen.

Das Heil kommt von den Juden. Ein schwieriger und rätselhafter Satz, eine zu allen Zeiten widerständige Botschaft. Auch oder gerade heute noch, wenn wir beinahe täglich die Fernsehbilder aus den Kämpfen in Israel und Palästina sehen. Da fällt es schwer, in dieser Gegenwart etwas Heiles wieder zu finden.

Ursprünglich geht es um das Verhältnis zwischen Christen und Juden. Ein spannungsvolles und spannungsreiches Verhältnis über die letzten 20 Jahrhunderte hinweg. Es fand in den grausamen Verfolgungen der Shoah einen schrecklichen Höhepunkt. Das Verhältnis zwischen Juden und Christen ist in dieser Zeit durch Menschen, durch Deutsche, die sich selbst als Christen verstanden, aber nicht als Christen handelten, beinahe unrettbar zerstört worden.

In einem Brief, den ich vor einiger Zeit erhalten habe, heißt es: »*Sie sollen es wissen, dass ich 1937 ... von einem Ihrer Kollegen ... wegen meiner (jüdischen) Herkunft aus dem Kindergottesdienst ausgeschlossen wurde, dass sich kein Pastor bereit fand, die Bestattung meiner (jüdischen) Mutter zu übernehmen. Ein aus der Kirche ausgeschlossener Pastor (ein Jude) ... musste sie heimlich übernehmen.*«

Dass diese beiden Verhaltensweisen in unserer Kirche möglich waren, daran wird diese Dokumentation erinnern. Sie wird auch daran erinnern, dass das Heil, das von den Juden ausgeht, lebendig bleibt in dem, was uns überliefert ist: in den Psalmen, den Weisungen aus den Mose-Büchern, in den Visionen der Propheten, in den Gedichten von Paul Celan, Nelly Sachs und Hilde Domin, in den Dramen des Bertolt Brecht und in den Liedern Wolf Biermanns – und in allen alltäglichen Begegnungen mit Menschen jüdischen Glaubens.

Ich wünsche der Dokumentation den gleichen Erfolg wie der Ausstellung. Möge sie aufklären und möge sie einem neuen, reichen Verhältnis zwischen Christen und Juden dienen.

Bärbel Wartenberg-Potter
Bischöfin für den Sprengel Holstein-Lübeck

Vorwort der Herausgeber

Am 20. September 2001 wurde die Wanderausstellung »Kirche, Christen, Juden in Nordelbien 1933–1945« in Rendsburg der Öffentlichkeit vorgestellt. Die Ausstellungseröffnung war eingebettet in die Themensynode der Nordelbischen Ev.-Luth. Kirche, mit der ein synodaler Beratungsprozess über Christen und Juden zum Abschluss kam, der über zwei Jahre in Gremien und Gemeinden Nordelbiens geführt worden war.

I.

In jenen Septembertagen schaute die Welt auf New York. Zwar erwies es sich als mediale Dramatisierung, als nach dem 11. September 2001 von vielen behauptet wurde, nichts werde mehr so sein, wie es vorher war. Die Terroranschläge wurden dennoch nicht nur durch die hohe Zahl von Todesopfern zu einem Einschnitt.

Die Mordanschläge ebneten einem neuen Anti-Islamismus den Weg und verschafften in den westlichen Ländern intoleranten Haltungen insgesamt weiteren Zulauf.

Erst mittelfristig wird spürbar, dass die Anschläge jedoch auch einem neuen Antisemitismus die Bahn brachen, genauer: ein alter Antisemitismus aussprechbar wurde. Nicht nur in Deutschland wird der politische und kulturelle Diskurs von Antisemiten stärker beeinflusst. Die Tendenz, Juden selbst für den zunehmenden Antisemitismus verantwortlich zu machen, hatte wohl eine Ursache in den antisemitischen Begründungen der Attentäter von New York. Der gegen »das Weltjudentum« gerichtete Anschlag tötete allerdings im World Trade Center unterschiedslos zahlreiche Bürger der führenden Industriestaaten, Christen, Atheisten, Juden und Muslime.

Die Neubestimmung des christlichen Verhältnisses zum Judentum und die gleichzeitig begonnene Auseinandersetzung mit antisemitischen kirchlichen Traditionen hat so über die theologische Brisanz hinaus eine tagespolitische Bedeutung gewonnen, da sie den Blick der Kirche auf den Antisemitismus und die Intoleranz unserer Tage schärft.

II.

Ausgangspunkt war die Nordelbische Synode im Jahr 1998, in der eine Erklärung zum 60. Jahrestag der Reichspogromnacht verabschiedet wurde. Hintergrund der Erklärung war die Frage gewesen, inwieweit noch antijüdische Gesetze der Vorgängerkirchen Nordelbiens (die einstigen Landeskirchen Eutin, Hamburg, Lübeck und Schleswig-Holstein) formal in Kraft seien. Dass diese Frage erst nach umfangreichen archivischen Recherchen und eingehender juristischer Begutachtung beantwortet werden konnte, löste allgemeine Überraschung aus. In diesem Zusammenhang wurde der Synode offiziell bekannt, wie wenig erforscht das kirchliche Verhalten gegenüber dem Judentum während der Jahre der nationalsozialistischen Herrschaft immer noch ist. Daraufhin beschloss die Synode, für die Vorarbeiten einer wissenschaftlichen Aufarbeitung ein Quellenerfassungsprojekt beim Nordelbischen Kirchenarchiv einzurichten. Im

Sommer 1999 wurde der Historiker Stephan Linck mit der Durchführung dieser Aufgabe betraut. Gleichzeitig bekam er den Auftrag, eine Ausstellung zum Thema zu konzipieren, die auf der Themensynode im September 2001 eröffnet werden sollte.

Realisierbar trotz des knappen Zeitplans wurde die Ausstellung dank der Zusammenarbeit mit Prof. Bernhard Schwichtenberg von der Kieler Muthesius-Hochschule. Nach einem Wettbewerb in seiner Fachklasse 3D-Gestaltung wurden zwei Studierende mit der Umsetzung der Entwürfe, die eine Jury unter Vorsitz von Bischof Karl Ludwig Kohlwage ausgewählt hatte, beauftragt. Den Studierenden, die als »Studio Mielstö« firmieren, gelang es, binnen weniger Monate in Eigenregie die Gestaltung der Ausstellung umzusetzen.

Die spürbare Unterstützung von allen direkt und indirekt Beteiligten hatte bei der Fertigstellung eine große Bedeutung. Das Projekt war von allen Seiten gewollt und hatte einen hohen Vertrauensvorschuss. So war die Ausstellung bereits ein halbes Jahr vor Fertigstellung über anderthalb Jahre ausgebucht, obwohl zu diesem Zeitpunkt erst ein Konzept vorlag.

III.

Der eigentliche Erfolg des Ausstellungsprojektes liegt aber darin, dass die Ausstellung ein Angebot an die Kirchenkreise darstellt, das Raum für eigene Initiativen und Schwerpunktsetzungen bietet. Sowohl die Idee, die Kirche selbst zum Ausstellungsort und damit Kristallisationspunkt der Auseinandersetzung zu machen, als auch die jeweilige »lokale« Akzentsetzung in der Ausstellung selbst führten neben der Entscheidungshoheit der Kirchenkreise und -gemeinden über die Programmgestaltung dazu, dass zwangsläufig eine gleichberechtigte Partnerschaft der »Ausstellungsmacher« im Kirchenarchiv und der Veranstalter vor Ort entstand. So änderten sich die Stärken und Schwächen der Ausstellung mit jedem Ausstellungsort und ließen und lassen ein jeweils neues Gesamtwerk entstehen, das im Wechsel mal stärker von Kirchenkreisebene, mal von der Kirchengemeinde selbst getragen wurde und wird.

Während die ersten Ausstellungsorte eine sehr kurzfristige Planungszeit zu bewältigen hatten, wurden die Probleme im Folgenden vielschichtiger. Dies lag auch daran, dass die Ansprüche höher gesetzt wurden. Im Januar 2002 wurde für die Hauptkirche St. Petri, als erstem Ausstellungsort im Sprengel Hamburg, (erfolgreich) das Ziel gesetzt, eine breite Öffentlichkeit und mediale Aufmerksamkeit für die Ausstellung zu gewinnen.[1]

---

[1] So entstanden bisher an nahezu jedem Ausstellungsort eigene Aktivitäten, die sich hier bereits kaum noch angemessen würdigen lassen. Verwiesen sei nur auf die Publikation des Kirchenkreises Altona, der den Historiker Bernhard Liesching beauftragte, die Geschichte des Kirchenkreises 1933–1945 zu untersuchen. Bernhard Liesching: »Eine neue Zeit beginnt.« Einblick in die Propstei Altona 1933–1945, Hamburg 2002.

Gerade die zwei Spezifika dieser Ausstellung:
- zum ersten Mal wird (in dieser Form) das Verhältnis der evangelischen Kirche zu ihren Mitgliedern jüdischer Herkunft thematisiert und
- dies exemplarisch in der Bandbreite möglichen Verhaltens anhand von ausgewählten Biografien,

fand in der regionalen und überregionalen Presse und Berichterstattung große und zustimmende Resonanz. Allerdings stieß gerade die Betonung des Biografischen vereinzelt auf vehemente Kritik: Es sei historisch unzulässig, die Komplexität der Verhältnisse und Vorgänge auf Biografien »aufzubauen«. Dem ist wiederum zu entgegnen, dass die Ausstellung – die als solche notwendig auch plakativ verfahren muss – keineswegs auf Biografien »aufbaue«, sondern anhand von Personen, die in die Gesamttextatur der Ausstellung integriert sind, eben nicht nur Biografien, sondern das Überindividuelle des Geschehens individuell fassbar mache. Gerade die Schwerpunktsetzung auf biografische Darstellungen nimmt dem Geschehen die Abstraktion und macht es konkret begreifbar, ohne die Vielschichtigkeit des Geschehen zu verschweigen.

Als die Ausstellung im Februar 2002 nach Kiel kam, hatte Stadtpastor Joachim Liß-Walther, unterstützt von der Gesellschaft für christlich-jüdische Zusammenarbeit, den Schwerpunkt auf ein anspruchsvolles – und das bisher umfangreichste – Begleitprogramm gelegt. Zwar gelang es nicht, die Theologische Fakultät der Christian-Albrechts-Universität in Kiel für eine Beteiligung zu gewinnen, dennoch wurde eine sehr intensive, geistreiche und auch emotional bestimmte Auseinandersetzung um evangelische Theologie und ihre Wirkungen in den Jahren der NS-Herrschaft geführt.

Der Schwerpunkt des Begleitprogramms lag klar in der bewussten Wahrnehmung der (Mit-)Täterschaft und (Mit-)Urheberschaft der Kirche sowohl am historischen Antijudaismus als auch am modernen Antisemitismus. Die Veranstaltungsreihe wurde zum Blick über 2000 Jahre Kirchengeschichte, der konfessionsübergreifend eine historische und theologische Bilanz darstellt.

IV.

Wir legen hiermit die kompletten Ausstellungstexte vor. Es handelt sich um die in der Ausstellung als Faltblätter vorgelegten Texte sowie die verschiedenen Begleittexte, die bisher nicht in Druck erschienen sind. Die gesamten Texte waren zwar im Internet abrufbar, wir mussten aber feststellen, dass der Mehrzahl der Ausstellungsbesucher hierzu »der Zugang« fehlt und daher immer wieder eine komplette Druckfassung gewünscht wurde.

Hinzu kommen die Kurztexte, mit denen das »lokale Fenster« in Kiel gestaltet wurde.

Die in diesem Band vorgelegte Auswahl von Beiträgen entspricht nicht vollständig den gehaltenen Vorträgen. Dies hat unterschiedlichste Gründe technischer und inhaltlicher Art. Wir haben aber eine Zusammenstellung präsentiert, deren Gehalt und Ansatz die Intention der Veranstaltungsreihe erhält.

Ein Teil der theologischen Beiträge im Begleitprogramm der Ausstellung wurde »naturgemäß« in Predigtform während der Gottesdienste gehalten. Im Eröffnungsgottesdienst der Ausstellung beleuchteten die beiden christlichen Vorsitzenden der Gesellschaft für christlich-jüdische Zusammenarbeit in Schleswig-Holstein sowie der Vorsitzende des Nordelbischen Arbeitskreises Christen und Juden verschiedene Aspekte der Taufe, die den grundsätzlichen Widerspruch von Christentum und jeglicher fremdenfeindlicher Gesinnung markiert.

Deutungen, wie das Christentum zum wichtigsten Transporteur antisemitischen Denkens werden konnte, liefern Siegfried Bergler mit seinem Rückblick über die »Wurzeln der Judenfeindschaft« in zwei Jahrtausenden und Jörgen Sontag mit seinem Beitrag »Martin Luther und die Juden« für die evangelische Kirche, »die Katholische Kirche und die Juden« stellt Bernd Gaertner dar. Den direkten Einfluss auf die Entstehung der nationalsozialistischen Partei belegt Stephan Linck am Beispiel ausgewählter Pastorenbiografien aus der schleswig-holsteinischen Landeskirche.

Die anhaltende Kontroverse um die Darstellung des späteren Bischofs Wilhelm Halfmann ließ uns den Historiker Klauspeter Reumann bitten, seinen bisher zu wenig beachteten Aufsatz über Halfmanns Schrift »Die Kirche und der Jude« – veröffentlicht in der Jubiläumsschrift des Vereins für schleswig-holsteinische Kirchengeschichte 1995 – für diese Publikation überarbeitet zur Verfügung zu stellen.

Den radikalsten Ausprägungen des kirchlichen Antisemitismus widmet sich Hansjörg Buss in seinem Beitrag »Entjudung der Kirche«.

Als Kontrapunkt rückt Bettina Goldberg die wohl hilflosesten Opfer der antisemitischen Hetze und Verfolgung in ihrem Beitrag über jüdische Kinder in Schleswig-Holstein in den Vordergrund. Die Evangelische Kirche auf ihrem mühsamen Weg zu einem neuen Denken nach 1945 zeigt Jörgen Sontag: »Und das eine Wort sagten sie nicht.« Den Bogen in die Gegenwart – Konsensbildungen und Problemanzeigen – schlägt Joachim Liß-Walther: »Credo – Ich glaube an Gott, den Gott Israels.«

Wir wollen mit diesem Buch nicht nur einen Rückblick auf die Ausstellung und eine Veranstaltungsreihe vorlegen, sondern hoffen, dass diese Veröffentlichung gleichzeitig als Arbeitsmaterial die Ausstellung begleiten und Anregungen zu weiteren Diskussionen bieten wird.

Für die finanzielle Unterstützung bedanken wir uns herzlich beim Nordelbischen Kirchenamt, dem Nordelbischen Arbeitskreis Christen und Juden, dem Landtagspräsidenten, der Landeshauptstadt Kiel und der Gesellschaft für christlich-jüdische Zusammenarbeit in Schleswig-Holstein.

Kiel, im Dezember 2002
Annette Göhres
Stephan Linck
Joachim Liß-Walther

Erklärung der Synode der Nordelbischen Kirche zur Aufhebung antijüdischer Kirchengesetze vom 18.09.1998

I.
Die Synode der Nordelbischen Evangelisch-Lutherischen Kirche erinnert an die Reichs-Pogromnacht vor 60 Jahren am 9./10. November 1938. In dieser Nacht brannten die Synagogen und machten das menschenverachtende, rassistische Regime des Nationalsozialismus öffentlich sichtbar. Die jüdischen und so genannten »nichtarischen« Mitbürger und Mitbürgerinnen wurden vollends zu rechtlosen Objekten staatlicher Willkür.

Die Synode empfindet Scham darüber, dass die ehemaligen Landeskirchen im Bereich der Nordelbischen Kirche sich auch schuldig gemacht haben durch eigene rassistische Rechtsetzung und dadurch, dass sie zur Ausgrenzung, Diskriminierung und schließlich Ermordung ihrer jüdischen Mitbürger und Mitbürgerinnen weithin geschwiegen haben.

Die Synode beklagt den Erlass von Kirchengesetzen und Verordnungen sowie die Veröffentlichung von Bekanntmachungen und amtlichen Mitteilungen in den ehemaligen Landeskirchen während der nationalsozialistischen Herrschaft, die sich gegen Pastoren, Kirchenbeamte, Kirchenbedienstete und Kirchenmitglieder so genannter »nichtarischer« Herkunft gewandt haben.

Diese Rechtsetzung ist nach 1945 überall außer Kraft gesetzt worden.

Die Synode bedauert, dass die ehemaligen Landeskirchen und die Nordelbische Kirche mit ihren Gemeinden es bislang versäumt haben, über den formalen Akt der Außerkraftsetzung hinaus öffentlich klarzustellen, dass sie sich von allen antijüdischen Rechtsetzungen und den damit verbundenen Maßnahmen in der Kirche distanzieren. Das soll durch diesen Beschluss geschehen.

II.
Die Synode stellt fest, dass die folgenden Kirchengesetze nach dem Ende der nationalsozialistischen Diktatur spätestens durch die Verfassungen der Evangelisch-Lutherischen Landeskirche Eutin (bis 1937 Evangelisch-Lutherische Kirche des Landesteils Lübeck im Freistaat Oldenburg), der evangelisch-lutherischen Kirche in Lübeck und der Evangelisch-Lutherischen Landeskirche Schleswig-Holsteins außer Kraft getreten sind:

Evangelisch-Lutherische Landeskirche Schleswig-Holsteins
Kirchengesetz über die Rechtsverhältnisse der Geistlichen und Beamten der Evangelisch-Lutherischen Landeskirche Schleswig-Holsteins vom 12.09. 1933, GVBL Kiel 1933, S. 171–173.

Evangelisch-Lutherische Kirche des Landesteils Lübeck im Freistaat Oldenburg (Eutin)
Gesetz zur Übernahme der Bestimmungen des Reichsgesetzes über die Wiederherstellung des Berufsbeamtentums vom 17.11.1933, GVBl. Eutin Bd. 2, S. 46.

Evangelisch-lutherische Kirche in der freien und Hansestadt Lübeck
1. Gesetz über die Rechtsverhältnisse der Geistlichen und Kirchenbeamten vom 23.09.1933, Abl. Lübeck 1933, S. 213–215, S. 46,
2. Zweites Gesetz zur Ordnung der evangelisch-lutherischen Kirche in der freien und Hansestadt Lübeck vom 12.07.1934, ABl. Lübeck 1934, S. 15–20,
3. Gesetz über die Anstellungs- und Besoldungsverhältnisse der Geistlichen der evangelisch-lutherischen Kirche in der freien und Hansestadt Lübeck vom 20.07.1934, ABl. Lübeck 1934, S. 35–39,
4. Gesetz über die dienstrechtlichen Verhältnisse der Organisten und Chorleiter in der evangelisch-lutherischen Kirche in der freien und Hansestadt Lübeck vom 20.07.1934, Abl. Lübeck 1934, S. 39–42,
5. Gesetz über die dienstrechtlichen Verhältnisse der Kirchenvögte, Kirchendiener und Friedhofswärter der evangelisch-lutherischen Kirche in der freien und Hansestadt Lübeck vom 31.12.1936, Abl. Lübeck 1936, S. 81–82,
6. das Gesetz über die Beamten der Kirchenkanzlei vom 17.12.1937, Abl. Lübeck 1937, S. 101,
7. Gesetz über die kirchliche Stellung evangelischer Juden vom 23.02.1939, ABl. Lübeck 1939, S. 111,
8. Gesetz über den Ausschluß rassejüdischer Christen aus der Kirche vom 29.12.1941, ABl. Lübeck 1941, S. 164.

Bei der Mehrzahl der Gesetze handelte es sich um die Übernahme des staatlichen »Gesetzes zur Wiederherstellung des Berufsbeamtentums« vom 7. April 1933. Die Gesetze unter 7. und 8. schließen Kirchenmitglieder auf Grund ihrer so genannten »nichtarischen« Abstammung aus der Kirche aus.

Die oben stehenden Gesetze Nr. 1, 3, 4, 5 und 6 sind im Übrigen durch Artikel 3 des »Kirchengesetzes über die Einführung der Kirchenverfassung der evangelisch-lutherischen Kirche in Lübeck« vom 22. April 1948 formal außer Kraft gesetzt worden.

In der Evangelisch-Lutherischen Kirche im Hamburgischen Staate wurde kein antijüdisches Gesetz erlassen.

III.
Die Synode stellt fest, dass für das Ziel, zu einem veränderten Verhältnis zum Judentum in Gegenwart und Zukunft zu kommen, die Existenz von Gesetzen aus der Zeit des Nationalsozialismus keine herausragende Rolle spielt, da diese Gesetze nur einen Teil der historischen Realität widerspiegeln. Wichtig ist, dass die Nordelbische Kirche Verantwortung für die Diskriminierungen seitens der ehemaligen Landeskirchen durch Worte, Taten oder Rechtsvorschriften übernimmt und so einen Weg in die Zukunft weist. Genauso wichtig ist die Auseinandersetzung mit der theologischen Haltung der damaligen Zeit und das Bemühen um ein verändertes Verhältnis zwischen Christen und Juden in der Gegenwart und Zukunft. In diesem Zusammenhang wird an die Synodenerklärung vom 24.9.1988 erinnert.

Wohl bemüht sich die Nordelbische Kirche durch die Gedenkstättenarbeit in Ladelund und Neuengamme und andere Aktivitäten, Verantwortung für die Vergangenheit zu übernehmen, aber selbstkritisch ist festzustellen, dass sie bisher wenig Initiative gezeigt hat, die Erinnerung an die Zeit des Nationalsozialismus durch Sammlung und Auswertung aller Quellen wach zu halten. Die historische Forschung ist zu fördern, da bisher die Quellen in den Archiven der Nordelbischen Kirche nur unzulänglich erfasst und wissenschaftlich ausgewertet worden sind.

IV.
Die Synode ruft dazu auf, die Erinnerung an die Vergangenheit, insbesondere die Geschichte der Judendiskriminierung und -entrechtung in den ehemaligen Landeskirchen während der Zeit des Nationalsozialismus, wach zu halten.

Sie bittet die Landeskirche, die Kirchenkreise, Kirchengemeinden und kirchlichen Einrichtungen der NEK sowie die Universitäten und wissenschaftlichen Forschungseinrichtungen in Hamburg und Schleswig-Holstein, die kirchliche Geschichte in der Zeit des Nationalsozialismus zu erforschen und zu dokumentieren und sich an der Spurensuche zu beteiligen.

Sie bittet die Kirchenleitung, einen zeitlich befristeten Sonderauftrag auf Honorarbasis beim Nordelbischen Kirchenarchiv zu vergeben oder eine PEP-Stelle zu beantragen. Dabei sollte folgende Zielsetzung verfolgt werden:
- Registrierung und Zusammenstellung aller archivalischen Quellen in den Einrichtungen der Nordelbischen Kirche in einem sachthematischen Inventar,
- Quellenzusammenstellung für eine Ausstellung und Publikation zum Thema »Kirche, Christen, Juden in Nordelbien während der Zeit des Nationalsozialismus«.

Die Synode erklärt weiterhin ihre Absicht, das Verhältnis von Christen und Juden zu thematisieren. Sie beschließt, eine Arbeitsgruppe einzusetzen, die eine Themensynode »Juden und Christen« vorbereiten soll.

Christen und Juden

Erklärung der Synode der Nordelbischen Evangelisch-Lutherischen Kirche vom 22.09.2001

Mit dieser Erklärung zur Erneuerung des Verhältnisses des Christentums zum Judentum stellen wir uns in den wachsenden Konsens evangelischer Christinnen und Christen in Deutschland und in vielen anderen Ländern hinein. Dieser Konsens wurde bereits in zahlreichen Beschlüssen von Synoden und in drei Studien der Evangelischen Kirche in Deutschland (EKD) dokumentiert.

Der Prozess der Klärung historischer, theologischer und geistlicher Fragen muss gleichwohl fortgeführt werden.

Heute erklären wir als Synode der Nordelbischen Evangelisch-Lutherischen Kirche, welche Einsichten uns bewegen und leiten:

1. **Wir erkennen:** Wir haben geirrt.
   Im Laufe der Jahrhunderte wurde unter uns Christen und in unseren Kirchen vielfältig Falsches und Entwertendes über Juden und jüdischen Glauben geredet und wird es noch immer.
   Es wurde und wird geleugnet, dass Jesus ein gläubiger Jude war.
   Die Juden wurden und werden des Gottesmordes bezichtigt.
   Es wurde und wird fälschlich gelehrt, Gott habe Israel als sein Volk verworfen.
   Als Christinnen und Christen erkennen wir:
   Der Antijudaismus ist weder bei uns noch weltweit gebannt, und wir haben daran ursächlich teil.
   Einsichtiger geworden, sagen wir: Die Zeit ist reif, unser Verhältnis zum Judentum neu zu bestimmen. Wir wollen unser Denken und Handeln daran orientieren, dass wir von den Anfängen der christlichen Verkündigung her mit ihm verbunden sind. Wir wollen über unseren Glauben sprechen, ohne Juden zu schmähen.
2. **Wir bekennen:** Durch antijüdische Auslegungen der Bibel und durch eine entsprechende Verkündigung und Lehre ist die Kirche mitverantwortlich und mitschuldig an der jahrhundertelangen Geschichte der Feindseligkeit gegen Juden im Abendland, ihrer Entrechtung und Verfolgung, die in der fast vollständigen Vernichtung des europäischen Judentums, der Schoa, gipfelte.
   Wir, Christinnen und Christen im 21. Jahrhundert, tragen Verantwortung für die zukunftsoffene Aufarbeitung dieser Schuld. Deshalb müssen wir Buße tun. Wir wollen umkehren und einen neuen Weg suchen. Wir wollen überkommene Denkmuster, welche das Judentum verzerren, überwinden und falsche Auslegungen biblischer Texte revidieren. Christliche Verkündigung und Lehre dürfen nicht dem Antisemitismus Vorschub leisten. Wir wollen alles tun, um in unseren Gemeinden eine Haltung der Solidarität mit Jüdinnen und Juden zu stärken.
3. **Wir danken** den jüdischen Gesprächspartnerinnen und Gesprächspartnern, die trotz der Schoa zur Begegnung mit uns bereit waren und sind. Wir anerkennen die Geduld, mit der sie unsere Vorurteile korrigieren und schätzen die Bereicherung unseres Glaubens durch

das gemeinsame Lernen aus der Schrift und das Erleben lebendiger jüdischer Tradition.
4. **Wir bekräftigen** Einsichten, die wir in der Begegnung mit Jüdinnen und Juden und beim Überprüfen unserer theologischen Rede gewonnen haben:
4.1 Wir bezeugen den Einen Gott, Schöpfer des Himmels und der Erde, den Gott Israels, den wir Christinnen und Christen als den Vater Jesu Christi bekennen.
4.2 Dieser Gott, glauben wir, bleibt dem Bund mit seinem Volk für alle Zeiten treu.
4.3 Das Alte Testament ist durch das Neue nicht abgetan. Es ist als Teil des biblischen Kanons Grund und Quelle unseres Glaubens.
4.4 Gebete, Gottesdienst und Feste der Christenheit wurzeln mehr, als allgemein bekannt ist, in jüdischer Tradition und haben umgekehrt auf sie eingewirkt.
4.5 Jesus von Nazareth war Jude und hat bei aller Auseinandersetzung um die Wahrheit als frommer Jude gelebt. Er hat auf dem Boden jüdischer Tradition gewirkt und ihr in Teilen gleichzeitig heftig widersprochen. Ohne diesen Hintergrund von Anknüpfung und Widerspruch sind die Botschaft Jesu und der christliche Glaube nicht zu verstehen.
4.6 Christen wie Juden leben aus der Gnade des Einen Gottes.
4.7 Christen und Juden haben die Aufgabe, mit Gerechtigkeit und Liebe unter allen Völkern und in der ganzen Schöpfung zu leben und zu wirken.
4.8 Beide, Christen und Juden, gehen auf das Ziel der Geschichte zu, wenn Gott alles in allem sein wird. Dann erhoffen wir letzte Einsicht in den Weg Gottes mit Seinem erwählten Volk Israel und mit uns Christen.
5. **Wir widersprechen** allen Versuchen, die darauf zielen, Juden von ihrer Religion abzubringen.
Wir unterstützen die Begegnung von Christen und Juden im Hören auf ihr jeweiliges Glaubenszeugnis im Respekt vor dem Anderssein des anderen.
6. **Wir lernen**, die Verschiedenheit der beiden religiösen Traditionen ebenso zu achten, wie wir uns über die wieder entdeckte Nähe freuen. Wir verstehen, dass zentrale Begriffe wie »Erwählung«, »Gesetz/Thora«, »Rechtfertigung« oder »Messias« in beiden Traditionen unterschiedliche Bedeutung haben.
Für eine gerechte Beziehung zwischen Christen und Juden ist es in gleicher Weise notwendig, Fremdes auszuhalten wie Gemeinsames zu entdecken.
7. **Wir folgern:** Die in der Begegnung mit dem Judentum gewonnene Erneuerung unseres Glaubens und unserer Theologie bleibt eine zentrale Aufgabe für die Kirche. Diese Einsicht ist im kirchlichen Leben umzusetzen.
7.1 Die Synode der Nordelbischen Evangelisch-Lutherischen Kirche beabsichtigt eine Ergänzung in der Präambel ihrer Verfassung:
»Die Nordelbische Evangelisch-Lutherische Kirche bezeugt die Treue Gottes, der an dem Bund mit seinem Volk Israel festhält. Sie ist im Hören auf Gottes Weisung und in der Hoffnung auf die Vollendung der Gottesherrschaft mit dem Volk Israel verbunden.«

7.2 Wir bitten unsere Gemeinden, Dienste und Werke, die Beziehung zu der jüdischen Gemeinde in Hamburg und Schleswig-Holstein sorgsam zu pflegen und in nachbarlichem Einvernehmen mit der jüdischen Gemeinschaft zu entwickeln.

7.3 Wir bitten alle in Gemeinde, Unterricht und Verkündigung Tätigen dafür zu sorgen, dass kirchliche Texte nicht dem Antijudaismus das Wort reden oder ihn begünstigen.

7.4 Wir bitten die Theologischen Fakultäten und die kirchlichen Ausbildungsstätten sowie die Kirchenleitung der NEK, dafür Sorge zu tragen, dass Judentumskunde und Fragen des christlich-jüdischen Dialogs in hinreichendem Maße in der theologischen Ausbildung und Prüfung Berücksichtigung finden. Ebenso fordern wir, weiterhin ausreichend Mittel für entsprechende Stipendien und Praktika auch in Israel bereitzustellen.

7.5 Wir bitten die EKD und die VELKD, die fruchtbare theologische Studienarbeit der vergangenen Jahrzehnte fortzusetzen.

7.6 Wir regen an, in allen Gemeinden und Gruppen sowie in den Institutionen der NEK, die der Bildung und Fortbildung dienen, Themen der Judentumskunde und des christlich-jüdischen Dialogs intensiv zu studieren und dies als eine ständige Aufgabe zu betrachten.

7.7 Um dies zu fördern, bedarf es einer/s hauptamtlich Beauftragten für den christlich-jüdischen Dialog.

Dankbar für die Vertiefung unseres Glaubens preisen wir Gott mit Worten des 36. Psalms: Herr, Deine Güte reicht, soweit der Himmel ist, und Deine Wahrheit, soweit die Wolken gehen.

Diese Erklärung ist ein Ergebnis des intensiven jüdisch-christlichen Dialogs in der 2. Hälfte des 20. Jahrhunderts und Teil des neueren Reflexionsprozesses auch innerhalb der weltweiten christlichen Ökumene. Die Synode der Nordelbischen Evangelisch-Lutherischen Kirche ist sich bewusst, dass diese Erklärung in einer Situation verabschiedet wird, in der Gewalt im Mittleren Osten eskaliert und der Terrorismus erschütternde Ausmaße angenommen hat. Die Synode ruft zum Gebet für alle von Krieg und Terrorismus unmittelbar Betroffenen ebenso wie für eine gerechte Lösung im israelisch-palästinensischen Konflikt.

Die Erklärung bezieht sich insbesondere auf das biblisch begründete Verhältnis zwischen Christen und Juden. Sie ist mit der Hoffnung verbunden, dass sie die Achtung vor dem Glauben und der Würde aller Menschen fördert und zu einem friedlichen Miteinander aller Völker beiträgt.

Die Ausstellung

Die Ausstellung

Bernhard Schwichtenberg

Ein Erlebnis stiften

Landauf, landab gibt es zahlreiche Ausstellungen, bei denen die Besucher sichtlich gelangweilt von Exponat zu Exponat schreiten, Tafel, Sockel, Vitrine, Tafel, Sockel, Vitrine, Tafel ... betrachtend, ohne dass sie vom Thema irgendwie ergriffen werden. Auch kommt es vor, dass man fürs Lesen einer Ausstellung mehrere Stunden benötigen würde: Texttafel, Tafel, Tafel, Texttafel, Tafel, Tafel, Texttafel ..., wobei ein Katalog, den man in Ruhe zu Hause studieren könnte, mitunter erheblich besser geeignet wäre oder ein Fachbuch. Gut inszenierte, gut ›in Szene‹ gesetzte, ›mit Pfiff‹ gestaltete Ausstellungen sollen unsere Sinnesorgane über verschiedene Kanäle, also multimedial ansprechen.

Michael Lingner (HfbK Hamburg) spricht bezogen auf Kunstwerke gerne von »*Attraktoren*«. Gemeint sind attraktive, reizvolle, spannende Bereiche oder auch Botschaften in den Arbeiten. Dies gilt sicherlich in besonderem Maße auch für Ausstellungsgestaltungen. Im besten Falle kann es dabei passieren, dass jemand, aus Berlin kommend, auf dem Kennedy Airport in New York von seinen Freunden begrüßt wird mit der Frage: »*Hast du in Berlin das neue Holocaust-Museum ›gesehen‹ bzw. wie hast du es ›erlebt‹?*« Die Kunde über eindrucksvolle Ausstellungen verbreitet sich dann fast von selbst, auch in Nordelbien.

Ausstellungen sollen ein Erlebnis stiften, das in Erinnerung bleibt. Sie sollen für Kommunikation sorgen, für Gesprächsstoff, sollen bewirken, dass wir am Thema dranbleiben. In diesem Zusammenhang können für mich zwei gänzlich verschiedene Ausstellungen genannt werden: die Titanic-Ausstellung in der Hamburger Speicherstadt vor ein paar Jahren und die inzwischen erneut wandernde Wehrmachtsausstellung.

Gedanken dieser Art hatten wir im Kopf und im Kurs ›Messe- und Ausstellungsgestaltung‹ an der Muthesius-Hochschule besprochen, als uns von der Nordelbischen Evangelisch-Lutherischen Kirche die Frage ins Haus stand, ob wir dieses Projekt bearbeiten wollten. In der von mir betreuten Fachklasse für Grafik-Design 3D gehören ja tatsächlich solche Projekte mitten hinein ins Tätigkeitsfeld. Sechs Jahre zuvor hatten meine Studierenden im Auftrage von Ministerpräsidentin Heide Simonis die Gestaltung der Wanderausstellung »Ende und Anfang im Mai 1945« bewerkstelligt und dabei viel Anerkennung gefunden.

So wurde »Kirche, Christen, Juden in Nordelbien 1933–1945« das Hauptprojekt im Wintersemester 2000–2001, und schon damals stand fest, dass diese Ausstellung ab September 2001, beginnend in Rendsburg, in etwa zwanzig Kirchen im Norden gezeigt werden sollte.

Das inhaltliche Konzept war von Dr. Annette Göhres und Dr. Stephan Linck vom Archiv des Nordelbischen Kirchenamtes trefflich erarbeitet worden. Es sah vor, anhand von zehn ausgewählten Pastorenbiografien und einer geschichtlichen Übersicht Einblicke zu gewähren in die Kirchengeschichte jener Zeit. Es wird dokumentiert, dass es auch im kirchlichen Leben in der Nazizeit Täter und Opfer gab, menschliche Schwächen, Stärke und Widersprüchlichkeiten. Die Ausstellung sollte informieren und aufklären, und sie sollte zugleich die öffentliche Diskussion anregen.

Nach einigen Briefing-Sitzungen ging's ans Werk. Und wie fast immer in solchen Fällen, entwickelten die jungen Kreativen jeweils eigenständige Ideen, die in ihrer gesamten Entstehung Mittwoch für Mittwoch in der ›Morgenandacht‹ der Fachklasse 3D vorgestellt und erörtert wurden. Vorausgegangen war das, was wir ›Problemerfassung‹ nennen: die Aufgabenstellung nach allen Regeln der Kunst zu durchforschen, die Teilziele hierarchisch zu gewichten. Breiten Raum nahm dabei die Frage nach den Zielgruppen ein. Und wie reagieren die Menschen auf das, was wir vorhaben? Immerhin zeichnet es die Besten unserer Zunft aus, dass sie quasi mit den Gehirnwindungen derer denken können, an die wir uns wenden.

Die ersten konzeptiven Schritte wurden getan – immer orientiert an dem, was die Wissenschaft inhaltlich zusammengetragen und strukturiert hatte. Je fundierter und überzeugender das Stück geschrieben ist, desto leichter fällt es der Gestaltung, es dramaturgisch mitreißend ins Bild bzw. in Szene zu setzen. Primär ist der Mensch ja ein Augenwesen, das über 80 Prozent seiner Wahrnehmungen mit dem Gesichtssinn, den Augen, macht. Umso wichtiger ist es, die anderen mitunter recht vernachlässigten Sinnesorgane mit einzuspannen. In unserem Falle bezieht sich das auf den auditiven und den taktilen Bereich. Hinzu kommt, dass die Behaltenswerte steigen, wenn gleichzeitig mehrere Sinnesorgane angesprochen werden.

Die gestalterischen Entwurfsarbeiten mündeten schließlich in eine arbeitsintensive Modellbauphase bei der der Grundriß der Rendsburger Christuskirche zugrunde gelegt wurde. Und so gelangten im Februar 2001 die Konzeptions- und Gestaltungsarbeiten von Andre Brückner, Iris Mielke und Gudrun Niebuhr zur Präsentation. Nach anschließender intensiver Beratung bestimmte eine Kommission mit Bischof Ludwig Kohlwage die Arbeit von Iris Mielke zur Ausführung, wobei Elemente aus dem Entwurf von Gudrun Niebuhr einbezogen werden sollten. Die ›Preisträgerin‹ selbst stellte zu ihrem Entwurf Folgendes fest: »*Die Wanderausstellung ›Kirche, Christen, Juden in Nordelbien 1933–1945‹ stellt eine kritische Auseinandersetzung der Nordelbischen Evangelisch-Lutherischen Kirche mit der eigenen Geschichte im nationalsozialistischen System dar. Die Ausstellung wird in Kirchen der verschiedenen Gemeinden gezeigt und ist so flexibel gehalten, dass sie sich in die wechselnden Veranstaltungsorte integriert und dabei sowohl in sehr großen als auch eher kleinen Räumen aufgebaut werden kann. Sie soll ebenso junge wie ältere Besuchergruppen ansprechen. Außerdem will sie nicht lehrbuchhaft Informationstafeln zeigen, sondern Interesse wecken und informieren, zum kritischen Denken anregen und sowohl die gastgebende Gemeinde als auch die Besucher aktiv werden lassen, so dass immer wieder neue Aspekte hinzukommen. So ist diese Ausstellung nicht als starres, fertiges Konzept erarbeitet, sondern sie lebt von regionalen Unterschieden, Besuchermitteilungen und Veränderung bzw. Ergänzung.*«

Für die keineswegs einfache Realisierung ihres Entwurfs verbündete sich Iris Mielke mit Holger Stöhrmann, auch Studierender im Kommunikations-Design der Muthesius-Hochschule Kiel. Was die beiden in der Folge unter harter Terminsetzung und bei begrenztem Budget auf die Beine gestellt haben, ist in jeder Hinsicht beeindruckend. Eine so mustergültige und qualitätsvolle Umsetzung eines gestalterischen Ausstellungskonzeptes habe ich von Studierenden in den vielen Jahren meiner Tätigkeit an der Hochschule nicht erlebt. Herausgekommen ist eine anspruchsvolle Wanderausstellung, die der qualitätsvollen Arbeit der Wissenschaftler aus dem Nordelbischen Kirchenarchiv Rechnung trägt und die sich in den Jahren ihrer Laufzeit gut an die verschiedenen Grundrisse der Ausstellungsgebäude anpassen kann. Dank akribisch ausgesuchter und betreuter Produzenten werden die verschiedenen Elemente sicherlich auch den vielfachen Auf- und Abbau weitgehend schadlos überstehen.

So wie der dreidimensionale Teil ist auch die Ausstellungsgrafik sorgfältig entworfen worden. Dabei muss man daran denken, dass auch so ein Gebilde wie eine große Wanderausstellung durchaus eine Corporate Identity (CI), eine ›Firmenphilosophie‹, eine passende, schlüssig konzipierte, organisierte Identität hat. Sie spiegelt Grundpositionen der Nordelbischen Kirche wider und trägt deren Anmutungen gezielt nach draußen. Eine Teilmenge der CI ist das Corporate Design, das überwiegend visuelle Erscheinungsbild, in dessen Mittelpunkt in der Regel das Logo, der Aufhänger, die Marke steht. Die Außenwerbung unmittelbar im Veranstaltungsbereich spielt hier eine wichtige Rolle – und ist oft der erste Eindruck. In Form und Farbe entsprechend und zudem mit Rot, Schwarz und Rost(braun) auf die Nazizeit abgestimmt, sind hier natürlich auch alle werbenden und begleitenden Drucksachen zu nennen, weil sie den einheitlichen Auftritt stärken und festigen – und weil sie erinnert werden.

Hat man die großen Banner am Kirchturm passiert und die Einstimmung über einige wichtige Texte (Zeitleiste I) im Eingang der Kirche hinter sich gelassen, betritt man durch ein frei stehendes, schwarzes Portal, das die Besucher akustisch über Tondokumente und visuell über Projektionen einstimmt, den Kirchenraum. Gleichzeitig habe ich die Chance, mir Drucksachen zur Ausstellung zu greifen sowie einen Schuber, den ich beim Rundgang mit weiteren Leporellos füllen kann, so dass ein kleiner Katalog entsteht.

Beim Betreten des Raumes bemerke ich zu beiden Seiten des Mittelganges oben auf den Bänken angebrachte Texttafeln: rechts, chronologisch, Zeitleiste II, die Daten des braunen Wahnsinns; links, verstreut, Zitate, kurze Berichte, positive und negative. Von meinem Platz aus kann ich all das um mich herum mehrere Bankreihen weit wahrnehmen und lesen. »*Großartig ist, wie konkret Jahr für Jahr auf den Kirchenbänken beschrieben wird, was passiert ist.*« formuliert Ralph Giordano in einem Interview (WaS, 20.1.01).

Dialogbücher in den Bänken und an anderen ausgesuchten Stellen verlocken mich, Gedanken niederzuschreiben. Und es funktioniert. Manche Bücher werden inzwischen gehütet wie ein Augapfel – wegen der Eintragungen!

Dann das eigentliche Kernstück der Ausstellung: die zehn Biografien. Mannsgroße weiße Felder. Auf Knopfdruck verwandeln sie sich in Leinwände, auf die von hinten das Bild des jeweiligen Geistlichen projiziert wird, während eine geschulte Stimme die wichtigsten Daten aus der jeweiligen Vita nennt.

Lokale Fenster geben die Möglichkeit, im Eingangs- oder Altarbereich besondere Exponate der Region in Bodenschaukästen unter zu bringen. Werkstoff: dunkles Metall, rostig.

Und dann ist da noch die Black Box. Ein Raum im Raum als Ort der Besinnung, spartanisch möbliert und beleuchtet: ein Tisch, eine Lampe, ein Buch, ein Stuhl. An den Wänden Zeichnungen aus Theresienstadt. Manch einer verweilt lange, schreibt ins Dialogbuch und verlässt eine lebendige, prägende Ausstellung, die ihn noch – hoffentlich – lange beschäftigen wird ...

Zum Abschluss seien noch zwei Sätze zitiert, die andeuten, dass es dem gesamten Team Nordelbisches Kirchenarchiv/Muthesius-Hochschule gelungen ist, denkwürdige Erlebnisse zu stiften:

»*Den Ausstellungsmachern ist es gelungen, eine Form zu finden, die viele anzusprechen vermag: stilles Lesen, leises Hören, optische Effekte. Und alle Broschüren kann man mit nach Hause nehmen.*« (NDR 4, 11.1.2002)

Stephan Linck

Zum Konzept der Ausstellung

Bei der Konzipierung der Ausstellung galt es zu berücksichtigen, dass die gewünschte Zielgruppe (junge Menschen) und die voraussichtliche Hauptbesuchergruppe (Menschen über 60 Jahre) völlig unterschiedliche Kenntnis von der Zeit des Nationalsozialismus haben. Junge Menschen unter Zwanzig haben im Regelfall Großeltern, die nur Kindheitserinnerungen an die NS-Zeit haben – es sind inzwischen die meist verstorbenen Urgroßeltern, die die »Tätergeneration« darstellen. Damit ergab sich ein krasser Gegensatz: Während für die älteren Besucher die NS-Zeit noch eine Unmittelbarkeit hat, die anhaltend emotionalisiert, ist für Jugendliche von heute der Nationalsozialismus eine geschichtliche Epoche ohne direkten Bezug zur Gegenwart.

Um diesen Bezug zu ermöglichen, wurde die Idee entwickelt, ein Nachdenken über die »zeitlosen« Themen des individuellen Umgangs mit Verfolgten bzw. gesellschaftlichen Minderheiten anzuregen. Damit stehen konkrete Menschen und ihr konkretes Handeln im Mittelpunkt der Darstellung.

Es galt, eine Auswahl von Personen zu treffen, die ein Spektrum von Verhaltensweisen abdecken. Hierbei sollte die Widersprüchlichkeit von Menschen sichtbar werden, deren Darstellung ohne wertende Formulierungen erfolgt. Dabei steht nach Möglichkeit das Selbstzeugnis der Personen, also das Zitat, im Mittelpunkt der Darstellung.

Die dargestellten Personen repräsentieren genauso die Vielfalt innerkirchlicher Strömungen, wie sie auch einen Proporz von Opfern und Tätern, kirchenleitenden Personen und Laien verteilt über das Gebiet Nordelbiens herstellen. Dieses Proporzmodell wirkt nicht relativierend oder gar beliebig. Es verdeutlicht vielmehr durch die verschiedenen eingenommenen Perspektiven sowohl das Spektrum von Handlungsoptionen als auch die verheerenden Folgen der antisemitischen Hetze durch die Darstellung der Opferwahrnehmung.

Es entstand eine Zusammenstellung von zehn biografischen Stationen (im Fall der Judenmissionsgemeinde Jerusalem wurde auf die biografische Zuspitzung auf eine einzelne Person verzichtet). Die dargestellten Persönlichkeiten stehen alle für Verhaltensmuster auf der – im Rahmen dieser konzeptionellen Vorarbeiten entwickelten – »Opfer-Täter-Skala«.

Zum Großteil handelt es sich um exponierte Persönlichkeiten innerhalb der Kirche, andere stehen für einen Status der Verfolgung.

Um diesen Rahmen zu verdeutlichen, wurde die »Opfer-Täter-Skala« zusammen mit kurzen inhaltlichen Einführungen dem Hauptteil der Ausstellung vorangestellt. Hier werden dem Publikum Fragen nach Handlungsspielräumen und Entscheidungsfreiheiten gestellt.

Ziel ist es, durch die exemplarische Darstellung sowohl über die Vergangenheit zu informieren als auch ein grundsätzliches Nachdenken über Handlungsmöglichkeiten anzuregen, besonders über die Spielräume, die alle nicht direkt von Verfolgung betroffenen Menschen auch in der Diktatur hatten. Als Ort der Auseinandersetzung wird den Besuchern das »Dialogbuch« an den Ton/Bild-Stationen angeboten, in das sie ihre Kommentare schreiben können.

Parallel bestand die Notwendigkeit, zusätzlich zu diesem »Ausstellungskern« eine Vielzahl von Hintergrundinformationen zu bieten, die die exemplarischen Darstellungen in die Gesamtentwicklung einbetteten und einen Überblick sowohl über den Kirchenkampf als auch die Entwicklung während der Jahre der NS-Herrschaft boten. Aus dem Zwang, hier eine zugespitzte, stark gekürzte Darstellung zu geben, entwickelten sich zwei Lösungen:

Erstens wurden für zwei Gruppen von kleinen Stelltafeln (»Freischwingern«) Kurztexte entwickelt, die in die Ausstellung einführen und entsprechend vor die eigentliche Ausstellung postiert werden. Die eine Gruppe besteht aus Kurztexten, deren Kern ein Zitat ist, das exemplarisch kirchlichen Zeitgeist vor 1933 dokumentiert. Die zweite Gruppe gibt einen Überblick über die im Kirchenkampf relevanten Strömungen.

Zweitens wurde eine Zeitleiste entwickelt, die auf Schildern, die an den Gesangbuchablagen auf der einen Seite der Kirchenbänke angebracht wurden, einen Überblick über die Jahre 1933–1945 bietet. Von weitem sichtbar ist jeweils die Jahreszahl, hinter der die Ereignisse des jeweiligen Jahres in Kurzform mit Datumsangabe aufgezählt werden. Mit dem Schwerpunktblick auf die antisemitische Verfolgung werden staatliche Ereignisse und Maßnahmen durch kirchliches Geschehen sowohl für die Reichsebene als auch die regionale Ebene der nordelbischen Landeskirchen ergänzt. Auf diesem Weg werden Wechselwirkungen sichtbar.

Die Zeitleiste wird ergänzt durch Kurztexte, die parallel auf der anderen Bankreihe in jeweils derselben Höhe der dargestellten Jahre angebracht werden. Diese Kurztexte bieten vertiefende Informationen zum Zeitgeschehen, die meist analog zu den Texten im Vorraum das Zitat im Mittelpunkt haben.

So entstanden in den Kirchenbänken zwei Angebote gewissermaßen »zum Nachschlagen« und zur vertiefenden Information, von deren Lektüre aber nicht das Gesamtverständnis der Ausstellung abhing.

Als bewusst eigenständiger Teil, dessen Vermittlung im Wesentlichen in Bildern und Atmosphäre liegt, wurde die Darstellung der evangelischen Gemeinde in Theresienstadt entwickelt. Sie korrespondiert lediglich mit der biografischen Darstellung des Gemeindegründers Arthur Goldschmidt.

Ebenfalls eigenständig, und optional einen Bruch mit dem übrigen Ausstellungskonzept darstellend wurde das »Lokale Fenster« entwickelt. Die inhaltliche Ausrichtung wird jeweils vom Veranstalter entschieden. Hier besteht die Möglichkeit, Auseinandersetzungen vor Ort zu initiieren und in die Ausstellung einfließen zu lassen.

Insgesamt sind die verschiedenen Komponenten so entwickelt worden, dass sich die Teile ergänzen, aber nicht zwingend aufeinander aufbauen. Damit sind kürzere Besichtigungen der Ausstellung möglich.

Als gedrucktes Begleitmaterial wurde eine Anzahl von Faltblättern zusammengestellt, die in der Ausstellung am Eingangsportal und den Stationen ausliegen. Auf ihnen sind einführende Texte, der zeitliche Überblick und jeweils die Texte der Stationen abgedruckt.

Stephan Linck

Die Ausstellungstexte

Protestantischer Zeitgeist

Der Berliner Hofprediger Adolf Stoecker (1835–1909) war gleichzeitig Abgeordneter im Preußischen Abgeordnetenhaus und im Deutschen Reichstag. Als Begründer der Christlich-Sozialen Arbeiterpartei (1873) und später bei den Deutschkonservativen vertrat er einen kirchlichen Standpunkt, der den sozialen Gedanken in den Vordergrund rückte. Gleichzeitig propagierte er einen radikalen Antisemitismus. Seine Reden und Schriften – unter anderem als Herausgeber der Neuen Evangelischen Kirchenzeitung – machten den modernen Antisemitismus in Deutschland gesellschaftsfähig und zeitweise zur Massenbewegung. Das kaisertreu-nationalistisch geprägte evangelische Milieu dachte durch Stoecker in der Regel antisemitisch.

»*Träger der Zersetzung ist das stammfremde Judenvolk, das in unserem wirtschaftlichen, politischen und gesellschaftlichen Leben, in der Rechtspflege und in der Presse unserem Volkstum seinen zersetzenden Geist aufgedrängt und damit den Anlaß zu der antisemitischen Strömung gegeben hat.*«

Flugblatt einer antisemitischen Partei um 1900.
Fundort: Kirchengemeindearchiv Rabenkirchen/Angeln.

Theologische Wissenschaft

Hans von Schubert (1859–1931) war angesehener Kirchenhistoriker und lehrte 1892–1906 an der Kieler Universität und danach in Heidelberg. Seine Thesen von den geschichtsbildenden Kräften des Germanentums und der Germanisierung des Christentums ergänzten sich mit seinem Antisemitismus. Aus seinen Vorlesungen in Kiel gingen die »*Grundzüge der Kirchengeschichte*« hervor, die 1904 erstmals erschienen und bis 1950 elf Auflagen und Übersetzungen ins Englische und Niederländische erlebten. So lernten Generationen von Theologiestudenten in Kirchengeschichte zum Beispiel das Folgende:

»*Noch heute zeigt der Rassejude einen merkwürdigen Kontrast: er ist gewandt, geschmeidig, zudringlich, kriechend unter Umständen, der geborene Handelsmann, und er bleibt doch immer der Jude, in dessen Augen wir die verachteten Gojim, die Heiden, sind.*«

(Hans v. Schubert: Grundzüge der Kirchengeschichte.
S. 13 der 5. Auflage von 1913)

Synodenbeschluss

1924 griff der Völkisch-Soziale Block, den der Hauptpastor Friedrich Andersen im Flensburger Rat vertrat, die schleswig-holsteinische Landeskirche an, da sie Kollekten zugunsten der Judenmission durchführte. Die Angriffe führten zu einer ausführlichen Behandlung des Verhältnisses zum Judentum in der ersten Landessynode 1924/25. Vorlagen, die die Angriffe der *»Völkischen«* einfach zurückwiesen, wurden nach eingehender Diskussion umgeändert. Die Landessynode verteidigte schließlich in einer Erklärung zwar einstimmig das Alte Testament und auch die Judenmission, betonte aber ausdrücklich:

»Die Landessynode erkennt die Berechtigung und den Wert aller Bestrebungen an, die darauf hinzielen, das eigene Volkstum zu stärken und vor zersetzendem jüdischen Einfluß zu bewahren.«

Pastor und Gauredner

Als Pastor Johann Peperkorn aus Viöl 1928 der NSDAP beitrat, war er nicht das erste Parteimitglied unter der Pastorenschaft der Landeskirche. Als nationalsozialistischer *»Gauredner«* und späterer Abgeordneter hatte seine Tätigkeit größere Bedeutung. Peperkorns *»Wahlkampfpredigten«* führten zu zahlreichen Strafanzeigen und Beleidigungsklagen gegen ihn. Die Kirchenbehörden erteilten ihm nur wegen einer Wahlkampfrede in Husum einen Verweis. Dort sagte Peperkorn u.a.:

»Es gibt ein Wort, das in ruhigen Zeiten Geltung hat. Das Wort heißt: Auge um Auge, Zahn um Zahn. Es kann aber im Sinne einer höheren Gerechtigkeit liegen, daß dem hemmungslosen Lumpen, der einem wertvollen deutschen Volksgenossen den Zahn zerschlägt, dafür der Schädel zertrümmert wird.«

Glockengeläut und Dankgottesdienste

Als die NSDAP 1933 die Herrschaft übernahm, waren bereits große Teile der Pastorenschaft Hamburgs, Lübecks und Schleswig-Holsteins in der Partei. Weit über die NSDAP hinaus herrschte Einigkeit in der Auffassung, dass alles Gute in Deutschland durch den *»reinrassigen«* Bevölkerungsteil entstanden sei, wohingegen alles Schlechte dem Judentum zuzuschreiben sei. In diesem Sinn hatten »die Juden« die Kriegsniederlage im Ersten Weltkrieg und den folgenden wirtschaftlichen Niedergang zu verantworten. Von kirchlicher Seite aus machte man vorrangig die Demokratie verantwortlich für den *»sittlichen Verfall«* und die zahlreichen Kirchenaustritte der letzten Jahre. Das Ende der *»kirchenfeindlichen«* Republik wurde voller Hoffnung begrüßt:

»Die nationale Revolution blieb auch auf die Kirche und das kirchliche Leben nicht ohne Einwirkung. Am Abend des 30. Januar 1933 läuteten die Glocken. Dankgottesdienste wurden veranstaltet.«
Aus dem Protokollbuch der evangelischen Kirchengemeinde Kaltenkirchen.

Evangelische Bekenntnisse und Glaubensbewegungen in der NS-Zeit/Kirchenkampf

Die evangelische Kirche geriet schon bald nach Beginn der nationalsozialistischen Herrschaft in eine Zerreißprobe. Sowohl die Auffassungen über die Nähe der Kirche zum NS-Staat als auch über das christliche Selbstverständnis insgesamt gingen weit auseinander. Die Auseinandersetzungen eskalierten im Kirchenkampf, an dem sich die Nationalsozialisten zugunsten ihrer innerkirchlichen Anhängerschaft beteiligten.

Es gab also in der NS-Zeit nicht »*die Kirche*«, sondern verschiedene Richtungen innerhalb der Kirche.

Das Verhältnis zum Judentum spielte im Kirchenkampf zwar eine eher untergeordnete Rolle, die Unterschiede im Religionsverständnis traten aber gerade in dieser Frage deutlich zutage. Immerhin verstanden sich einige Menschen sogar nur deshalb als Christen, weil sie das Christentum als Ursprung des Antisemitismus sahen.

Diese Unterschiede zeigt der folgende – grob vereinfachte – Überblick über die verschiedenen Richtungen inner- und außerhalb der Kirche, die in den Auseinandersetzungen des Kirchenkampfes eine Rolle spielten.

Bekennende Kirche

Die Bekennende Kirche, BK, ging hervor aus dem Pfarrernotbund (Notbund), der 1933 von den Pastoren Martin Niemöller (1892–1984) und Dietrich Bonhoeffer (1906–1945) gegründet worden war. Nach ihrer Gründung gewann die BK schnell an Bedeutung und wurde der wichtigste Gegenpart aller anderen hier aufgeführten Gruppierungen.

Die BK wandte sich gegen die Vereinnahmung der Kirche durch den nationalsozialistischen Staat, da diese das Bekenntnis verletze.

Die Mehrheit der BK lehnte den Nationalsozialismus nicht ab, sondern kämpfte lediglich für die Eigenständigkeit der Kirche.

Grundlage des Bekenntnisses war die Bibel, zu der unverzichtbar das Alte Testament gehörte.

Die Mehrheit der BK lehnte die Übernahme des »*Arier-Paragraphen*« für die Kirche ab. Der von der neuen Regierung erlassene »*Arier-Paragraph*« sah die Entlassung von Beamten aufgrund jüdischer Herkunft vor.

Entlassungen von Christen aufgrund ihrer jüdischen Herkunft, wie sie der »*Arier-Paragraph*« vorsah, wurden von der Mehrheit der BK nur für die Kirche abgelehnt.

Nach Ansicht der BK gehörten Judenchristen zur kirchlichen Gemeinschaft.

Den Übertritt von Juden zum Christentum begrüßte man grundsätzlich.

Deutsche Christen

Die Gründung der Glaubensbewegung der Deutschen Christen, DC, wurde 1932 durch die nationalsozialistische Partei veranlasst. Die Deutschen Christen sollten die Ziele der Partei innerhalb der evangelischen Kirche durchsetzen. Die DC vertraten eine »*von Gott befohlene völkische Sendung*«.

Unterstützt von der NSDAP, entwickelten sich die DC in wenigen Monaten zur führenden Kraft des deutschen Protestantismus.

Im kirchenpolitischen Raum traten sie für die Schaffung einer evangelischen Reichskirche und das Führerprinzip ein. Auf der Nationalsynode in Wittenberg im September 1933 wurde mit Ludwig Müller ein Deutscher Christ zum Reichsbischof gewählt. Die Auflösung der DC wurde bereits Ende 1933 eingeleitet, da der Gegensatz zwischen radikalen und gemäßigten DC unüberbrückbar wurde.

Die DC betrachteten das Alte Testament zwar unter antisemitischen Gesichtspunkten, hielten aber mehrheitlich an ihm als Bestandteil der Bibel fest.

Der »*Arierparagraph*« wurde befürwortet, da man die Trennung von den Judenchristen und deren Abdrängung in eigenständige Gemeinden forderte.

Die Judenmission wurde als »*schwere Gefahr für unser Volkstum*« abgelehnt. Insbesondere sei die Eheschließung zwischen Deutschen und Juden zu verbieten.

Nationalkirche

Die Nationalkirchliche Bewegung, Nationalkirche, entstand durch den Zerfall der Glaubensbewegung der Deutschen Christen. Sie wurde auch als Thüringer DC bezeichnet und hieß ab 1938 Nationalkirchliche Einung. Von dieser Richtung ging 1939 die Gründung des Eisenacher »*Institutes zur Erforschung und Beseitigung des jüdischen Einflusses auf das deutsche kirchliche Leben*« aus. Nach Ansicht der Nationalkirchler galt es, die Reformation Luthers durch die vollständige Beseitigung aller »*Judaismen*« in der Bibel zu vollenden.

Eine Hochburg dieser Richtung war die Landeskirche Lübeck.

Die Nationalkirche vertrat ein völkisches Christentum und befürwortete die Judenpolitik der Nationalsozialisten.

Das Alte Testament wurde als »*jüdisch*« abgelehnt, und man forderte die Befreiung der Bibel von allen »*Judaismen*«.

Der »*Arierparagraph*« wurde für alle Bereiche der Gesellschaft gefordert.

Das Judenchristentum wurde abgelehnt, da Juden nicht ein »*artgemäßes*« Deutsches Christentum leben könnten.

Entsprechend bekämpfte man die Judenmission und lehnte Judentaufen ab.

Die Deutschkirche

Der Bund für deutsche Kirche, Deutschkirche, wurde bereits 1921 gegründet. Zu ihren wichtigsten Vordenkern zählte der Flensburger Hauptpastor Friedrich Andersen.

Nach deutschkirchlicher Auffassung war das Christentum eine »arische« Religion, entstanden im Kampf gegen das Judentum.

Die Wirkung der Deutschkirche war gemessen an ihrer geringen Anhängerschaft groß, da die Deutschkirchler keine Trennung von der Kirche anstrebten, sondern innerhalb der Kirche für ihre völkische Reformierung eintraten. In einer solchen völkischen Veränderung der Kirche sah man die Vollendung des völkischen Staates.

Zu den Kernforderungen gehörten die Abschaffung des »jüdischen« Alten Testamentes, das Ausscheiden aller jüdischen Elemente aus dem Christentum, die »Wiederherstellung« des deutschen Heilandbildes und die Aufnahme der deutschen Märchen und Sagen als deutsche Form der Offenbarung.

Entsprechend forderte die Deutschkirche selbstverständlich den »Arier-Paragraphen« und die Entfernung von Judenchristen aus der »Deutschen« Kirche und bekämpfte die Judenmission als antichristlich.

Deutsche Glaubensbewegung

Bei den Deutschgläubigen handelt es sich um eine Vielzahl von verschiedenen Gruppen und Organisationen, die außerhalb der Kirche standen und das Christentum als *»jüdische Fremdreligion«* bekämpften. Gemeinsam war ihnen ein völkischer Rassismus und eine völkisch-mystische Überhöhung des Germanen- und Deutschtums.

Im Juli 1933 schlossen sich verschiedene deutschgläubige Organisationen in Eisenach zur Arbeitsgemeinschaft der Deutschen Glaubensbewegung zusammen, die eine Anerkennung als dritte Konfession forderte. Zum ersten Vorsitzenden wurde der Tübinger Religionswissenschaftler und Indologe Prof. Jacob Wilhelm Hauer gewählt. Ab 1935 verschärften die Deutschgläubigen ihre Agitation gegen die Kirche und das Christentum überhaupt. Interne Querelen und Auseinandersetzungen mit dem NS-Regime führten zur Zersplitterung der Deutschgläubigen. Die Arbeitsgemeinschaft benannte sich 1938 in Kampfring Deutscher Glaube um.

Eine Sonderstellung nimmt der radikal-völkische und antisemitische Tannenbergbund um den Generalquartiermeister des kaiserlichen Heeres, Erich Ludendorff und dessen Frau Mathilde ein. Der 1925 gegründete Bund und das Deutschvolk wurden aufgrund scharfer Kritik an der nationalsozialistischen Politik, insbesondere den Ausgleichsbemühungen mit dem Katholizismus, im September 1933 verboten. Die polemischen Schriften Mathilde Ludendorffs sind stark antikirchlich und antichristlich ausgerichtet und beinhalten einen aggressiven völkischen Antisemitismus.

Die Zeit 1933–1945

Portaltext zur Einführung

Der Nationalsozialismus schuf ein Zwangssystem, das seine Gegner hart verfolgte. Dies galt besonders für diejenigen, die sich direkt zu ihrer Gegnerschaft zum nationalsozialistischen Staat bekannten.

Dennoch gab es viele Möglichkeiten, auf die 1933 beginnende Judenverfolgung zu reagieren. Als im April 1933 die Nationalsozialisten den Boykott jüdischer Geschäfte organisierten, kauften in vielen Orten Menschen absichtlich dort ein, so auch in Kiel und Rendsburg. Als 1938 die Synagogen brannten, stellte sich einzig in Berlin ein Polizist der SA entgegen und verhinderte die Zerstörung der Neuen Synagoge.

Niemand war gezwungen, Juden ihren Arbeitsplatz zu nehmen, ihren Besitz zu stehlen, sie aus ihren Wohnungen zu vertreiben. Kein Pastor wurde gezwungen, von der Kanzel gegen Juden zu hetzen. Wenn einer dies tat, geschah es aus freien Stücken.

Es gab verschiedene Wege, nicht mitzumachen, ohne verfolgt zu werden. Einzig diejenigen, die von den Nationalsozialisten zu »*Juden*« gestempelt wurden, hatten kaum eine Wahl. Sie brauchten Glück, um fliehen zu können, und ein Land, das ihnen Asyl gewährte.

Die Ausstellung versucht, am Beispiel einzelner evangelischer Christinnen und Christen ein Spektrum unterschiedlicher Verhaltensweisen darzustellen. Wie sich ein Mensch verhalten konnte, hing von seiner Herkunft ab: Menschen jüdischer Herkunft wurden als Opfer verfolgt, so genannte »*Arier*« hingegen konnten wählen, ob und wie sie zu Tätern wurden.

Juden, »Mischlinge«, »Versippte«	Opfer	**Verfolgt**
	Ermordet	
	Deportiert	
	Verfolgt	
	Flucht/Exil	
	Diskriminiert	
	Solidarisch, daher verfolgt	
	Offene Unterstützung	
	Solidarisch, nicht verfolgt	
	Heimliche Unterstützung	
	Stille Ablehnung	
	Keine Position	
	Stille Zustimmung	
	Relativierter Antisemitismus	
	Propagierter Antisemitismus	
	Offene Zustimmung	
	Schreibtischtäter	
	Mörder	
»Arier«	**Täter**	**Nicht verfolgt**

Die Zeit 1933 bis 1945

Die Jahre bis 1938 sind gekennzeichnet von zunehmender Ausgrenzung und Entrechtung der jüdischen Minderheit in Deutschland. Gleichzeitig fand der Kirchenkampf statt. Anfängliche Versuche der kirchlichen Minderheit, gegen »Ariernachweise« Stellung zu beziehen und sie – zumindest für die Kirche – auszuschließen, wurden schwächer. Auf Unterstützung konnten Juden – auch von Seiten der Bekennenden Kirche – immer weniger hoffen. Die Bekennende Kirche brauchte ihre Kraft, sich selbst zu behaupten.

Nach der Reichspogromnacht gab es kaum noch Gegner der Judenverfolgung. Die außenpolitischen Erfolge des NS-Staates vor Beginn des Zweiten Weltkrieges und die ersten Kriegserfolge vereinigten die »Volksgemeinschaft« hinter Adolf Hitler. Die Mehrheit der Kirche unterstützte die Verfolgung der Juden. Als 1941 die Deportationen die Ermordung der deutschen Juden einläuteten, schlossen viele Landeskirchen ihre »nichtarischen« Glieder aus. Die mahnenden Stimmen verstummten.

Die Zeitleiste ist nicht vollständig, sie soll nur Einblicke in die Entwicklung der Jahre 1933–1945 geben.

Legende

kursiv:
Kirchliches Geschehen

normal:
Politische Ereignisse und staatliche Gesetze

fett:
Das Geschehen im Gebiet der Nordelbischen Kirche den damaligen vier Landeskirchen Hamburg, Schleswig-Holstein, Eutin und Lübeck

1933

11. Januar: Veröffentlichung des Altonaer Bekenntnisses »Wort und Bekenntnis Altonaer Pastoren in der Not und Verwirrung des öffentlichen Lebens« | **30. Januar:** Ernennung Adolf Hitlers zum Reichskanzler | **28. Februar:** Verordnung des Reichspräsidenten zum Schutze von Volk und Staat (Aufhebung demokratischer Grundrechte) | **6. März:** Reichstagswahlen | **20. März:** Errichtung des ersten Konzentrationslagers in Dachau | **23. März:** »Ermächtigungsgesetz« (Selbstausschaltung des Parlaments) | **1. April:** Reichsweiter Boykott jüdischer Geschäfte durch die SA organisiert. Beginn der »Arisierung« jüdischen Vermögens | **3.–5. April:** 1. *Reichstagung der Deutschen Christen (DC) in Berlin, auf der die Gründung eigenständiger judenchristlicher Gemeinden und die Einführung des »Arierparagraphen« gefordert werden* | **7. April:** Gesetz zur Wiederherstellung des Berufsbeamtentums (enthält u.a. »Arierparagraph«) | **26. April:** Gründung der Gestapo | **29. Mai:** Hauptpastor D. Dr. Simon Schöffel wird zum Landesbischof in Hamburg gewählt | **16. Juni:** Im Deutschen Reich leben ca. 500.000 Juden | **30. Juni:** *Erstmals wird ein Pastor aufgrund seiner »nichtarischen« Abstammung entlassen: Pastor Ernst Flatow, Köln* | **20. Juli:** Reichskonkordat zwischen der Reichsregierung und dem Vatikan | **20. Juli:** Gründung des »Reichsverbandes christlich-deutscher Staatsbürger nicht-arischer oder nicht rein arischer Abstammung e.V.« | **23. Juli:** *Kirchenwahlen. Die DC erhalten 70% der Stimmen* | **6. September:** *Die Preußische Generalsynode führt den »Arierparagraphen« in der preußischen Landeskirche ein* | **12. September:** »Braune Synode« in Rendsburg. Selbstentmachtung der Synode zugunsten eines aus neun Deutschen Christen bestehenden Landeskirchenausschusses. Zum neuen Bischof für Schleswig-Holstein wird Pastor Adalbert Paulsen bestimmt. Die Landeskirchen Schleswig-Holsteins (12. September), Lübeck (23. September) und Eutin (17. November) führen den »Arierparagraphen« ein | **21. September:** *Aufruf zur Gründung eines Pfarrernotbundes. Der »Arier-*

Nach dem Boykott vom 1. April 1933

Brief des Pastors von St. Petri Hamburg vom 9. April 1933:
»An den hochwürdigen Kirchenrat Hamburg
In der letzten Woche habe ich mehrere sehr ernste, mich aufs Tiefste erschütternde Aussprachen mit Gemeindegliedern gehabt, die, von jüdischen Eltern oder Voreltern abstammend, als Kinder getauft, dann konfirmiert, auch getraut sind und sich treu zu unserer Kirche halten. Sie sind durch das Vorgehen gegen die jüdische Rasse, zu der auch sie gezählt werden, bedrückt und fragen: ›Ist die evangelische Kirche, der wir angehören, bereit, uns, ihre Glieder, gegen die Ungerechtigkeit, der wir ausgesetzt sind, zu schützen?‹
Ich erlaube mir ergebenst, diese Frage an den hochwürdigen Kirchenrat weiterzugeben, und wäre dankbar für eine Auskunft, ob die Kirchenregierungen gegen die Nichtachtung der Sakramente der Taufe seitens der staatlichen Instanzen Verwahrung einzulegen willens und imstande sind.
Ehrerbietigst Poppe«
Quelle: Nordelbisches Kirchenarchiv, 32.01, Nr. 2268, Bl. 18.

An den Landesbischof

Aus einem Brief von Hans Lebenbaum an den Landesbischof D. Dr. Schöffel vom 19. Juni 1933:
»*Unsere Vorfahren waren alteingesessene deutsche Juden. Im Jahre 1917 sind wir – da wir uns immer echt deutsch und national fühlten – zur Landeskirche übergetreten. Getauft hat uns Ihr Herr Vorgänger, Prof. Dr. Hunzinger, mit dem wir befreundet waren. Die Frage, die uns jetzt bewegt, ist diese: dürfen wir weiter einer Kirche angehören, die uns zwar in ihren Schoß aufgenommen hat, aber uns doch jetzt nicht schützte, sondern im Gegenteil uns scheinbar gar nicht mehr haben will?«*
Quelle: Nordelbisches Kirchenarchiv, 32.01, Nr. 2268, Bl. 6.

Die Braune Synode in Rendsburg

Auf ihrer Synode in Rendsburg am 12. September 1933 beschließt die Synode der schleswig-holsteinischen Landeskirche u.a. die Entlassung von Pastoren jüdischer Herkunft durch den »*Arierparagraphen*«. Der größte Teil der Synodalen erscheint in NS-Uniformen, so dass Bischof D. Mordhorst in seiner Synodenpredigt die Anwesenden zu Recht mit »*Ihr Männer im Braunhemd*« anspricht. Die Synode schließt mit einem »*Sieg-Heil*« und dem Absingen des Horst-Wessel-Liedes.
Quelle: Protokoll der 5. Ordentlichen Landessynode der ev.-luth. Landeskirche Schleswig-Holsteins, S. 2 und 22.

Reaktion

Mit Datum vom 28. September 1933 erreicht die Hamburgische Landeskirche ein Kirchenaustritt:
»*(...) Nachdem die deutsche evangelische Kirche nunmehr offiziell auf dem Boden des Nationalsozialismus gleichgeschaltet ist und somit im schroffsten Gegensatz zur christlichen Lehre die Taufe sogenann-*

ter Nichtarier, die sie, ebenfalls im Gegensatz zu allen Lehren des Christentums, als minderwertige Rasse bezeichnet, für Null und nichtig erklärt, ziehe ich für mich die daraus sich selbstverständlich ergebenden Konsequenzen und trete hiermit aus der evangelisch-lutherischen Kirche aus.«

Der Austretende wird in einem Antwortschreiben darauf hingewiesen, dass er sich an die falsche Kirchenbehörde gewandt hat.

Quelle: Nordelbisches Kirchenarchiv, 32.01 Nr. 2268, Bl. 26f.

Gutachten

Am 5. September 1933 führt die altpreußische Generalsynode den »Arierparagraphen« für die größte deutsche Landeskirche ein. Diesem Schritt folgen u. a. die Landeskirchen Sachsen, Schleswig-Holstein, Lübeck und Thüringen. Der »Arierparagraph« auf dem Gebiet der Kirche ist sehr umstritten. Martin Niemöller verurteilt die Einführung in seinem Gründungsaufruf für einen »Pfarrernotbund« vom 21. September 1933 ausdrücklich als »bekenntniswidrig«. In einem Gutachten erklärt die Theologische Fakultät Marburg am 19. September 1933 den »Arierparagraphen« ausdrücklich »für unvereinbar mit dem Wesen der christlichen Kirche«. Zur Begründung heißt es: »Aus der Kreuzigung Jesu durch das jüdische Volk einen Grund für die Entrechtung von Christen jüdischer Abstammung zu machen, ist pharisäische Verirrung.«

Die Theologische Fakultät der Universität Erlangen urteilt hingegen in einem Gutachten vom 25. September 1933:

»Das deutsche Volk empfindet die Juden heute mehr denn je als ein fremdes Volkstum. Es hat die Bedrohung des Eigenlebens durch das emanzipierte Judentum erkannt und wehrt sich dagegen mit rechtlichen Ausnahmebedingungen. Die Kirche muß daher die Zurückhaltung ihrer Judenchristen von den Ämtern forder n. Ihre volle Gliedschaft in der deutschen Evangelischen Kirche wird dadurch nicht bestritten oder eingeschränkt.«

Quelle: Flüchtlingsdienst des Ökumenischen Rates der Kirchen (Hg.): Die evangelische Kirche in Deutschland und die Judenfrage, Genf 1945, S. 47ff.

Kundgebung der Deutschen Christen

Der so genannte Sportpalast-Skandal im November 1933 leitet den Zerfall der DC ein. Auf einer Kundgebung im Sportpalast fordert der Berliner Gauobmann Krause »die Befreiung von allem Undeutschen im Gottesdienst und im Bekenntnismäßigen, Befreiung vom Alten Testament mit seiner jüdischen Lohnmoral, von diesen Viehhändler- und Zuhältergeschichten« und spricht sich für »einen grundsätzlichen Verzicht auf die ganze Sündenbocks- und Minderwertigkeitstheologie des Rabbiners Paulus« aus. Diese Meinung ist nicht mehrheitsfähig, und im Dezember 1933 tritt der erste Reichsleiter Joachim Hossenfelder zurück. Neuer Reichsleiter der Deutschen Christen wird Dr. Christian Kinder vom Landeskirchenamt in Kiel.

Literatur: Kurt Meier: Der Evangelische Kirchenkampf, Göttingen 1976, Bd. I, S. 122ff., hier S. 134.

paragraph« wird als bekenntniswidrig verurteilt. Bis Januar 1934 treten dem Bund ca. 7000 Pastoren bei I **22. September:** Ausschluss der Juden aus dem gesamten Kulturleben in Deutschland (Presse, Funk, Theater, bildende Künste, Musik, Literatur) I **27. September:** Die Nationalsynode in Wittenberg verzichtet überraschend auf die Einführung des »Arierparagraphen« I **13. November:** Bei einer Veranstaltung der DC in Berlin wird die Abschaffung des Alten Testamentes und die »Entjudung« der Kirche gefordert. (»Sportpalast-Skandal«) I **6. Dezember: 140 Pastoren der schleswig-holsteinischen Landeskirche sprechen dem designierten Bischof Paulsen das kirchliche Misstrauen aus. U.a. wird die Einführung des Arierparagraphen als bekenntniswidrig verurteilt** I **1933** werden mindestens drei Pastoren als »Nichtarier« entlassen bzw. zwangspensioniert. Es werden zahlreiche Maßnahmen ergriffen, die Juden und Jüdinnen den Zugang zu Bildungseinrichtungen verwehren, sie aus dem Berufsleben verdrängen und aus der Teilnahme am öffentlichen Leben ausgrenzen. Bis Ende 1933 emigrieren ca. 37.000 Juden und Jüdinnen.

1934

7. Januar: Amtseinführung von Landesbischof Paulsen in Kiel | **13. Februar:** *Erlass der bayerischen Landeskirche zur Sicherung und Auswertung aller Kirchenbücher für rassenkundliche Forschung* | **15. Februar:** Hans Asmussen, Altona, wird aus dem Dienst der Landeskirche Schleswig-Holstein entlassen | **17. Februar:** **Das Landeskirchenamt Kiel ordnet die Eingliederung der evangelischen Jugend in die Hitler-Jugend an** | **5. März:** Der DC-Pastor Franz Tügel löst D. Dr. Schöffel als Bischof in Hamburg ab | **29.–31. Mai:** *Bei der 1. Reichsbekenntnissynode in Barmen ist die »Judenfrage« kein Thema. Die Bekennende Kirche versteht sich als rechtmäßige Evangelische Kirche und installiert als Leitungsorgan den »Reichsbruderrat«* | **30. Juni:** Gewaltsame Ausschaltung oberster SA-Führer durch die SS (»Röhm-Putsch«). | **12. Juli:** **Zum Gemeindevorsteher dürfen in Lübeck keine Personen berufen werden, die »nichtarischer Abstammung« sind bzw. einen »nichtarischen« Ehepartner haben** | **20. Juli:** **In der neuen Lübecker Kirchenverfassung wird das Führerprinzip verankert. Für Chorleiter, Organisten und Geistliche tritt der Arierparagraph in Kraft** | **2. August:** Tod Hindenburgs. Hitler übernimmt das Amt des Reichspräsidenten und Kanzlers in Personalunion | **12. August:** **Einführung des neuen Lübecker DC-Bischofs Erwin Balzer** | **15. Oktober:** Gründung des Amtes für Sippenforschung | **19.–20. Oktober:** *Die 2. Bekenntnissynode ruft in Dahlem das kirchliche Notrecht aus. Aus der Mitte des »Reichsbruderrates« entsteht der »Rat der Deutschen Evangelischen Kirche (DEK)«* | **23. November:** *Ablösung des »Rates der DEK« durch eine (1.) »Vorläufige Kirchenleitung« mit dem Hannoveraner Bischof August Marahrens an der Spitze* | **22. Dezember:** *Entlassung des Bonner Theologie-Professors Karl Barth. 1934 emigrieren ca. 23.000 Juden und Jüdinnen.*

Kirchenkampf

»Aufruf an alle Eilbecker Volksgenossen« für eine Veranstaltung mit den »bekannten nationalsozialistischen Vorkämpfer(n) Pg. Landesbischof Tügel und Pg. Dr. Kinder« am 15. März 1934, organisiert von Pastor Reinke, dem Kreisleiter der NSDAP, Nowakowski, und Heinrich Witt:

»Eilbecker! Die Nationalsozialisten und Deutschen Volksgenossen Hamburgs, die in den ›Deutschen Christen‹ organisiert sind, rufen Euch auf zu dieser Kundgebung, damit sie einmal in aller Öffentlichkeit ihre Stellung bekunden können zu ihrer Forderung, daß, wie in allen Fragen Deutschen Lebens, so auch in der Kirche die Führung dem Nationalsozialismus gehört, dem Geist der Kameradschaft, der Opferbereitschaft, dem Gegner des Klassenkampfes und des Standesdünkels, dem Menschen, der zu jeder Zeit und zu jeder Stunde bereit ist, für sein Volk das höchste Opfer zu bringen. Wir wollen nicht länger, daß der Aufbruch der Nation erstickt wird, wir wollen, daß auch in der Kirche die Führung den Nationalsozialisten gehört. Wie der Nationalsozialismus sich zum positiven Christentum bekennt, so bekennen sich die Deutschen Christen zum Nationalsozialismus unter ihrem Führer Adolf Hitler. Tue auch du desgleichen.«

Quelle: Nordelbisches Kirchenarchiv, 32.03.01, Nr. 798, Bl. 9.

Die Unterstützung »nichtarischer« Katholiken

Schon am 30. August 1933 hat die katholische Bischofskonferenz in Fulda die Gründung eines Hilfswerkes zur Unterstützung von rassisch und politisch verfolgten Katholiken beschlossen und setzt es 1934 mit dem »Caritas-Notwerk« in die Tat um. Für die Auswanderung »nichtarischer« Katholiken erlangt der St.-Raphaels-Verein eine weitaus größere Bedeutung. Dieser war bereits 1871 zur Unterstützung auswanderungswilliger deutscher Katholiken gegründet worden. Mit der Gründung des »Hilfsausschusses für katholische Nichtarier« im März 1935 wird eine zentrale Hilfsstelle errichtet, die die Arbeit des Caritas-Notwerks und des St.-Raphaels-Vereins koordinieren soll. Der Schwerpunkt der Arbeit des Hilfsausschusses liegt auf der Ausbildung und Umschulung zur Auswanderung gezwungener Menschen, der Devisenbeschaffung und der Zusammenarbeit mit kirchlichen Stellen in den Aufnahmeländern. Bis 1939 ermöglicht der St.-Raphaels-Verein etwa 10.000 Menschen, größtenteils Katholiken jüdischer Herkunft, die Auswanderung. Nachdem 1938 auch eine zentrale Hilfsstelle für »nichtarische« evangelische Christen, das Büro Grüber, gegründet wird, kommt es zu einer intensiven konfessionsübergreifenden Zusammenarbeit. 1941 wird dem St.-Raphaels-Verein die weitere Auswanderungsbetreuung verboten.

Literatur: Eberhard Röhm, Jörg Thierfelder: Juden – Christen – Deutsche, Band 1, Stuttgart 1990, S. 332ff.

Hamburger Pastoren empfangen 1934 Besuch aus Berlin. Man trägt Parteiuniformen. Von links nach rechts: Pastor Langmann, Ministerialdirigent Dr. Jäger, Jugendpastor Vorrath, Reichsbischof Müller, Pastor Dr. Boll.

Predigt

Aus der Predigt von Hauptpastor D. Dr. Simon Schöffel zum Reformationstag am 4. November 1934 in der St.-Michaelis-Kirche, Hamburg:

»*Es gibt nichts, das wir an die Stelle Gottes stellen könnten, so wie es heute immer wieder versucht wird, nicht Rasse und Blut und völkischer Wille. Glaubt man daran und nicht an Gott, dann kämpft die christliche Kirche um ihre Existenz so wie jetzt, und wenn sie unterliegt, dann muß sie aufhören, christliche Kirche zu sein!*«

Quelle: Handschriftliche Mitschrift
Elisabeth Flügges. Privatarchiv Holst.

1935

13. Januar: Abstimmung über den Anschluss des Saarlandes | 5. März: *Kanzelabkündigung der preußischen Bekennenden Kirche gegen die »rassisch-völkische« Weltanschauung* | 6. März: Gründung der SS-Zeitung »Schwarzes Korps«, in der wiederholt das Judentum und die Kirche scharf angegriffen werden | 17./24. März: *Verhaftung von 715 Pastoren, die das Verbot der Kanzelabkündigung missachten* | 16. Juli: *Bildung des Reichskirchenministeriums unter Hans Kerrl mit dem Ziel, die evangelische Kirche zu befrieden* | 25. Juli: Einführung der allgemeinen Wehrpflicht. Juden sind vom Wehrdienst ausgeschlossen | 15. September: »Nürnberger Rassegesetze«: Reichsbürgergesetz (»Nichtarier« können keine Bürger des Reiches sein), Gesetz zum Schutz des deutschen Blutes und der deutschen Ehre (Verbot der Eheschließung zwischen Juden und Staatsangehörigen deutschen oder »artverwandten Blutes«) | 16. September: *In Stade wird Pastor Johann Behrens wegen seines Eintretens für Juden aus der Stadt getrieben* | 30. September: Beurlaubung aller jüdischen Beamten. **Der »nichtarische« Pastor Auerbach, Altenkrempe, wird in den vorzeitigen Ruhestand versetzt** | 1935: *Mindestens zwei Geistliche werden aufgrund ihrer »nichtarischen« Abstammung entlassen oder zwangspensioniert.* Es finden verstärkt lokale antisemitische Aktionen statt: Schilder mit der Aufschrift »Juden unerwünscht« werden an Ortseingängen, Restaurants und Cafés, Geschäften und in Badeanstalten angebracht.

Deutschkirchliche Konfirmation

Im Frühjahr 1935 findet in Itzehoe die erste deutschkirchliche Konfirmation statt. Die Einsegnung wird von dem Propst von Segeberg, Ernst Szymanowski, vorgenommen. In einer Handreichung zum deutschkirchlichen Konfirmandenunterricht, verfasst vom Flensburger Hauptpastor Friedrich Andersen, heißt es in dem Abschnitt zur Nächstenliebe:

»*Ganz besonders aber gebührt unsere Liebe dem Vaterland und Volk. Letzteres ist als Organismus des Schöpfers anzusehen, in welchem jeder einzelne Stand und jeder schaffende Volksgenosse gleichwertig ist zum Wohle des Ganzen. Der Nationalsozialismus mit seinem Winterhilfswerk, seiner Bekämpfung der Arbeitslosigkeit, seiner Betonung von Blut und Boden, Ehrgefühl und Seelenadel, seiner Rassenpflege und Jugenderziehung, seiner Ausmerzung des Judentums sowie des Partei- und Klassengeistes, endlich seinen gesunden Maßregeln gegen Volksentartung und Geburtenrückgang ist die beste Form der Nächstenliebe, welcher daher auch die Arbeit der Kirche zu dienen hat.*«

Zur Einsegnung der Konfirmanden heißt es:

»*Dies kann geschehen außer mit einem ›Ja‹ der Konfirmanden auch mit einem selbstgewählten Wahlspruch, der aber, wie auch die nachfolgende Bestätigung und der Segenswunsch bei der ›Einsegnung‹ keinesfalls dem sog. ›Alten Testament‹ zu entnehmen ist, weil es der Würde unseres deutschen Volkes nicht entspricht, zu den Äußerungen minderwertiger jüdischer Einstellung zurückzugreifen.*«

Quelle: Friedrich Andersen: Kurze Glaubenslehre zur Prüfung für Jedermann, Berlin 1935.

Nürnberger Gesetze

Mit den Nürnberger Gesetzen vom 15. September 1935 schaffen die Nationalsozialisten die gesetzliche Basis für die völlige Ausschaltung von Juden und Jüdinnen aus dem öffentlichen Leben.

Mit dem Reichsbürgergesetz werden deutsche Juden zu Bürgern zweiter Klasse deklassiert und ihrer politischen Rechte beraubt. Als Jude gilt dabei, »*wer von mindestens drei der Rasse nach volljüdischen Großeltern abstammt*« oder ein »*von zwei volljüdischen Großeltern abstammende[r] staatsangehörige[r] jüdische[r]]Mischling*«, der mit einem Juden verheiratet ist oder der jüdischen Religionsgemeinschaft angehört.

Das »*Gesetz zum Schutze des deutschen Blutes und der deutschen Ehre*« verbietet die Eheschließung und den außerehelichen Verkehr zwischen »*Juden und Staatsangehörigen deutschen oder artverwandten Bluts*«. Nichtjüdische Frauen unter 45 Jahren dürfen nicht mehr als Beschäftigte in jüdischen Haushalten und Geschäften arbeiten.

Die erste Verordnung zum so genannten »*Blutschutzgesetz*« vom November 1935 weitet das Heiratsverbot auf Ehen zwischen Juden und »*Mischlingen II. Grades*« (mit nur einem »*volljüdischen Großelternteil*«) aus.

Quelle: Joseph Walk (Hg.): Das Sonderrecht für die Juden im NS-Staat, Heidelberg 1996, S. 127.

... keine Deutschen mehr

»An einem Nachmittag holte uns meine Mutter zu ›einer Besprechung‹ zusammen. (...) Meine Mutter eröffnete uns, daß sie jüdischer, d.h. ›nichtarischer‹ Herkunft sei. Zwar wäre schon ihre Mutter getauft worden (und sie und ihr Bruder selbstverständlich auch), aber nach den Nürnberger Rassegesetzen Hitlers von 1935 zähle dieser Tatbestand nicht. Wir hätten deshalb kein Abitur machen können (...) und könnten auch keinerlei Beruf ergreifen, der ein staatliches Abschlußexamen verlange. Sie sagte nicht, daß uns auch eine Heirat verboten sei. Ich soll sehr geweint haben, wie mir meine Mutter viele Jahre später erzählte. (...) Von einer Minute zur anderen gab es keine Zukunft, kein Ziel und also auch keine Freude. Plötzlich waren wir keine Deutschen und (nach der offiziellen staatlichen Version) keine Christen mehr und waren doch erst vor gut einem Jahr von Pastor Speckmann konfirmiert worden! (...) Das Tor zur Welt schlug brutal zu. Da stand ich mit 18 Jahren und blickte in ein Nichts.«
   Quelle: Ursula Bosselmann: Plötzlich waren wir keine Deutschen und keine Christen mehr..., in: Arnulf Baumann (Hg.): Ausgegrenzt. Schicksalswege »nichtarischer« Christen in der Hitlerzeit, Hannover 1992, S. 54f.

Entlassung

Obwohl er durch die Ausnahmeregelungen des »Arierparagraphen« geschützt ist, wird nach öffentlichem Druck der Pastor von Altenkrempe/Holstein, Walter Auerbach, durch das Landeskirchenamt entlassen. Begründung: seine jüdische Herkunft.
   Der letzte Eintrag in der Gemeindechronik Altenkrempe, geführt von Pastor Auerbach:
   »Nachdem schon 1933 durch einen ›Kirchenältesten‹ der Pastor als ›Nichtarier‹ angegriffen war (auch öffentlich in der Zeitung) wurde der Pastor am 1. Oktober 1935 plötzlich in den Ruhestand versetzt. Als Begründung wurde von der Behörde angegeben ›die Nürnberger Gesetze über die Juden v. 1933‹. Sein Gehalt wurde ihm zugesichert. Pastor Auerbach hat den Behörden gegenüber erklärt, daß er seine Versetzung in den Ruhestand weder für christlich noch kirchlich halte.«
   Dem folgt ein Zusatz des auf Auerbach folgenden Vertreters Pastor Heinrich Prill:
   »Kann auch ein Volljude anders fühlen und denken.«
            Quelle: Kirchengemeindearchiv Altenkrempe, Nr. 375.

1936

7. März: Einmarsch deutscher Truppen in das entmilitarisierte Rheinland I
12. März: *Wahl einer »2. Vorläufigen Kirchenleitung« durch die »radikalen« Kräfte der Bekennenden Kirche* I **8. Mai:** *Der Reichskirchenausschuss erfragt bei den Landeskirchen die Zahl der »nichtarischen« Pfarrer* I **28. Mai:** *Denkschrift der »2. Vorläufigen Kirchenleitung« an Hitler, in der der »rassische Antisemitismus« und die Rechtswillkür in Deutschland kritisiert werden.* **Juni:** *Kirchenaustrittswelle, die von den Nationalsozialisten propagandistisch unterstützt wird* I
1. August: Eröffnung der Olympischen Spiele in Berlin. Die antisemitische Propaganda wird für kurze Zeit abgemildert. **September:** Der »Reichsverband der nichtarischen Christen« wird auf behördliche Anweisung in »Paulusbund. Vereinigung nichtarischer Christen e.V.« umbenannt I
20. September: In Lübeck sagen sich die Pastoren der Bekennenden Kirche vom Bischof und dem Kirchenrat los I
19. November: Gründung der »Forschungsabteilung Judenfrage« des »Reichsinstitutes für Geschichte des neuen Deutschlands«, München I
5. Dezember: Mit der Entlassung von neun Pastoren der Bekennenden Kirche erreicht der Kirchenkampf in Lübeck seinen Höhepunkt I **Dezember: Pastor Wilhelm Halfmann veröffentlicht die Schrift »Die Kirche und der Jude«** I **31. Dezember:** Ausschluss der Juden aus dem Staatsdienst I
31. Dezember: Lübeck: Ausweitung des Arierparagraphen auf Kirchenvögte, Kirchendiener und Friedhofswärter.

Propaganda

Der Kirchenvorstand von Reinfeld/Holstein protestiert am 18. Januar 1936 gegen die Propagandatätigkeit des Lübecker Pastors Gerhard Meyer vom Bund für Deutsche Kirche, der in Reinbek in SA-Uniform Flugblätter an den Haustüren verteilt hat:

»Vor allem die Flugschrift ›Laien heraus! Helft gegen den Judaismus in unserer Kirche kämpfen!‹ mit ihrem hemmungslosen Kampf gegen das Alte Testament und ihren zahlreichen – milde ausgedrückt – Verunglimpfungen der evangelischen Kirche haben hier bei Gemeindegliedern Unmut und Empörung hervorgerufen (...)«

Pastor Gerhard Meyer erklärt in einer Antwort vom 3. Januar 1936, Ziel sei es u.a. gewesen »wegen der unklaren Haltung der Kirche gegenüber dem jüdischen Alten Testament« der »Gefahr der auch in Reinfeld anwachsenden Kirchenaustrittsbewegung« vorzubeugen. Daher arbeite der Bund für Deutsche Kirche »im Dienst unserer evangelischen Sache«.

Quelle: Nordelbisches Kirchenarchiv, 42.07, Nr. 265, Bl. 111ff.

Arische Friedhofswärter

»Als Kirchenvogt, Kirchendiener oder Friedhofswärter kann nur ein evangelischer Christ angestellt werden, der rückhaltlos für den nationalen Staat und die Deutsche Evangelische Kirche eintritt. Wer nicht arischer Abstammung ist oder mit einer Person nicht arischer Abstammung verheiratet ist, darf nicht als Kirchenvogt, Kirchendiener oder Friedhofswärter angestellt werden.«

Gesetz der Lübeckischen Landeskirche vom 31. Dezember 1936

Quelle: Amtsblatt Lübeck 1936, S. 81f.

Briefwechsel

Nachdem Pastor Wilhelm Halfmann seine Schrift »*Die Kirche und der Jude*« veröffentlicht hat, schreibt ihm der Richter im Ruhestand Fritz Valentin, ein Christ jüdischer Herkunft, im Mai 1937:

»(...) Hat die Kirche nun wirklich gegenüber Staat und Partei nichts zu sagen zu dieser von ihnen nicht nur geduldeten, sondern geförderten Vergiftung der Atmosphäre? Hat die Kirche gar nichts zu sagen zu der moralischen Diffamierung jedes einzelnen Juden? Hat die Kirche als Hüterin von Gottes Geboten nicht ihre Stimme dafür zu erheben, daß in Deutschland der Jude nicht mit hemmungslosem Haß verfolgt, daß er, zwar nicht als Volksgenosse (das zu verlangen hat die Kirche angesichts der staatlichen Gesetzgebung kein Recht), wohl aber als Mitmensch, als »Nächster« geachtet wird?«

Das Antwortschreiben Halfmanns ist nicht erhalten. Lediglich ein zweiter Brief Fritz Valentins an Halfmann. Darin steht:

»(...) Ich muß Ihnen doch noch sagen, daß mich die Schilderung der Schwierigkeiten und Widerstände, in denen Sie und Ihre Amtsbrüder arbeiten müssen, wahrhaft erschüttert hat. (...) Aber trotz allem finde ich in Ihrer Lage etwas, was mir in meiner Lage – und das ist eben das Bedrückendste – völlig versagt ist: Sie können trotz oder wegen jener Widerstände und Hemmungen immerhin noch kämpfen – «

Quelle: Nordelbisches Kirchenarchiv, 98.04, B IX, Nr. 179.

Predigt

Aus der Predigt, die Landesbischof Erwin Balzer anlässlich der Einweihung der Lutherkirche in Lübeck am Reformationstag, dem 31. Oktober 1937, hält:

»*Deutsch war Luther in seiner Frömmigkeit, deutsch muß unsere Frömmigkeit sein (...).*

Darum kann in dieser Kirche den deutschen Volksgenossen kein Judenchristentum verkündigt werden. Eine solche Verkündigung könnte das deutsche Herz nicht in seinen innersten Saiten [!] rühren. Wo ein Deutscher sich mühen würde, die judenchristliche Schau nachzuempfinden, da würde ihn diese Bemühung einengen und in seinem seelischen Wachstum verkrüppeln lassen anstatt ihn freizumachen, wie es Gottes Wille ist. (...)

In der Lutherkirche kann uns deutschen Heidenchristen Christus allein so nahe gebracht werden, daß unsere deutschen Brüder und Schwestern spüren: Er ist der, der er schon unsern Vätern war, der Heiland, unser Heiland, der uns Deutsche zu Gott führt.«

Quelle: Lübeckischer Kirchenkalender auf das Jahr 1938, S. 17ff.

1937

21. Januar: Das Landeskirchenamt Kiel fordert von den schleswig-holsteinischen Pastoren und deren Ehefrauen die Erbringung des Ariernachweises.
15. März: Alle »Volljuden« müssen aus dem Paulusbund austreten | 21. März: Enzyklika »Mit brennender Sorge« von Papst Pius XI., in der das Oberhaupt der katholischen Kirche den Rassismus und Nationalismus in Deutschland verurteilt | 1. Juni: Zwangspensionierung des »nichtarischen« Pastors Bruno Benfey in Göttingen. Benfey war mit der Hamburger Theologin Sophie Kunert verheiratet | 20. Juni: Reichsweite Flugblattaktion der »Zeugen Jehovas«; anschließende Verfolgungswelle | 1. Juli: Verhaftung von Martin Niemöller | 2. Juli: An öffentlichen Schulen werden für jüdische Schüler Sonderklassen eingerichtet.

1938

2. März: Einlieferung von Martin Niemöller in ein Konzentrationslager I
13. März: Einmarsch deutscher Truppen in Österreich I März: *Pastor Grüber, Berlin, beginnt seine Hilfstätigkeit für »nichtarische« Christen* I 26. April: Mit der Verordnung über die Anmeldung von jüdischem Vermögen über 5000 RM wird die »Arisierung« jüdischen Eigentums eingeleitet I 9. Juni: Zerstörung der Synagoge in München I 14. Juni: Erlass zur Kennzeichnung und Registrierung jüdischer Gewerbebetriebe I 25. Juni: Jüdische Ärzte dürfen nur noch jüdische Patienten behandeln I 10. August: Zerstörung der Synagoge in Nürnberg I Sommer: Die Schweiz regt die Kennzeichnung der Reisepässe von deutschen und österreichischen Juden mit einem »J« an, um an der Grenze zwischen Juden und deutschen Touristen unterscheiden zu können I 17. August: Alle Juden und Jüdinnen müssen einen »typisch jüdischen« Namenszusatz tragen (»Sara« bzw. »Israel«) I 25. August: *Grüber stellt dem Pfarrernotbund seine Vorstellungen der Unterstützung »nichtarischer Christen« vor und bittet um Hilfe.* Ab dem 6. September: In der Schweiz werden alle illegal eingereisten Flüchtlinge zurückgewiesen I 29. September: Münchener Abkommen. Die Westmächte erklären sich mit der Abtretung des Sudetenlandes an Deutschland einverstanden I 1. Oktober: Einmarsch deutscher Truppen in das Sudetenland I 5. Oktober: Reisepässe von Juden und Jüdinnen werden mit einem »J« gekennzeichnet I 28. Oktober: Ausweisung von 15.000 bis 17.000 so genannter »Ostjuden«, die teilweise schon seit Jahrzehnten in Deutschland leben, aber nicht die deutsche Staatsangehörigkeit besitzen I 9./10. November: »Reichspogromnacht«. Im Reichsgebiet werden 91 Menschen ermordet, etwa 26.000 Männer verhaftet, ca. 1400 Beträume und Synagogen sowie 7000 Geschäfte zerstört I
9./10. November: **Alle sechs Synagogen in Schleswig-Holstein (Bad Segeberg, Elmshorn, Friedrichstadt, Kiel, Lübeck, Rendsburg) werden verwüstet bzw. zerstört. Die Synagogen in Kiel und Elmshorn werden angezündet, ebenso die Bornplatzsynagoge (Hamburg) und**

Namenszusatz und Passzusatz

»Zweite Verordnung zur Durchführung des Gesetzes über die Änderung von Familiennamen und Vornamen vom 17. August 1938:

Juden, die keinen Vornamen führen, der (...) als jüdischer Vorname angeführt ist, haben vom 1.1.39 ab als weiteren Vornamen den Namen ›Israel‹ (für männliche Personen) oder ›Sara‹ (für weibliche Personen) anzunehmen.«

»Verordnung über Reisepässe von Juden vom 5. Oktober 1938:

Alle deutschen Pässe, deren Inhaber Juden sind, werden ungültig. (...) Auslandspässe werden wieder gültig, nachdem sie mit einem »J« versehen worden sind.«

Quelle: Reichsgesetzblatt I S. 1044 und 1342.

Nach der Pogromnacht

Die deutlichste Kritik am Pogrom der Nationalsozialisten spricht am 16. November 1938 auf der Kanzel in Oberlenningen/Württemberg der Pfarrer Julius van Jan. Er predigt dort über das Wort Jeremias *»Oh Land, Land, höre des Herrn Wort«*:

»Wo ist der Mann, der im Namen Gottes und der Gerechtigkeit ruft, wie Jeremia gerufen hat: Haltet Recht und Gerechtigkeit, errettet den Beraubten von des Frevlers Hand! (...) Gott hat uns solche Männer gesandt! Sie sind heute entweder im KZ oder mundtot gemacht. Die aber, die in der Fürsten Häuser kommen und dort noch heilige Handlungen vollziehen können, sind Lügenprediger wie die nationalen Schwärmer zu Jeremias Zeiten und können nur Heil und Sieg rufen, aber nicht des Herrn Wort verkündigen (...).«

Quelle: Eberhard Röhm, Jörg Thierfelder: Juden – Christen – Deutsche, Bd. 3/I, Stuttgart 1995, S. 75f.

Nach der Pogromnacht

Der schleswig-holsteinische Landesbischof Paulsen schreibt in seinem Adventsbrief 1938 an die Pastorenschaft über die Reichspogromnacht:

»Wir haben aber, insbesondere vom Ernst unseres christlichen Glaubens aus, nicht das Recht, der Entscheidung Gottes zu widersprechen, die er vor Jahrtausenden über das jüdische Volk gefällt hat. Die Juden haben Barrabas gewählt und dieser Instinktwahl ihrer Rasse den Hohn hinzugefügt: ›Sein Blut komme über uns und über unsere Kinder.‹ So vollzieht sich nun seit Jahrtausenden die Warnung des Heilandes: ›Das Reich Gottes wird von euch genommen und einem Volke gegeben werden, das seine Früchte bringt.‹ Wir stehen hier gewiß vor vielen ernsten Fragen. Das aber kann von uns als Trägern des Geistlichen Amtes nicht ernst genug genommen werden, daß in der Frage des jüdischen Volkes eine strenge Entscheidung von Gott her gefallen ist. (...)«

Quelle: Nordelbisches Kirchenarchiv, 94, Adventsbriefe (5).

Hitlerbild an der Wand: Das Kirchenbuchamt Plön 1939.

die Synagoge in Harburg. Die Leichenhalle des jüdischen Friedhofes in Harburg brennt am 10. November völlig aus. U.a. kommt es auch in Ahrensburg, Flensburg und auf Sylt zu Ausschreitungen gegen Juden und jüdische Einrichtungen I 10. November: *Der Berliner Dompropst Bernhard Lichtenberg betet öffentlich für die Juden. Der Thüringer Bischof Martin Sasse rechtfertigt den Pogrom hingegen als »gottgesegneten Kampf des Führers zur völligen Befreiung unseres Volkes«* I 16. November: *Erklärung des Landeskirchenrates in Thüringen, in der zum »Kampf gegen den volkszersetzenden Geist des Judentums« aufgerufen wird* I 23. November: Zwangsveräußerung aller jüdischen Betriebe I Dezember 1938: Beginn der »Kindertransporte«. Jüdische Kinder erhalten von den westlichen Demokratien die Erlaubnis, ohne ihre Eltern einzureisen.

Die Hilfsstelle für »*nichtarische*« evangelische Christen – das Büro Pfarrer Grüber

Auf Initiative des Berliner Pfarrers Heinrich Grüber (1891–1975) und anderer Mitglieder der Bekennenden Kirche nimmt im Dezember 1938 unter dem Eindruck der Reichspogromnacht ein zentrales Hilfsbüro zur Auswanderung »*nichtarischer*« evangelischer Christen seine Arbeit auf. Das Büro Grüber mit seinen rund 30 Mitarbeitern und Mitarbeiterinnen entwickelt sich zur zentralen Beratungs- und Vermittlungsstelle für judenchristliche Auswanderer. Zur Bewältigung der Arbeit wird ein Netz von Vertrauensstellen aufgebaut, die die Betreuung und Beratung vor Ort übernehmen. Für den nordelbischen Raum nehmen in Hamburg Frau Dr. Feldner und Pastor Kohlschmidt und in Kiel Pastor Chalybäus diese Aufgabe wahr. Innerhalb von knapp zwei Jahren kann in Zusammenarbeit mit katholischen und jüdischen Stellen die Ausreise von ca. 2000 Menschen erreicht werden.

Im Januar 1941 wird das Büro geschlossen. Bereits im Dezember 1940 ist Grüber von der Gestapo verhaftet und im KZ Sachsenhausen inhaftiert worden. Erst im Juni 1943 wird er »*auf Bewährung*« entlassen. Grübers Stellvertreter Werner Sylten (1893–1942), der 1936 aufgrund seiner jüdischen Herkunft als Leiter eines Mädchenerziehungsheimes in Thüringen entlassen worden ist, wird im Januar 1941 verhaftet und im August 1942 auf einem »*Krankentransport*« ermordet.

Literatur: Heinrich Grüber: Bevollmächtigt zum Brückenbau, hrsg. v. Jörg Hildebrandt, Leipzig 1991.

1939

1. Januar: Auflösung aller jüdischen politischen Organisationen I
30. Januar: Hitler droht in einer Reichstagsrede die »Vernichtung des europäischen Judentums« an I
2. Februar: Als erste Landeskirche verweigert die Anhaltinische Landeskirche Juden die Aufnahme in die Kirche. Vier weitere DC-Kirchen folgen diesem Schritt I **12. Februar: Pastor Bernhard Bothmann wird mit Wirkung vom 13. März aufgrund der Ehe mit einer »Nichtarierin« aus dem Dienst der schleswig-holsteinischen Landeskirche entlassen** I **23. Februar: »Gesetz über die kirchliche Stellung evangelischer Juden« in Lübeck: In § 1 heißt es: »Juden können nicht Glieder der evangelisch-lutherischen Kirche in Lübeck werden.«** I **15. März:** Einmarsch der Wehrmacht in die »Resttschechoslowakei« I **25./26. März:** Vertreter der DC und der kirchlichen »Mitte« stellen den »unüberbrückbaren Gegensatz zum Judentum« fest I **4. April:** Die Kirchenführer von elf DC-Landeskirchen beschließen die Gründung eines »Instituts zur Erforschung und Beseitigung des jüdischen Einflusses auf das deutsche kirchliche Leben.« **Die Erklärung wird für Lübeck von Bischof Erwin Balzer, für Schleswig-Holstein vom Präsidenten des Landeskirchenamtes Dr. Christian Kinder unterschrieben** I **6. Mai:** Gründung des »Instituts zur Erforschung und Beseitigung des jüdischen Einflusses auf das deutsche kirchliche Leben« auf der Wartburg I **17. Mai:** Vertrauensstellen des »Büro Grüber« im Bereich der nordelbischen Kirchen gibt es in Kiel (Pastor Chalybäus) und Hamburg (Pastor Kohlschmidt und Frau Dr. Feldner). **Volkszählung. Für Schleswig-Holstein und Hamburg werden 7731 evangelische Christen mit jüdischer Herkunft festgestellt. Es handelt sich um 1114 »Volljuden«, 3511 sog. »Mischlinge 1. Grades« und 3104 »Mischlinge 2. Grades«** I **4. Juli:** Übertragung der schulischen Versorgung aller jüdischen Kinder auf die Reichsvertretung der Juden in Deutschland. I **August:** Meldepflicht für geistig und körperlich behinderte Kinder. In »Kinderfachabteilungen« werden bis 1945 zwischen 5000 und

44

Der »Judenfreund« von St. Michaelisdonn

Aus einem Bericht der Gestapo Kiel an das Landeskirchenamt Schleswig-Holstein vom 20. Februar 1939 über den Pastor von St. Michaelisdonn, Friedrich Slotty:

»*Seine staatsfeindliche Betätigung erreicht ihren Höhepunkt darin, daß er seine Konfirmanden gegen Staat und Partei aufhetzt und die Juden in jeder Weise in Schutz nimmt. Durch die Vernehmung mehrerer Konfirmanden wurde festgestellt, daß Slotty äußerte, die Juden hätten Deutschland im Weltkriege durch die Beschaffung von Kupfer und anderen Metallen geholfen, da sonst Deutschland viel früher den Krieg verloren hätte. Ausserdem seien die Juden viel bessere Arbeiter als die Arier, ihr Vermögen sei durch ehrliche Arbeit erworben, und Deutschland würde sich auf den Zeitpunkt freuen, wo es die Juden wiederholen könnte.*«

Slotty wird daraufhin vom Landeskirchenamt in den Ruhestand versetzt.

Quelle: Nordelbisches Kirchenarchiv 12.03, Nr. 1176.

»Godesberger Erklärung«

Am 26. März 1939 legen Vertreter der nationalkirchlichen Deutschen Christen und der kirchlichen »Mitte« die »Godesberger Erklärung« vor. In dieser heißt es: »*Indem der Nationalsozialismus jeden politischen Machtanspruch der Kirchen bekämpft und die dem deutschen Volke artgemäße nationalsozialistische Weltanschauung verbindlich macht, führt er das Werk Martin Luthers nach der weltanschaulich-politischen Seite fort und verhilft uns dadurch in religiöser Hinsicht wieder zu einem wahren Verständnis des christlichen Glaubens.*« An anderer Stelle heißt es: »*Der christliche Glaube ist der unüberbrückbare Gegensatz zum Judentum.*« Etliche Landeskirchen lehnen diese Erklärung ab. Der Hamburger Landesbischof Franz Tügel urteilt über die Erklärung gar: »*Diese Leute haben von Kirche keine Ahnung. Diese ›Erklärung‹ stellt für mich das traurigste Armutszeugnis dar, das die evangelische Kirche in diesen Jahren zu den Akten nehmen muß.*«

Die Grundsätze der Erklärung werden am 4. April von elf deutschkirchlichen Kirchenführern, unter ihnen Bischof Erwin Balzer für die Landeskirche Lübeck und der Präsident des Landeskirchenamtes in Kiel, Dr. Christian Kinder, für Schleswig-Holstein übernommen. Als praktischen Schritt zur Umsetzung der Erklärung beschließen diese die Gründung eines »*Instituts zur Erforschung und Beseitigung des jüdischen Einflusses auf das deutsche kirchliche Leben*«.

Quellen: Flüchtlingsdienst des Ökumenischen Rates der Kirchen (Hg.): Die evangelische Kirche in Deutschland und die Judenfrage, Genf 1945, S. 168ff.

Eisenacher Institutsgründung

Das Eisenacher »*Institut zur Erforschung und Beseitigung des jüdischen Einflusses auf das deutsche kirchliche Leben*« wird am 6. Mai 1939 auf der Wartburg gegründet. Dem Institut gehören über 50 Professoren, Dutzende von Dozenten und Akademikern sowie rund einhundert Bischöfe und Pastoren an. Das Amt des Vorsitzenden des Verwaltungsrates bekleidet der Lübecker Oberkirchenrat Johannes Sievers.

Als Zielsetzung des Instituts benennt der wissenschaftliche Leiter des Instituts, Prof. Walter Grundmann, Jena, »*die Werdegesetze deutschen religiösen Lebens und deutscher christlicher Erfahrung aufzuzeigen und die entartenden und gefährlichen fremden Einflüsse zu enthüllen*«.

Das Institut veranstaltet in den folgenden Jahren zahlreiche Tagungen und Vorträge. Als eines der zentralen Themen für das Christentum wird dabei die Frage betrachtet, ob Jesus ein Arier oder ein Jude war. Mit »*wissenschaftlichen*« Untersuchungen wie z.B. »*Jesus der Galiläer*« von Prof. Grundmann soll der Nachweis erbracht werden, dass Jesus kein Jude gewesen sei und sich vielmehr »*in einem unüberbrückbaren Gegensatz zum Judentum*« befunden habe.

Literatur: Susannah Heschel: Theologen für Hitler. Walter Grundmann und das »Institut zur Erforschung und Beseitigung des jüdischen Einflusses auf das deutsche kirchliche Leben«, in: Siegele-Wenschkewitz (Hg.): Christlicher Antijudaismus und Antisemitismus, Frankfurt/M. 1994, S. 125–170.

Erstes Ergebnis

»*Auf Veranlassung des Kultusministeriums Baden ist dort im biblischen Lehrbuch das Einschiebsel im Johannesevangelium ›Das Heil kommt von den Juden‹ gestrichen worden. Wie hervorragende deutsche Gelehrte nachweisen, handelt es sich hierbei um kein Jesuswort, da es ja auch als Fremdkörper im Johannesevangelium wirkt.*«

Quelle: Pflugschar und Meißel. Kirchliches Wochenblatt für Haus und Gemeinde. Ausgabe vom 7. Mai 1939.

8000 Kinder ermordet I **1. September:** Überfall der deutschen Wehrmacht auf Polen. Beginn des Zweiten Weltkrieges I **8. Oktober:** Errichtung des ersten Ghettos in Piotrków Trybunalski I **5./6. Dezember:** Beschlagnahmung jüdischen Eigentums in Polen.

1940

9. April: Überfall auf Dänemark und Norwegen | **10. Mai:** Überfall auf Frankreich, Belgien, die Niederlande und Luxemburg | **16. Mai:** »Zigeuner«-Deportation aus den »westlichen und nordwestlichen Grenzgebieten«. Allein aus dem Bereich der Kripo-Leitstelle Hamburg werden 1000 Menschen deportiert. **Juni:** *»Die Botschaft Gottes« erscheint, eine »entjudete« Version des Neuen Testaments des Eisenacher »Institutes zur Erforschung und Beseitigung des jüdischen Einflusses auf das deutsche kirchliche Leben«. Das Buch erfährt mehrere Auflagen mit insgesamt über 250.000 Exemplaren* | **16. Oktober:** Bekanntgabe eines Erlasses der Deutschen Evangelischen Kirchenkanzlei betreffend den Umgang mit »Zigeunern und Zigeunermischlingen«. Die Kirchenbuchämter werden angewiesen, entsprechende Unterlagen »zur Weiterleitung« an die Kriminalpolizei weiterzugeben | **24. Oktober:** *Niederländische Kirchen protestieren gegen die Einführung des Arierparagraphen in Holland* | **19. Dezember:** *Verhaftung von Pastor Grüber mit anschließender Internierung in den Konzentrationslagern Sachsenhausen und Dachau.*

»Botschaft« aus Eisenach

Die erste Arbeitstagung des Eisenacher Institutes im März 1940 hat 600 Teilnehmer. Das Institut arbeitet mit großem Engagement am Ziel der *»Entjudung«* der Kirche. Im September kommt die Neufassung des Neuen Testamentes heraus, *»Die Botschaft Gottes«*, die frei von Bezügen zum Judentum ist. Diese erreicht Auflagen von über 200.000 Exemplaren. In Lübeck wird sie in Gottesdiensten und Bibelstunden eingeführt und allen Konfirmanden unentgeltlich angeboten.

Parallel wird an einem *»entjudeten«* Kirchengesangbuch gearbeitet, das erst 1941 erscheint. In dem Gesangbuch *»Großer Gott, wir loben dich«* werden z.B. die Wörter *»Amen«*, *»Halleluja«*, *»Hosianna«*, und *»Zebaoth«* entfernt.

Literatur: Eberhard Röhm, Jörg Thierfelder:
Juden – Christen – Deutsche, Bd. 3/II, S. 43ff.

Nachträgliche Menschlichkeit

Die letzte Jüdin Eutins, die 85-jährige Jenny Nathan, stirbt am 29. Dezember 1940, nachdem sie völlig vereinsamt, halb verhungert und unterkühlt in ihrem unbeheizten Haus aufgefunden und ins Krankenhaus gebracht wurde, an einer Lungenentzündung. Die Beerdigung nimmt Landespropst Wilhelm Kieckbusch persönlich vor.

Literatur: Lawrence D. Stokes: Judenverfolgung in Eutin 1933–1945.
In: Gerhard Paul, Miriam Gillis-Carlebach (Hg.): Menora und Hakenkreuz,
Neumünster 1998, S. 358–368, hier S. 360.

Kreuz und Hakenkreuz im Kircheninnenraum vereint:
Die Christuskirche in Hamburg-Wandsbek vor ihrer Zerstörung.

1941

Februar–April: 72.000 Menschen werden in das Warschauer Ghetto deportiert. **7. März:** Einführung der Zwangsarbeit für Juden in Deutschland | **6. April:** Überfall auf Jugoslawien und Griechenland | **27. April:** Reichsführer SS Heinrich Himmler ordnet die Errichtung des Konzentrationslagers Auschwitz an | **6. Juni:** »Kommissarbefehl« zur Vorbereitung des Überfalls auf die Sowjetunion, der die Aussonderung und Ermordung der politischen Kommissare der Sowjetarmee vorsieht | **22. Juni:** Überfall auf die Sowjetunion | **1. Juli–31. August:** Die Einsatzgruppe D ermordet 150.000 bis 160.000 Juden in Bessarabien | **Juli/August:** Der katholische Bischof Graf von Galen wendet sich in drei Predigten öffentlich gegen die Ermordung Behinderter | **1. September:** Kennzeichnungspflicht für Juden und Jüdinnen mit einem gelben Stern. Offizieller Abschluss des »Euthanasie-Programms« in Deutschland, in dessen Verlauf 70.000 bis 93.000 Menschen ermordet wurden | **25. September:** Das Eisenacher »Institut zur Erforschung des jüdischen Einflusses auf das deutsche kirchliche Leben« legt mit »Deutsche mit Gott – Ein deutsches Glaubensbuch« einen »entjudeten« Katechismus vor | **29./30. September:** Das Einsatzkommando 4a ermordet 33.771 Juden in der Babi-Jar-Schlucht bei Kiew | **25. Oktober: Erste Deportation von Hamburger Juden. Insgesamt fallen mindestens 8877 Menschen aus Hamburg dem Völkermord zum Opfer** | **6. Dezember: Erste Deportation von etwa 160 Juden aus Schleswig-Holstein zusammen mit etwa 750 Juden aus Hamburg nach Riga** | **17. Dezember:** Sieben nationalkirchliche Kirchenführer fordern den Ausschluss von »Rassejuden« aus der evangelischen Kirche | **17. Dezember: Die Erklärung wird vom Präsidenten des Landeskirchenamtes Dr. Kinder, Kiel, und Oberkirchenrat Sievers, Lübeck, unterschrieben** | **22. Dezember:** Die Kirchenkanzlei der Deutschen Evangelischen Kirche DEK fordert die »Ausscheidung« der Juden aus der Kirche | **29. Dezember: Juden werden von jeder »kirchlichen Gemeinschaft« der Landeskirche Lübeck ausgeschlossen.**

Hamburger Gesangbuch

In einem Schreiben an das Landeskirchenamt vom März 1941 mahnt der stellvertretende Wehrkreispfarrer X., Dr. Wilhelm Jensen, eine gründliche textliche Überholung des Gesangbuches an, um es von allen »Judaismen« zu befreien. Für das Lied »*Ein feste Burg ist unser Gott*« regt er an, die Textzeile »*Der Herr Zebaoth*« in »*Der Retter in Not*« umzuändern. Er fordert weiter eine Abänderung von Kirchenliedern, in denen die Worte »*Jehova*« oder »*Zions Mauern*« vorkommen. Landesbischof Tügel weist dieses Ansinnen zurück. Die vorgeschlagenen »*Verdrehungen*« bezeichnet er in seinem Antwortschreiben als eine »*Ehrfurchtslosigkeit gegenüber dem Sturmlied der Reformation*« und »*geschmacklose und sinnlose Abänderung des Lutherliedes*«. Weiter schreibt er: »*Es tut nicht gut, wenn Zwerge an dem gewaltigen Text eines Geistesriesen herumbasteln (...). Auch finde ich, daß das Einheitsgesangbuch so viele Lieder enthält, daß für Herr und Heimat genügend Auswahl besteht. Es gehört wirklich schon die Tapsigkeit eines Neunzigjährigen bei Verdunkelung dazu, um ausgerechnet wieder in die kleinen Schlaglöcher der wenigen Hebraismen hineinzustolpern.*«

Quelle: Nordelbisches Kirchenarchiv, 32.01, Nr. 940.

Der Kirchenarchivar und einfache Wahrheiten

Die Zeitschrift für schleswig-holsteinische Geschichte bringt in ihrer Ausgabe von 1941 Beiträge zur Judenfrage in Schleswig-Holstein. Einen der Beiträge schreibt der Leiter des schleswig-holsteinischen Kirchenarchivs, Dr. Wilhelm Hahn:

»*Zeiten nationalen Hochgefühls müssen aus diesem ihrem Kraftimpuls immer wieder mit dem Judentum zusammenstoßen, denn das Judentum ist und bleibt etwas Rassefremdes. (...) In unserer Zeit wird durch Adolf Hitler die Judenfrage praktisch gelöst. (...) Je mehr nun in Deutschland durch die Wiederherstellung der Reinheit des Blutes und die Ausscheidung des Rassefremden der praktische politische Kampf auf diesem Gebiet in die Vergangenheit entrückt, um so notwendiger wird die wissenschaftlich kritische Beschäftigung mit der Judenfrage (...)*«

In diesem Sinn bereitet Hahn in seinem Beitrag über »*Judentaufen*« die kirchlichen Fehler gegenüber dem Judentum auf:

»*Man vergaß auf deutscher Seite völlig die einfache Wahrheit, dass ein Jude, auch wenn er den Übertritt zu einer ihm selbst artfremden Glaubensgemeinschaft vollzieht, doch immer Jude bleibt.*«

Quelle: Wilhelm Hahn, Judentaufen in Schleswig-Holstein. In: Zeitschrift für schleswig-holsteinische Geschichte Bd. 69, 1941, S. 110ff.

Euthanasie

Die nationalsozialistische Politik der Vernichtung von »*lebensunwertem*« Leben beginnt 1939 mit der systematischen Ermordung von behinderten Kindern in Polen. Die Ausweitung der Mordaktion auf die Heil- und Pflegeanstalten im gesamten Reichsgebiet im Oktober 1939 erfolgt auf einen geheimen Führererlass. Im Verlauf des Jahres 1940 wird die systematische Tötung von Anstaltsbewohnern in der Öffentlichkeit bekannt. In seiner Predigt vom 3. August 1941 kritisiert der Erzbischof von Münster, Clemens Graf von Galen, die »*furchtbare Lehre, die die Ermordung Unschuldiger rechtfertigen will, die die gewaltsame Tötung der nicht mehr Arbeitsfähigen, Invaliden, Krüppel, unheilbar Kranken, Altersschwachen grundsätzlich freigibt*«. Aufgrund der wachsenden Kritik veranlasst Hitler am 24. August 1941 offiziell die Einstellung des »*Euthanasie*«-Programms. Insgesamt werden im Rahmen des »*Euthanasie*«-Programms geschätzte 275.000 Menschen ermordet.

Quelle: Clemens August Graf von Galen:
Akten, Briefe und Predigten 1933–1946, Paderborn u.a. 1996.

Judenreiner Katechismus

Im September 1941 veröffentlicht das Eisenacher Institut eine »*judenreine*« Fassung des Katechismus »*Deutsche mit Gott. Ein deutsches Glaubensbuch*«. Im Kapitel »*Der Heiland der Deutschen*« heißt es:

»*Jesus aus Nazareth in Galiläa erweist in seiner Botschaft und Haltung einen Geist, der dem Judentum entgegengesetzt ist. Der Kampf zwischen ihm und den Juden wurde so unerbittlich, daß er zu seinem Kreuzestod führte. So kann Jesus nicht Jude gewesen sein. Bis auf den heutigen Tag verfolgt das Judentum Jesu und alle, die ihm folgen, mit unversöhnlichem Haß. Hingegen fanden bei Jesus Christus besonders arische Menschen Antwort auf ihre letzten und tiefsten Fragen. So wurde er auch Heiland der Deutschen.*«

In der Schrift finden sich weiter eine »*zeitgemäße*« Form des Glaubensbekenntnisses und des Vaterunsers sowie zwölf neue Gebote. Im 8. Gebot heißt es »*Halte das Blut rein und die Ehe heilig*«, das 11. Gebot lautet »*Ehre Führer und Meister*«.

Literatur: Hans Prolingheuer: Das Eisenacher
Entjudungsinstitut. Ev. Versöhnungskirche Dachau 1997.

Auswirkungen des »Judenstern«-Erlasses

Aus dem Bericht des Chefs der Sicherheitspolizei und des SD vom 24. November 1941 über die Auswirkungen des »*Judenstern-Erlasses*«:

»*Die Polizeiverordnung des Reichsministeriums des Innern vom 1.9.1941, die den Juden verbietet, sich in der Öffentlichkeit ohne den sichtbar auf der linken Brustseite des äußersten Kleidungsstückes zu tragenden Judenstern zu zeigen, hat nicht nur in den größeren Städten hinsichtlich der großen Zahl der Juden in der Bevölkerung Überraschung ausgelöst, sondern auch das Kirchenvolk auf die zahlreichen getauften Juden, die sich unter den Besuchern der Sonntagsgottesdienste befinden, aufmerksam gemacht.*

Nach dem Inkrafttreten der Verordnung wurden an den darauffolgenden Sonntagen verschiedene Kirchenbesucher bei ihren Ortsgeistlichen vorstellig. Sie verlangten, daß die Juden nicht mehr die gemeinsamen Gottesdienste besuchen dürften und daß man von ihnen nicht verlangen könne, daß sie neben einem Juden die Kommunion empfangen sollen. (...)«

Quelle: Bundesarchiv Berlin, R 58 RSHA, Nr. 166.

Kriegseinsatz der Religionswissenschaft

Seit dem Beginn des Zweiten Weltkrieges stellt Professor Grundmann die Arbeit des Eisenacher Instituts in den Dienst der nationalsozialistischen Kriegspolitik. In den Verbandsmitteilungen 1941 beschreibt er die Aufgaben des Instituts:

»*Im großdeutschen Schicksalskampf, der ein Kampf gegen das Weltjudentum und gegen alle zersetzenden und nihilistischen Kräfte ist, gibt die Arbeit des Instituts an ihrem Platze das Rüstzeug zur Überwindung aller religiösen Überfremdung im Innern des Reiches an die Hand und dient dem Glauben des Reiches. So stellt sie ein Stück des Kriegseinsatzes der deutschen Religionswissenschaft dar.*«

Auf einer Tagung der Arbeitsgemeinschaft »*Germanentum und Christentum*« im November 1941 in Weißenfels, an der deutsche und schwedische Theologen teilnehmen, referiert der Jenaer Professor und Institutsmitarbeiter Wolf Meyer-Erlach zum Thema »*Christentum und Bolschewismus*«. Meyer-Erlach zeigt, so in einem Tagungsbericht, »*das slawische Christentum als Wegbereiter des Bolschewismus, das anglikanische als seine Bundesgenossen und das germanische als seinen Todfeind auf. Der militärische, geistige und seelische Kampf eines erwachten Europa gegen den Bolschewismus ist zugleich ein Kampf, der im Namen des germanischen Christentums geführt wird.*«

Quellen: Evangelisches Zentralarchiv, 1/ C3/ 174 und 7, 4167.

Deportation

»*Unsere Lehrerin Elisabeth Flügge wurde Zeugin der ersten großen Deportationswelle in Hamburg im Oktober 1942 [richtig ist: 1941. S.L.]. Sie erzählte: ›Ich besuchte gerade eine sehr feine alte Dame, die nicht mehr hatte auswandern können, weil sie schon zu gebrechlich war und nun in einem erbärmlichen winzigen Zimmer hockte. Plötzlich hörten wir durchs Treppenhaus rufen: ‚Morgen früh 8 Uhr alle zur Sammelstelle!‹ Da bat sie mich, sie mit einem Handtuch zu erdrosseln. Ich habe gesagt, das könnte ich nicht. Ich fuhr mit dem Fahrrad zum DRK und zur ›Jüdischen Gemeinde‹, aber man konnte mir nur raten, das Packen zu übernehmen. Am nächsten Tag war das Haus leer und versiegelt.*«

Quelle: Ingeborg Hecht: Als unsichtbare Mauern wuchsen, Hamburg 1993, S. 117f.

Reaktion

Nach der Deportation schreibt der Hamburger Pastor Heinrich Wilhelmi an seinen Landesbischof Tügel am 31. Oktober 1941:

»Wissen Sie – um nur das Neueste zu nennen – von der Austreibung der Juden und den Umständen, unter denen sie sich vollzieht und die jene unerhörten Vorgänge vom November 1938 womöglich überbieten? Dabei ist nicht einmal das seitens der Kirchenleitung geschehen, daß sie für ihre eigenen Kirchenglieder eingetreten wäre! Wie die Kirche seinerzeit nicht verhindert hat, daß die nicht-arischen Christen (und zwar längst getaufte und treue Kirchenglieder) dem jüdischen Religions(!)-Verband unterstellt wurden, so hat sie jetzt nichts dafür getan, daß sie nicht mit ins Ghetto gesperrt und aller Seelsorge beraubt werden, wenn nicht gar des Lebens. Haben denn nicht wenigstens die Getauften ein Recht auf Ihren Schutz, Herr Landesbischof?«

Quelle: Nordelbisches Kirchenarchiv, 32.03.01 PA Wilhelmi, Bl. 119f.

Erklärung

Am 17. Dezember 1941 erklären die Führer von sieben Landeskirchen, darunter Schleswig-Holstein und Lübeck:

»Die nationalsozialistische deutsche Führung hat mit zahlreichen Dokumenten unwiderleglich bewiesen, daß dieser Krieg in seinen weltweiten Ausmaßen von den Juden angezettelt worden ist. (...)

Als Glieder der deutschen Volksgemeinschaft stehen die unterzeichneten deutschen evangelischen Landeskirchen und Kirchenleiter in der Front dieses historischen Abwehrkampfes, (...) wie schon Dr. Martin Luther nach bitteren Erfahrungen die Forderung erhob, schärfste Maßnahmen gegen die Juden zu ergreifen und sie aus deutschen Landen auszuweisen.

(...) Durch die christliche Taufe wird an der rassischen Eigenart eines Juden, seiner Volkszugehörigkeit und seinem biologischen Sein nichts geändert. Eine deutsche evangelische Kirche hat das religiöse Leben deutscher Volksgenossen zu pflegen und zu fördern. Rassejüdische Christen haben in ihr keinen Raum und kein Recht. (...)«

Aufgrund dieser Erklärung fordert die Kirchenkanzlei der Deutschen Evangelischen Kirche am 22. Dezember 1941 alle Landeskirchen auf, die »getauften Nichtarier« aus der Kirche zu entfernen.

Quelle: Erklärung vom 17.12.1941. Abgedruckt in:
Kurt Meier: Kirche und Judentum, Göttingen 1968, S. 115ff.

1942

20. Januar: »Wannsee-Konferenz«: Treffen zur »Koordinierung« der »Endlösung« I **10. Februar: Ausschluss der Juden und Jüdinnen aus der Landeskirche Schleswig-Holstein** I **22. Juli:** »Inbetriebnahme« des Vernichtungslagers Treblinka; bis August 1943 werden hier ca. 870.000 Menschen ermordet. **Mitte September: Der frühere Propst von Bad Segeberg, Ernst Szymanowski (Biberstein), wird Befehlshaber des Einsatzkommandos 6** I **4. Oktober:** Verlegung aller Juden aus deutschen Konzentrationslagern nach Auschwitz.

Die Wannsee-Konferenz

Auf Einladung des Chefs des Reichssicherheitshauptamtes (RSHA), Reinhard Heydrich, findet am 20. Januar 1942 in einer Villa am Wannsee in Berlin ein Treffen statt, auf dem die Durchführung und Koordination der »*Endlösung*«, der Vernichtung des europäischen Judentums, besprochen wird. Der Entschluss zur Ermordung der Juden und Jüdinnen ist schon zuvor getroffen worden: Mit dem Überfall auf die Sowjetunion im Juni 1941 beginnen Heydrichs »*Einsatzgruppen*« mit der systematischen Ermordung sowjetischer Juden und Jüdinnen. Im Oktober 1941 hat die Deportation deutscher Juden begonnen, im Herbst verbietet der Reichsführer SS, Heinrich Himmler, die weitere Auswanderung. Gleichzeitig ist im November mit dem Bau der Vernichtungslager Chelmno und Belzec mit Giftgasanlagen begonnen worden.

An der Konferenz nehmen neben mehreren SS-Führern, unter ihnen der Heydrich-Vertraute und »*Judensachverständige*« Adolf Eichmann, hochrangige Vertreter der deutschen Ministerialbürokratie teil. Vertreten sind u.a. die Reichskanzlei, das Innenministerium, das Auswärtige Amt, das Reichsjustizministerium, das Ministerium für die besetzten Ostgebiete und der Beauftragte für den Vierjahresplan. Einwände oder Kritik an den geplanten Maßnahmen gibt es nicht, lediglich die Frage der »*Halbjuden*« und »*Vierteljuden*« sowie das »*Problem der Mischehen*« wird kontrovers diskutiert. Diskussionsvorschläge sind die Deportation und Ermordung, Zwangssterilisation und – im Falle einer Mischehe – die Zwangsscheidung.

Literatur: Kurt Pätzold, Erika Schwarz: Tagesordnung: Judenmord. Die Wannsee-Konferenz am 20. Januar 1942, Berlin 1998.

Erlass

Erlass des Schleswig-Holsteinischen Landeskirchenamtes vom 10. Februar 1942:

»*Vom Reich wie vom Staat her sind im Laufe der Jahre, insbesondere aber im Jahre 1941, entscheidende Maßnahmen getroffen, die jede Einflußmöglichkeit aus der Verbindung und aus dem Umgang deutscher Menschen mit den Nichtariern ausschalten. (...) Darüber hinaus ist durch die Rassenforschung und Rassengesetzgebung unser Volk sich dessen bis ins tiefste bewusst geworden, daß das Judentum ein uns fremdes Volkstum darstellt und daß mit diesem Kriege das gesamte Judentum der Welt aufs neue die Zerstörung unseres Reiches und Volkstums betreibt. Um unserer Kirche als Volkskirche willen, ist es unmöglich, an diesem das ganze Volk zutiefst bewegenden Tatbestand vorüberzugehen. Unsere Kirchengemeinden müssen daher hinsichtlich der vorbezeichneten jüdischen Personen die Konsequenzen ziehen.*«

Quelle: Nordelbisches Kirchenarchiv, 22.02, Nr. 7487, Bl. 15.

Kindheitserinnerungen
Aus einem Brief Landesbischof Tügels an Georg August Gerdts, Pastor in Hamburg-Moorburg und Mitarbeiter am Eisenacher Institut, 1942:
 »*Ich war bereits Antisemit, als Du vermutlich noch auf der Schulbank saßest. Als 7jähriger Junge verhaute ich einen gleichaltrigen Nichtarier und bekam dafür von meinem Vater eine Belobigung.*«
Quelle: Nordelbisches Kirchenarchiv, 32.03.01, Nr. 286, Bl. 41.

Abschied
Aus den Erinnerungen Ingeborg Lohmanns, geb. Bothmann:
 »*In dieser Zeit schlichen sich Vati und ich uns oft zu meiner Kusine Gerti und ihrem Mann. Sie wohnten in unserer Nähe. Zum Leben hatten sie noch weniger als wir. Jussi, ihr Mann, hatte keine Anstellung mehr und außer seiner Mutter und uns hatten sie niemand mehr. Gerti erwartete wieder ein Baby. Da kam der Bescheid, daß sie in ein Lager evakuiert werden sollten. Einen Koffer mit den nötigsten Dingen dürften sie mitnehmen. Wir brachten ihnen noch alles, was ich an Babysachen entbehren konnte und Kerzen, die sie vielleicht im Lager benötigten. Wir nahmen Abschied für immer! (...)*«
 Der Transport vom 11. Juli 1942 führt direkt in die Gaskammern von Auschwitz, wo das junge Paar ermordet wird.
Quelle: Ingeborg Lohmann: Erinnerungen, unveröffentlichtes Manuskript, S. 32.

Familie Kaftal
Die Familie Kaftal gehört zur ev.-luth. Matthäusgemeinde in Hamburg-Winterhude. Das Ehepaar und die beiden Kinder Gabriele und Hermann – damals elf und 18 Jahre alt – ist am 8./9. November 1941 nach Minsk deportiert worden, wo die gesamte Familie ums Leben kommt. Heinz Rosenberg, einer der wenigen Überlebenden dieser Deportation, erinnert sich an die Ermordung des Vaters 1942:
 »*Eine Gruppe von Männern des SS-Sicherheitsdienstes erschien, stellte die 100 jüdischen Arbeiter in einer Reihe auf, griff zehn heraus und erschoß sie auf der Stelle. Unter ihnen war Gabis Vater, ein Rechtsanwalt, der im Ersten Weltkrieg Offizier gewesen war. Er hatte noch den Heldenmut, den SS-Leuten zuzuschreien: ›Ihr Schweine! Ich war gut genug, um für Deutschland im Ersten Weltkrieg zu kämpfen. Ich habe Auszeichnungen bekommen, ich habe Frau und Kind, und ihr erschießt mich wegen nichts. Ich spucke auf euch!‹ Die 90 Überlebenden mußten dann die Leichen zum Massengrab tragen.*«
Quelle: Heinz Rosenberg: Jahre des Schreckens.
... und ich blieb übrig, daß ich Dir's ansage, Göttingen 1992, S. 45.

1943

2. Februar: Die 6. Armee unter Generalfeldmarschall Paulus kapituliert in Stalingrad | **19. April– 16. Mai:** Der Aufstand des Warschauer Ghettos endet mit dessen völliger Zerstörung | **16. Juni:** Der württembergische Bischof Wurm setzt sich in einer Denkschrift an Hitler für getaufte Juden ein | **23. Juni: Mit dem 14. Hamburger Deportationstransport nach Theresienstadt ist die Vernichtung der jüdischen Gemeinde in Hamburg abgeschlossen** | **22.–24. Juni: Im sog. »Lübecker Christenprozess« werden drei katholische Geistliche und Pastor Karl Friedrich Stellbrink zum Tode verurteilt** | **1./2. Oktober:** In Dänemark beginnt die deutsche Polizei mit Verhaftungen von dänischen Juden für die Deportation. Durch die maßgebliche Unterstützung der dänischen Bevölkerung können über 7000 Juden nach Schweden flüchten | **3. November:** »Aktion Erntefest«. Im Vernichtungslager Majdanek werden über 40.000 Menschen ermordet | **10. November:** *Hinrichtung der vier Lübecker Geistlichen.*

Wurms Denkschriften

Die klarsten Worte gegen die NS-Vernichtungspolitik findet der württembergische Landesbischof Theophil Wurm. In einer Vielzahl von Briefen protestiert er zwischen 1941 und 1943 bei der NS-Führung gegen den Massenmord. So schreibt er am 16. Juli 1943 in einem persönlichen Appell an Adolf Hitler und die Mitglieder der Reichsregierung u.a.:

»*Nachdem die dem deutschen Zugriff unterliegenden Nichtarier in größtem Umfang beseitigt worden sind, muß auf Grund von Einzelvorgängen befürchtet werden, daß nunmehr auch die bisher noch verschont gebliebenen sogenannten privilegierten Nichtarier erneut in Gefahr sind, in gleicher Weise behandelt zu werden. (...) Diese Absichten stehen, ebenso wie die gegen die anderen Nichtarier ergriffenen Vernichtungsmaßnahmen, im schärfsten Widerspruch zu dem Gebot Gottes und verletzen das Fundament alles abendländischen Denkens und Lebens: Das gottgegebene Urrecht menschlichen Daseins und menschlicher Würde überhaupt (...).*«

Quelle: Kurt Meier: Kirche und Judentum, Göttingen 1968, S. 122.

Familienpolitik

Im Verlauf des Jahres 1943 verschärft sich die Politik gegenüber den so genannten »Mischlingen«. Der Tochter Pastor Bothmanns, der als »Halbjüdin« bereits 1939 die Heirat mit ihrem »arischen« Verlobten verboten worden war, wird nun auch der Umgang mit ihm verboten. Damit darf er seine drei Kinder, die das Paar inzwischen hat, nicht mehr treffen. Ingeborg Lohmann erinnert sich:

»*Wenn Vati morgens ins Geschäft ging, stellte er sich unten vor unsere Fenster. Ich nahm Silke auf den Arm, stellte Dieter und Maren an das Fenster, und so konnte Vati einmal am Tag seine Kinder von weitem sehen. (...)*«

Quelle: Ingeborg Lohmann: Erinnerungen, unveröffentlichtes Manuskript, S. 35.

Bekenntnis

Aus einem Schreiben der Bekenntnissynode der Altpreußischen Union vom Herbst 1943:

»*Begriffe wie ›Ausmerzen‹, ›Liquidieren‹ und ›unwertes Leben‹ kennt die göttliche Ordnung nicht. Vernichtung von Menschen, weil sie Angehörige eines Verbrechers, alt oder geisteskrank sind oder einer fremden Rasse angehören, ist keine Führung des Schwertes, das der Obrigkeit von Gott gegeben ist. Des Christen Nächster ist allemal der, der hilflos ist, und seiner besonders bedarf, und zwar ohne Unterschied der Rassen, Völker und Religionen. Denn das Leben aller Menschen gehört Gott allein. Es ist ihm heilig, auch das Leben des Volkes Israel.*«

Quelle: Flüchtlingsdienst des Ökumenischen Rates der Kirchen (Hg.): Die evangelische Kirche in Deutschland und die Judenfrage, Genf 1945, S. 195.

Der Lübecker Christenprozess

Karl Friedrich Stellbrink (1894–1943) ist 1934 in die Dienste der Lübecker Landeskirche getreten und mit dem Pfarramt an der Lutherkirche betraut worden.

Unzufrieden mit der nationalsozialistischen Politik gegenüber dem Christentum und der Kirche, kommt er in Opposition zum NS-Regime und tritt 1936 aus der NSDAP aus. 1942 wird er verhaftet, nachdem er die schweren Bombenangriffe auf Lübeck als eine Art »*Gottesgericht*« bezeichnet hat. Gemeinsam mit den katholischen Geistlichen Johannes Prassek, Eduard Müller und Hermann Lange wird er ein Jahr später wegen »*Zersetzung der Wehrkraft in Verbindung mit landesverräterischer Feindbegünstigung und Rundfunkverbrechen*« vom Volksgerichtshof zum Tode verurteilt und am 10. November 1943 hingerichtet.

Der Kirchenrat der Landeskirche Lübeck hat bereits vor der Verhaftung Stellbrinks ein Dienststrafverfahren mit dem Ziel der Amtsenthebung gegen Stellbrink eingeleitet, »*da er sich nicht würdig gezeigt und seine Treupflicht gegenüber Volk und Reich schuldhaft verletzt hat*«. Während die Lübecker Pastoren nach der Urteilsverkündung ein Gnadengesuch einreichen, »*obwohl die Pfarrer einer solchen Volkskirche die Vergehen ihres ehemaligen Amtsbruders aufs Schärfste verurteilen*«, lehnt der Kirchenrat selbst diesen Schritt ab, »*weil die evangelisch-lutherische Kirche in Lübeck es ablehnen müsse, für einen Volksverräter einzutreten*«.

Quellen: Nordelbisches Kirchenarchiv, 42.07, Nr. 384.

1944

1. Mai: Pastor Leiser, Brokdorf, wird aufgrund seiner »nichtarischen« Abstammung von der Schleswig-Holsteinischen Landeskirche in den Ruhestand versetzt. Daraufhin beschäftigt ihn die Hamburgische Kirche weiter | **15. Mai–9. Juli:** Deportation von 437.000 Juden aus Ungarn nach Auschwitz. Der Großteil wird unmittelbar nach der Ankunft ermordet | **6. Juni:** Landung der Alliierten in der Normandie | **20. Juli:** Erfolgloses Attentat auf Hitler | **6./7. Oktober:** Häftlingsrevolte der Sonderkommandos in Auschwitz, bei der u.a. eine Gaskammer zerstört wird | **Oktober 1944:** Beginn des »Sondereinsatz J«, die Zwangsverpflichtung und Internierung von »Mischlingen 1. Grades« und »jüdisch Versippten«. **Ab Oktober: Mehr als 1000 Hamburger werden als »Halbjuden« und »jüdisch Versippte« »dienstverpflichtet« und als »Sonderkommando J« interniert. Den »jüdisch Versippten« wird die Freiheit in Aussicht gestellt, falls sie sich von ihren jüdischen Ehefrauen scheiden lassen.**

»Nichtdeutschblütige Abstammung«

»*Verhandlungsniederschrift über die Sitzung des Landeskirchenamtes in Timmendorferstrand am Mittwoch, den 9. Februar, vormittags 10.00 Uhr.*

Punkt 1 der Tagesordnung: Nichtdeutschblütige Abstammung von Pastor Leiser:

Pastor Leiser-Brockdorf soll wegen seiner nichtdeutschblütigen Abstammung in den Ruhestand versetzt werden. (...)«

Nachdem ihn die Schleswig-Holsteinische Landeskirche als »Halbjuden« entlassen hat, stellt die Hamburgische Landeskirche Pastor Fritz Leiser sofort ein.

Quelle: Nordelbisches Kirchenarchiv, 12.03, Nr. 734, Bl. 6.

Ladelund

Im Jahr 1938 hat der Reichsarbeitsdienst (RAD) nordöstlich von Ladelund, einem kleinen Dorf an der dänischen Grenze, ein Barackenlager für 250 Menschen eingerichtet. Am 1. November 1944 werden über 2000 Häftlinge aus dem Konzentrationslager Neuengamme in das inzwischen aufgegebene RAD-Lager geschafft, um einen Panzergraben, den so genannten »*Friesenwall*« auszuheben. Die Häftlinge stammen überwiegend aus den Niederlanden, Polen und der Sowjetunion. Es handelt sich um Widerstandskämpfer, Geiseln und Zwangsarbeiter. Die Bewachung der Häftlinge erfolgt durch die SS-Totenkopfverbände der Waffen-SS und zweihundert Marinesoldaten. Als das Lager am 16. Dezember 1944, sechs Wochen nach der Ankunft der ersten Häftlinge, aufgelöst wird, sind 300 Häftlinge tot. Sie sind an Unterernährung, Krankheit, den Strapazen der Arbeit und nicht zuletzt an den Misshandlungen der Wachmannschaft gestorben. Damit ist die Todesrate in Ladelund eine der höchsten für ein KZ-Außenlager.

107 der Toten stammen aus dem niederländischen Dorf Putten. Dort haben Widerstandskämpfer im Oktober 1944 einen Generalstabsoffizier getötet. Zur Vergeltung werden 660 Männer verschleppt und 105 Häuser angezündet. Nur 49 von ihnen überleben den Krieg. Pastor Johannes Meyer, überzeugter Nationalsozialist und schon seit 1930 Parteimitglied, setzt sich für die Verbesserung der Bedingungen im Lager ein und erreicht eine christliche Beerdigung der Toten. Ihm ist es zu verdanken, dass die Namen der Toten verzeichnet werden.

Literatur: Ev.-luth. Kirchengemeinde Ladelund (Hg.): Konzentrationslager Ladelund 1944.

Sonderkommando »J«

In Hamburg sind im Herbst 1944 tausend Männer, die mit Jüdinnen bzw. Judenchristinnen verheiratet oder als »Mischlinge I. Grades« definiert sind, von der Gestapo interniert worden. Sie werden in Sonderkommandos mit der Bezeichnung »J« zusammengefasst und zu Aufräumarbeiten herangezogen.

In seinem Bericht über das Sonderkommando »J« auf dem Friedhof Ohlsdorf beschreibt der Arzt Dr. Ernst Strahl die unmenschlichen Bedingungen des Zwangsarbeitseinsatzes und seine Zielsetzung:

»*Von der Gestapo ist mehreren Kameraden immer wieder nahegelegt worden, sich scheiden zu lassen, dann wären sie frei. Nur ein Kamerad unterlag diesem Verlangen. Er wurde daraufhin sofort auf freien Fuß gesetzt und konnte seiner früheren Beschäftigung wieder nachgehen. Bis auf diesen einen Fall lehnten wir ein solches Ansinnen ab, obwohl wir uns darüber im klaren waren, daß unser Schicksal als Totengräber mit noch weiteren Drangsalierungen seitens der Gestapo besiegelt war, bis einmal die Stunde der Befreiung kommt.*

Unsere Frauen wurden unter dem Deckmantel für einen auswärtigen Arbeitseinsatz in's KZ nach Theresienstadt verschleppt. (...)«

Quelle: Abgedruckt in Herbert Diercks:
Friedhof Ohlsdorf: Auf den Spuren von Naziherrschaft
und Widerstand, Hamburg 1992, S. 81f.

1945

27. Januar: Befreiung des Vernichtungslagers Auschwitz durch die Rote Armee | 14. Februar: **Letzte Deportation aus Hamburg.** Die Deportation nach Theresienstadt betraf 194 mit »Ariern« verheiratete »Volljüdinnen«, deren Ehemänner in den »Sonderkommandos J« Zwangsarbeit leisteten | 9. April: *Dietrich Bonhoeffer wird im Konzentrationslager Flossenbürg ermordet* | 20. April: **Pastor Ewald Dittmann, Süderhastedt, stirbt im Arbeitserziehungslager »Nordmark« in Kiel-Russee.** Dittmann war im März 1945 wegen »gemeinschaftswidrigen Verhaltens« verhaftet worden | 8. Mai: **Kapitulation der deutschen Wehrmacht und Befreiung vom Nationalsozialismus.** Dem Völkermord sind zwischen 5.600.000 und 5.860.000 europäische Jüdinnen und Juden zum Opfer gefallen | 9. Juli: **Landesbischof Paulsen legt sein Amt nieder** | 18. Juli: **Landesbischof Tügel legt sein Amt nieder** | 23. August: *Hirtenbrief deutscher Bischöfe:* »Viele Deutsche, auch aus unseren Reihen, haben sich von den falschen Lehren der Nationalsozialisten betören lassen.« | 19. Oktober: »*Stuttgarter Schuldbekenntnis*« **Das »Stuttgarter Schuldbekenntnis« stößt in Schleswig-Holstein auf starke Proteste.**

Schuldbekenntnis ...

Am 18. Oktober 1945 übergibt der Rat der Evangelischen Kirche in Deutschland (EKD) Vertretern des Ökumenischen Rates eine Erklärung, die als »*Stuttgarter Schuldbekenntnis*« bekannt wird. In der Erklärung heißt es unter anderem:

»*Durch uns ist unendliches Leid über viele Völker und Länder gebracht worden. (...) Wohl haben wir lange Jahre hindurch im Namen Jesu Christi gegen den Geist gekämpft, der im nationalsozialistischen Gewaltregiment seinen furchtbaren Ausdruck gefunden hat; aber wir klagen uns an, dass wir nicht mutiger bekannt, nicht treuer gebetet, nicht fröhlicher geglaubt und brennender geliebt haben.*«

Quellen: Nordelbisches Kirchenarchiv, 20.01, 241, l.

... und Reaktionen

In der Folge gibt es zahlreiche Proteste von Laien, Theologen und Kirchengemeinden. Der Kirchenvorstand Langenhorn bei Bredstedt schreibt:

»*Da es sich nicht um ein gemeinsames Schuldbekenntnis der Kirchenführer aller am Kriege beteiligt gewesenen Länder handelt, sondern um ein einseitiges Bekenntnis deutscher Kirchenmänner an ausländische, die den Bombenkrieg gegen wehrlose Frauen und Kinder nicht verhindert haben, mußte dieses Unternehmen von der uns feindlichen Welt als äußerst willkommene Stützung der Theorie aufgefaßt werden, daß nicht etwa der Nationalsozialismus, sondern das deutsche Volk an allem Elend Schuld habe.*«

Quellen: Nordelbisches Kirchenarchiv, 20.01, 241, l.

Urteilsspruch 1948

Am 10. April 1948 werden die Urteile im SS-Einsatzgruppenprozess, dem so genannten Fall 9 der Nürnberger Prozesse, gesprochen. Unter den Verurteilten ist der ehemalige Segeberger Propst Ernst Szymanowski/Biberstein. Über ihn heißt es in der Urteilsbegründung:

»*Die Religion, die durch alle Zeiten die Schwachen gestärkt hat, den Armen geholfen, die Einsamen und Bedrückten getröstet, ist jedes Menschen eigene Bestimmung; daß aber ein Diener des Evangeliums auf dem Umweg über das Nazitum an Massenhinrichtungen teilnahm, ist eine Tatsache, die man nicht unbemerkt vorübergehen lassen kann. Als das Hakenkreuz das Kreuz ersetzte und ›Mein Kampf‹ die Bibel verdrängte, ging das deutsche Volk unvermeidlich dem Unheil entgegen. Als das Führerprinzip an die Stelle der Goldenen Lebensregel trat, wurde die Wahrheit zerschlagen und die Lüge herrschte mit einem Absolutismus, wie ihn ein Monarch nie kannte. Unter dem despotischen Regime der Lüge verdrängte das Vorurteil die Gerechtigkeit, die Arroganz hob das Verständnis auf, der Haß erhob sich über die Güte – und die Kolonnen der Einsatzgruppen marschierten. Und in einer der vordersten Reihen schritt der Ex-Pfarrer Ernst Biberstein.*«

Quelle: Fall 9. Das Urteil im SS-Einsatzgruppenprozeß, Berlin 1963, S. 139f.

Selbstwahrnehmung 1948

Aus der Rede des Hamburger Oberkirchenrates Knolle zum zehnten Jahrestag der Reichspogromnacht am 9. November 1948:

»*Die Evangelische Kirche, die damals in der Bekennenden Kirche, im Pfarrernotbund, in den einzelnen Pfarrern, die auch auf der Kanzel Protest erhoben und dafür ins Konzentrationslager gingen, in Kundgebungen von führenden Männern der Kirche ihre Stimme gegen die Entrechtung und Vergewaltigung der Juden erhoben hat, stellt sich in den Kampf für den Schutz jeden Menschenlebens und seiner Menschenrechte. (...)*«

Quelle: Mitteilungsblatt der Notgemeinschaft der von den Nürnberger Gesetzen Betroffenen Nr. 10, Dezember 1948.

Kirchliche Wiedergutmachung 1949

Aus einem Schreiben von Konrad Hoffmann, Notgemeinschaft der von den Nürnberger Gesetzen Betroffenen, an Pastor Gerhard Jasper vom 11. August 1949:

»*Hin und wieder höre ich immer noch verbitterte Äußerungen, wonach Christen jüdischer Abkunft (denen – insbesondere wenn es sich um Sternträger handelte – vielfach der Besuch von Gotteshäusern unmöglich gemacht war und um die sich nur einzelne Pfarrer und nur in seltenen Fällen die Gemeindevertretungen gekümmert haben) darauf hinweisen, daß sie als erste und einzig gebliebene Verbindung mit ihrer Kirche ein Druckformular erhielten, in dem sie an die Zahlung der Kirchensteuern erinnert worden sind. Es wird jeder verstehen, daß ein solches Formular als erste Begegnung nach dem Aufhören der Verfolgung nicht immer als eine nur bürokratische Angelegenheit angesehen wurde, sondern daß hier mit einem solchen Mahnformular immerhin die Kirche in Erscheinung trat. (...)*«

Quelle: Forschungsstelle für Zeitgeschichte Hamburg, 18.1. Notgemeinschaft, 6.3. Bd. 7.

Friedrich Andersen

1860 geboren in Genf I **1865** Rückkehr der Familie, der Vater wird Pastor in Grundhof/Angeln I **1880** Abitur am Flensburger Gymnasium, danach Studium in Tübingen, Erlangen, Kiel und Kopenhagen I **1886** ordiniert in Sörup I **1890** Diakonus in St. Johannis, Flensburg I **1895–1904** Redakteur des Schleswig-Holstein-Lauenburgischen Kirchen- und Schulblattes I **1899** Hauptpastor in St. Johannis, Flensburg I **1907** Veröffentlichung des »*Anticlericus*« I **1913** Verwarnung Andersens durch die Landeskirche I **1919** Gründung des Deutschvölkischen Schutz- und Trutzbundes I **1921** Gründung des »*Bundes für Deutsche Kirche*« I **1922** Verbot des Schutz- und Trutzbundes, Gründung des Völkisch-Sozialen Blocks I **1924** Stadtverordneter des Völkisch-Sozialen Blocks in Flensburg I **1925** Übertritt zur NSDAP I **1928** SA-Gottesdienst in St. Johannis, Flensburg I **1928** Ruhestand, Umzug nach Glücksburg I **1937** Ehrenbürger Flensburgs I **1940** gestorben in Glücksburg

Friedrich Andersen wurde 1860 im elterlichen Exil in Genf geboren. Seine Familie war 1852, nachdem die schleswig-holsteinische Erhebung gescheitert war, dorthin geflohen und kehrte erst 1865 heim. Diese Kindheitserfahrung prägte ihn und war mit Ursache für seinen übersteigerten Nationalismus.

Seit 1895 war Andersen publizistisch tätig. 1907 veröffentlichte er sein Hauptwerk, den »*Anticlericus*«, in dem er einen religiösen Antisemitismus vertrat. Sein Gegner war ein »*jüdischer Geist*«, von dem das Christentum befreit werden müsse. Mit diesem Denken entsprach Andersen kirchlichen antijudaistischen Traditionen. Ausdrücklich bezog er sich auf den Antijudaismus des anerkannten Kirchenhistorikers Hans von Schubert, der 1892–1906 in Kiel lehrte. Von Seiten der Amtskirche wurde nur unterschieden zwischen dem anerkannten Seelsorger Andersen und seinen geistlichen »*Verirrungen*«, deretwegen er allerdings einmal verwarnt wurde.

Während des Ersten Weltkriegs wandelte sich sein Antisemitismus. Die Neuausgabe des »*Anticlericus*« nach Kriegsende vertrat einen wütenden völkischen Antisemitismus, der die Kriegsniederlage Deutschlands als Werk einer »*jüdischen Weltverschwörung*« sah.

1921 gründete Andersen den Bund für Deutschkirche, der innerhalb der evangelischen Kirche für eine »*arisierte*« deutsche Kirche eintrat, die sich vom Alten Testament trennen solle. Jesus sei kein Jude gewesen, sondern Galiläer »*arischer Herkunft*« und Märtyrer im Kampf gegen das Judentum.

Gleichzeitig gehörte Andersen dem Völkisch-Sozialen Block an und vertrat diesen im Flensburger Stadtrat, bis er 1925 mit der gesamten Ortsgruppe zur NSDAP übertrat. Die antisemitische Propaganda Andersens führte in den zwanziger Jahren zu keinen Maßregelungen seitens der Landeskirche. Im Gegenteil: Die schleswig-holsteinische Landessynode unterstützte bereits 1924 ausdrücklich den völkischen Kampf gegen »*zersetzenden jüdischen Einfluss*«.

Andersen starb 1940 als hoch geehrter Nationalsozialist und Ehrenbürger Flensburgs.

Zitate

»(...) Joseph erwiderte: ›Das sind jüdische Händler, die überall die Länder durchziehen. Du kannst sie erkennen an ihren schwarzen Bärten, ihrem schaufelnden Gange und den lebhaften Bewegungen ihrer Hände. Du kennst doch auch unsern Händler Moses in Nazareth, zu dem du schon oft gekommen bist?‹

›Jawohl‹, sagte Jesus. ›Aber Vater‹, setzte er zögernd hinzu, ›sind wir denn nicht alle Juden? – Unser Rabbi Assaph sagt uns das immer in der Schule.‹

›Nun, er mag wohl seine Gründe haben, so zu reden; aber wir Galiläer machen doch etwas besser unsere Augen auf.‹

Nun fragte Jesus: ›Sind denn die Galiläer und die Juden verschieden?‹

Joseph lächelte. ›Darüber hast du bisher wohl noch nicht nachgedacht. Aber du wirst es schon von selber später erfahren, wenn du älter wirst.

– Verschieden? – Ja, schon äußerlich zeigt sich der Unterschied. Wir Galiläer sind ein Berg- und Bauernvolk, daher kräftig und hochgewachsen, während die Juden am liebsten in großen Städten ihr Wesen treiben. Und wenn du eben richtig gesehen hast, daß sie besonders dunkel und schwarz aussehen, so brauchst du ja nur an deine und deiner Geschwister Haare zu denken, um zu wissen, daß wir anderen Stammes sind. Ebenso blond und hellfarben war auch ich einmal, ehe ich grau wurde.

– Aber noch größer ist wohl der innere Unterschied. Wir Galiläer sind, wie du weißt, ehrlich und offen gegen jedermann; aber der Jude ist in der Regel verschlagen, hinterlistig und beim Handel darauf aus, zu betrügen.‹

Hier wandte Jesus ein: ›Aber mein guter Lehrer ist doch wohl auch ein Jude, und wir lieben ihn alle, weil er so freundlich ist.‹

›Nun‹, sagte Joseph, ›ich halte auch viel von ihm, besonders, weil du so gut bei ihm lernst; aber du wirst vielleicht später selber einmal merken, daß doch in ihm der Jude steckt. Es kann eben niemand aus seiner Haut.‹

Friedrich Andersen: Wie es wohl wirklich war. Geschichte des Meisters von Nazareth ohne Legenden und theologische Zusätze. Berlin/Leipzig 1938.

Hauptpastor Friedrich Andersen, Datum unbekannt

Völkisches Christentum

Bernhard Bothmann

1884 geboren in Wandsbek I **1904?** Abitur am Matthias-Claudius-Gymnasium, Wandsbek I Bis **1911** Studium in Rostock, Erlangen und Leipzig I **1913** 2. Theologische Prüfung in Hamburg I **1913** Heirat mit Emmy Cohn I **1914** ordiniert, Pastor von Westerhever I **1915** Geburt Tochter Ingeborg I **1917** Pastor an St. Michaelis, Kiel-Hassee I **1918** Geburt Tochter Ruth I **1920** Geburt Sohn Heinz I **1925** Pastor an der Kreuzkirche, Wandsbek I **1933** vergebliche Bewerbung nach Siek, Stormarn I **1939** Versetzung in den Ruhestand I **1939/40** Vertretungen in Hamburger Kirchengemeinden und im Friedhofsdienst I **1941/42** Vertretung in Hamburg-Winterhude I **1941** 25.10., Deportation von Dr. Else und Dr. Max Rosenbaum und Manfred und Marianne Rendsburg geb. Rosenbaum nach Lodz I **1941** 6.12., Deportation von Margarethe Cohn nach Riga I **1942** 6.7., Deportation von Gertrud geb. Rosenbaum und Josef Sachs I **1943** Ausbombung der Familie Bothmann I Bis **1945** Notquartier der Bothmanns in Hollenstedt, Nieder-

Pastor Bernhard Bothmann heiratete 1913 nach bestandener Prüfung seine Jugendliebe Emmy. Damals spielte es keine Rolle, dass sie eine getaufte Jüdin war. Zwanzig Jahre später bestimmte es das Leben der Familie.

1935 wurde das Ehepaar durch die Nürnberger Gesetze als »Mischehe« und die Kinder als »Halbjuden« entrechtet und diskriminiert, obwohl die Familie Unterstützung aus ihrer Wandsbeker Kirchengemeinde bekam. Bothmanns Vorgesetzter, der Stormarner Propst Gustav Dührkop, forderte ihn schließlich auf, sich von seiner Ehefrau scheiden zu lassen. Als Bothmann sich weigerte, sorgte Dührkop für dessen Entlassung.

Dank der Unterstützung seines alten Schulfreundes, des Hamburger Landesbischofs Franz Tügel, bekam Bothmann Anstellungen in der Hamburger Landeskirche. Denunziationen Propst Dührkops verhinderten aber eine feste Anstellung und führten schließlich auch hier zum Berufsverbot für Bothmann.

Aufgrund der Nürnberger Gesetze durften die Kinder nicht die von ihnen gewünschten Ausbildungen wählen. Der ältesten Tochter wurde die Heirat mit ihrem »arischen« Verlobten verboten. Als sie dennoch mit ihm zusammen Kinder bekam, verbot ihm die Gestapo den Umgang mit ihr und seinen Kindern.

Die Verwandten Emmy Bothmanns, ihre Schwester Grete und die Familie Rosenbaum, wurden 1941 und 1942 deportiert. Einzig Emmy Bothmanns Mutter Ida Cohn starb 1942 eines natürlichen Todes in Hamburg. Bei ihrer Beerdigung wurde der Familie die Benutzung der Friedhofskapelle verboten.

Zitate

»Bis dahin hatte ich von Juden noch nie etwas gehört. Erst als man mehr von Hitler und der SA redete und es hieß, die Juden wären an der Misere in Deutschland schuld, fragte ich mich, wer wohl damit gemeint sei. Wir glaubten damals, für uns und unsere Verwandten gelte das nicht.«
  Ingeborg Lohmann, geb. Bothmann, um 1980 an ihre Kinder.

»Zum Abitur wurden wir ›Halbjuden‹ nicht zugelassen. Schon in der Schule fingen die Verfolgungen an. Von meinem damaligen Rektor wurde ich bei einer Gelegenheit als altes Judenweib beschimpft. (...) Ja, so unter dem Schatten dieser neuen politischen Entwicklung wuchs ich nun heran und lernte meinen ersten Freund kennen. Es war eine sehr schöne Zeit, aber Ausgehen, Tanzen und Theater haben wir aufgrund meiner Abstammung nicht gekannt.

Mit einem Arier befreundet zu sein war gleich Rassenschande. Die Mitschülerinnen (...) durften nicht mehr mit mir verkehren, sonst hätten die Väter die Posten verloren. Ich wurde immer einsamer. Da war das wunderschöne Zuhause, unsere schönen Abendandachten und die Geschwister, immer eine ruhige ausgleichende Insel. Einmal bin ich doch mit dem Bekannten ausgegangen in Wandsbek.

Im Café Lorenz haben wir getanzt, wurden dann von der Tanzfläche geholt, mußten auf der Straße durch ein Spalier von spuckenden SS-Leuten ins Polizeiauto. Der Bekannte durfte mit der Verwarnung, mich nicht wieder zu sehen, nach Hause, und ich habe dann in einem kleinen Gefängnis die Nacht zugebracht. Das war der erste tiefe Kummer.«
  Ruth Kupfer, geb. Bothmann,
  Erinnerungen um 1990.

»Es sei für die Kirche nicht mehr tragbar, daß ein evangelischer Pastor wie Pastor Bothmann, der mit einer Vollblutjüdin verheiratet sei, noch immer amtiere und auf einer öffentlichen Kanzel zu deutschen Volksgenossen spräche. P. Bothmann muß das selbstverständliche Opfer der Aufgabe seines Amtes bringen.«
  Propst Dührkop an das schleswig-holsteinische
  Landeskirchenamt 1939.

»Tante Grete hatte einmal gesagt, wenn ›die‹ mich holen, springe ich aus dem Fenster. Aber sie ist nicht gesprungen. Sie ist in Hamburg auf der Moorweide in einen Transport gekommen. Das letzte Lebenszeichen von ihr war eine Postkarte, die sie aus dem fahrenden Güterzug in Wandsbek aus dem Fenster geworfen hat. Als uns damals die Karte gebracht worden ist, habe ich meinen Vater, der immer Trost wußte und voller Gottvertrauen war, bitterlich weinen sehen.«
  Ruth Kupfer, geb. Bothmann,
  Erinnerungen um 1990.

sachsen I 1945 März, Verhaftung Emmy Bothmanns I 1945 April, Freilassung Emmy Bothmanns I 1945 Wiedereinstellung in der Wandsbeker Gemeinde I 1952 Bernhard Bothmann stirbt nach langer Krankheit in Wandsbek

Familie Bothmann Anfang der 20er Jahre vor dem Pastorat in Kiel.

Elisabeth Flügge

Die Stationen

1895 geboren in Hamburg I 1916 Lehramtsprüfung an der Klosterschule I 1916–1919 Lehrerin an der Privatvorschule für Knaben, Sierichstraße I 1919 Heirat, zwei Kinder I 1926–1938 Lehrerin an der privaten Wirth-Schule, Mittelweg I 1927 Scheidung I 1930 Zweite Lehramtsprüfung für das höhere Lehramt I 1938–1942 Lehrerin an der öffentlichen Mädchen-Volksschule, Große Freiheit 63 I 1940 Verbeamtung auf Lebenszeit I 1942–1944 wegen Ablehnung der Arbeit in der Kinderlandverschickung Sachbearbeiterin im Haupternährungsamt I 1944–1946 Lehrerin an der Volksschule Hamburg-Sasel I 1944 Verfahren gegen den Sohn wegen Befehlsverweigerung I 1945 Januar, Tod des Sohnes bei den Kämpfen in Kurland I 1946–1947 Schulleiterin der Volksschule Bäckerbreitergang I 1947–1958 Schulleiterin der Volksschule Erikastraße I 1958 Pensionierung I 1976 Ehrung als »Gerechte unter den Völkern« in Yad Vashem, Israel I 1981 Verleihung des Bundesverdienstkreuzes I 1983 gestorben in Hamburg

Elisabeth Flügge, Hamburger Lehrerin, war evangelische Christin, die der Bekennenden Kirche nahe stand. Kirchlich war sie nicht aktiv, besuchte aber regelmäßig den Gottesdienst. Nach der Absetzung Simon Schöffels als Landesbischof 1934 ging sie demonstrativ von Hamburg-Eppendorf zu seinen Gottesdiensten nach St. Michaelis.

Elisabeth Flügge lehnte den Nationalsozialismus von Anfang an ab. Sehr genau notierte sie in ihren Tagebüchern das Alltagsgeschehen in den ersten Jahren der NS-Herrschaft. Dazu klebte sie Artikel deutscher Zeitungen ein, in denen über Festnahmen von Juden oder Eröffnungen von Konzentrationslagern berichtet wurde.

Aufgrund der Diskriminierung auf staatlichen Schulen kamen nach 1933 mehr und mehr jüdische Schülerinnen auf die Privatschule in Hamburg-Harvestehude, an der Elisabeth Flügge unterrichtete. Sie solidarisierte sich mit ihnen und suchte auch mit den Eltern den privaten Kontakt, lud die Kinder in den Ferien in ihr Sommerhaus in der Lüneburger Heide ein und half später bedrohten Familien bei der Auswanderung.

Ohne die offene Konfrontation mit den Nationalsozialisten einzugehen, ergriff Elisabeth Flügge Partei für die Verfolgten.

1942 verweigerte sie – inzwischen verbeamtete Lehrerin an einer staatlichen Schule – die Teilnahme an der Kinderlandverschickung. Daraufhin wurde sie strafversetzt. Als 1942 eine befreundete jüdisch-christliche Familie, die als »privilegierte Mischehe« vor der Deportation geschützt war, ausgebombt wurde, nahm Elisabeth Flügge das Ehepaar und den erwachsenen Sohn bei sich auf.

1944 verweigerte ihr Sohn vor der Ernennung zum Offizier alle Befehle und riskierte damit ein Todesurteil gegen sich. Sie bat ihn mit Erfolg, Soldat zu bleiben und zu gehorchen, so dass man sein Kriegsgerichtsverfahren einstellte. Er wurde an die »Kurland-Front« versetzt und starb dort.

1976 wurde sie in Israel für ihre Solidarität mit Juden als »Gerechte unter den Völkern« geehrt. Später bekam sie auch in Hamburg offizielle Ehrungen.

Zitate

»Es ist mir wichtig, zu sagen, daß meine Mutter in keiner Weise Widerstandskämpferin war. Ich würde sogar sagen, daß sie, obwohl politisch interessiert, kein politischer Mensch war, aber sie hatte eben Zivilcourage. Es passiert leicht, daß Menschen in der Geschichtsschreibung zu Helden gemacht werden. Das möchte ich nicht in Bezug auf meine Mutter, das würde ihr auch in keiner Weise gerecht werden.«
Die Tochter Maria Holst 1988.

»Mutter fühlte sich ohne Frage als evangelische Christin, aber sie war entsetzt über das Gebaren der ›Deutschen Christen‹. Sie hielt sich alle Zeitungen der Bekennenden Kirche, obwohl sie praktisch nie aktiv war.«
Die Tochter Maria Holst 1988.

»Aber da war eine andere Lehrerin, Frau Elisabeth Flügge. Seit 1926 unterrichtete sie in unserer Schule (...). Ihr nun war jeglicher Opportunismus fremd. Mit einem Mut, den wohl nur ihre Zeitgenossen zu beurteilen vermögen, sorgte sie sich nicht allein um die irritierten und verängstigten Schülerinnen, sondern auch um die so gefährdeten Eltern.«
Ingeborg Hecht, Christin jüdischer Herkunft und Schülerin Elisabeth Flügges.

»Als es niemand mehr wagte, hat Frau Flügge unbeirrt inmitten des Nazi-Terrors jüdischen Hamburgern geholfen. Wieviele es waren, weiß sie nicht, aber 15 von ihnen leben noch und mit ihnen hat sie Kontakt. (...) Über einen jüdischen Anwalt, der mithelfen mußte, die Ausweisungslisten zusammenzustellen, hörte Frau Flügge, daß die Mutter einer ihrer Schülerinnen abtransportiert werden sollte. ›Da bin ich zur Gestapo gegangen, mit zitternden Knien.‹ Der Gestapo-Mann sagte: ›Sie haben einen Beamten vor sich!‹ Frau Flügge antwortete unerschrocken: ›Sie auch!‹ und erlebte ein Wunder: einen Mann, der sich bemüht hatte, anständig seine Pflicht als Beamter zu erfüllen und nun verzweifelt ausrief: ›Und jetzt muß ich für diesen Teufel die Todeslisten aufstellen!‹ Die Mutter der Schülerin wurde zurückgestellt, aber nur bis auch der Gestapo-Mann mit Gewissen verschwunden war.«
Hamburger Abendblatt vom 6.11.1976 über die Ehrung Elisabeth Flügges als Gerechte unter den Völkern.

Elisabeth Flügge mit einer Klasse der Ria-Wirth-Schule, Mittelweg. Unbekanntes Datum.

Arthur Goldschmidt

1873 geboren in Berlin I **1889** Taufe I **1895** 1. Juristisches Examen und Promotion, Umzug nach Hamburg I **1899** 2. Juristisches Examen I **1902** Ernennung zum Amtsrichter I **1904** Hochzeit mit Kitty Horschitz I **1913** Ernennung zum Landrichter I **1916** Umzug nach Reinbek I **1917** Ernennung zum Oberlandesgerichtsrat I **1933** Entlassung durch die Nationalsozialisten I **1938** Verschickung der beiden Söhne nach Italien I **1942** 2. Juni, Tod der Ehefrau in Reinbek, 19. Juli, Deportation nach Theresienstadt, Gründung der evangelischen Gemeinde I **1945** Befreiung, Rückkehr Goldschmidts nach Hamburg I **1945** Goldschmidt wird für die CDU Gemeindevertreter und stellvertretender Bürgermeister in Reinbek I **1946** Niederschrift der »Geschichte der evangelischen Gemeinde Theresienstadt« I **1947** 9.2., Tod in Reinbek kurz vor Eröffnung der von ihm mit initiierten Volkshochschule

Dr. jur. Arthur Goldschmidt war im Kaiserreich groß geworden. Er verehrte Bismarck, glaubte an die deutsche Nation und diente ihr. Als Junge getauft, heiratete er eine ebenfalls getaufte Jüdin.

Während der Weimarer Republik lehnte Goldschmidt zweimal eine Berufung zum Reichsgericht in Leipzig ab – die Familie wollte in Reinbek bleiben. Dort saß er als Vertreter der konservativen Deutschen Volkspartei im Gemeinderat.

1933 erfolgte die Entlassung Goldschmidts. In den folgenden Jahren arbeitete er als Kunstmaler, bis dahin war die Malerei sein Hobby.

Die Verfolgungspolitik der Nationalsozialisten schätzte Goldschmidt bald realistisch ein. Seine Söhne schickte er 1938 ins Ausland, bevor die Nationalsozialisten alle Pässe von Juden kennzeichneten. Die Söhne sahen ihre Eltern nie wieder.

Goldschmidts Ehefrau Kitty starb im Juni 1942. Der Reinbeker Pastor verweigerte die Beerdigung, da sie nicht »arisch« war. Im Februar 1942 waren die Goldschmidts wie alle »nichtarischen« Christen aus der schleswig-holsteinischen Landeskirche ausgeschlossen worden.

Einen Monat nach dem Tod seiner Frau wurde Arthur Goldschmidt nach Theresienstadt deportiert. Theresienstadt in Böhmen wurde 1942 als »Ghetto der Alten« bzw. »Vorzeigelager« eingerichtet. Dennoch starben hier bis 1945 35.000 der insgesamt 150.000 nach Theresienstadt Deportierten. Weitere 87.000 Menschen wurden von hier aus in die Vernichtungslager transportiert. Etwa 2400 Menschen aus Hamburg und Schleswig-Holstein wurden nach Theresienstadt deportiert, darunter zahlreiche evangelische Christen.

Aus einem Andachtskreis Hamburger Deportierter um Goldschmidt herum entstand nach und nach eine evangelische Gemeinde. Trotz hoher Sterblichkeit und ständiger Transporte nach Auschwitz wuchs die Gemeinde auf einen Kern von etwa 800 eingeschriebenen Mitgliedern. Die Gottesdienste wurden an Feiertagen von mehreren hundert Menschen besucht.

Von Goldschmidt sind zahlreiche Zeichnungen erhalten, die er in Theresienstadt anfertigte.

Zitate

»*Dieser, als Vierzehnjähriger getaufte Christ, war ein Deutscher im vollen damaligen Sinne des Wortes: Religion – er war evangelisch und zutiefst, wie es so heißt, ›gläubig‹ – war eben als ›Glaube‹ auch zugleich etwas Nationales, etwas Exaltiertes, aber zugleich Gemäßigtes. Als er dann von der Geschichte ereilt wurde, erkannte er sie sofort. Der beste Beweis dafür: Seine beiden Söhne, vierzehn- und zehnjährig, schickte er ein halbes Jahr vor der ›Reichskristallnacht‹ mit Paß ohne ›J‹ ins Ausland, er wußte genau, was da kommen würde.*«
Georges Arthur Goldschmidt über seinen Vater.

Das Gemeindeleben in Theresienstadt
Über die Bibelstunde: »*Leider hat der Kurs nicht zu Ende geführt werden können, da eine erhebliche Zahl der Teilnehmer, vor allem die Akademiker, in Transport kamen, vermutlich zur Vernichtung und dass eine Zeit lang alle religiösen Veranstaltungen, abgesehen vom Gottesdienst selbst, von der SS verboten waren.*«
Arthur Goldschmidt: Geschichte der Ev. Gemeinde.

Theresienstadt
»*Silvester gehe ich das erste Mal zum evangelischen Gottesdienst (...). Der Versammlungsraum ist auf einem Speicher, die letzte der drei Treppen eine Hühnerleiter, halsbrecherisch für einen Blinden. Man sitzt auf Holzbänken. (...) Ein heiseres Harmonium hält mühsam den unsicher einsetzenden Chor zusammen. Dann spricht ein Dr. G. aus Hamburg. Sehr gescheit, viel zu gescheit, um feierlich oder gar weihevoll zu sein.*«
Elsa Bernstein, Erinnerungen an Theresienstadt.

»*Wir lebten als Gefangene, zu Tausenden und Abertausenden zusammengepfercht. (...) Aber die Art dieses Lebens, die ja nur der Aufrechterhaltung dieses Lebens selbst diente, entbehrte jeden höheren Sinnes. Denn unaufhörlich starrte uns das Ende an – sei es, dass man heute oder morgen, in Not und Krankheit hinstarb – sei es, dass, heute oder morgen, das uns zum Feind gewordene Vaterland uns tötete.
Nein, Trauer und Sehnsucht, Resignation oder Verzweiflung mussten das tägliche Brot dieses Lebens sein und bleiben, wenn nicht die Gnade des Herrn leuchtete.*«
Arthur Goldschmidt:
Geschichte der Ev. Gem. Theresienstadt.

Familie Goldschmidt Anfang der 30er Jahre in Reinbek.

Wilhelm Halfmann

1896 geboren in Wittenberg I 1923 ordiniert, Studieninspektor im Predigerseminar Preetz I 1926 Pastor in Schönberg I 1933 Pastor in Flensburg, St. Marien I 1936 »Die Kirche und der Jude« I 1937 kommissarischer Oberkonsistorialrat I 1945 Vorsitzender der vorläufigen Kirchenleitung Schleswig-Holsteins I 1946 Bischof für Holstein I 1964 gestorben in Kiel

Wilhelm Halfmann zählte zur Führung der Bekennenden Kirche in Schleswig-Holstein. Nachdem er 1933 als Pastor an die St. Marien-Kirche in Flensburg berufen worden war, wurde er bald Ziel von Angriffen der Nationalsozialisten, die 1934 seine Entlassung forderten. Halfmann grenzte sich scharf gegen die Deutschkirche Friedrich Andersens ab und verhinderte zusammen mit anderen Pastoren deutschkirchliche Amtshandlungen in Flensburger Kirchen.

Als Mitglied im Bruderrat – der Leitung der Bekennenden Kirche im Land – trat Halfmann für einen gemäßigten Kurs im Kirchenkampf und einen Kompromiss mit den Deutschen Christen ein. Im Zeichen der Einigung wurde er zeitweilig – als Vertreter der Bekennenden Kirche – kommissarischer Oberkonsistorialrat im Landeskirchenamt. Der Einigungsversuch scheiterte aber bald.

1936 verfasste Halfmann – auf Wunsch der Bekennenden Kirche – die Schrift »Die Kirche und der Jude«. Hierin erläuterte er die »Judenfrage« aus »christlicher Sicht« und beschrieb das Judentum »als Zersetzungsstoff für die christlichen Völker«. Er rechtfertigte die staatliche Judenverfolgung, kritisierte aber auch vorsichtig den völkischen Antisemitismus der Nationalsozialisten. Die Schrift wurde bald durch die Gestapo verboten und beschlagnahmt.

Bereits 1941 erfuhr Halfmann vom Euthanasiemord an Behinderten. Nach dem Überfall auf die Sowjetunion wurden ihm auch bald Massenmorde von Juden durch deutsches Militär bekannt. 1944 begann er, die Morde in Predigten vorsichtig zu kritisieren.

Nach Kriegsende wollte Halfmann – inzwischen Vorsitzender der vorläufigen Kirchenleitung der Landeskirche – sich öffentlich zur deutschen Schuld äußern. Als im Oktober 1945 der Rat der Ev. Kirche Deutschlands in Stuttgart ausländischen Kirchenvertretern gegenüber ein Schuldbekenntnis abgab, kritisierte er dieses aber in Teilen. Hierbei stand er unter starkem Druck von Pastoren und Kirchenbasis im Land, die ein Eingeständnis politischer Schuld ohne gleichzeitigen Verweis auf alliierte Kriegsverbrechen ablehnten.

Zitate

Immer ist der Jude geleitet durch die geheime oder offene Gegnerschaft gegen Christus. (...) Die Juden sind das erste und einzige Volk der Weltgeschichte, das Christus mit aller Klarheit der Entscheidung ausgestoßen hat und bis zum heutigen Tag verflucht; kein anderes Volk hat das bisher getan! Das einzige Volk, das man nennen möchte, die Russen, steht unter jüdischer Führung! (...)

Die Kirche hat nicht die Aufgabe, in die Judengesetzgebung des Dritten Reiches einzugreifen. Vielmehr werden wir von der Kirche her aus der bald zweitausendjährigen Erfahrung mit den Juden sagen müssen: der Staat hat recht. (...) Man braucht nur Luthers Schriften zur Judenfrage zu lesen, um zu finden, daß das, was heute geschieht, ein mildes Verfahren gegenüber dem ist, was Luther und viele andere gute Christen für nötig gehalten haben.«

Wilhelm Halfmann: Die Kirche und der Jude, 1936.

»(...) So gilt denn für alle, die verantwortlich im Amt der Obrigkeit stehen, sei es als Staatsmann, als Strafrichter oder als Soldat, daß sie von Gott ermächtigt sind, Blut zu vergießen, um Leben zu schützen und zu erhalten. Aber diese Ermächtigung gilt allein für diese Zwecke: zur Abwehr ungerechter Angriffe äußerer Feinde und zur Bestrafung schuldiger Verbrecher. Außerdem gilt auch für die Obrigkeit wie für jede Privatperson: Du sollst nicht töten! In unserer Zeit ist [in Halfmanns Endfassung ersetzt durch: will] diese Grenze ins Wanken geraten: Da werden Forderungen vorgebracht, daß auch nichtschuldige Menschen getötet werden aus angeblichen Gründen des Gemeinwohls: etwa unheilbar Kranke, Lebensuntüchtige, entwaffnete Feinde und Geiseln oder Menschen fremder Abstammung. Hier wollen wir uns die Schrift nicht verwirren lassen, daß Gottes Wort nur die Tötung von schuldigen Verbrechern kennt, nicht von unschuldigen Menschen. (...)«

Predigt Halfmanns vom 16.7.1944 in Mölln.

Halfmann als Redner nach 1945

Die Jerusalem-Gemeinde

Die Stationen

1845 Beschluss der Irisch-Presbyterianischen Kirche zur Entsendung eines Judenmissionars nach Hamburg I 1849 erste Abendmahlsfeier der Gemeinde I 1862 Einweihung der Jerusalem-Kirche in der Königstraße, Hamburg I 1884 Amtsantritt von Pastor Arnold Frank, einem getauften Juden aus Budapest I 1912 Einweihung der neuen Jerusalem-Kirche in der Schäferkampsallee I 1913 Gründung des Krankenhauses und der Diakonissenanstalt Jerusalem I 1933 Beginn der Veranstaltungen für »Nichtarier« I 1933 Zwangsweise Entlassung der jüdischen Ärzte des Krankenhauses I 1933 Unterstellung der Diakonissenanstalt unter die schweizerische Diakonie I 1936 Verbot der Judenmissionsschrift »Zions Freund« I 1938 August, Verhaftung der Pastoren Frank und Moser durch die Gestapo I 1938 September, Ausreise Franks und Mosers aus Deutschland I 1939 12. Juli, Schließung der Kirche, Verbot der Gemeinde durch die Gestapo I 1939 Die Gemeindearbeit wird illegal weitergeführt I 1942 Zerstörung der Kirche durch Brandbomben I 1945/6 Neubeginn der Gemeinde

Die Jerusalem-Gemeinde in Hamburg war eine Gründung der Irisch-Presbyterianischen Kirche. Ziel war die Missionierung und Unterstützung jüdischer Auswanderer aus Osteuropa, die in Hamburg auf ihre Überfahrt nach Amerika warteten. Die Missionare waren getaufte Juden. Nach dem Umzug der Gemeinde in die Schäferkampsallee wurden dort eine Diakonissenanstalt und ein Krankenhaus gegründet.

Angesichts der nationalsozialistischen Machtübernahme sahen die Judenmissionare sowohl die konkrete Bedrohung der Judenchristen in der Gemeinde als auch die der Mission insgesamt. Folgerichtig nutzten sie ihre Judenmissionsschrift »Zions Freund« zur Propaganda gegen den völkischen Antisemitismus. Die offene und kompromisslose Parteilichkeit gegen jegliche rassistische Argumentation überrascht vor dem Hintergrund der bereits 1933 gut arbeitenden Pressezensur der Nationalsozialisten.

Die Gemeinde war in den ersten Jahren der NS-Herrschaft durch die Tatsache geschützt, dass sie zur Irisch-Presbyterianischen Kirche gehörte. Die angeschlossene Diakonissenanstalt mit dem dazugehörigen Krankenhaus unterstellte man einem schweizerischen Diakonissenhaus, so dass auch diese einen gewissen Schutz hatte. Die jüdischen Ärzte des Krankenhauses bekamen dennoch als deutsche Staatsbürger Berufsverbot und wanderten aus. Dank ihrer ausländischen Kontakte konnte die Gemeinde Verfolgte bei der Auswanderung nach Großbritannien und Palästina unterstützen.

Ende 1933 begann die Gemeinde mit Veranstaltungen für »Nichtarier« und deren offene Unterstützung. Diese Veranstaltungen wurden bis zum Verbot der Gemeinde 1939 zum wichtigsten Treffpunkt für Verfolgte, die nicht jüdischen Glaubens waren. Gottesdienste, Ausflüge und »nichtarische Teeabende« hatten bis zu mehrere Hundert Teilnehmer.

Als die Gestapo 1935 plante, die Jerusalem-Gemeinde und Diakonissenanstalt zu verbieten, wurde das Auswärtige Amt dazu befragt. Wegen der befürchteten diplomatischen Verwicklungen wurde von einem Verbot abgeraten. Man solle besser abwarten, bis der 76-jährige Missionar Arnold Frank gestorben sei. Frank wanderte nach einer Gestapohaft 1938 nach Großbritannien aus. Er wurde 106 Jahre alt.

Zitate

»Auch weite Kreise innerhalb der christlichen Kirche halten es für durchaus berechtigt, daß Angehörige der jüdischen Rasse aus allen Stellen im Staat ausgemerzt werden, daß ein Arzt, weil er Jude ist, nicht mehr bei den Krankenkassen zugelassen wird und so der Jude aus allem öffentlichen Leben verschwinde. Es gibt eine ganze Reihe kirchlicher Blätter, die sich dazu nicht äußern. Auch die Kirchenbehörden haben sich nicht zu der immer brennender aufsteigenden Frage der Entrechtung des deutschen Judentums geäußert.«
Aus Zions Freund 1933.

»Wir dachten, daß der Arierparagraph, der ja viele ins tiefste Elend stürzte, unsere Mission zum Abschluß bringen würde. Das Entgegengesetzte ist der Fall. Ungeahnte Türen sind uns geöffnet worden; wir erreichen jetzt weit mehr Juden mit dem Evangelium, denn je zuvor. Es gibt sehr viele Mischehen (...) Diese kommen jetzt unter Gottes Wort.«
Arnold Frank im Zions Freund 1934.

»Es widerspricht m.E. den Grundsätzen der nationalsozialistischen Weltanschauung, daß getaufte Juden arischen Kindern und Jugendlichen konfessionellen Unterricht erteilen und offen für den Übertritt von Juden zum Christentum werben. Dasselbe gilt auch für die Gottesdienste in der Jerusalem-Kirche, wo die Judenstämmlinge Gelegenheit haben, den zersetzenden Einfluß des Judentums auf deutsche Volksgenossen ungehindert wirken zu lassen.«
Aus einem Bericht des Geheimen Staatspolizeiamtes vom 6.4.1935.

»Der Sonntagsvormittagsdienst soll nach Angabe des Pastors von etwa 250 Personen, darunter 20 Prozent Nichtarier, besucht sein. Diese Angabe dürfte richtig sein, da die Staatspolizeistelle Hamburg der Gestapo auf Anfrage erklärt hat, daß die Gottesdienste in der Jerusalemkirche trotz zahlreicher Teilnahme von auffallend wenig jüdisch aussehenden Personen besucht werden.«
Aus einem Bericht des Hamburgischen Staatsamtes vom 19.2.1937.

I 1949 Einweihung des Kinderheims in Bad Bevensen für Kinder rassistisch Verfolgter I 1953 Wiedereinweihung der Jerusalem-Kirche I 1965 Pastor Dr. Arnold Frank stirbt im Alter von 106 Jahren

Jerusalem-Kirche Hamburg, Schäferkampsallee, links davon das Jerusalem-Krankenhaus, unbekanntes Datum.

Judenmission

Hermann Mulert

1879 geboren in Niederbobritzsch/Sachsen I **1897** Abitur in Freiberg/Sachsen I **1897–1903** Studium in Leipzig, Marburg, Berlin und Kiel I **1903–1906** Religionslehrer in Leipzig I **1907** Promotion und Habilitation in Kiel I **1907–1917** Privatdozent in Kiel, Halle und Berlin I **1917** außerplanmäßige Professur in Kiel I **1918** Eintritt in die Deutsche Demokratische Partei I **1920** feste Professur in Kiel I **1920er Jahre** Mitarbeit am »*Verein zur Abwehr des Antisemitismus*« I **1932–1941** Herausgeber der »*Christlichen Welt*« I **1935** Niederlegung der Professur I **1935** Umzug nach Leipzig I **1939** Umzug nach Niederbobritzsch I **1943** Annäherung Mulerts an die Quäker I **1945** Lehrauftrag in Jena I **1945** Gründung der Liberaldemokratischen Partei I **1948** Lehrtätigkeit in Leipzig I **1950** gestorben

Hermann Mulert, Professor für Systematische Theologie in Kiel, war einer der wenigen deutschen Theologen, die sich nach der Abdankung des Kaisers 1918 zur Demokratie bekannten. Schon während der Kaiserzeit war Mulert Mitglied verschiedener liberaler Parteien gewesen und stand dem liberalen Politiker Friedrich Naumann nahe. 1918 trat er schließlich der Deutschen Demokratischen Partei bei. Neben der Parteipolitik engagierte sich Mulert unter anderem im »*Verein zur Abwehr des Antisemitismus*«, der sich gezielt gegen deutsch-völkische Gruppen – und damit die Nationalsozialisten – wandte.

In seiner theologischen Lehre und seinen Veröffentlichungen unter anderem als Herausgeber der »*Christlichen Welt*« setzte sich Mulert für einen liberalen Protestantismus ein.

Wie sehr er mit diesem Denken in der schleswig-holsteinischen Landeskirche isoliert war, merkte er, als Ende 1933 der Pfarrernotbund, der Vorläufer der Bekennenden Kirche, sich gegen seine Mitgliedschaft sträubte. Mulert hisste noch nach dem Beginn der NS-Herrschaft die Fahne der Republik. Dieses Verhalten und regimefeindliche Äußerungen führten zum Vorgehen der Nationalsozialisten gegen ihn. Seiner Entlassung kam er durch den Verzicht auf die Professur zuvor.

In der »*Christlichen Welt*«, die unter seiner Herausgeberschaft noch bis 1941 erscheinen konnte, kritisierte er – zunehmend verschlüsselt – weiterhin den Nationalsozialismus.

Zitate

»Die Gefolgschaftstreue der Mannen kann auch zu einer blinden Unterwürfigkeit entarten. Vor der schweren Pflicht selbständiger Gewissensentscheidung flüchtet man zum Gehorsam gegen Führer. Dieser gewissenlose Gehorsam ist undeutsch, unevangelisch, unchristlich. Ihm gegenüber heißt unsere Pflicht: zur Besinnung mahnen, widerstehen und, wenn es sein muß, darunter leiden.«

Mulert: Führertum und Gewissen.
In: Christliche Welt, März 1933.

»Lassen Sie mich noch berichten, daß mir beim Notbund die wiederholten Erklärungen, man stehe auf dem Boden des 3. Reiches, bedenklich waren als eine Vermischung von Religion und Politik, ähnlich der bei den DC (d.h. Deutsche Christen, Anm. d. Red.) üblichen. Teils weil man meine Bedenken kannte, teils wegen meiner Theologie wollte mich die etwas ängstliche Leitung des hiesigen Notbundes nicht aufnehmen.«

Mulert an Wilhelm von Pechmann am 20.9.1934.

»Man hat insbesondere vom völkischen Gegensatz zum Judentum und unklarer Begeisterung für nordisches Wesen her wenig Sinn dafür gehabt, wie eng unsere Geschichte, schon das Werden des deutschen Volkes, mit der Geschichte des Christentums verknüpft ist. Weil man übereilt nicht nur das Alte Testament als Judenbuch ansah, verkennend, wie sehr anders die alten Israeliten gewesen sind als die späteren Juden, sondern auch Jesus und seine Botschaft als orientalisch, jüdisch, nicht arisch verwarf, wurde man blind dafür, wie gerade die Vermählung deutschen Wesens und christlichen Geistes, besonders im Mittelalter, die herrlichsten Werke deutscher Kultur geschaffen hat. (...) Damit zerschnitt man viele Wurzeln, aus denen deutschem Wesen Kraft zugeflossen ist und weiter zufließen kann.«

Mulert: Wie wir wieder ein Volk werden sollen, 1945.

»Der deutsche Soldat hat auch in den beiden letzten Kriegen so Großes geleistet, daß wir dessen in tiefer Dankbarkeit gedenken müssen, auch wenn beide Male der Enderfolg nicht auf unserer Seite war; wir kämpften gegen eine Übermacht.«

Mulert: Wie wir wieder ein Volk werden sollen, 1945.

Gerhard K. Schmidt

Die Stationen

1908 geboren in Oberberlinhausen bei Potsdam-Babelsberg
1928 Reifeprüfung | 1928–1932 Studium in Berlin | 1931–1933 Vikariat in St. Nikolai, Potsdam | 1932/1933 Lehrauftrag in Berlin | 1933 Theologische Prüfung mit »sehr gut« abgelegt | 1933–1935 Prädikant in Trebbin, Brieselang, Granzow/Uckermark | 1935–1937 Müncheberg/Neumark | 1936 16.5., Theologische Prüfung zum Licentiat abgelegt | 1937 Übernahme in die Landeskirche Lübeck, Ordination durch Bischof Balzer; Pfarrstelle St. Lorenz | 1938 von der Theologischen Fakultät der Universität Berlin der Promotionsrechte für verlustig erklärt | 1943 Promotion an der Philosophischen Fakultät der Christian-Albrechts-Universität zu Kiel über »Nietzsches Anschauung vom Wesen des Christentums«; mündliche Prüfung | 1943 8.7., Gutachten über Pastor Stellbrink mit negativer Grundaussage | 1945 Beurlaubung Schmidts und Einleitung eines Disziplinarverfahrens | 1946 Widerspruch Schmidts | 1946 Disziplinarische Kammer der Landeskirche Lübeck beschließt Entfernung aus

Gerhard K. Schmidt war ein engagierter Anhänger des Nationalsozialismus. Als Theologe kämpfte er nach 1933 in der Kirche der Mark Brandenburg für die Deutschen Christen. Dadurch lehnten ihn die dortigen Pastoren so stark ab, dass er keine feste Pfarrstelle bekam. In Berlin legte er die Prüfung zum Licentiaten (Hochschullehrer) ab. Die Prüfung wurde aber von der Theologischen Fakultät nicht anerkannt.

Daraufhin bewarb er sich bei der Lübeckischen Landeskirche, die ihn als Anhänger der nationalkirchlichen Richtung anstellte. 1937 ordinierte ihn Bischof Balzer als Pastor von St. Lorenz. Schmidt trat schon bald im Kampf gegen die Bekennende Kirche hervor.

1939 wurde in Eisenach das »Institut zur Erforschung und Beseitigung des jüdischen Einflusses auf das deutsche kirchliche Leben« gegründet. In der Mitarbeit am Institut fand Schmidt seine Erfüllung. Mit mehreren Veröffentlichungen tat er sich als wissenschaftlicher Kämpfer für eine »entjudete« Kirche hervor. 1940 brachte das Eisenacher Institut das Neue Testament in einer Fassung heraus, in der alle »Judaismen« und positiven Bezüge auf das Judentum beseitigt worden waren. Mit großem Engagement setzte sich Schmidt dafür ein, dass in Lübeck nur noch diese »Bibel« verwendet werden sollte. Schmidt meinte, mit dem Kampf gegen das Judentum die Reformation Martin Luthers zu vollenden. Dieses Denken radikalisierte Schmidt während des Krieges.

Als er hierfür keine breitere kirchliche Anerkennung bekam und ihm die wissenschaftliche Laufbahn als Theologe versagt blieb, schrieb er eine Doktorarbeit in Philosophie. Seine Arbeit über Nietzsche fand besonders beim Reichspropagandaministerium und der SS Anerkennung. Ende 1944 wollte Schmidt die Kirche verlassen, als er an der Berliner Universität eine Stelle als NS-Wissenschaftler angeboten bekam. Dem kam die Niederlage Deutschlands zuvor.

Sein radikales Verhalten und insbesondere die Denunziation einer Gemeindehelferin, die sich ablehnend über eine antisemitische Predigt geäußert hatte, führten nach dem Krieg zu seiner Entlassung aus dem kirchlichen Dienst.

Zitate

»Als am 6. Mai 1939 das ›Institut zur Erforschung und Beseitigung des jüdischen Einflusses auf das deutsche kirchliche Leben‹ eröffnet wurde, trat an historischer Stätte der selbstgeprägte und gestaltete Lebensinbegriff des Reformators D. Martin Luther in das Blickfeld deutscher Gegenwart. Denn mit dem Wort ›Meinen lieben Deutschen bin ich geboren, ihnen will ich dienen‹ hatte Luther nicht nur zum Ausdruck gebracht, daß von ihm selbst sein reformatorisches Werk als Geschichtstat um eine letzte völkische und damit deutsche Zielsetzung weiß. (...) Hiernach ist das Christentum der unüberbrückbare Gegensatz zum Judentum, wie es der Galiläer Jesus von Nazareth durch seine Lehre sowie sein persönliches Lebensschicksal selbst bezeugt hat. Sodann aber beschließt auf Grund bisheriger geschichtlicher Erfahrung und zeitbedingter wissenschaftlicher Forschung die völlige Ausschaltung des Jüdischen auf allen Lebensgebieten die deutsche Existenzfrage schlechthin. Da sich nunmehr auch im deutschen kirchlichen Leben jüdische Einflüsse an schmerzhaft sichtbarer Stelle nachweisen lassen, die durch die geschichtliche Entwicklung des Christentums selbst bedingt sind, besteht im Fortgang der Reformation die vordringliche Aufgabe heute darin, diese Einflüsse mit den Mitteln wissenschaftlicher Forschung aufzuzeigen und sie als artfremd um der Wahrheit des Christentums und um des deutschen Volkes willen zu beseitigen. Damit ist diese Aufgabe eine religiöse und zugleich eine völkische.«

Aus der Vorrede Gerhard Schmidts »Zur Geschichte der Juden in Lübeck«, veröffentlicht im Lübecker Kirchenkalender 1940.

dem Dienst, Schmidt legt Berufung ein I
1947 Disziplinarhof der Hamburgischen Landeskirche lehnt Berufung ab I
1949 Spruchkammerentscheid: Kategorie IV (Mitläufer) I
1964 gestorben in Lübeck

Gerhard Schmidt nach seiner Entlassung aus dem kirchlichen Dienst, unbekanntes Datum.

Ernst Szymanowski

Kaum erkennbar: Das einzige Foto Szymanowski/Bibersteins in SS-Uniform

Ernst Szymanowski trat bereits 1926 als Pastor der NSDAP bei. 1933 wurde er für wenige Wochen kommissarischer Propst von Neumünster und ab November von Segeberg. Gleichzeitig bekleidete er zahlreiche Ämter der NSDAP und SA im Kreis Segeberg. 1934 bemühte er sich vergeblich um das Lübecker Bischofsamt, da ihn der mächtige Gauleiter Schleswig-Holsteins, Hinrich Lohse, ablehnte.

Er engagierte sich für den antisemitischen Bund für Deutschkirche und führte 1935 die erste deutschkirchliche Konfirmation in Itzehoe durch. Daraufhin kam es zu scharfen Protesten aus der Bekennenden Kirche und Szymanowski wurde in das Reichskirchenministerium berufen. 1936 schied er endgültig aus dem kirchlichen Dienst aus. Gleichzeitig trat er dem Sicherheitsdienst (SD) der SS bei und spitzelte für diesen im Reichskirchenministerium.

1941 änderte er seinen Namen in »Biberstein«, weil »Szymanowski« zu slawisch klang. Im selben Jahr wurde er Leiter der Gestapostelle Oppeln und war dort u.a. für Judendeportationen verantwortlich. 1942 wurde er zum Chef des Einsatzkommandos 6 in Rostow, Ukraine, ernannt. Bis 1943 befehligte er dort die Ermordung von mindestens 2000 bis 3000 Menschen, hauptsächlich Juden.

Danach fiel er in Ungnade, weil er die Abkommandierung seines Kommandos zu einem Kampfeinsatz verzögerte.

Für die Massenmorde wurde er im Einsatzgruppenprozess in Nürnberg 1948 vom US-Militärgerichtshof zum Tode verurteilt. Das Urteil wurde später in lebenslänglich umgewandelt. 1955 bat er die schleswig-holsteinische Landeskirche, sich für seine Freilassung einzusetzen. Seine Taten leugnete er weitgehend. Der Neumünsteraner Propst Richard Steffen attestierte ihm dennoch Glaubwürdigkeit und bezweifelte die Urteilsfähigkeit des Nürnberger Gerichtshofes. Dank einer Beschäftigungsverpflichtung durch die Kirche und einer Bürgschaft von Propst Richard Steffen wurde er 1958 entlassen und vorübergehend in der Neumünsteraner Kirchenverwaltung beschäftigt. Andere kirchliche Dienststellen stellten ihn nicht ein. Bis zum Rentenalter arbeitete er in wechselnden schlecht bezahlten Jobs.

Die Stationen

1899 geboren in Hilchenbach/Kreis Siegen I **1906** Umzug der Familie nach Neumünster I **1917** Abitur in Neumünster I **1917** Soldat I **1919** Studium I **1924** Pastor in Kating I **1926** Eintritt in die NSDAP I **1927** Pastor in Kaltenkirchen I **1933** Oktober, kommissarisch Propst in Neumünster I **1933** ab November, Propst in Segeberg I **1933** Kreispresseamtsleiter I **1933** Pressereferent der SA-Standarte 213 I **1934** Kreisschulungsleiter der NSDAP und DAF (Deutsche Arbeitsfront) Segeberg I **1935** als Oberregierungsrat im Reichskirchenministerium I **1936** Eintritt in den SD der SS als Untersturmführer I **1937** befördert zum Obersturmführer I **1938** befördert zum Hauptsturmführer I **1939** befördert zum Sturmbannführer I **1940** März bis Oktober, Soldat in der Wehrmacht I **1941** Chef der Gestapostelle Oppeln I **1941** Juni, Namensänderung in Biberstein I **1942** Chef des

Zitate

»*Oberreg.Rat Szymanowski ist ein würdiger SS-Führer, der für seine klare weltanschauliche Haltung zahlreiche Opfer gebracht hat und im Rahmen des Sicherheitsdienstes wertvolle Arbeit leistet.*«

»*SS-Hauptsturmführer Szymanowski, Träger des Goldenen Ehrenzeichens, ist ehrenamtlicher Mitarbeiter bei II und regelmäßiger Überbringer von Nachrichten aus dem Reichskirchenministerium.*«

Aus Beurteilungen des Sicherheitsdienstes der SS von 1938.

»*Zwei Hinrichtungen hat er gleich zu Anfang beigewohnt, denn ›ich mußte doch sehen, wie das wirkt‹. Bei der ersten wurden 15 Mann mittels Maschinenpistole oder Gewehr durch Genickschuß erledigt. Bei der zweiten, ein Lastkraftwagen voll, etwa 40–60 Menschen, durch den Gaswagen hingerichtet. ›Ich halte diese Todesart aus humanitären Gründen für angebrachter. Sie ist menschlich angenehmer‹, der gedrungene Mann gestikuliert mit den wohlgeformten Händen. ›Die Leichen machten einen ruhigen und friedlichen Eindruck.‹*

Da fragt unvermittelt der Präsident mit verhaltener Spannung: ›Haben Sie denn wenigstens geistliche Zeremonien vor der Hinrichtung abgehalten, oder den unglücklichen Opfern ein Wort des geistlichen Trostes gespendet?‹ Die Antwort: ›Es waren Bolschewisten und der Bolschewismus predigt und unterstützt die Gottlosenbewegung. Ich bin auch als Pfarrer nicht verpflichtet, Menschen zu bekehren. Es ist nicht meine Art, mich aufzudrängen. Außerdem muß ich hier ein Wort anführen, das vielleicht nicht ganz der Würde des Gerichts entspricht: ›Man soll nicht Perlen vor die Säue werfen.‹«

Der Spiegel vom 13.12.1947 über Szymanowskis / Bibersteins Verteidigung im Nürnberger Prozess.

»*Er kam dann nach Rußland. Er war dort in einem Kommando, wohl in ehrenamtlicher Stellung eines SS-Sturmbannführers, aber Staatsbeamter und nicht im Dienst des S.D. der SS. (…) Massenerschießungen sind während seiner Zeit nicht in seiner Kommandostelle vorgekommen. (…) Biberstein macht einen aufrichtigen Eindruck. Man glaubt es ihm einfach im Gespräch, daß er weder etwas vortäuschen noch etwas beschönigen will.*«

Propst Steffen über ein Gespräch mit Szymanowski/Biberstein in Landsberg 1956.

Einsatzkommandos 6 in Rostow, Ukraine I **1943** Einsatz in Italien I **1945** Verhaftung in Neumünster I **1948** im Nürnberger Einsatzgruppenprozess zum Tode verurteilt, später in lebenslänglich umgewandelt I **1958** begnadigt aufgrund von Unterstützung aus der schleswig-holsteinischen Landeskirche I **1958** befristet beschäftigt in der Kirchenverwaltung Neumünsters I bis **1965** wechselnde Beschäftigungen als Lagerarbeiter u.ä. I **1986** gestorben in Neumünster

Szymanowski als Schulungsleiter der NSDAP 1934.

Franz Tügel

1888 geboren in Hamburg I **1908** Abitur in Wandsbek I **1912** 1. Examen (Studium in Rostock, Erlangen, Tübingen, Berlin) I **1912** vom Militärdienst ausgemustert I **1914** Ordination in Hamburg, St. Nikolai I **1916** Heirat mit Adelheid Kunkel, vier Kinder I **1917** Feld-Divisionspfarrer I **1918** Übertritt der Ehefrau zur katholischen Kirche I **1919** Pastor in St. Pauli-Nord, Hamburg I **1929** Beginn der schweren rheumatischen Beschwerden I **1931** Eintritt in die NSDAP I **1932** Gauredner der NSDAP I **1933** Ernennung zum Oberkirchenrat I **1934** Landesbischof von Hamburg I **1934** zusätzlich Hauptpastor von St. Jakobi I **1935** Austritt aus den Deutschen Christen I **1937** Parteiausschlussverfahren, niedergeschlagen I **1938** Invalide durch Krankheit I **1945** 18.7., Rücktritt Tügels I **1946** gestorben in Hamburg

Franz Tügel, seit 1919 Pastor in St. Pauli-Nord in Hamburg, wurde bereits 1931 Mitglied der NSDAP und war als Propagandaredner der Partei im Großraum Hamburg tätig. Intensiv setzte er sich vor 1933 für eine Annäherung der Kirche zur Partei ein, so mit der Propagandaschrift »Wer bist Du?«, die 1932 von der Agentur des Rauhen Hauses verlegt wurde.

1933 wurde Tügel Oberkirchenrat, um 1934 schließlich den erst ein Jahr amtierenden parteilosen D. Dr. Simon Schöffel als Hamburger Landesbischof abzulösen. Gleichzeitig war Tügel bis 1935 Leiter der Hamburger Deutschen Christen (DC). 1935 verließ er die DC aufgrund scharfer Differenzen zur so genannten nationalkirchlichen Richtung, die die Bibel von »*Judaismen*« befreien wollte und den völkischen Antisemitismus auf die Kirche anwenden wollte.

Im Kirchenkampf nahm Tügel mehr und mehr eine Mittelposition ein und versuchte, als Lutheraner auch für die Angehörigen der Bekennenden Kirche »*Hirte*« zu sein. Seine Weigerung, widerständige Pastoren zu denunzieren, war u.a. der Grund für ein Parteiausschlussverfahren 1937, das allerdings niedergeschlagen wurde.

Trotz zunehmender Differenzen mit der nationalsozialistischen Führung blieb Tügel bis Kriegsende Nationalsozialist und unterstützte rückhaltlos die Kriegführung des NS-Staates.

Tügel rechtfertigte den völkischen Antisemitismus, bestand aber darauf, dass getaufte Juden ihren Platz in der Kirche hatten. Ein offizielles Berufsverbot für Christen jüdischer Herkunft wurde in der Hamburgischen Landeskirche nie erlassen. In Einzelfällen unterstützte er engagiert Menschen, die von den Nürnberger Gesetzen betroffen waren, so seinen alten Schulfreund Pastor Bernhard Bothmann.

1945 wurde er zum Rücktritt gedrängt und starb Ende 1946 nach schwerer Krankheit, die ihn seit den Dreißigern an den Rollstuhl gefesselt hatte.

Zitate

»Ich war seit meiner Jugend Antisemit und schärfster Gegner des Marxismus, der Demokratie und der Freimaurerei! Mein politischer Standpunkt war zu allen Lebzeiten der gleiche: national, sozial, antisemitisch und christlich im Sinne des deutschen Reformators Martin Luther!«
          Tügel an die Reichsschrifttumskammer 1941.

»Eine Verantwortung für die evangelischen Glieder der jüdischen Rasse habe ich nicht, denn die Getauften sind nur in ganz seltenen Fällen wirkliche Glieder der Gemeinde gewesen. Wenn sie heute mit in das Ghetto abwandern müssen, dann sollen sie dort Missionare werden. Nicht sie bedürfen der Seelsorge, sondern ihre unbekehrten Rassegenossen. So würde ihnen auch der Apostel Paulus sagen.«
          Tügel in einem Brief an Pastor Wilhelmi 1941.

Franz Tügel in der Uniform der NSDAP-Parteiorganisation, vermutlich 1934.

»Schon seit Juni 1941, nachdem die kirchliche Volkspresse verboten und der Krieg gegen Rußland begonnen war, hatte ich ganz schwere Sorgen für den Weitergang der Dinge. Die Vernichtung des sogenannten lebensunwerten Lebens, die mit gleichem Zeitpunkt eingeleitet und bis auf das letzte Drittel auch durchgeführt wurde, die Deportationen nach dem Osten, von denen wir evangelischen Christen von Anfang an wußten, und das rigorose Vorgehen gegen kirchliches Eigentum haben uns leider Gottes das freudige Vertrauen zur Sache der Nation geschwächt, um es milde zu sagen.«
          Tügel am 23.4.1945 in einem Brief an Pastor Haacke.

»Mein liebster Patient und bester Freund meines Vaters war der Hamburger Landesbischof Franz Tügel, den ich aus früher Kinderzeit her kannte. Er hatte so schweres Rheuma und Arthrosen, daß er kaum gehen konnte; seine Hände waren schon völlig verkrüppelt. Dennoch war sein Mut nicht gebrochen, obwohl er immer fürchterliche Schmerzen hatte. Bei ihm fand ich Trost, wenn ich mir Sorgen um Vati machte oder die Feindseligkeit der Nazis meinem Vater zusetzte.«
          Die Krankenschwester Ingeborg Lohmann, Tochter Pastor Bothmanns, um 1980 an ihre Kinder.

Landessynode der Hamburgischen Kirche am 5.3.1934: Synodenpräsident Prof. Dr. Heinrich Fabian, in SS-Uniform, hat gerade Franz Tügel, am Rednerpult stehend, zum Bischof ernannt.

Lokales Fenster

Dieser Teil der Ausstellung »wandert« nicht. Er wird in Absprache mit den veranstaltenden Kirchenkreisen und Gemeinden gestaltet. Thema ist das Geschehen am jeweiligen Ausstellungsort. So soll verdeutlicht werden, dass das Thema der Ausstellung etwas ist, was »hier« geschah. Gezeigt wird ein Beispiel, ein Thema, das Fragen zur »eigenen« Geschichte aufwirft.

So soll eine Erinnerungs- und Gedenkarbeit »vor Ort« unterstützt oder initiiert werden. Es soll zum weiteren Fragen angeregt werden, z.B.:

Was geschah in meiner Stadt, in meiner Umgebung?

Wie verhielten sich meine Eltern oder Großeltern?

Wurden bei uns auch Menschen verfolgt? Haben sie nach 1945 Gerechtigkeit erfahren?

Sind bei uns Straßen benannt nach Menschen, die in der Zeit des Nationalsozialismus lebten? Und wenn ja, waren diese Opfer oder Täter?

Gibt es bei uns Gedenksteine? Wessen wird dort gedacht – gefallener Soldaten des Weltkrieges oder der Opfer des Nationalsozialismus?

»Betrifft: Judentaufen und Mischehen«

1938 bat das »Reichsinstitut für Geschichte des neuen Deutschland, Forschungsabteilung Judenfrage« die evangelischen Landeskirchen, Ermittlungen über Judentaufen und (christlich-jüdische) »Mischehen« anzustellen.

Daraufhin forderte die schleswig-holsteinische Landeskirche alle kirchlichen Stellen auf, die vom »Reichsinstitut« geforderten Informationen zusammenzustellen. Gewünscht waren u.a. Zusammenstellungen aller Judentaufen in der Landeskirche. Die Informationssammlung hätte eine komplette Liste aller Christen jüdischer Herkunft ermöglicht.

Auf diese Anfrage reagierten die Kirchenverwaltungen der Landeskirche unterschiedlich. Der Kirchengemeindeverband Altona stellte eine vollständige Liste der Judentaufen seit 1900 zusammen, die 44 Personen betraf. Im Kirchenbuchamt Flensburg fanden sich zwar nur sieben Personen, um diese zu finden, hatte man allerdings sogar die Kirchenbücher bis 1733 durchgesehen. Die Liste mit dem denunzierenden Ergebnis war mit der Überschrift »Juden!Taufen!« versehen.

In Kiel hingegen wurde nur kurz gemeldet, dass in den Akten nichts aufgefunden worden sei. Gab es nichts zu finden oder fehlte in Kiel die Ordnung? Weder noch:

Die Akten waren wohl sortiert nach dem »preußischen Aktenplan«. Dieser legte genau fest, welche Schriftstücke in welchen Akten abzulegen waren. Die Judentaufen, die angeblich nicht auffindbar waren, wurden allgemein in der Akte »Übertritte zur evang.-luth. Kirche« gesondert geführt. Diese trug die Nummer VIII 15 (»Allgemeines«) bzw. 16 (»Spezialia«).

Die »Anfrage« nach den Judentaufen hingegen wurde in der Akte »Mischehen« abgeheftet. Diese Akte hatte die Nummer VIII 6.

Zusätzliche Beschriftungen legten in Kiel fest, welche Akten in welchem Fach abgelegt werden mussten: Nummer VIII 6 in das Fach 19, die angeblich nicht auffindbaren Judentaufen wurden in Fach 20 abgelegt.

So können wir klar erkennen, dass der Kirchenbeamte, der 1938 die Anfrage zu bearbeiten hatte, schlicht nicht gesucht hat. Stattdessen heftete er den Vorgang in einer Akte ab, die neben den gesuchten Akten im Regal lag.

Wir wissen nicht, ob der bearbeitende Kirchenbeamte in Kiel nur zu faul war, die Anfrage ordentlich zu bearbeiten und alle Judentaufen herauszuschreiben, oder ob er dies aus anderen Gründen nicht tat. Fakt ist: Er beteiligte sich nicht an der Denunziation von Menschen jüdischer Herkunft, wie es anderswo geschah.

Die Akte »Übertritte«, in der die Judentaufen in Kiel verzeichnet waren. Quelle: Bestand »Kirchengemeindeverband Kiel« im Nordelbischen Kirchenarchiv, Nr. 355.

Die Akte »Mischehen«, in der die Anfrage samt Antwort abgeheftet wurde. Quelle: Bestand »Kirchengemeindeverband Kiel« im Nordelbischen Kirchenarchiv, Nr. 343.

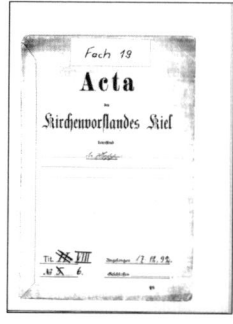

Pastor Chalybaeus (1876–1958)

Christian Chalybaeus wurde 1876 als Pastorensohn in Bordesholm geboren. Er wurde 1903 in Flensburg ordiniert und wechselte 15 Jahre später in die Kirchengemeinde Nienstedten bei Hamburg. Nach dem Beginn der nationalsozialistischen Herrschaft kam es zunehmend zu Angriffen der NSDAP gegen Chalybaeus. Dieser versäumte es im Juli 1933, bei der Trauung eines hochrangigen Nationalsozialisten, an der der damalige Ministerpräsident Hermann Göring teilnahm, die Kirche mit Hakenkreuzfahnen zu dekorieren. Daraufhin warf man ihm »*passiven Widerstand*« vor und es kam zu stärker werdenden Übergriffen gegen den Pastor, bis ihm schließlich im Januar 1934 die Scheiben eingeworfen wurden.

Der zuständige Propst schrieb über Chalybaeus, dass er »*langsamer als andere eine offen bejahende Stellung zum 3. Reich fand*« und dass »*der Pastor es nicht versteht, volkstümlich zu predigen*«.

Daraufhin wurde Pastor Chalybaeus zum 1. Juli 1934 nach **Kiel, Gemeinde Ansgar-West**, versetzt.

Das erste Schriftstück in der Personalakte Chalybaeus über seine Gemeindearbeit in Kiel stammt vom Oktober 1938. Es ist ein Schreiben der Geheimen Staatspolizei. Diese ermittelte gegen Chalybaeus, da ihn seine Konfirmanden denunziert hatten. Er hatte im Konfirmandenunterricht die Unfehlbarkeit des »Führers« in Frage gestellt. Die Gestapo teilte dem Landeskirchenamt mit, dass Chalybaeus »*im Wiederholungsfall staatspolizeiliche Maßnahmen angedroht*« wurden.

1939 taucht der Name Chalybaeus auf einer Liste der Kontaktstellen des Büros Pfarrer Grüber auf. Pfarrer Grüber organisierte seit 1938 *(siehe S. 43)* die Unterstützung von evangelischen Christen jüdischer Herkunft bei der Auswanderung (für jüdische und katholische Verfolgte gab es schon länger solche Hilfsstellen). Er hatte hierfür regionale Kontaktstellen in vielen Landeskirchen. Belege für eine konkrete Unterstützungstätigkeit der Verfolgten durch Chalybaeus konnten bisher nicht gefunden werden. Entweder wurde seine Unterstützung nicht angefordert, oder er vermied aus guten Gründen die Schriftlichkeit. In jedem Fall stand er mit seinem Namen für die Unterstützung Verfolgter.

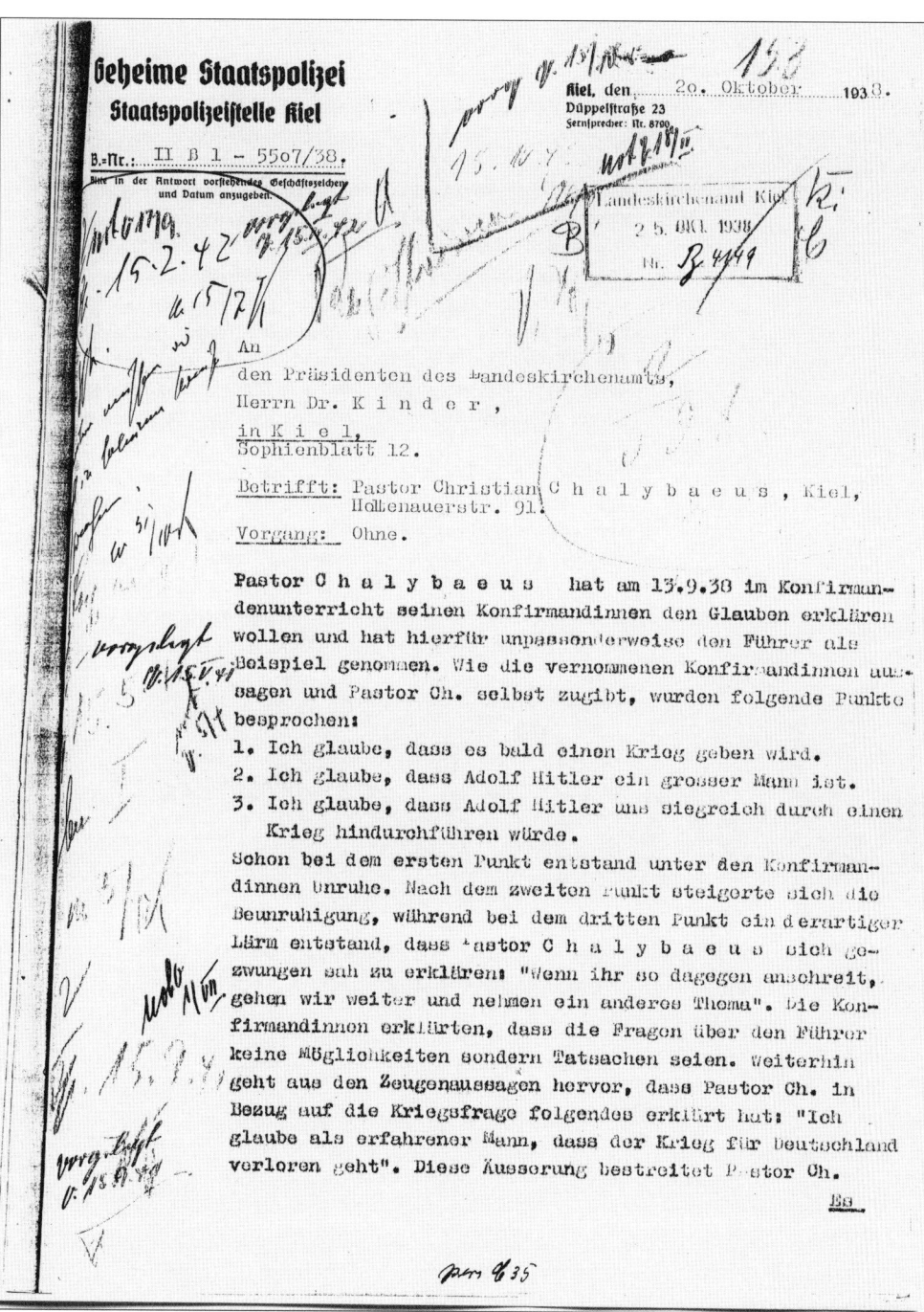

Schreiben der Geheimen Staatspolizei an das Landeskirchenamt vom 20.10.1938 über Pastor Chalybaeus. Die Konfirmandenstunde hielt Chalybaeus vor dem Hintergrund der Kriegsgefahr während der Sudetenkrise, die mit dem »Münchner Abkommen« ein vorläufiges Ende gefunden hatte. Quelle: Personalakte Chalybaeus, Nordelbisches Kirchenarchiv, 12.03 Nr. 169.

Es muss als unerhörte Dreistigkeit bezeichnet werden, wenn ein Geistlicher ausgerechnet in der damaligen ernsten Zeit am 13.9.38 für den Konfirmandenunterricht ein derartiges Thema wählte. Die Behandlung solcher Fragen ist geeignet, nicht nur das Vertrauen zum Führer abzuschwächen, sondern den Führer und die Stärke und den Glauben des deutschen Volkes durch das angekündigte Verlorengehen eines Krieges herabzusetzen und zu missachten.

Pastor C h a l y b a e u s , der bereits am 18.5. 1938 ernstlich verwarnt wurde, weil in einem von ihm veranstalteten Jugendlager Frühsport betrieben wurde, ist auf Grund der vorerwähnten Vorkommnisse letztmalig verwarnt. Ich habe ihm im Wiederholungsfalle staatspolizeiliche Massnahmen angedroht.

Ich bitte um Mitteilung, welche disziplinarischen Massnahmen gegen Pastor C h a l y b a e u s zur Anwendung gebracht werden.

<u>Vertrauensstellen des Büros Pfarrer Grüber.</u>

Kirchliche Hilfsstellen für evangelische Nichtarier
Stand vom 17. Mai 1939.

Berlin (Brandenburg)	Büro Pfarrer Grüber,C.2,An der Stechbahn 3/4 Vertreter: Heinitz, Pfr.Sylten.
Braunschweig	Pfarrer Herdickerhoff,Landesverband für Innere Mission,Peter Josef-Krahestr. 11
Bremen	Pfarrer Bodo Heyne,General Ludendorffstr.38
Breslau (Schlesien)	Frau Vikarin Staritz, Wagnerstr. 7
Chemnitz (Sachsen)	D. Mensing, Agricolastr. 5
Dresden (Sachsen)	Dr.v.Loeben,Rugestr. 1
Frankfurt a/M.(Hessen)	Pfr.Schumacher,Hans Handwerkstr. 16
Hamburg	Frau Dr.Feldner,Kl.Theaterstr. 11 Pfarrer Kohlschmidt,A.d.Christuskirche
Heidelberg (Baden)	Pfarrer Maas, Kirchstr. 17
Kassel (Hessen-Kassel)	Lic.Karig,Humboldtstr. 28 1/2 Frau Gertrud Reese, Kaiserstr. 70
Kiel	Pfarrer Chalybaeus
Köln	Pfarrer Encke,Am Botanischen Garten 72 Mitarbeiter:Missionar Weisenstein,Moltkestr.80
Königsberg (Ostpreußen)	Pfarrer Boersch, Luisenallee 24
Leipzig (Sachsen)	Pfarrer Böhme, Dittrichring 12
Mülheim (Rheinland)	Pfarrer Biermann, M.-Styrum,Albertstr. 1
München (Bayern)	Pfarrer Zwanzger,Verein f.Innere Mission, Mathildenstr. 6
Münster (Westfalen)	Pfarrer Möller, Erphostr. 60
Nürnberg (Franken)	Pfarrer Hans Jordan,Landesverein für Innere Mission, Untere Pirkheimerstr. 6
Schwerin (Mecklbg.)	Probst i.R.Wiegand,Voßstr. 34
Stettin (Pommern)	Pfarrer Walter Franke,Brinkmannweg 54
Stuttgart (Württemberg)	Pfarrer S.Fischer,Obere Bachstr. 39 Mitarbeiter: Dr.Goldmann.

Liste der Vertrauensstellen des »Büros Pfarrer Grüber«, »Kirchliche Hilfsstellen für evangelische Nichtarier«. Kontaktstelle in Kiel: Pfarrer Chalybaeus. Quelle: Bestand »Auswanderermission« im Archiv des Kirchenkreises Alt-Hamburg Nr. 50 25,8.

```
          Deutscher Pfarrertag in K i e l 1938

Dienstag, den 27.September 1938
    nachm. 3 Uhr:    Sitzung des Reichsbundesvorstandes, Gemeinde-
                     haus Eckernförder-Allee 11.

    abds. 8 Uhr:     Im Gemeindehaus, Eckernförder-Allee 11
                     Begrüssung und feierliche Aufnahme des
                     Österreichischen Pfarrervereins in den
                     Reichsbund der Deutschen Evang. Pfarrervereine.
                     Darnach Vortrag von Prof.D.Dr.Scheel:
                     "Deutsch und nordisch in Schleswig Holstein
                     in der Neuzeit."   sodann: Film und Vor-
                     trag über "Die Geschichte der Marschen und
                     Landgewinnung daselbst."

Mittwoch, den 28.September 1938
    vorm. 9 Uhr:     Morgenandacht in der Jakobi-Kirche, Kooper-
                     weg 8: Pastor Janss, Vereinsleiter des
                     Schleswig-Holsteinischen Pastorenvereins,
                     Mitwirkung des Chors der "Russischen Bruder-
                     hilfe."

    vorm. 10 Uhr:    Beginn der Tagung im Gemeindehaus, Eckern-
                     förder-Allee 11.
              1.     Kirchenrat Klingler: Die Aufgabe des Pfarrer-
                     vereins, ein Rückblick und Ausblick.
              2.     Kreispfarrer Wepler-Eschwege: Bericht über
                     die Kasse des Reichsbundes im 1.Halbjahr 1938
              3.     Pfarrer Weichlein-Nürnberg: Amtsbrüderliche
                     Nothilfe 1937/38
              4.     Lic. Seiler-Essen: Das Deutsche Pfarrerblatt.
              5.     Pfarrer Angermann : "Deutsches Pfarrhaus".
                     Darnach  Aussprache.

    nachm. 13,30 Uhr: Gemeinsames Mittagessen im Ratskeller,Fleet-
                     hörn 9 (à 1.50 RM )

    "     15.30  "  Treffpunkt Schlossgarten vor der Universität:
                     Spaziergang Düsterbooker Weg, Düsterbooker
                     Gehölz, Hindenburgufer, Olympiahafen, Bellevue

    abds.20 Uhr:     Zwangloses Beisammensein im Holst-Hotel am
                     Schlossgarten.
```

Deutscher Pfarrertag in Kiel 1938

Deutscher Pfarrertag 1938 (Programm)
Vgl. S. 100

Donnerstag, den 29.September 1938

    vorm. 9 Uhr: Morgenandacht im Gemeindehaus, Eckernförder-Allee 11: Pastor Jessen-Kiel, Bezirksvertreter der Propstei Kiel.

    vorm. 9.30 Uhr: Fortsetzung der Verhandlungen mit Vortrag von Pfarrer Dr. Riecker-Heidelberg: "Welche seelsorgerlichen Anforderungen stellt die kirchliche Lage an uns Pfarrer?"

    Darnach freie Aussprache und Besprechung etwa eingelaufener Anträge.

    nachm. 13 Uhr: Gemeinsames Mittagessen im "Yachtklub von Deutschland" Düsterbooker Weg 135 (à RM 2.-)

    " 14.30 Uhr: Fahrt in See. (Preis der Seefahrt RM 1.50) Auf der Rückfahrt Unterbrechung in Laboe: Kranzniederlegung am Ehrenmal durch den Reichsbundesführer. Zurück etwa 19 Uhr.

Freitag, den 29.September 1938

    vorm. 8 Uhr: Bei genügender Beteiligung mit Autobussen ab Bahnhof zur Rundfahrt durch Ostholstein mit seinen Seen (Halbtagsfahrt Preis RM 2.50) zurück um 14 Uhr. Oder zur Rundfahrt über Schleswig an die Westküste mit Besichtigung der Landgewinnung (ganze Tagesfahrt, Preis RM 5.- zurück um XXX 19 1/2 Uhr.

Wegen Anmeldung und Wohnungsbeschaffung wende man sich an das "Städt. Verkehrsamt" im Rathaus K i e l . Meldeschluss 10. September.

Es ist dringend erwünscht, dass die Einzelvereine durch grössere Abordnungen vertreten sind. Auch Familienangehörige sind herzlich willkommen. Sofern die Hin-und Rückreise über 600 Km beträgt, tritt ab 1.5.1938 eine Ermässigung von 20% ein, xxkxx worauf ich besonders hinweisen möchte.

Nürnberg, 15.August 1938   Mit brüderlichem Gruss!

        Der Reichsbundesführer:

        Klingler

Die Beiträge

Die Beiträge

Landtagspräsident Heinz-Werner Arens

Grußwort zur Eröffnung der Ausstellung am 8. Februar 2002 in der Kieler Ansgarkirche

Mit der Ausstellung ›Kirche, Christen, Juden in Nordelbien 1933–1945‹ macht die Nordelbische Kirche einen wichtigen Schritt nach vorne bei der Aufarbeitung der eigenen Vergangenheit. Auch die Themensynode »Juden und Christen« hat im September vergangenen Jahres deutlich gemacht, wie sehr der Kirche daran gelegen ist, sich über ihre Mitschuld an der Shoa klar zu werden.

Manch einer wird sich fragen: Warum erst jetzt? Warum brauchte man gut 50 Jahre, um so gründlich an die Aufarbeitung der eigenen Beteiligung am nationalsozialistischen Gewaltsystem heranzugehen?

Fakt ist: Wir beobachten diese Zeitverzögerung in der Bewältigung der Mitschuld keineswegs nur bei den Kirchen. In der Wissenschaft zum Beispiel ist es keinen Deut anders. Seien es die Wirtschaftswissenschaftler, die Politikwissenschaftler und sogar die Historiker – sie alle haben sich erst vor wenigen Jahren mit dem Beitrag ihrer eigenen Zunft beschäftigt. Das gleiche Bild zeigt sich bei den Juristen, deren Richter und Staatsanwälte die nationalsozialistische Gewaltherrschaft gestützt haben. Offensichtlich musste also erst ein Abstand von zwei Generationen entstehen, damit die kritische Selbstbetrachtung möglich wurde. Die Generation derer, die aktiv als Täter am System beteiligt waren, ist mittlerweile größtenteils verstorben. Sie sind von ihren Kindern – denken Sie an die Diskussionen der so genannten 68er – durchaus nach ihrer Mitschuld befragt worden. Das war vielfach eine sehr emotionale und schmerzhafte Auseinandersetzung. Wer nimmt schon gerne zur Kenntnis, dass er – um es zugespitzt zu formulieren – ein Massenmörder war. Oder auch nur einer, der das Schreckliche geschehen ließ, als kleines Rad das mörderische Getriebe mit in Schwung hielt.

Heute nun blickt die Enkelgeneration auf das für sie oftmals unfassbare Geschehen in der nationalsozialistischen Zeit. »*Die Enkel fragen wieder*« titelte die »*Jüdische Allgemeine*« am 31. Januar. Die zeitliche Distanz ermöglicht ihnen einen objektiveren Blick. Sie haben die Chance der stärker rational geprägten Aufarbeitung, sie befragen die letzten Zeitzeugen, studieren das Material in den Archiven. Zugleich sind Institutionen wie die Kirche freier, denn es gab natürlich in der Nachkriegszeit eine Kontinuität des Personals, das den Willen zur Aufklärung eigener Schuld naturgemäß nicht mitbrachte. Wer stellt sich schon gerne selbst an den Pranger?

Statt Aufarbeitung kennzeichnete folglich Verdrängung und absichtsvolles Vergessen die ersten Jahrzehnte der deutschen Nachkriegsgeschichte. Die Folge war eine Verharmlosung und Relativierung der nationalsozialistischen Gräueltaten. Es kam zu dem, was Ralph Giordano so treffend als »*zweite Schuld*« benannt hat: dem Frieden mit den Tätern, der die Opfer ein zweites Mal zu Opfern werden ließ. Ich will hier nur das Stichwort »*Wiedergutmachung*« nennen und an die Entschädigungs-Diskussion erinnern, die wahrlich kein Ruhmesblatt der Nachkriegsgeschichte darstellt.

Die Nordelbische Kirche macht nun einen mutigen Schritt nach vorne. Die Ausstellung und die sie begleitenden Veranstaltungen dokumentieren eindrucksvoll den Willen der Kirche, sich ihrer Verantwortung voll und ganz zu stellen. Im Lukas-Evangelium findet man den bekannten Satz: *»Warum siehst du den Splitter im Auge deines Bruders, aber den Balken in deinem eigenen Auge bemerkst du nicht?«* Den darin steckenden Vorhalt, es mit den eigenen Fehlern nicht so genau zu nehmen, sehr wohl aber mit denen der anderen, muss sich die Kirche nicht mehr machen lassen. Zugleich wissen wir: Aus der Aufarbeitung eigener Schuld ergibt sich immer auch eine Verpflichtung für die Zukunft. Dieser Erkenntnis hat die Kirche Rechnung getragen und ist an die Neubestimmung ihres Verhältnisses zum Judentum herangegangen. Das ist wichtig und notwendig, denn es gilt, Vorurteile und Missverständnisse aufzuklären, die zum Teil jahrhundertealt sind.

Lassen Sie mich zum Abschluss noch eines betonen: Diese Ausstellung ist nicht zuletzt ein Beweis dafür, wie unsäglich und falsch die mitunter vorgetragene Forderung nach einem Schlussstrich unter die Vergangenheit ist. Unsere Verantwortung gegenüber den Opfern und auch gegenüber der Zukunft unserer humanen Gesellschaft gebietet uns, diesen Schlussstrich gerade nicht zu ziehen, sondern im Gegenteil die zeitgeschichtliche Forschung nach Kräften zu unterstützen.

Stadtpräsidentin Cathy Kietzer

Grußwort zur Eröffnung der Ausstellung am 8. Februar 2002 in der Ansgarkirche

Wer eine Kirche besucht, sucht Momente der inneren Einkehr oder – wie wir es wohl alle im Urlaub schon getan haben – bestaunt die oft reichhaltigen Kunstschätze in den Häusern Gottes.

Als Ort einer Ausstellung ist das große Kirchenschiff wie hier allerdings ungewöhnlich. Doch in diesem Fall ist der Raum richtig gewählt. Denn Kirche stellt sich hier der eigenen Geschichte.

Nicht nur Kirche, unsere Gesellschaft insgesamt tat sich schwer, die geschichtliche Verantwortung für Nazi-Terror und Judenverfolgung zu übernehmen.

Es dauerte lange – zu lange –, bis endlich eine Lösung für die Entschädigung der Zwangsarbeiter gefunden wurde. Ja, es dauerte auch sehr lange, bis sich die Kirche als Institution mit ihrer Rolle in Zeiten der Nazi-Diktatur beschäftigte und schließlich vor vier Jahren eine Schulderklärung abgab – zum 60. Jahrestag der Reichspogromnacht.

In Kiel gab es einst eine lebendige jüdische Gemeinde. Rund 600 Mitglieder zählte sie, bevor die Nazis ihren vernichtenden Feldzug gegen alles »nicht Arische« begannen, Juden und Sinti und Roma gnadenlos verfolgten, verschleppten, ermordeten.

In den Gedenkbüchern der Ehrenhalle der Landeshauptstadt Kiel finden sich 250 Namen von in den Konzentrationslagern Auschwitz, Buchenwald oder Theresienstadt umgebrachten Kieler Juden.

In den Jahren 1941/1942 wurden mehr als 20.000 deutsche Juden nach Riga deportiert, darunter auch 59 Kielerinnen und Kieler. Die meisten Deportierten wurden im Wald von Bikernieki ermordet und dort in Massengräbern verscharrt.

Nach langer und intensiver Vorbereitungs- und Bauzeit wurde auf Initiative des Volksbundes Deutsche Kriegsgräberfürsorge Ende November 2001 eine Gräber- und Gedenkstätte im Wald von Riga-Bikernieki errichtet zur Erinnerung an die aus Deutschland nach Riga deportierten Juden.

Die Landeshauptstadt Kiel ist seit einiger Zeit Mitglied im Riga-Komitee. Zur Einweihung dieser Gedenkstätte bin ich nach Riga gefahren.

Dort habe ich gemeinsam mit zahlreichen Gästen aus aller Welt an einer überaus würdevollen Zeremonie – der Einsetzung der in eine Urne mit der Aufschrift »Kiel« eingeschweißten Namensliste der deportierten Kieler Juden – teilgenommen. Ähnliche Urnen gibt es aus vielen anderen deutschen Städten. Durch das Einsetzen der Gefäße in das Mahnmal erfuhren die Verschleppten 60 Jahre nach ihrer Deportierung endlich ihre Beisetzung und erhielten damit ein Stück Individualität zurück.

Damals hielt die Bevölkerung still, von Anfang an hatten die meisten Bürger stillgehalten, weggesehen und auch mitgemacht.

Auch führende Vertreter der Kirche Nordelbiens halfen dem menschenverachtenden Hitler-Regime, stellten sich *»freudig in den Dienst der Sache«*. Wie von der weit überwiegenden Mehrheit in der Bevölkerung, gab es auch in den kirchlichen Reihen damals nur vereinzelt Widerstand gegen die mit den Nazi-Horden im Gleichschritt marschierenden Kirchenleute.

Die Ausstellung »Kirche, Christen und Juden in Nordelbien 1933–1945« hier in der Ansgarkirche ist ein wichtiger Mosaikstein in der Aufarbeitung und Verarbeitung deutscher Geschichte.

Ihr müssen wir uns immer wieder stellen. Denn die Verantwortung dafür nimmt uns niemand ab.

Deshalb ist es unsere Pflicht, die verfügbaren Zeugnisse unserer Vergangenheit zur Kenntnis zu nehmen und die Fragen nach den Voraussetzungen und Ursachen immer wieder zu stellen.

Es waren Menschen, die zu Tätern wurden, gedeckt von einer Ideologie der Unmenschlichkeit.

Umso wichtiger ist: Wir müssen wach sein gegen Intoleranz, Rassismus, Antisemitismus.

»Der Schoß ist fruchtbar noch, aus dem das kroch« – dieses Zitat von Bertolt Brecht hat – leider – nichts an Aktualität verloren.

Deshalb müssen wir uns den Ewiggestrigen entgegenstellen. Das ist unsere Verpflichtung und das ist das Zeichen, das von dieser Ausstellung ausgeht.

Ich danke der Nordelbischen Evangelisch-Lutherischen Synode, die den Mut hatte, sich den schmerzlichen Fragen der Vergangenheit zu stellen und ohne Rücksicht auf das eigene Ansehen diese für unsere Geschichte und Gegenwart so wichtige Wanderausstellung zu konzipieren.

Ich sage auch Dank dafür, dass die Ausstellung nach Rendsburg, Lübeck und Hamburg nunmehr in Kiel gezeigt wird. Und wie ich höre, ist sie ausgebucht bis in das Jahr 2004 hinein.

Ich wünsche mir, dass die Ausstellung hier in der Ansgarkirche zahlreiche Besucherinnen und Besucher haben wird und auch die vielen interessanten Begleitveranstaltungen auf reges Interesse stoßen.

Bernd Gaertner, Joachim Liß-Walther, Jörgen Sontag

Eröffnungspredigten

Ökumenischer Gottesdienst am 10. Februar 2002 in der Ansgarkirche Kiel zur Eröffnung der Ausstellung

I. Bernd Gaertner

Matthäus, 28, 16-20:
»*Aber die elf Jünger gingen nach Galiläa auf den Berg, wohin Jesus sie beschieden hatte. Und als sie ihn sahen, fielen sie vor ihm nieder. Einige aber zweifelten. Und Jesus trat herzu und sprach zu ihnen: Mir ist gegeben alle Gewalt im Himmel und auf der Erden. Darum gehet hin und machet zu Jüngern alle Völker: tauft sie auf den Namen des Vaters und des Sohnes und des Heiligen Geistes, und lehrt sie halten alles, was ich euch befohlen habe. Und siehe, Ich bin bei euch alle Tage bis an der Welt Ende.*«

Der auferweckte Jesus hatte den Jüngern sagen lassen: Geht nach Galiläa, dort werdet ihr mich sehen. Und dort – auf dem Berg in Galiläa – sahen sie ihn. Hier gibt er ihnen den Arbeitsauftrag mit: zu allen Völkern zu gehen und auch sie zu Jüngern zu machen, sie zu taufen, sie alles zu lehren, was er ihnen geboten hatte.

Was ist Aufgabe für die Jünger? Für die Jünger kurz nach dem Tod Jesu wie heute?

Für alle – damals, heute und morgen – gilt dieses Wort vom Berg in Galiläa:

Wenn ihr ihn erkannt habt, fallt nieder und betet ihn an. Er hat sich euch als das Wort Gottes erwiesen, als das Bild Gottes. Betet ihn und in ihm Gott an.

Habt also keine anderen Götter neben ihm:
– Weder die Gewalt, wie sie der Kriegsgott symbolisiert,
– noch den Mammon, den Besitz, das Geld,
– nicht eigene Leistung,
– nicht Volk und Heimat.

Alles das sind Ziele, die ihre Bedeutung haben, die aber nicht zum obersten Ziel des eigenen Lebens und Strebens werden dürfen.

Der Gott, den ich in Jesus anbeten soll, ist der, der uns im Glauben der Menschen des Volkes Israel begegnet: der sein Volk aus der Unfreiheit herausführte, dessen oberste Gebote lauten: Liebe Gott und den Nächsten wie dich selber. Und die, die mit Jesus auf dem Weg waren, sagen uns: Dieser Jesus hat das so gelebt, dass es uns den Gott vollkommen sichtbar machte. Sein Leben, das ihnen einen Blick in den Himmel ermöglicht hatte, das sie erinnert hatte an die Visionen der Propheten – bei ihm haben wir das erfahren, was ein Jesaja angekündigt hat: Lahme gehen, Blinde sehen ... Bei ihm ist die Welt heil, wie Gott sie haben will. Da gibt es keinen Unfrieden mehr: Das Lamm spielt mit dem Löwen, das kleine Kind spielt am Loch der sonst tödlichen Schlange. Feinde hat er zusammengebracht – der mit den Römern zusammenarbeitende Zöllner Matthäus kann friedlich leben mit dem jüdischen Freiheitskämpfer Simon. Bei ihm haben sie das gefunden, was sie sich ersehnten: Schalom, Frieden.

Darum betet **ihn** an! Setzt euer Leben auf **seine** Karte.

Gelingt uns das immer? Wenn ich mich in dieser Kirche umblicke, wenn ich in mein eigenes Leben sehe, muss ich sagen – nein, manches stellt große Fragen an mich, in manchem möchte ich andere Sicherheiten neben diesen Gott stellen, ist mir anderes wichtiger. An anderer Stelle im Evangelium wird das genannt: Ich glaube, hilf meinem Unglauben! In Vers 17 heißt es: Einige – oder sie – zweifelten.

Jesus spricht die Jünger an: Mir ist alle Gewalt gegeben im Himmel und auf Erden! An früheren Stellen hat er seine Vollmacht schon gezeigt: Er hat Sünden vergeben, seine Vollmacht ist anders, größer als die der Schriftgelehrten – seine Macht ist umfassend, sie schließt alle Wirklichkeit ein.

Und so sendet er sie zu allen Völkern, um sie zu taufen, zu lehren. Sie können aus eigener Erfahrung sprechen.

In Mt. 10,5 hatte er die Sendung noch auf Israel beschränkt – geht nicht den Weg zu den Heiden und zieht in keine Stadt der Samariter. An unserer Stelle ist der Auftrag speziell auf die Heidenvölker ausgerichtet – geht in alle Welt, tauft und lehrt sie.

Wie das Volk Israel im Gesetze vom Berg Sinai seine Weisung zum Leben erhalten hat, so soll diese Weisung nun die Heiden-Völker vom Berg Galiläas aus verändern, sie mit hineinnehmen in den Bund mit Gott.

Aufgabe für die Jünger ist, die Menschen zu taufen auf den Namen des Vaters und des Sohnes und des Heiligen Geistes.

Taufe ist das Sakrament, das den Menschen eingliedert in Christus, den gekreuzigten und auferstandenen Herrn; der Getaufte wird aufgenommen in den Neuen Bund zwischen Gott und seinem Volk.

In den Schriften des Neuen Bundes wird dieses Geschehen und seine Bedeutung in verschiedenen Bildern beschrieben:
- Taufe ist Teilhabe an Christi Tod und Auferstehung (Röm. 6,3-5, Kol. 2,12);
- Reinwaschung von Sünde (1. Kor. 6,11);
- eine neue Geburt (Joh. 3,5);
- Erleuchtung durch Christus (Eph. 5,14);
- Erneuerung durch den Geist (Tit. 3,5);
- die Erfahrung der Rettung aus dem Wasser (1. Petr. 3,20f.);
- Exodus aus der Knechtschaft (1. Kor. 10,1f.);
- Befreiung zu einer neuen Menschheit, in der die trennenden Mauern der Geschlechter, Rassen und des sozialen Standes überwunden werden (Gal. 3,27f.; 1. Kor. 12,13).

Die Macht der Sünde ist gebrochen, der Getaufte ist nicht mehr länger Sklave der Sünde, sondern ein Mensch, der sich nun frei für Gott entscheiden kann. Die Taufe schließt die Erkenntnis **und** das Bekenntnis der eigenen Sünde **und** die Bekehrung des Herzens in sich. Die Waschung, das Untertauchen oder Übergießen mit Wasser ist ein Symbol für diese reinigende Wirkung des Getauften, der von Christus freigesprochen, gereinigt und geheiligt wird. Zugleich empfängt er aber auch eine neue ethische Orientierung unter der Führung des Heiligen Geistes.

Taufe setzt Glauben voraus. D.h. ein Mensch, der getauft werden möchte, muss schon den Anspruch des lebenspendenden Geist Gottes, sein Wort erfahren haben. Wenn in den meisten Kirchen Kinder getauft werden, dann deshalb, weil die Eltern diesen Glauben für ihre Kinder ausdrücken und diese später selbst diesen Glauben bekennen sollen – etwa in der Konfirmation oder der kath. Firmung.

Ich taufe dich auf den Namen des Vaters und des Sohnes und des Heiligen Geistes. Die Theologen sagen, diese Formulierung gebe das Taufbekenntnis, wie es in der Gemeinde des Matthäus in Syrien gesprochen wurde, wieder. Ein anderes Buch, das wenig später entstanden ist im gleichen Raum, verwendet auch diese Formel. Bekannt ist aber, dass es zunächst unterschiedliche Formulierungen gab. Diese hier hat sich weitgehend durchgesetzt und ist zugleich die Grundform der später formulierten Glaubensbekenntnisse wie das Apostolische Glaubensbekenntnis oder das Nizänische Glaubensbekenntnis.

Diese Tauformel wird heute in allen großen christlichen Kirchen gesprochen, begleitet von Untertauchen oder Übergießen mit Wasser.

Taufe führt hinein in die eine Kirche Jesu Christi. Sie verbindet mit ihm und sie verbindet seine Gläubigen untereinander. Leider ist hiermit auch die Tragik der Spaltung der Christenheit angesprochen. Ausdruck der Zerstrittenheit und auch der Schuld der Christen – Anlass sich zu bemühen, die Spaltung zu überwinden.

Aber die einmal so gespendete Taufe ist gültig und wird nicht wiederholt, wenn ein Christ sich einer anderen christlichen Kirche zuwendet. Sie ist das gemeinsame Sakrament der Christenheit – mit Ausnahme der Baptisten, die den persönlichen Glauben als unabdingbare Voraussetzung für die Taufe betrachten und daher Kindertaufe als nicht gespendet ansehen.

Für Christen ist die Taufe aber nicht ein magisches Geschehen. Gott schenkt uns den Glauben – annehmen, uns dafür entscheiden müssen wir. So ist Taufe auch ein Anfangspunkt in einem christlichen Leben. Das muss sich immer weiter entfalten, wir müssen tiefer verstehen, was unser Gott will – mit uns. So heißt es im Vers 20: Und lehret sie halten alles, was ich euch befohlen habe.

Das Matthäus-Evangelium schließt mit der Zusage: Ich bin bei euch alle Tage bis ans Ende der Welt. Es schließt sich damit der Bogen, der am Anfang in der Ansprache des Engels an Josef aufschien: Er wird heißen Emmanuel, Gott mit uns. Er lässt uns nicht allein in dieser Welt. Ein schwieriges Wort angesichts der Zeugnisse in diesem Raum?

II. Joachim Liß-Walther

Liebe Gemeinde.
In einem Breslauer Gemeindebrief war 1934 sinngemäß zu lesen: »*Der Gottesdienst beginnt. Der Pfarrer ruft in die Gemeinde hinein: ›Alle Nicht-Arier mögen die Kirche verlassen.‹ Niemand rührt sich. Der Pfarrer wiederholt seinen Aufruf. Und wiederum rührt sich nichts. Als er zum dritten Mal seine Aufforderung ergehen lässt, da steigt der Gekreuzigte vom Altar. Und Jesus Christus verlässt die Kirche.*«

Liebe Gemeinde, ohne Übertreibung lässt sich sagen, dass die maßgeblichen Kreise unserer damaligen Landeskirchen in Nordelbien tatsächlich Jesus Christus de facto aus der Kirche ausgeschlossen haben, denn Jesus war und blieb Jude, auch wenn er wider besseres Wissen zum blonden, blauäugigen, arischen Galiläer und nordischen Helden umgeprägt wurde. Lesen und hören Sie nur die Geschichte, die Pastor Andersen aus Flensburg für den Konfirmandenunterricht zusammenlog. Mit dieser verrückten Umwandlung Jesu wurden ja zugleich die Pastoren und Gemeindemitglieder »nichtarischer« Herkunft, also vorrangig getaufte Judenchristen aus der Kirche – man muss schon sagen – gejagt. ›Beispiele‹ zeigt unsere Ausstellung. Mit anderen Worten: der Arierparagraph der Nationalsozialisten hielt Einzug in die Kirchen. Das Gutachten vom Theologieprofessor Dr. Eisenhuth (!) gipfelte Dezember 1941 in der Forderung: »*Judenchristen sind als Feinde des Reiches von jeder Form der gottesdienstlichen Gemeinschaft auszuschließen.*« Daraufhin erklärten die Führer von sieben Landeskirchen, darunter Schleswig-Holstein und Lübeck: »*Die nationalsozialistische deutsche Führung hat mit zahlreichen Dokumenten unwiderleglich bewiesen, dass dieser Krieg in seinen weltweiten Ausmaßen von den Juden angezettelt worden ist.*« Die Juden seien die »*geborenen Welt- und Reichsfeinde*« und nun kommts: »*Durch die christliche Taufe wird an der rassischen Eigenart der Juden, seiner Volkszugehörigkeit und seinem biologischen Sein nichts geändert. Eine deutsche evangelische Kirche hat das religiöse Leben deutscher Volksgenossen zu pflegen und zu fördern. Rassejüdische Christen haben in ihr keinen Raum und kein Recht.*« Verfügt wurde der Ausschluss »nichtarischer Christen« mit dem Erlass des schleswig-holsteinischen Landeskirchenamtes vom 10. Februar 1942, heute vor genau 60 Jahren.

Liebe Gemeinde, die Taufe selbst spielte kaum noch eine Rolle, nur noch die Tauflisten, anhand derer man bis ins dritte, vierte und weitere Glied feststellen konnte, ob jemand jüdischer Herkunft war. Es war das *arteigene arische* Blut, das von *fremden* Beimengungen gesäubert werden sollte. *Deutschblütigkeit* hieß das neue ›Evangelium‹, Blut und Boden, doch es wurde zur ›schlechten Botschaft‹, zum ›Kakoangelium‹.

Blut durchpulst alle Menschen, in ihren vielseitigsten Beziehungen in Völkern, Gruppen, Familien – vom ersten Menschen her, von Adam her, der von der Adama, dem Erdboden, dem Gottesboden genommen ist. Durch Adam und sein Blut, den Sitz des Lebens, sind wir Menschenwesen und keiner soll sich über andere erheben. Wer nun Blut von Blut unterscheiden will, germanisches Hochwertblut von jüdischem oder slawischem Unterwertblut, zielt auf Verachtung und Verfolgung, Krieg und Vernichtung des Lebens. Ende 1933 formulierten die ›Deutschen Christen‹: »*Der ewige Gott hat unserem Volk ein arteigenes Gesetz eingeschaffen. Es gewann Gestalt in dem Führer Adolf Hitler und in dem von ihm geformten nationalistischen Staat.*« (Wieso so plötzlich war es da?) »*Dieses Gesetz spricht zu uns in der aus Blut und Boden erwachsenen Geschichte unseres Volkes.*« Und an anderer Stelle: » *Wir wollen eine evangelische Kirche, die im Volkstum wurzelt und lehnen den Geist eines christlichen Weltbürgertums ab.*«

Die christliche Taufe allerdings betont geradezu dieses Weltbürgertum; sie überwindet bewusst alle Volks- und Familienbande, sie bestätigt geistlich, dass wir Menschen von Adam her Gotteskinder sind, gleichen Blutes, um gleichen Geistes werden zu können. Deshalb schreibt Paulus im Brief an die Galater: »*Denn ihr alle, die ihr auf Christus getauft seid, habt Christus angezogen. Hier ist nicht Jude noch Grieche, hier ist nicht Sklave noch Freier, hier ist nicht Mann noch Frau; denn ihr seid allesamt einer in Christus Jesus.*« (Galater 3,27f.). Amen.

III. Jörgen Sontag

1.

Es ist immer wieder zum Verwundern, ja zum Erschrecken, dass eine traditionsreiche Kirche wie die evangelisch-lutherische Kirche sich von solchem Denken hat bestimmen lassen können. Sie konnte es besser wissen. Sie wusste, was in der Bibel stand; sie wusste, was das Neue Testament zur Taufe sagte. Das war ihr Fundament, das durfte sich die Kirche nicht abhandeln lassen.

Was muss im deutschen Volk und in der ev.-luth. Kirche an judenfeindlicher Tiefenströmung und irregeleiteter Mentalität vorhanden gewesen sein – aus dem Beginn des 20. Jahrhunderts und dem 19. Jahrhundert, aus der Reformationszeit und der davor liegenden Zeit der Kirche bis zurück in ihre Anfänge!

2.

Noch einmal das Pauluswort aus Gal. 3,28:
Da gilt nicht mehr:
Jude oder Grieche, Sklave oder Freier, Mann oder Frau;
denn ihr seid alle einer in Christus Jesus.
Das ist eine wesentliche Erkenntnis aus dem Neuen Testament; die soll aus diesem Gottesdienst mit Ihnen mitgehen: Die **Taufe begründet eine neue Existenzweise** und eine **neue Wertigkeit unseres Lebens in seiner Vielfalt**. Durch die Taufe werden Sie verbunden mit Christus, mit Seinem Weg und Seiner Botschaft. Die Taufe fügt Sie in die Gemeinschaft ein, die Paulus *Leib Christi* nennt. Damit macht er deutlich, diese sehr enge Gemeinschaft verbindet ganz unterschiedliche und unterschiedlich bleibende Menschen zu etwas Neuem, eben dem *Leib Christi*.

Wer getauft ist, steht in **neuen Verbindungen und Verbindlichkeiten**. Daran kann auch eine Ideologie und ein politisches Programm nichts ändern. Es ist klar, das konnten und wollten die Nationalsozialisten der Kirche nicht durchgehen lassen. Doch ebenso klar hätte sein müssen: In dieser Frage konnte die Kirche nicht nachgeben, die Taufe und ihre Bedeutung konnte die Kirche sich nicht abmarkten lassen – oder sie hörte auf, christliche Kirche zu sein. Darum ging es **1933–45: Bleibt die ev.-luth. Kirche christliche Kirche?**

Die ev.-luth. Landeskirche Schleswig-Holsteins hätte, **zu ihren getauften »nichtarischen« Brüdern und Schwestern stehen** müssen!! –
Das sage ich heute 60 bis 70 Jahre nach den Jahren der Herausforderung 1933–45.

3.

Doch wir blicken nicht nur zurück. Wir haben auch zu bedenken, welche **Konsequenzen** die Taufe für uns **heute** mit sich bringt. Oder anders: Was meint im Taufbefehl am Ende des Matthäusevangeliums der Auftrag Jesu Christi: *Und lehret sie halten alles, was ich euch geboten habe*?

Meine Antwort gebe ich in drei Sätzen:

1) Wir haben Grund, für die Verbindung, die Christus in der Taufe und die mittels Christus Gott selbst mit uns eingegangen ist, **dankbar zu sein.** Ihre Taufe, liebe Christinnen und Christen, ist ein Grund zur Freude und zu steter dankbarer Erinnerung.

2) Die Verbundenheit mit Christus weitet unseren Blick derart, dass wir **alle Getauften** als **mit uns im Wesentlichen verbunden** erkennen. Ganz gleich, welche Nationalität oder Hautfarbe sie haben oder welcher politischen Partei sie angehören.

3) Die Verbundenheit mit den anderen Getauften begründet eine **Verantwortung für sie**. Zum Beispiel
- für die, die in unserem Land die Institution Kirche verlassen haben, dass wir sie nicht abschreiben, sondern Fantasie aufwenden, ihnen ihre Taufe und damit auch die Gemeinschaft der Kirche wichtig zu machen,
- oder auch für die, die in anderen Ländern und Kontinenten wegen ihres christlichen Glaubens, der auch unser Glaube ist, verfolgt werden, dass wir uns um Informationen über deren Lage bemühen, dass wir in unseren Fürbitten für sie beten, dass wir auf Auslandsreisen Kontakt zu ihnen aufnehmen.

Sie merken, Ihre Taufe ist nicht nur eine schöne Segenshandlung, die an Ihnen zumeist am Anfang Ihres Lebens vollzogen worden ist. Ihre **Taufe stellt Sie in wichtige, Sie herausfordernde, manchmal auch strapazierende Zusammenhänge.** So aber gewinnt Ihre Taufe für Sie Bedeutung. Dazu lädt Christus Sie ein.

Ausstellung in der Ansgarkirche in Kiel, am 8. Februar 2002

Joachim Liß-Walther:

Einladung in die Ausstellung

Andacht auf der Kirchenkreissynode Kiel am 27.2.2002

Verehrte Synode, liebe Schwestern und Brüder,
fürchtet euch nicht, denn ich habe nicht vor, eine theologische Reflektion über den Haushalt anzustellen; eine solche Andacht wäre sofort vergessen, wenn's um den Haushalt geht, und würde am Haushalt ohnehin nichts ändern. Entsetzt euch aber doch, denn ich möchte unsere Aufmerksamkeit auf die Ausstellung lenken, die seit dem 10. Februar in der Ansgarkirche gezeigt wird und – nur wenige Tage noch – bis zum 3. März geöffnet ist.

Im Herbst dieses Jahres wird in Kiel der Deutsche Pfarrerinnen- und Pfarrertag zu Gast sein. Er steht unter dem Thema »*In Verantwortung vor Gott und den Menschen*«. Schon einmal fand in Kiel ein Deutscher Pfarrertag statt, im Jahr 1938, Ende September. Damals lautete sein Thema »*Deutsch und nordisch in Schleswig-Holstein in der Neuzeit*«. Nach dem Hauptvortrag folgten Film und Vortrag über »*Die Geschichte der Marschen und Landgewinnung daselbst*«. Gott, liebe Schwestern und Brüder, war wohl nicht eingeladen; so wurde vergessen, worauf Kirche sich gründet und wozu sie beauftragt wurde. Gott kommt nicht vor im Programm: Er schien zu alt, überholt, nicht deutsch und nordisch, überflüssig in dieser großen »neuen Zeit«. Der Unheilige Geist hingegen machte sich breit. Das Evangelium, Eu-Angelium, die gute Botschaft, wurde zur barbarischen, zum Kako-Angelium. Bereits vor 1933 waren 27 Prozent der schleswig-holsteinischen Pastoren Mitglieder der NSDAP. Im Jahr der Machtergreifung bekannten sich 70 Prozent von ihnen zur Glaubensbewegung ›Deutsche Christen‹: Das Kreuz wurde ins Hakenkreuz hineingekreuzigt, Glaube zum Deutschglauben, Jesus, der Jude, zum Arier pervertiert.

Nachzulesen und nachzuhören ist dies in der Ausstellung ›Kirche, Christen, Juden in Nordelbien 1933–1945‹, die bundesweit mittlerweile Anerkennung und Beachtung gefunden hat. Zum ersten Mal wird überhaupt und anhand ausgewählter Biographien gezeigt, wie sich die Kirchenleitungen, wie sich Amtsträger der damaligen Landeskirchen im nordelbischen Raum verhielten gegenüber ihren evangelischen Pastoren und Mitgliedern jüdischer Herkunft, getaufte leitende Christen gegenüber den darunter leidenden getauften Christenjuden. Auf ihrer Tagung in Rendsburg am 12. September 1933 übernimmt die Synode der schleswig-holsteinischen Landeskirche den Arierparagraphen, beschließt also die Entlassung von Pastoren jüdischer Herkunft. Der größte Teil der Synodalen erscheint in NS-Uniform, so dass Bischof Mordhorst in seiner Predigt die Anwesenden mit »*Ihr Männer im Braunhemd*« anredet. Die Synode schließt mit »*Sieg Heil*« und statt eines Chorals wird das Horst-Wessel-Lied gebrüllt. »*In Verantwortung vor Gott und den Menschen*«?

Der Erlass vor 60 Jahren, vom Landeskirchenamt in Kiel am 10. Februar 1942, lautete: »*Durch die christliche Taufe wird an der rassischen Ei-*

genart der Juden, seiner Volkszugehörigkeit und seinem biologischen Sein nichts geändert. Eine deutsche evangelische Kirche hat das religiöse Leben deutscher Volksgenossen zu pflegen und zu fördern. Rassejüdische Christen haben in ihr keinen Raum und kein Recht.« Gez. Kirchenamtspräsident Dr. Kinder, ehedem Reichsleiter der Deutschen Christen.

Damit hatte der immerhin getaufte Jude Jesus definitiv ausgespielt und keinen Raum und daher kein Recht in der Herberge der Kirche. Ihn zum *Arier* umzumodellieren, zum deutschen Heiland, der sich in Hitler verkörpert, unternahm das berüchtigte Eisenacher »*Institut zur Erforschung und Beseitigung des jüdischen Einflusses auf das deutsche kirchliche Leben«,* dessen ›geistige Hochleistungen‹ zur Zeit erst erforscht werden. Gegründet bewusst am 6. Mai 1939 auf der Wartburg, dem Jahrestag der Ankunft Luthers, wird als Grundlage formuliert, dass der Nationalsozialismus das Werk Martin Luthers nach der weltanschaulich-politischen Seite fortführe und zu einem wahren Verständnis des christlichen Glaubens verhelfe. Die Entjudung der Kirche also wurde radikal vorangetrieben. Führer von elf Landeskirchen waren Mitträger des Institutes. Allerdings lehnte die überwiegende Mehrheit der schleswig-holsteinischen Geistlichen die Arbeit des Instituts ab. Viele der Theologie-Professoren und Dozenten sowie rund hundert Pastoren und Bischöfe des Reichsgebietes hingegen beteiligten sich an der freiwillig übernommenen theologischen Gehirnwäsche und bis zu 600 Theologen an den ›wissenschaftlichen‹ Tagungen, darunter aus dem Bereich der schleswig-holsteinischen Landeskirche der eben genannte Dr. Kinder, Landesbischof Paulsen, die Professoren Schmökel und Redeker, die Pröpste Dührkop und Stoldt. »*In Verantwortung vor Gott und den Menschen«*?

Zwei Beispiele aus der Arbeit des Eisenacher Instituts seien genannt:

1940 erschien in 200.000 Exemplaren das »gereinigte« Neue Testament. Hebräische Wörter und die vielen Zitate aus dem ersten, alten Testament wurden gestrichen, weite Teile umgeschrieben und neu geordnet. Der entjudete erste Teil ›Jesus der Heiland‹ erhielt sieben Kapitel: 1. Sein Ursprung, 2. Sein Aufbruch, 3. Seine Botschaft, 4. Seine Gefolgschaft, 5. Sein Kampf, 6. Sein Kreuz, 7. Sein Sieg. Analogien zum nationalsozialistischen Sprachduktus sind keineswegs zufällig. Es muss die Falschmünzer geschmerzt haben, dass sie Jesus nicht das Wort »Mein Kampf« in den Mund schmieren konnten. Die evangelischen Gesangbücher der Kirchen wurden einer intensiven Überprüfung unterzogen auf jüdische Ausdrücke und undeutsche Geschmacklosigkeiten. Von 2336 Liedern wurden 1971 als zur Verwendung ungeeignet befunden, nur 102 unverändert übernommen; Umdichtungen erfolgten zuhauf. So wurde etwa im Tauflied Jesus zu »*Du Kindlein zart aus deutschem Blut«.* Die Lieder, die die ›theologische‹ Zensur passierten, sollten Volksgemeinschaft, Wehrwillen, Heldentum und Opferbereitschaft fördern, mitten im Krieg zum Sieg stählen. Welch ein Kniefall vor den Götzen, den Führern, den schwarzen Gedanken des Nationalsozialismus. Welch ein Reichtum von theologischen Perversionen.

Man möchte sich erheitern wie in einem Kabarett, wenn es nicht so grauenhaft und für viele tödlich geworden wäre. Denn Opfer gab es nicht wenige, auch das zeigt die Ausstellung. Und andere, die anders dachten. So will ich kurz gedenken des Pastors Chalybaeus, genauer nachzulesen im Kieler Teil der Ausstellung. Er unterließ es im Juli 1933, seine Kirche in

Nienstedten mit Hakenkreuzfahnen zu ›schmücken‹, was anlässlich der Trauung eines hochrangigen Nationalsozialisten – in Anwesenheit von Hermann Göring – opportun gewesen wäre. ›Passiven Widerstand‹ warf man ihm vor und die Scheiben seines Pastorates ein. Er wurde nach Kiel versetzt, an die Ansgarkirche. Später, 1938, aufgrund von Denunziationen durch Konfirmanden, ermittelte die Gestapo gegen ihn, drohte »*im Wiederholungsfall staatspolizeiliche Maßnahmen*« an: Hatte er doch die Unfehlbarkeit des Führers in Frage gestellt.

Ein Jahr später taucht sein Name auf einer Liste der Kontaktstellen des Büros Pfarrer Grüber, Berlin, auf. Grüber unterstützte seit 1938 evangelische Christen jüdischer Herkunft bei der Auswanderung, mit Hilfe regionaler Kontaktpersonen in vielen Landeskirchen. Belege allerdings für tatsächlichen Einsatz von Chalybaeus gibt es bislang nicht. Entweder war er nicht notwendig oder Chalybaeus verfasste aus guten Gründen keine Aufzeichnungen. Sein Name jedoch steht für die Unterstützung Verfolgter: »*In Verantwortung vor Gott und den Menschen.*«

Liebe Schwestern und Brüder, die Ausstellung setzt bereits jetzt schon neue Nachforschungen in Gang. Es lohnt, auch wenn es schwer fällt, ein Gang durch die dunklen und hellen Seiten unserer Kirchengeschichte aus schwarzer, nicht endender Zeit. Und es gibt Mut, auch zu graben in den eigenen Gemeindegeschichten in Kiel, sofern sie in diese Zeit zurückreichen. Auch wenn wir noch so sehr versessen aufs Vergessen sind: Vergessen wird nichts »*in Verantwortung vor Gott und den Menschen*«. Nur in der Operette gilt: »*Glücklich ist, wer vergisst.*« Die Wahrheit ist, dass, wer vergisst, was nicht vergessen werden darf, sich nicht versöhnen und versöhnen lassen kann. Und noch eines tut Not: Die Geschichte der »Kirche, Christen, Juden in Nordelbien 1933–1945« zeigt unabweisbar, wie gefährlich und verhängnisvoll zugleich Theologie und kirchliche Praxis, Pastoren und Mitarbeiter sein können, wenn sie dem jeweiligen Zeitgeist auf den Leim gehen, den Moden und Mätzchen, den Märkten und Mächten sich fügsam zeigen. Wir sind gefährdet, weil wir in immer noch bequemen Zeiten nicht wissen, wie wir uns verhalten würden, wenn es hart auf hart ginge. Es gilt heute, fröhlich und verzweifelt an diesem Buch sich festzuhalten, dem Ersten und dem Zweiten, dem Alten, hebräischen, und dem Neuen, griechischen Testament, eben: an der Bibel. Wohlgemerkt: Die ganze Bibel muss es sein »*in Verantwortung vor Gott und den Menschen*«. Amen.

Siegfried Bergler

Wurzeln der Judenfeindschaft

Kennen Sie den? *Ein armer Jude kommt am Hauptbahnhof an, sein ganzes Hab und Gut in zwei alten, abgewetzten Koffern. Er geht auf einen älteren Mann zu, der in der Bahnhofshalle die Fahrpläne studiert, und fragt ihn: »Entschuldigen Sie bitte, mein Herr, sind Sie ein Antisemit?« Der Mann kann sich vor Empörung nicht fassen. »Was fällt Ihnen ein, werden Sie nicht unverschämt!« – »Nichts für ungut«, sagt der Jude, »entschuldigen Sie bitte vielmals«, geht ein paar Schritte weiter und spricht eine Frau an. »Sind Sie vielleicht eine Antisemitin?« Dieselbe Reaktion. Das Spiel wiederholt sich mehrmals. Schließlich gerät der Jude an ein Ehepaar. »Pardon, sind Sie vielleicht Antisemiten?« – »Jawohl«, antwortet der Mann, »wir können die Juden nicht ausstehen, dieses widerliche Pack!« – »Schön, Sie sind ehrliche Menschen, könnten Sie bitte einen Moment auf meine Koffer aufpassen?«*

Judenfeindschaft: ein beständiges Gefühl, das aber kaum einer von uns zugeben will. Ein Vorurteil, eine distanzierte, ablehnende Haltung gegenüber Menschen jüdischer Abstammung bzw. jüdischen Glaubens. Wir müssen um die Wurzeln und um die Entwicklung dieses Vorurteils wissen, um überhaupt Judenhass – oder milder ausgedrückt – um diese Animosität bzw. Reserviertheit verstehen und in uns selber überwinden zu können. Als Referent über jüdische Themen begegnen mir in Gesprächen immer wieder Sätze wie: »Ich habe ja nichts gegen die Juden, aber sie provozieren doch selber durch ihr Verhalten, dass man sie nicht mag. Denken Sie nur an Israel, was die mit den Palästinensern machen. Oder hier in Deutschland: Überall melden sich Juden zu Wort, kritisieren unsere Politik und machen uns dauernd nur ein schlechtes Gewissen mit der Erinnerung an Auschwitz.« Das würde in letzter Konsequenz bedeuten: Juden sind – auf Grund ihres Charakters, ihrer Art – selber daran schuld, dass man etwas gegen sie hat. Eine problematische Ansicht zwecks unserer Rechtfertigung und Entschuldigung. Das ist die große Gefahr: Wenn man Judenfeindschaft erklären will, gerät man leicht in die Versuchung, negative Faktoren auf jüdischer Seite als Ursachen zu benennen.

»Judenfeindschaft« ist für mich der Oberausdruck für verschiedene Ausprägungen von Judenhass. Er hat – wie ich im Folgenden nachzeichnen will – nicht nur *eine* Wurzel, sondern es ist ein wahres Wurzel- und Rankenwerk. Zudem sind seine Motive auf ganz verschiedenen Ebenen angesiedelt: Es lassen sich z.B. konkrete historische Motive benennen. Es gibt wirtschaftliche und politische Motive. Judenfeindschaft hat bestimmt auch etwas mit dem Christentum zu tun, d.h. hat theologische Wurzeln. Es gibt ferner psychologische Motive und – was besonders fatal ist – Kombinationen verschiedenster Motive und dadurch ihre antijüdische Potenzierung. Ferner müssen wir differenzieren, wogegen Judenhass zielt: generell gegen alles Jüdische – d.h. Feindschaft gegen die Juden, insofern sie Juden sind: ein Kollektivhass, oder richtet sie sich gegen einzelne Juden oder »nur« gegen die Politik des Staates Israel oder »nur« gegen den jüdischen Glauben?

Jedenfalls müssen wir bei unserer Ursachenforschung über zwei Jahrtausende weit zurückgehen. Es sollte niemanden verwundern, wenn ich sage, dass Judenfeindschaft kein neuzeitliches Phänomen ist, dass vielmehr das, was wir heutzutage unter Antisemitismus verstehen, nur eine moderne Ausprägung (Variante, Spielart) von wesentlich älteren Vorurteilen ist.

Dazu **6 Unterpunkte:**

1. Es sind zunächst **die heidnischen, antiken Wurzeln** der Judenfeindschaft darzulegen. Judenhass ist nämlich keine christliche Erfindung. Er ist viel älter als das Christentum. Christen griffen vielmehr auf eine schon bestehende, heidnische Judenfeindschaft in der Antike zurück:

Ich schlage das AT auf und finde im Esterbuch die Rede des Heiden Haman (3,8f.) an den persischen König (5. Jh. v. Chr.?): *Es gibt ein Volk, zerstreut und abgesondert unter allen Völkern in allen Ländern deines Königreichs, und ihr Gesetz ist anders als das aller Völker, und sie tun nicht nach des Königs Gesetzen. Es ziemt dem König nicht, sie gewähren zu lassen. Gefällt es dem König, so lasse er schreiben, dass man sie umbringe* (vgl. auch 4. Mose 23,9).

Diese Situationsanalyse mit Angabe einer (End-)Lösung der »Judenfrage« steht bereits im AT. Erwähnte Animosität scheint in der jüdischen Diaspora entstanden zu sein, also da wo Juden in einer nichtjüdischen Gesellschaft lebten – eine Begleiterscheinung ihres Diasporadaseins. Z.B. sollen um die Zeitenwende 40 % der Einwohner der Stadt Alexandria in Ägypten Juden gewesen sein. So soll es angeblich in Ägypten zu den ersten Verunglimpfungen gegen Juden gekommen sein, womöglich schon im 5. Jh. v. Chr. (Zerstörung des Elephantine-Tempels, 411/10 v. Chr.).

Ich denke, es war ihre von biblischen Tagen an gelebte Sonderexistenz wegen ihres Glaubens, die ihnen einerseits Sympathien und Privilegien in der Griechen- und Römerzeit einbrachte, aber andererseits zu Repressalien führte. Das jüdische Bewusstsein, das von Gott erwählte Volk zu sein, damit verbunden eine gewisse Selbstisolation (auf Grund des konsequent durchgehaltenen Monotheismus in einer polytheistischen Kultur), ein Leben strikt nach den Vorschriften der Tora führte zu ihrer Ausgrenzung, ließ sie als Fremdkörper erscheinen: Juden pflegten keine Tisch-, Ehe- und Kultgemeinschaft mit Nichtjuden (Stichwort: Speisegebote, Reinheitsvorschriften), sie hielten den Sabbat konsequent ein, hatten den Brauch der Beschneidung – lauter Zeichen ihrer Sonderstellung.

Juden weigerten sich, in heidnischen Tempeln Opfer darzubringen oder dem Kaiser zu huldigen. Und eine gewisse Verachtung, zumindest Negierung des Heidentums jüdischerseits mag hinzugekommen sein. Diese vermeintliche jüdische Exklusivität ließ sie in nichtjüdischen Augen als Menschenverächter – als »Menschenhasser« (*misanthropoi*) – erscheinen, in den Augen der Regierenden als illoyal, als nonkonformistisch, ja als Staatsfeinde. Kurzum: Diese Selbstabschließung (*amixia*) wurde als hochmütig und abgeschmackt empfunden, als Menschen- und Fremdenfeindlichkeit der Juden schlechthin gewertet.

Verleumdungen gegen Juden waren daher an der Tagesordnung: Sie seien gottlos (*atheoi*), denn man habe einen goldenen Eselskopf im Allerheiligsten ihres Tempels gefunden (so Apion aus Alexandria). Sie seien »eine den Göttern verhasste Menschenart« (Tacitus; vgl. Manetho, ägypt. Historiker, 3. Jh. v. Chr.) mit »Sitten, die abgeschmackt und schäbig sind«. Alles Unreine sei ihnen rein: »ein abscheuliches Volk«.

Dieser heidnische Antijudaismus aus z.T. religiösen, politischen, sozialen und kulturellen Motiven heraus – aber nicht etwa rassisch motiviert, denn der Rassebegriff war der antiken Mentalität fremd! – blieb aber – von Ausnahmen abgesehen – eher eine Randerscheinung.

Sind also doch die Juden durch ihre befremdliche Lebensart selber schuld? Oder ist gar letztlich Gott schuld, der sich dieses Volk zu seinem »Augapfel« erkor und ihm strikte Abgrenzungsgebote gegenüber Nichtjuden auferlegte?

2. Eine der gravierendsten Wurzeln der Judenfeindschaft legte das Christentum. Die Annahme ist nicht unbegründet, dass der vorchristliche, heidnische Antijudaismus den Nährboden lieferte für den christlichen, kirchlichen Judenhass. Nun müssen wir von seinen **theologischen, religiösen Wurzeln** sprechen und mit dem Neuen Testament einsetzen:

Dort ein exemplarischer Blick auf die älteste Stelle mit der fatalsten Wirkungsgeschichte: der 1. Thessalonicherbrief. Dieses Schreiben wurde vom Apostel Paulus etwa im Jahr 50 n. Chr. zwecks Tröstung der Christen von Thessaloniki verfasst, welche durch ihre – heidnischen – Mitbürger drangsaliert wurden. Paulus vergleicht ihre Verfolgungssituation mit der der Christen in Judäa durch Juden und führt dazu einen ganzen Katalog (»Sündenregister«) von polemischen, plakativen Vorwürfen gegen Juden an (1. Thess. 2,14-16):

Damit seid ihr, liebe Brüder, den gleichen Weg geführt worden wie die Gemeinden Gottes in Judäa, ... denn ihr habt ebendasselbe erlitten von euren Landsleuten, was jene von den Juden (erlitten haben). Die haben den Herrn Jesus getötet und die Propheten und haben uns verfolgt und gefallen Gott nicht und sind allen Menschen feind. Und auf dass sie das Maß ihrer Sünden erfüllen allewege, wehren sie uns, zu predigen den Heiden zu ihrem Heil. Aber der Zorn ist schon über sie gekommen zum Ende hin.

Handelt es sich nur um einen antijüdischen Ausrutscher des Völkerapostels? Stammen diese Zeilen gar nicht von ihm, sondern von einem späteren Bearbeiter des Briefes? Eindeutig ist, dass *die* Juden undifferenziert als Kollektiv und Negativfolie erscheinen. Der Apostel bringt drei verschiedene Arten von Vorwürfen gegen sie vor:

1. Persönlich-biographische Vorwürfe: Juden behindern seine Missionsarbeit. Sie »verfolgen uns«, »wehren uns, den Heiden zu predigen zu ihrem Heil«. Dies spiegelt den konkreten, unmittelbaren Anlass, jene Sätze zu schreiben, wider.

2. Christlich-theologische Vorwürfe: Jene Stelle ist der älteste Beleg für die Behauptung, Juden seien schuld am Tode Jesu: Die Juden »haben den Herrn Jesus getötet«; auch haben sie zuvor schon »die Propheten (getötet)«.

3. Heidnische Vorwürfe: Paulus bedient sich des uns schon bekannten Repertoires paganer Agitation: Juden »gefallen Gott nicht«, ferner: Sie sind »allen Menschen feind«. Dass freilich Paulus gerade diese antiken antijüdischen Plattitüden aufgreift, kann ich nur schwer verstehen, denn vergessen wir nicht: Paulus ist selber Jude gewesen.

Darüber hinaus ist *die endzeitliche Zuspitzung* jener Worte zu beachten. Eine Gerichtsdrohung steht am Schluss: »Der Zorn (Gottes) ist schon über sie gekommen zum Ende hin.«

Paulus erwartet das göttliche Gericht über die Synagoge, stellt sich damit quasi an Gottes Stelle und erlaubt sich ein abschließendes Urteil.

Fazit: Der Apostel führt aus Verärgerung über negative Missionserfahrungen unter Juden und aus Verbitterung darüber, dass sie sich nicht bekehren lassen, eine Anzahl antijüdischer Stereotype an, die er um spezifisch christliche Vorwürfe ergänzt: eine Addierung von gängigen und neuen Vorurteilen. Natürlich ist die Zeitsituation ins Kalkül zu nehmen: die sich anbahnende Missionskonkurrenz zwischen Juden und Christen. Auch sei nachdrücklich betont, dass es sich hier noch um einen innerjüdischen Konflikt handelt: Paulus, der Christ aus dem Judentum, wendet sich gegen seine jüdischen Geschwister beziehungsweise gegen den Juden in seiner eigenen Brust (»Dokumentation seines jüdischen Selbsthasses«, Schalom Ben-Chorin). Wem der Begriff Antijudaismus deshalb hier eher anachronistisch erscheint, mag wenigstens einen herben Antagonismus gegenüber Juden konzedieren.

Doch frage ich: Ist nicht Paulus dafür mitverantwortlich, dass man später jene Worte aus dem historischen Zusammenhang reißen und pauschal gegen *die* Juden münzen konnte? Speziell der Vorwurf der Menschenfeindlichkeit ließ sich politisch aufgreifen: Die Juden sind nicht staatsloyal. Aus der endzeitlichen Ausrichtung der Pauluswortekonnte nunmehr die Judenverfolgung in der Gegenwart legitimiert werden. Nicht Gott, sondern Menschen machten sich zu Vollstreckern des göttlichen Zornes. Auch der Vorwurf des Paulus, Juden hätten den Herrn Jesus getötet, wurde ein Jahrhundert später zum Vorwurf des Gottesmordes (Bischof Melito von Sardes, 170 n. Chr.) hochstilisiert. Die Pauschalrede von *den* Juden lieferte dann im 19. Jh. das Vokabular für die Parole: »Die Juden sind unser Unglück.«

Meine These ist: Bereits das NT, die Gründungsakte der Kirche, gehört in die Schuldgeschichte von Christen gegenüber Juden hinein. Muss nicht sogar Antijudaismus darin sein? Muss die Frohe Botschaft, das Bekenntnis zu Jesus als dem Christus, nicht automatisch zur Drohbotschaft gegen alle, die dieses Bekenntnis ablehnen, werden? Z.B. zieht das Johannesevangelium (um 100 n. Chr.) bereits eine dogmatisch scharfe Grenze zwischen Juden und Christen. Jesus wird dort selbst fast zum Judenfeind umgeprägt, wenn er ihnen zuruft: »Ihr habt den Teufel zum Vater.« (Joh 8,44)

Wie gehen wir heute mit diesem literarischen Judenhass um? Auf keinen Fall dürfen derlei Texte bagatellisiert werden, sonst entwickeln sie eine suggestive Eigendynamik. Doch dürfen wir das subjektive Urteil eines Paulus oder Johannes nicht verabsolutieren. Wir stehen nicht an Gottes Stelle. Uns steht keine Richterkompetenz zu. Es handelt sich nicht um zeitlos gültige Wahrheiten, denn diese Worte richteten sich an konkrete Adressaten in einer konkreten Zeit an einem konkreten Ort. Die Situationsgebundenheit ist immer zu berücksichtigen. Gerade darin liegt das Fatale des Antijudaismus, dass er anachronistisch, zeitindifferent argumentiert.

So lassen sich für den christlichen Antijudaismus ab Mitte des 1. Jh. n. Chr. folgende Faktoren benennen: Zunächst war es die Behinderung und der Misserfolg christlicher Mission unter Juden, sodann das Sich-Solidarisieren der Christen mit den politischen Machthabern, sprich den Römern, des Weiteren das absolut gesetzte Bekenntnis zu Christus. Dieser Absolutheitsanspruch – »nur wir sind im Besitz der letztgültigen Offenbarung« – und damit einhergehend die sog. Enterbungstheologie – »wir sind das neue, wahre Israel« (s. Gal. 6,16: das »Israel Gottes«) – all dies musste über kurz oder lang zur definitiven Trennung von den Juden führen. Hinzu kam die Lehre vom Christus, also eine Christologie, die ihn als wahren Gott verherrlichte, aber den wahren Menschen Jesus und damit sein Judesein vernachlässigte. Christen sagten ein Ja zum Gottessohn, aber ein Nein zum Juden Jesus und damit ein Nein zu seinen jüdischen Schwestern und Brüdern. Diese galten als verkommen, legalistisch, auf einer niedrigeren Entwicklungsstufe stehen geblieben und von Gott verworfen – so durch die Bank Äußerungen der Kirchenväter (Beispiel: Augustinus, gest. 430: Die Zeit der Juden sei vorüber. Aber sie müssten deswegen weiterexistieren, um von der Wahrheit des Christentums Zeugnis zu geben). M.a.W., die Juden als notwendige, dunkle Negativfolie, von der sich umso heller das Evangelium abhebt; die Juden als willkommenes Feindbild zur eigenen Stärkung.

So wurde aus anfänglicher Geschwisterrivalität und missionarischer Konkurrenz immer stärkerer Hass geschürt. Seitdem haben Christen den Juden nicht deshalb so viel Leid angetan, weil Juden so anders waren, sondern gerade aufgrund ihrer engen Verwandtschaft. Die ersten Christen waren ja selbst bekehrte, getaufte Juden. Bekanntlich kann Streit unter Geschwistern besonders heftig eskalieren. Die Juden – das sind auf einmal die anderen, mit denen man keinen Dialog mehr pflegt. Antijudaismus wurde fortan zur linken Hand des Christentums. So besteht für mich *die* Hauptwurzel christlicher Judenfeindschaft darin, dass sich Christen von ihren jüdischen Wurzeln lossagten.

3. Im Verlauf der Kirchengeschichte gesellten sich weitere Vorwürfe und Unterstellungen gegen Juden hinzu, die ich allgemein als **historische oder volkstümliche Wurzeln** der Judenfeindschaft in einem christlichen Umfeld (Reich/Staat) bezeichnen möchte. Ein paar Schlaglichter aus der reichhaltigen Palette:

Mit der »konstantinischen Wende« im 4. Jh. wurde das Christentum zur Staatsreligion erhoben (Caesaropapismus). Das bedeutete: Juden waren damit Fremdkörper, sozusagen Gottlose in einem christlichen Reich, Bürger minderen Rechtes und als »Feinde der himmlischen Majestät« von den kirchlichen Heilssakramenten ausgeschlossen. Sie konnten allenfalls auf Duldung hoffen, etwa durch kaiserliche Schutzbriefe. Nahm der betreffende König oder Kaiser Juden nicht unter seine Vormundschaft durch Schutzzölle, waren sie schutzlose Fremde. So galten Juden, weil unter der Herrschaft der Sünde befindlich, dem Herrscher verpfändet, der eigenmächtig über ihr Leben und Eigentum befinden konnte.

Der Druck, sich taufen zu lassen, lastete immens auf ihnen. Sog. Religionsgespräche und Bekehrungspredigten waren keine echten Gespräche unter gleichberechtigten Partnern, sondern dienten nur als Vorwand zu Zwangstaufen. Somit war christliche Judenmission von vornherein zum Scheitern verurteilt. Bis heute ist darum allein schon der Begriff »Judenmission« obsolet. Hatte sich bis ins 4. Jh. christliche Judenpolemik rein rhetorisch, verbal artikuliert (»Adversus Judaeos«-Literatur), so wurde ihr jetzt durch konkrete Aktionen – in Reichs- und Kirchengesetzen festgeschrieben (Codex Theodosianus und Codex Iustinianus) – Nachdruck verliehen. Gewalttätige Übergriffe, wie Synagogenbrandstiftungen (z.B. in Kallinikon am Euphrat, 388) oder Vertreibungen (aus Alexandria, 414) bis hin zu Massentötungen (Antiochien, Ende 5. Jh.), waren schon damals nichts Unbekanntes. Im 6. Jh. ging das Judentum seines Status einer *religio licita* endgültig verlustig.

Im Mittelalter wurden die jüdischen Rechte weiter beschränkt, z.B. hinsichtlich der Berufswahl, indem sie nun nur noch freiberuflich tätig sein durften. Landwirtschaft und Handwerk fielen für sie als Erwerbsquellen praktisch ganz aus. Juden durften keine christlichen Arbeitskräfte beschäftigen und hatten auch keinen Zugang zu den christlichen Gilden und Zünften. Daher hielten sie sich durch Handel und Geldgeschäfte über Wasser. Dies führte zu dem bis in unsere Tage fortwirkenden, unausrottbaren *Stereotyp des Geldverleihers*: als könnten Juden nur mit Geld umgehen, als seien sie zu faul, ihren Lebensunterhalt durch ihrer Hände Arbeit zu bestreiten. Judas, der mit dem Beutel, wurde zum Urtyp des Geldjuden. Judas: auch der Verräter des Herrn Jesus. Sie sehen wieder, wie ein Vorurteil ein anderes nach sich zieht.

Die Kirche hatte zudem das naive Verbot erlassen, Geld gegen Zins zu verleihen. Aber Geld benötigte man allenthalben, besonders an Königs- und Fürstenhöfen. Dafür wandte man sich an die Juden. Ihnen, den Gottesmördern, war nämlich diese weitere Sünde des Zinsgeschäftes, sprich Wuchers, gestattet. Es wurde ihre letztlich von kirchlicher Seite aus erwünschte Erwerbsquelle. Und es versteht sich andererseits von selbst, dass dieses einträgliche Geschäft wiederum den Judenhass der Christen vermehrte und dass schließlich die Kirche den Juden das Zinsnehmen wieder verbot.

Ich muss das deutlich betonen: Erst die christliche Gesellschaft des Mittelalters hat auf Grund der verfügten Berufsbeschränkungen den Typus des »Geldjuden« geprägt und damit diesen ökonomisch-historischen Faktor des Judenhasses geliefert.

Der Aberglaube des Volkes trieb weitere seltsame Blüten, etwa indem man die so anders gearteten, unheimlichen Juden des Ritualmordes und der Hostienschändung bezichtigte. Die *Ritualmordlegende*, die sich bis in die Hetzpropaganda des von Julius Streicher herausgegebenen »Stürmer« fortsetzte, besagt, dass Juden vornehmlich anlässlich ihres Passafestes Christenkinder entführen und umbringen würden. Wurde folglich ein Christenknabe um die Zeit des Passafestes irgendwo ermordet aufgefunden, führte dies zu Judenpogromen in der Umgebung. Wegen dieser Ritualmordlegende sollen 114 jüdische Gemeinden europaweit ausgelöscht worden sein! Juden: ein höchst gefährlicher, blutdürstiger, kannibalistischer Menschenschlag. Nehmt euch bloß vor ihnen in Acht – sonderlich vor jüdischen Ärzten, warnte auch Martin Luther.

Der Vorwurf der *Hostienschändung* basierte auf dem Unverständnis des breiten Volkes, wie sich die Abendmahlselemente Brot und Wein bei der Konsekration tatsächlich in Fleisch und Blut Christi wandeln. Diese einfach unbegreifliche Wandlungs-/Transsubstantiationslehre wurde nun insofern zu beweisen versucht, als man behauptete: Juden würden heimlich geweihte Hostien aus Kirchen stehlen und sie mit einem Messer durchbohren, wodurch die Hostien tatsächlich zu bluten anfangen würden. Damit wurde zugleich der Vorwurf der (fortgesetzten) Tötung Jesu durch jüdische Hand erneut aufgegriffen.

Überhaupt spielte das einfache Volk, durch Kirchenzucht an der kurzen Leine gehalten und populistisch manipuliert, eine große Rolle, was das Schüren von Vorurteilen gegen Juden anbelangte. Es sei an dieser Stelle zum einen noch der historische Vorwurf der *Brunnenvergiftung* Mitte des 14. Jahrhunderts genannt, als eine Pestepidemie wütete, die fast einem Drittel der europäischen Bevölkerung das Leben kostete.

Zum anderen kursierte und – ich betone – kursiert manchmal immer noch – der Mythus von der Verwerfung der Juden wegen ihrer vermeintlichen Kreuzigung Christi. Ihre *Zerstreuung* in alle Welt nach der Zerstörung Jerusalems sei die sichtbare Strafe Gottes dafür gewesen! Juden tragen das Kainsmal, indem sie – wie Kain nach Ermordung seines Bruders Abel – unstet leben und nirgends eine Heimat finden.

Praktisch in jedem europäischen christlichen Land kam es deshalb im Laufe der Zeit zu einer oder einer mehrfachen Judenvertreibung, oft für Jahrhunderte. Zwar diskriminierte auch der Islam religiöse Minderheiten, aber Juden mussten in islamischen Ländern keinen so hohen Blutzoll wie in christlichen Ländereien zahlen. Denken Sie nur an das islamische Spanien und an die Katholisierung danach!

Fazit zu diesem Punkt: Es sind dies zwar alles geschichtliche Klischees; antijüdische Ressentiments, die nur zu bestimmten Zeiten oder lokal begrenzt virulent waren. Letztlich wurden aber alle von kirchlicher Frömmigkeit bzw. einem christlichen Staat lanciert. *Vox populi vox dei*: Das sog. »gesunde Volksempfinden« schuf sich antijüdische Stereotype und einen mit dem Teufel gleichgesetzten Scheingegner. Es sollte uns verwundern, wenn wir diese Wurzeln des Judenhasses, die im finsteren Mittelalter – wie wir zu sagen pflegen – aufkamen, nicht auch in der Neuzeit wiederfinden würden. Gerade sie waren nämlich ein gefundenes Fressen für Antisemiten.

4. Wir gelangen in die Neuzeit zu den **rassistischen und politischen Wurzeln** der Judenfeindschaft: Im Gefolge der Epoche der Aufklärung Ende des 18./Anfang des 19. Jh. mit ihren Gedanken der Toleranz, Freiheit, Gleichheit begann die sog. Judenemanzipation bzw. die Judenassimilation in Westeuropa, d.h. ihre Eingliederung als mehr oder minder vollberechtigte Bürger in die Gesellschaft. Freiheit und Menschenwürde sollten nunmehr für alle gelten. Für Juden bedeutete dies konkret den Fall der Gettomauern, ihre soziale Integration und Teilhabe an der allgemeinen Bildung. So genossen in Preußen ab 1869 Juden wie Christen gleiche staatsbürgerliche Rechte. 1872 hob die deutsche Reichsverfassung alle Einschränkungen auf. Eigentlich hätte es nun mit der Judenfeindschaft zu Ende sein müssen.

Doch gegenläufig zur gesellschaftlichen Integration und Emanzipation der Juden erfolgte eine erneute Isolation. Man sagte, Juden bilden eigene Gemeinwesen, gleichsam einen Staat im Staate – nur ohne eigenes Territorium. Dieser politisch bedenkliche Partikularismus wurde der entscheidende Anstoßpunkt. Man fragte sich, ob nicht gar die Aufklärung und Säkularisierung eine jüdische Machenschaft gewesen sei, ja ob Juden überhaupt assimilierbar und loyal seien, wenn es sich bei ihnen nicht bloß um eine religiöse, sondern auch um eine nationale Organisation, um eine Nation von Kaufleuten, handele. Diese Rede vom jüdischen, artfremden Volkstum und von jüdischer Nationalität bereitete den Nährboden für das Rassedenken und für die Annahme eines besonderen jüdisches Blutes.

Es kam der Antisemitismus auf. Der Begriff stammt zwar erst aus dem Jahre 1879 (Wilhelm Marr, Journalist, der eine Antisemiten-Liga gründete, in seiner Schrift »Der Sieg des Judentums über das Germanentum«), aber die Sache selbst ist schon Mitte des 19. Jh. dagewesen. Der Antisemitismus erwuchs nicht aus religiösen, sozialen oder wirtschaftlichen Motiven, obwohl er sich auch dieser bediente, sondern war primär rassisch-biologisch-genetisch ausgerichtet. Wir müssen sauber unterscheiden: Während Antijudaismus theologische Implikationen hat – Paulus oder Luther argumentierten antijudaistisch –, beruht der Antisemitismus auf dem Rassedenken.

Sein Slogan lautete: »Was der Jude glaubt, ist einerlei. In der Rasse liegt die Schweinerei« (Georg Schönerer). Die »Ungleichheit der Rassen«, frei nach dem Titel der Studie von Artur Graf Gobineau (1853/4), wurde als eine Naturgegebenheit angesehen, wobei die weiße Rasse die Spitzenposition einnehmen und ihr germanischer Teil, nämlich die Arier, die einzig rein gebliebene Edel-Rasse darstellen sollte. Die semitischen Völker wurden den Ariern gegenüber als minderwertig eingestuft, wobei der Terminus »Semiten« im Sinne einer Sprachfamilie eigentlich auch Araber, Assyrer, Babylonier etc. umfasst, doch nur auf die Juden bezogen wurde. »Semiten« wurde zur ethnologischen Bezeichnung der Juden. So erhielt Judenhass einen pseudowissenschaftlichen, ideologischen Anstrich, wodurch man sich vom volkstümlichen Judenhass des Mittelalters zu distanzieren versuchte. Überall registrierte man semitische Minderwertigkeit: in der Musik, in der Kunst, in der Philosophie etc.

Antisemitismus ist somit die weltliche, säkulare Komponente des religiös motivierten Antijudaismus früherer Zeiten. Doch flossen in den Antisemitismus nichtsdestotrotz kirchlich-antijüdische Klischees ein. Denken Sie nur an die Agitation des Berliner Hofpredigers Adolf Stoecker (»Antisemitenpetition«, 1880/1), der davor warnte, Juden würden ihr deutsches Gastvolk vom christlichen Glauben abzubringen versuchen. Oder denken Sie an den preußischen Historiker Heinrich von Treitschke. Zitat von ihm: »Wer behauptet, das Judenthum sei genau in demselben Sinne deutsch wie das Christenthum, der versündigt sich an der Herrlichkeit der deutschen Geschichte.« Nicht einmal die Taufe könne den minderwertigen Charakter der Juden und ihre materialistische Weltanschauung beseitigen. Die Begriffe: Christentum, arisch, reinblütig und Deutschtum wurden gleichgesetzt, obwohl – paradoxerweise – viele Juden gerade stolz darauf waren, Deutsche zu sein. Antisemitismus wurde Ende des 19. Jahrhunderts zu einer Volksbewegung und zum Programm etlicher Parteien.

Natürlich brauchten derlei germanisch-völkische, antisemitische Äußerungen keineswegs zwangsläufig zum Genozid (Völkermord) zu führen. Den biologischen Rassismus in Gestalt des »ewigen Kampfes« zwischen Ariern und Semiten griffen Hitler und die NSDAP begierig auf, ebenso alle seit Antike und Mittelalter gegen die Juden erhobenen Beschuldigungen – einschließlich derer des großen Reformators der Deutschen, Martin Luther. War im Mittelalter der Jude an der Pest schuld, so nun am verlorenen Ersten Weltkrieg, an der Revolution, an der Weltwirtschaftskrise und der Arbeitslosigkeit. Die breite Masse glaubte dies – wie schon im Mittelalter – blind. Die Kirche – namentlich die Deutschen Christen – wurde mit vor den Karren gespannt. Worauf diese konzertierte Aktion hinausführte, wissen wir.

5. Eigentlich wäre nun endlich zu erwarten, dass nach dem Holocaust weiterer Judenhass unmöglich geworden ist. Aber diese Hoffnung hat getrogen. Es bildete sich als moderne Spielart und Reinkarnation des

Judenhasses **der Antizionismus** heraus. Unter »Zionismus« ist die Ende des 19. Jahrhunderts von Theodor Herzl initiierte nationale Befreiungsbewegung zu verstehen mit dem Ziel einer jüdischen Heimstatt, sprich eines eigenen Judenstaates: Rückkehr zum Berg Zion in Jerusalem. Dieser Judenstaat wurde 1948 auf Beschluss der Vereinten Nationen Realität. Wer nun dachte, die Sammlung des jüdischen Volkes in einem eigenen Land würde Judenhass zum Verschwinden bringen, sah sich getäuscht. Der Antizionismus ist eine ideologische bzw. politische Einstellung, die vorgibt, beileibe nichts gegen die Juden an sich zu haben, sondern nur den Zionismus, im Klartext: die Israelis und den modernen Staat Israel, zu bekämpfen. Schon aufflackernd während der britischen Mandatszeit – im Widerstand der Araber gegen jüdische Einwanderung nach Palästina –, besonders aber von sowjetischer Propaganda in der Stalinzeit verstärkt und im gesamten Ostblock – aus politischen und wirtschaftlichen Interessen – geschürt, ist dieser Antizionismus zur Zeit in der arabisch-islamischen Welt, speziell unter den Palästinensern, weit verbreitet, aber auch hierzulande zu finden. Er greift auf antisemitische Motive zurück, auch auf die These von der jüdischen Weltverschwörung. Zionismus, so stand's im DDR-Wörterbuch der Außenpolitik und des Völkerrechtes, sei »eine rassistische, expansionistische Praxis der jüdischen Bourgeoisie«. Also Imperialismus, Chauvinismus, Rassismus sind die Hauptvorwürfe gegen die Politik Israels.

Rückendeckung erhielt das antizionistische Lager durch eine Resolution (Nr. 3379) der Vereinten Nationen (10.11.1975), welche tatsächlich Zionismus mit Rassismus gleichsetzte. Dadurch wurde die israelische Politik mit der Vernichtungspolitik der Nazis auf eine Stufe gestellt. Lehrbücher listeten seither drei Hauptformen des Rassismus auf: Nationalsozialismus – Apartheid – Zionismus. Man stelle sich vor: Der Zionismus, der wegen rassistischer Angriffe entstand, wurde nun selbst als rassistisch gebrandmarkt. So provozierte allein schon die Existenz Israels eine neue Judenfeindlichkeit. Erst vor 10 Jahren (16.12.1991) wurde die UNO-Resolution annulliert – dies auf Grund der veränderten geopolitischen Lage (Zerfall des Ostblocks!).

Ich weiß, es ist eine Gratwanderung, die Politik Israels kritisieren zu wollen, ohne in ein judenfeindliches Fahrwasser zu geraten. Nur sollten wir uns darüber nicht täuschen: Antizionismus hat es letztlich doch auf die Existenz des jüdischen Volkes abgesehen. Wer die Juden des Staates Israel ins Meer treiben möchte, verfolgt kein anderes Ziel als die Endlösung der Judenfrage.

6. Fragen wir uns im letzten Punkt, welche Wurzeln und Motive der Judenhass in der Gegenwart hat. Ich klammere dabei die weltweiten, eindeutig politisch motivierten Gewaltaktionen gegen jüdische Einrichtungen, provoziert durch den Israel-Palästina-Konflikt (bes. in Frankreich mit seinem hohen arabischen Bevölkerungsanteil) aus. Ich gehe auch nicht auf die rassistisch motivierten Aktionen der Neonazis/der Rechtsextremen in unserem Land (wie Friedhofsschändungen, Hakenkreuzschmierereien, Hetzparolen im Internet) ein.

Vielmehr möchte ich fragen, woher die innere antijüdische Einstellung vieler Bundesbürger kommt, obwohl sie doch persönlich gar keine Juden kennen und nur unscharf wissen, was ein Jude überhaupt ist. Warum weckt das Wort »Jude« bei vielen negative Konnotationen? Die bekannte soziologische Studie von Alphons Silbermann, »Sind wir alle Antisemiten?« (1974), hat festgestellt, dass in Deutschland ein Bevölkerungsanteil von etwa 20% ausgeprägt antisemitische Vorurteile hegt und dass bei weiteren 30 % ein latenter Antisemitismus stark vorhanden ist. Kurzum: Jeder zweite Bundesbürger hat – bewusst oder unbewusst – etwas gegen Juden. Ich glaube nicht, dass sich durch das Hinzukommen der neuen Bundesländer diese Zahl verringert hat. Eher dürfte das Gegenteil der Fall sein.

Sicher ist es heute keine theologische Judenfeindschaft mehr (also keine Vorwürfe wegen Hostienfrevel, Ritualmord oder wegen der Kreuzigung Jesu). Sicher handelt es sich in unserem Land auch nicht primär um eine politische Judenfeindschaft (d.h. die Legende von der jüdischen Weltverschwörung oder der Vorwurf, die Presse sei verjudet, sind obsolet geworden). Freilich – das sei immerhin angemerkt – scheint die Zeit noch nicht reif zu sein für einen jüdischen Bundespräsidenten. Ich kann heutzutage auch keine Judenfeindschaft aus spezifisch wirtschaftlichen Motiven erkennen: Zwar wird hinter vorgehaltener Hand immer noch vom reichen Juden à la Rothschild gewitzelt, aber ich glaube nicht, dass das frühere Urteil, Juden seien arbeitsscheu, nur Spekulanten oder die Beherrscher des internationalen Kapitals, noch wirklich dominant ist. Auch kulturellen und ideologischen Antisemitismus gibt es nicht mehr wie früher: Wer spricht schon ernsthaft von jüdisch-entarteter Kunst, von rassischer Überfremdung oder undeutschem Geist?

Sondern ich behaupte, dass Judenhass heute rein **psychologische Wurzeln** hat. Die Vorurteile früherer Zeiten sind einfach vererbt, weitertransportiert worden. Mir leuchtet am meisten die sog. »Sündenbocktheorie« ein: Jede Gesellschaft braucht Werte und Ideale, denen sie nacheifert – modern ausgedrückt: Sie braucht eine Leitkultur. Jede Gesellschaft braucht aber auch Unwerte, von denen sie sich klar distanzieren kann: seien es politische Gegner, Klassenfeinde, Volksfeinde. Dazu zählten in der Vergangenheit die Juden. Immer wieder haben sie die Sündenbockrolle gespielt. Der Sündenbock ist ja in der Bibel das Geschöpf, das – beladen mit den Sünden einer Volksgemeinschaft – hinaus in die Wüste gejagt wird und sich dort das Genick bricht. Für jeden Einzelnen von uns wie für unsere Gesellschaft insgesamt ist es eine psychologische Notwendigkeit, irgendeinen Prügelknaben parat zu haben, um auf ihn all das Negative, all die Vorurteile in den eigenen Reihen projizieren und damit entsorgen zu können.

Warum sind gerade Juden als Sündenböcke geeignet? 1. Weil sie immer wieder bereits diese Rolle spielen mussten, 2. weil sie leicht treffbar, erreichbar sind, da sie mitten unter uns wohnen und 3. weil sie nicht oder nur unzulänglich zurückschlagen können. Sie sind eine gesellschaftliche Minderheit in unserem Land.

Von Henryk M. Broder, einem freien jüdischen Schriftsteller, in Israel lebend, stammt das Buch »Der ewige Antisemit«, Untertitel: »Über Sinn und Funktion eines beständigen Gefühls« (1986). Broders provokative These lautet: Judenhass ist gar *»kein abweichendes Verhalten, keine Ausnahme von der Regel, er ist der Normalfall des gesellschaftlichen Verhaltens Juden gegenüber – die Regel eben«.* Unnormal sind eher die, die nichts gegen die Juden haben. Darum habe Judenhass gar nichts mit dem Verhalten von Juden zu tun, sondern sei einfach ein emotionaler Selbstbedienungsladen, ein Entlastungsbemühen. Gäbe es keine Juden, müsste man sie glatt erfinden.

Die Sündenbockrolle der Juden dient besonders der Entlastung von Schuldgefühlen, die wir mit uns herumtragen. Können wir denn zugeben, dass in unserem Land Unschuldige ausgerottet wurden – fabrikmäßig, wie Ungeziefer? Paul Celan prägte das Wort vom »Tod – ein Meister aus Deutschland«. Der Holocaust: eine deutsche Erfindung! Darum möchten viele endlich einen Schlussstrich ziehen und »die Vergangenheit entsorgen« (J. Habermas). Sie greifen alles auf, was auch nur im Geringsten geeignet ist, diese Schuld zu mindern, zum Beispiel, dass sie in den Opfern Mitschuldige sehen: »Von nichts kommt nichts. Wenn die Juden ihr Anderssein aufgeben, sich ein bisschen anpassen würden, würde es auch keinen Antisemitismus geben.« »Wenn man nichts gegen die Juden sagen darf«, so die Logik, »dann ist an dem, was man gegen sie sagen könnte, schon etwas dran.« Das sagen wir zwar nicht laut, aber so denkt es in uns. Alles, was man den Juden in die Schuhe schieben kann, dient der eigenen Entlastung: Klammheimlich freuen wir uns, wenn wir von einem jüdischen Skandal oder Betrug lesen. Wir interessieren uns ganz besonders für neue Rechenkünste, dass in Auschwitz nie sechs Millionen, sondern nur vier Millionen oder noch viel viel weniger Juden – vielleicht gar keine – umgekommen sein können. Darum gibt es heute Antisemitismus *nicht trotz* Auschwitz, *sondern gerade wegen* Auschwitz, weil dieser Name an unser Versagen und unser Verdrängen erinnert. »Schuld hat der Jud«, weil er uns schuldig macht« (so heißt es in W. Fassbinders Theaterstück »Die Stadt, der Müll und der Tod«).

Judenfeindschaft heute hat weitestgehend auch etwas mit Fremdenfeindlichkeit (Xenophobie) zu tun – und damit sind wir wieder ganz am Anfang angekommen, beim antiken Judenhass: Die Juden sind offenbar etwas anderes als wir, glauben etwas anderes, leben anders als wir, kapseln sich von uns ab. Dieses Empfinden der Andersartigkeit erzeugt bei uns Angst und Unsicherheitsgefühle, die wir zu verdrängen suchen. Der Engländer spricht vom »dislike of the unlike«. Ich sagte bereits: Je kleiner die Unterschiede sind, die uns von einem Fremden trennen, umso größer pflegt unsere Abneigung gegen ihn zu werden. Das ist das »Gesetz der kleinen Unterschiede«. Es erzeugt Feindschaft und Hass.

Ein banales Beispiel: Ein Kind hat einen jüdischen Schulkameraden, mit dem es alles gemeinsam macht, nur dass dieser Schulfreund nicht am christlichen Religionsunterricht teilnimmt. Wenn nun zu Hause das Kind seine Eltern fragt: »Warum hat denn mein Freund keine Reli?« und sie geben ihm zur Antwort: »Nun, es ist eben ein Jude«, dann ist dies ja keine Erklärung. Vielmehr erzeugt das unverständliche Wort »Jude« in dem Kind eher Angstgefühle und Aversion, wodurch der Keim der Judenfeindschaft gelegt wird. Bekanntlich steckt in unseren Kindern ein Teil von uns selbst.

Übrigens: Es ist ein Faktum, dass wir Deutschen uns recht konservativ, misstrauisch, provinziell gegenüber Fremdem und Ungewohntem geben, zudem an einem nationalen Minderwertigkeitskomplex leiden. Dies mag die Judenfeindschaft gerade in unserem Lande verstärkt haben. Anders etwa die Holländer: Als eine weltaufgeschlossene, dem Meer zugewandte Nation mit Menschen verschiedenster Herkunft und Hautfarbe hat sie nie antijüdische Anwandlungen gehabt, im Gegenteil die aus Spanien und Portugal vertriebenen Juden integriert und das Toleranzprinzip groß geschrieben (vgl. Dänemark).

Verschiedenartige Wurzeln der Judenfeindschaft habe ich Ihnen vorgestellt. Es ist nicht möglich, sie auf eine einzige Hauptwurzel, auf nur *eine* These einzuengen. Juden wurden und werden einfach nicht so akzeptiert, wie sie sind. »Die Juden sind unser Unglück« (Heinrich von Treitschke, 1879) – ein logisch nicht fassbares Argument – aus Aberglauben, Vorurteilen, Neid geboren. Judenfeindschaft selbst da, wo's gar keine oder kaum Juden gibt! Eine seit 2000 Jahren vererbte, folglich unheilbare Krankheit? Eine erbliche Psychose (so Leo Pinsker, »Autoemanzipation«, 1882)? Eine Leidenschaft, eine Kollektivneurose, ein platonischer Hass (H. M. Broder), zwar immer wieder seitens der Kirche geschürt, aber keinesfalls nur religiös begründbar.

Fragen wir: *Wie lässt sich Judenfeindschaft überwinden?*

Natürlich nicht, wenn sie eine unheilbare Erbkrankheit ist. Wenn sie aber etwas Eingeredetes oder eine angewöhnte bzw. anerzogene Haltung ist, dann muss, um sie abzubauen, mehr aufgeklärt, informiert und umerzogen werden: d.h. mehr Vermittlung von Wissen über Juden, was sie glauben, wie sie leben, welche Probleme sie haben. Nur entsprechende Erziehung und Aussprache führen zum Abbau von Angst und Minderwertigkeitsgefühlen. Es gäbe weniger Antisemitismus, wenn es weniger Klischees über Juden gäbe.

Judenfeindschaft lässt sich ferner dadurch überwinden, dass wir uns unserer deutschen Vergangenheit stellen. Keine Verdrängung unserer Geschichte und Schuld bzw. der Verantwortung für unsere Geschichte! Es gäbe weniger Antisemitismus, wenn es weniger Totschweigen und Geschichtsklitterei gäbe! Bitte weniger Aufrechnungsmentalität, weniger Nivellierungsbestreben, stattdessen mehr ethisches Handeln und Zivilcourage auf dem Wege eines Neuanfanges.

Ich möchte auch an die jüdischen Mitbürger appellieren, auf uns zuzugehen, Ängste und Unsicherheit abzulegen und ebenfalls nicht Vorurteile weiterzutransportieren: als ob alle Christen nur die Juden bekehren wollten! Wahrscheinlich müssen wir uns gegenseitig erst richtig kennen und damit verstehen lernen.

Judenfeindschaft: Eine solche Haltung ist nur dem möglich, der sich von seinem jüdischen Ursprung bewusst losgesagt, der sich von den Wurzeln seines Glaubens abgenabelt hat. In unserer Bibel steht vor dem NT das AT, die hebräische Bibel, die uns augenfällig an die Verbundenheit mit Juden erinnert. So gilt es, die jüdischen Wurzeln unseres christlichen Glaubens neu zu entdecken, uns bewusst zu machen, dass Jesus Jude gewesen ist, und den Willen Gottes, wie er sich in Jesu Nächstenliebegebot artikuliert, auch wirklich zu tun. Wäre sein Gebot, den Nächsten wie sich selbst zu lieben, nicht nur Theorie geblieben, sondern von Anfang an konsequent praktiziert worden, hätte dies bestimmt zu einem anderen Verhältnis zwischen Christen und Juden geführt. Wir wären nicht so weit auseinander gedriftet.

So haben wir wirklich keinen Grund zur Überheblichkeit, zum Triumphalismus gegenüber Juden. Die Kirche ist erst seit einem halben Jahrhundert auf dem Weg der Erkenntnis, dass sie durch Judenfeindschaft Gott selber im Wege steht, nämlich seinem Heilsplan, wonach – wie es der alte, einsichtige Paulus formulierte – »ganz Israel gerettet werden wird« (Röm. 11,26). Papst Pius XI. sagte im Jahre 1938: »Der Antisemitismus ist eine abstoßende Bewegung, an der wir Christen keinerlei Anteil haben können ... Der Antisemitismus ist nicht vertretbar. Wir sind im geistlichen Sinne Semiten.«

Jörgen Sontag

Martin Luther und die Juden

Mit diesem Thema begeben wir uns auf einen langen und beschwerlichen Weg. Es ist einerseits sehr umfangreich und zwingt deshalb zu einer Konzentration, insbesondere hinsichtlich der Texte von Martin Luther, die bedacht werden müssen. Andererseits rührt dieses Thema an Gefühle und Wertschätzungen; Martin Luther ist nicht irgendwer, viele leben von dem, was der Reformator für den Glauben neu ans Licht gebracht hat. Dazu kommt, dass wir – mehr als viereinhalb Jahrhunderte nach Luther – in einer ganz anderen Zeit leben. Dadurch stehen wir in der Gefahr, ihn an unseren inzwischen gewonnen Erfahrungen und Einsichten zu messen und ihm dadurch Gewalt anzutun.

Trotzdem oder genau deswegen kommen wir um eine intensive Beschäftigung mit Martin Luther nicht herum. Sie ist seit langem in Gang. Das gilt besonders von Luthers Beziehung zu Juden und Judentum. Weshalb das so ist?

– Was Luther sagt, gilt für viele Christen, besonders Theologen; es hat Bestand. Dahinter kann man sich auch verstecken. Wer seiner Sache in Fragen des Judentums nicht sicher war, fühlte sich ermutigt, wenn er las, das hat Luther auch schon gesagt.
– Wer in diesen Fragen Luther auf seiner Seite hat, hat einen wackeren Mitstreiter, der auch mit kräftigen und einprägsamen Schlagworten der eigenen Argumentation aufhelfen kann.
– Luther gilt als einer der großen Deutschen, dessen sich Bewahrer und Fortschrittliche seit dem 19. Jahrhundert gern vergewissert haben.

Es gibt also so etwas wie eine ehrliche und eine taktische Bezugnahme auf Luther.

Beispiele:
1) Aufruf von Martin Sasse, Landesbischof der Ev.-Luth. Landeskirche Thüringen:
»*In dieser Stunde muß die Stimme des Mannes gehört werden, der als der Deutschen Prophet im 16. Jahrhundert aus Unkenntnis einst als Freund der Juden begann, der, getrieben von seinem Gewissen, getrieben von den Erfahrungen und der Wirklichkeit, der größte Antisemit seiner Zeit geworden ist, der Warner seines Volkes wider die Juden.*«[1]
2) Wilhelm Halfmann, Pastor in Flensburg:
»*Man braucht nur Luthers Schriften zur Judenfrage zu lesen, um zu finden, daß das, was heute [1936] geschieht, ein mildes Verfahren gegenüber dem ist, was Luther und viele andere gute Christen für nötig gehalten haben.*«[2]

---

[1] Martin Sasse (Hg.): Martin Luther über die Juden: Weg mit ihnen!, Freiburg i. Br.1938.
[2] Wilhelm Halfmann: Die Kirche und der Jude, Breklum 1936.

3) Julius Streicher, Herausgeber des antisemitischen Hetzblattes ›Der Stürmer‹, hat sich bei den Nürnberger Kriegsverbrecherprozessen 1946 damit verteidigt: Er habe nichts anderes gesagt als Martin Luther, dann müsste der hier auf der Anklagebank sitzen.[3] Woher hatte Streicher das? Damals und heute bezogen Judengegner die Argumente für ihren Antisemitismus von Luther, und viele Theologen haben daran mitgewirkt.

So haben viele Luther benutzt, er hat reichlich Anlass dafür gegeben. Luther stand auf hohem Sockel. Das zeigt die Wirkungsgeschichte, die sich an ihm festgemacht hat. Das alles muss nun aufgearbeitet werden.

Nach der NS-Zeit hat eine intensive Bemühung auch um Luther eingesetzt. Besonders Lutheraner und Luthertum waren und sind aufgefordert, Stellung zu beziehen: Konnte man sich so auf Luther berufen? Was hat er wirklich gesagt? Wie ist das im Rahmen seiner Zeit zu interpretieren?

Ich will wenig von dem vortragen, was andere über Luther geschrieben haben. Ich will auch selbst nicht so sehr über Luther sprechen, sondern ihn selbst zu Worte kommen lassen.

Ich werde eigentlich nur verschiedene Texte von Luther verbinden und hier und da kommentieren, wo es mir zum Verstehen nötig erscheint.

Bei der Auseinandersetzung mit Luthers Schriften folge ich nicht dem Lebenslauf des Reformators, sondern gehe umgekehrt vor. Ich setze mit Luthers letzter großer Judenschrift ein. Der Grund: Sie hat den Antisemiten als Fundgrube und Alibi gedient und unter Lutheranern seit der Reformation immer wieder Entsetzen ausgelöst.

Dann gehe ich zurück zu drei früheren Schriften Luthers. Am Ende beschäftige ich uns mit Luthers letzter Predigt, die er wenige Tage vor seinem Tod gehalten hat, und schließe mit einigen zusammenfassenden Bemerkungen.

Von den Juden und ihren Lügen (1543)

Was will Luther? Hören wir ihn selbst. Ich zitiere den Beginn seiner Schrift »Von den Juden und ihren Lügen« aus der Weimarer Ausgabe (WA) von Luthers gesammelten Schriften:

»*Ich hatte mir wol furgenomen, nichts mehr, weder von den Jüden noch wider die Jüden zuschreiben. Aber weil ich erfaren, das die Elenden, heillosen leute nicht auffhören, auch uns, das ist die Christen, an sich zu locken, Hab ich dis Büchlin lassen ausgehen, Damit ich unter denen erfunden werde, die solchem gifftigen furnemen der Jüden widerstand gethan und die Christen gewarnet haben, sich fur den Jüden zu hüten. Ich hette nicht gemeint, das ein Christen solt von den Jüden sich lassen nerren, in jr Elend und jamer zu tretten. Aber der Teuffel ist der Welt Gott, Und wo Gottes wort nicht ist, hat er gut machen, nicht allein bey den schwachen, Sondern auch bey den starcken. Gott helffe uns, Amen.*

Gnade und Friede im HErrn. Lieber Herr und Guter Freund, Ich habe eine Schrifft empfangen, darinnen ein Jüde mit einem Christen gespräch hat, der sich untersteht, die sprüche der Schrifft (So wir füren fur unsern

---

[3] Aussage Julius Streichers am 29.4.1946 im Nürnberger Prozess.

Glauben, von unserm HErrn Christo und Maria, seiner Mutter) zuverkeren und weit anders zudeuten, Damit er meinet, unser glaubens Grund umbzustossen.

Darauff gebe ich euch und jm diese Antwort. Es ist mein furhaben nicht, das ich wolle mit den Jüden zancken oder von jnen lernen, wie sie die Schrift deuten oder verstehen, Ich weis das alles vorhin wol. Viel weniger gehe ich damit umb, das ich die Jüden bekeren wolle, Denn das ist unmüglich.«[4]

»*Summa, wie gesagt, Disputire nicht viel mit Jüden von den Articklen unsers Glaubens, Sie sind von Jugent auff also erzogen mit gifft und grol wider unsern Herrn, das da kein hoffnung ist, bis sie dahin kommen, das sie durch jr Elend zu letzt mürb und gezwungen werden, zu bekennen, das Messias sey komen, und sey unser Jhesus. Sonst ists viel zu frue, Ja gar umb sonst, mit jnen zu disputiren, Wie Gott dreyfaltig, Gott mensch sey, Maria Gottes Mutter sey. Denn solchs keine vernunfft noch Menschlich hertz zulesst, wie viel weniger solch ein verbittert, gifftig, blind hertz der Jüden. Was Gott selbs nicht bessert mit solchen grausamen schlegen, das werden wir mit worten und wercken ungebessert lassen (wie gesagt). Moses kundte Pharaonem weder mit plagen, noch mit wundern, noch mit bitten, noch mit drewen bessern, Er muste jn lassen ersauffen im Meer.«*[5]

Die Schrift *Von den Juden und ihren Lügen* hat vier umfangreiche Teile. In drei Teilen verteidigt Luther die christliche Lehre gegen jüdische Bestreitungen, oft in gehässigem Grobianismus. Diese judenfeindlichen Äußerungen hat Luther aus der jahrhundertealten Polemik gegen die Juden zusammengetragen. Er ist darin nicht originell, sondern Kind seiner Zeit.

Im 1. Teil wendet Luther sich gegen den Anspruch der Juden, sie allein seien Gottes Volk. Das verunsicherte viele Christen.

Luther weist den Juden eine ›falsche‹ Schriftauslegung nach.

2. Teil: Die Juden bestreiten, dass Jesus der Messias sei.

Luther macht sich daran, sie zu widerlegen. Schlimm ist in diesem Abschnitt, dass er die Juden durchweg als Lügner abtut.

3. Teil: Luther wendet sich gegen die jüdische Herabsetzung der Person Jesu. Dabei formuliert er einige Gemeinheiten:

»*Nu sihe, welch eine feine, dicke, fette Lügen das ist, da sie klagen, sie seien bey uns gefangen. Es sind uber 1400 jar, das Jerusalem zerstöret ist, und wir Christen zu der zeit schier 300 iar lang von der Jüden gemartert und verfolget sind in aller Welt (wie droben gesagt). Das wir wol möchten klagen, sie hetten uns Christen zu der zeit gefangen und getödtet, wie es die helle warheit ist. Dazu wissen wir noch heutiges tages nicht, welcher Teufel sie her in unser Land bracht hat, Wir haben sie zu Jerusalem nicht geholet.*

Zu dem hellt sie noch itzt niemand, Land und Strassen stehen jnen offen, mügen zihen in jr Land, wenn sie wollen, Wir wollten gern geschenck dazu geben, das wir jr los werden, Denn sie uns ein schwere last, wie eine Plage, Pestilentz und eitel unglück in unserm Lande sind.«[6]

---

[4] Dr. Martin Luthers Werke. Kritische Gesamtausgabe, Weimar (WA), Bd. 53, S. 417.
[5] Luther (WA), Bd. 53, S. 419.
[6] Luther (WA), Bd. 53, S. 520.

Im 4. Teil zieht Luther Folgerungen für das politische Verhalten gegen die Juden:

»*Aus diesem allen sehen wir Christen (denn sie die Jüden könnens nicht sehen), welch ein schrecklicher zorn Gottes uber dis Volck gangen, und on auffhören gehet, welch ein feur und glut brennet da, Und was die gewinnen, so Christum und seinen Christen fluchen oder feindt sind. O liebe Christen, lasst uns solch grewlich Exempel zu hertzen nemen, wie S. Paulus Rom XI sagt, und Gott furchten, das wir nicht auch zu letzt in solchen oder noch ergern zorn fallen, Sondern (wie wir droben auch gesagt) sein göttlich Wort ehren und die zeit der gnaden nicht verseumen, wie es bereit an der Mahmet und der Babst verseumet haben und nicht viel besser, denn die Jüden, worden sind.*

Was wollen wir Christen nu thun mit diesem verworffen, verdampten Volck der Jüden? Zu leiden ists uns nicht, nach dem sie bey uns sind, und wir solch liegen, lestern und fluchen von jnen wissen, damit wir uns nicht teilhafftig machen aller jrer lügen, flüche und lesterung. So können wir das unleschliche feur Göttlichs zorns (wie die Propheten sagen) nicht lesschen, noch die Jüden bekeren. Wir müssen mit gebet und Gottes furcht eine scharffe barmhertzigkeit uben, ob wir doch etliche aus der flammen und glut erretten kündten, Rechen dürffen wir uns nicht, Sie haben die Rache am halse, tausent mal erger, denn wir jnen wünschen mügen. Ich wil meinen trewen rat geben.«⁷

Dann folgen die berüchtigten sieben praktischen Ratschläge, ich gebe sie in Auswahl wieder:

»*Erstlich, das man jre Synagoga oder Schule mit feur anstecke und, was nicht verbrennen wil, mit erden uber heuffe und beschütte, das kein Mensch ein stein oder schlacke davon sehe ewiglich. Und solchs sol man thun, unserm Herrn und der Christenheit zu ehren damit Gott sehe, das wir Christen seien und solch öffentlich liegen, fluchen und lestern seines Sones und seiner Christen wissentlich nicht geduldet noch gewilliget haben. Denn was wir bisher aus unwissenheit geduldet (Ich habs selbst nicht gewust), wird uns Gott verzeihen, Nu wirs aber wissen, und solten darüber, frey fur unser nasen, den Jüden ein solch Haus schützen und schirmen, darin sie Christum und uns beliegen, lestern, fluchen, anspeien und schenden (wie droben gehöret), Das were eben so viel, als thetten wirs selbs und viel erger, wie man wol weis.* [...]

Zum andern, das man auch jre Heuser des gleichen zebreche und zerstöre, Denn sie treiben eben dasselbige drinnen, das sie in jren Schülen treiben. [...]

Zum dritten, das man jnen neme alle jre Betbüchlin und Talmudisten, darin solche Abgötterey, lügen, fluch und lesterung geleret wird.

Zum vierden, das man jren Rabinen bey leib und leben verbiete, hinfurt zu leren, Denn solch Ampt haben sie mit allem recht verloren. [...]

Zum fünfften, das man den Jüden das Geleid und Strasse gantz und gar auffhebe, Denn sie haben nichts auff dem Lande zu schaffen, weil sie nicht Herrn noch Amptleute noch Hendler, oder des gleichen sind, Sie sollen da heime bleiben. [...]

Zum sechsten, das man jnen den Wucher verbiete und neme jnen alle barschafft und Kleinot an silber und Gold, und lege es beseit zu verwaren.

---

⁷ Luther (WA), Bd. 53, S. 522.

Und ist dis die Ursache: Alles, was sie haben (wie droben gesagt), haben sie uns gestolen und geraubt durch jren Wucher, weil sie sonst kein ander narung haben. Sölch Geld solt man dazu brauchen (und nicht anders), wo ein Jüde sich ernstlich bekeret, das man jm davon fur die Hand gebe hundert, zwey, drey fl. nach gelegenheit der Person, damit er eine narung für sein arm Weib und Kindlein anfahen müge, und die alten und gebrechlichen unterhalte, Denn solch böse gewonnen gut verflucht ist, wo mans nicht mit Gottes segen in guten nötigen brauch wendet. [...]

Zum siebenden, das man den jungen starcken Jüden und Jüdin in die hand gebe flegel, axt, karst, spaten, rocken, spindel, und lasse sie jr brot verdienen im schweis der nasen, wie Adams kindern auffgelegt ist, Gen 3. [...]

Summa, lieben Fürsten und Herren, so Jüden unter sich haben, Ist euch solcher mein rat nicht eben, so trefft einen bessern, das jr und wir alle der unleidlichen, teuffelschen Last der Jüden entladen werden, Und nicht für Gott schüldig und teilhafftig werden all der lügen, des lesterns, speiens, fluchens, so die rasenden Jüden wider die Person unsers Herrn Jhesu Christi, Seiner lieben Mutter, aller Christen, aller Oberkeit und unser selbs, so frey und mutwilliglich treiben, keinen schutz noch schirm, noch geleit, noch gemeinschafft sie haben lassen, Auch nicht ewr und ewr Unterthanen geld und güter, durch den wucher, jnen dazu dienen und helffen lassen. Wir haben zuvor eigener sünde gnug auff uns, noch vom Bapstum her, Thun teglich viel dazu mit allerley undanckbarkeit und verachtung seines Worts und aller seiner gnaden, Das nicht not ist, auch diese frembden, schendliche laster der Jüden auff uns zu laden und jnen dennoch geld und gut zu geben. Last uns dencken, das wir nu teglich wider den Türcken streiten, da wir wol Leichterung unser eigen Sünde und besserung unsers lebens zu dürffen. Ich wil hie mit mein gewissen gereinigt und entschüldigt haben, als der ichs trewlich hab angezeigt und gewarnet.

Und euch, meine lieben Herrn und Freunde, so Pfarrherr und Prediger sind, wil ich gantz trewlich ewers Ampts hie mit erinnert haben, das auch jr ewr Pfarrleute warnet fur jrem ewigen schaden, wie jr wol zu thun wisset, Nemlich, das sie sich für den Jüden hüten und sie meiden, wo sie können, nicht das sie jnen viel fluchen oder Persönlich leid thun solten. [...]«[8]

Diese Ratschläge hat Luther nicht erfunden. Sie zeigen, wie stark er in die christlich-abendländische Tradition eingebunden war. Seit dem 4. Jahrhundert hatten Synoden und Konzile durch Beschlüsse das Leben der Juden in Europa eingeschränkt und schwer gemacht und dazu beigetragen, dass Judenfeindschaft und -verfolgung ein Bestandteil der Christenheit war. In Westeuropa gab es zu jedem Ratschlag praktische Beispiele.

Es fällt auf, wie sehr Luther sich unter Gewissensdruck sieht und Heilsunsicherheit erkennen lässt. Fällt er in seinen letzten Lebensjahren wieder in vorreformatorisches Denken zurück, als müsste er etwas für das Heil tun? Sieht Luther die Endzeit und ihre Wirren so nahe bevorstehen, dass nur noch bleibt, die letzte Trennung von allen Andersglaubenden zu vollziehen, damit die Christen rein bleiben?

Ich gehe jetzt 20 Jahre in Luthers Lebenszeit zurück zu seiner Judenschrift von 1523.

---

[8] Luther (WA), Bd. 53, S. 523-527.

Dass Jesus Christus ein geborener Jude sei (1523)

Mit der Schrift von 1523 will Luther sich gegen den von katholischer Seite erhobenen Vorwurf verteidigen, er habe die Jungfrauengeburt geleugnet. Luther hatte zunächst gezögert, auf den Vorwurf einzugehen, er hielt das für Zeitvergeudung. Dann hat er sich aber doch an die Arbeit gemacht. Er schreibt:

»Weyl ich aber umb anderer willen mus dyser lugen anttwortten, hab ich gedacht, daneben auch etwas nutzlichs zu schreyben, auff das ich nicht den leßern mit solchen faulen loßen tzotten die tzeit vergeblich raube. Darumb will ich aus der schrifft ertzelen die ursach, die mich bewegen, tzu gleuben, das Christus eyn Jude sey von eyner jungfrawen geporn, ob ich vielleicht auch der Juden ettliche mocht tzum Christen glauben reytzen. Denn unsere narren die Bepste, Bischoff, Sophisten und Munche, die groben esels kopffe, haben bis her also mit den Juden gefaren, das, wer eyn gutter Christ were gewesen, hette wol mocht eyn Jude werden. Und wenn ich eyn Jude gewesen were und hette solche toppell und knebel gesehen, den Christen glauben regirn und leren, so were ich ehe eyn saw worden denn eyn Christen.

Denn sie haben mit den juden gehandelt als weren es hunde und nicht menschen, haben nichts mehr kund thun denn sie schelten und yhr gutt nehmen, wenn man sie getaufft hat, keyn Christlich lere noch leben hat man yhn beweyset, sondern nur der Bepsterey und muncherey untherworffen. Wenn sie denn gesehen haben, das der Juden ding so starck schrifft fur sich hat und der Christen ding eyn lautter geschwetz gewesen ist on alle schrifft, wie haben sie doch mugen yhr hertz stillen und recht gutte Christen werden? Ich habs selbs gehort von frumen getaufften Juden, das, wenn sie nicht bey unser tzeyt das Euangelion gehort hetten, sie weren yhr leben lang Juden unter dem Christen mantel blieben. Denn sie bekennen, das sie noch nie nichts von Christo gehort haben bey yhren teuffern und meystern.

Ich hoff, wenn man mit den juden freuntlich handelt und aus der heyligen schrifft sie seuberlich unterweyßet, es sollten yhr viel recht Christen werden und widder tzu yhrer vetter, der Propheten unnd Patriarchen glauben tretten, davon sie nur weytter geschreckt werden, wenn man yhr ding furtwirfft und ßo gar nichts will seyn lassen und handelt nur mit hohmut und verachtung gegen sie. Wenn die Apostel, die auch Juden waren, also hetten mit uns heyden gehandelt, wie wyr heyden mit den Juden, es were nie keyn Christen unter den heyden worden. Haben sie denn mit uns heyden so bruderlich gehandelt, so sollen wyr widderumb bruderlich mit den Juden handeln, ob wyr etlich bekeren mochten, denn wyr sind auch selb noch nicht alle hynan, schweyg denn hyn uber.

Und wenn wyr gleych hoch uns rhumen, so sind wyr dennoch heyden und die Juden von dem geblutt Christi, wyr sind schweger und frembdling, sie sind blut freund, vettern und bruder unsers hern. Darumb wenn man sich des bluts und fleyschs rhumen solt, so gehoren yhe die Juden Christo neher tzu denn wyr, wie auch S. Paulus Roma. 9. sagt.«[9]

Hier klingt ein ganz anderer Ton!

---

[9] Luther (WA), Bd. 11, S. 314/315.

Diese Lutherschrift hat zwei Teile und eine Schlussmahnung.

Im 1. Teil erzählt Luther, was ihn bewegt, zu glauben, dass Christus ein Jude sei, von einer Jungfrau geboren. Dazu legt er einige alttestamentliche Worte aus. Luther fasst zusammen:

»*Des sey gnug auff diß mal, damit starck gnug beweyßet ist, das Maria eyn reyne magd und Christus von Abrahams samen ein wahrhafftiger Jude sey. Denn wie wol mehr spruche darauff mugen gefurt werden, sind doch diße die aller kleristen. Datzu wer eynen hellen spruch der gottlichen maiestet nicht gleubt, des ist sich tzu vermuten, das er auch keynem andern tuncke-lern spruch glewbe. So kann yhe daran niemant tzweyffeln, das es Gotte nicht unmuglich ist, eyn magd on man schwanger machen, syntemal er auch alle ding aus nicht gemacht hat. Derhalben die Juden keyne ursach haben, solchs tzu verleugnen, weyl sie die allmechtigkeit Gottis bekennen und hie Jsaias den Propheten klar haben.*«[10]

Im 2. Teil will Luther den Irrtum der Juden, dass sie noch immer auf den Messias warten, wo er doch gekommen ist, widerlegen. Wieder erklärt er Worte aus dem Alten Testament. Er tut das in christologischer Auslegung, d.h. er deutet diese alttestamentlichen Stellen auf Christus.

In der Schlussmahnung führt Luther aus:

»*Ob aber die Juden wurd ergern, das wyr unsern Jhesum eyn menschen und doch waren Gott bekennen, wollen wyr mit der tzeyt auch krefftiglich aus der schrifft bessern. Aber es ist tzum anfang tzu hart, laß sie tzuvor milch saugen und auffs erst dißen menschen Jhesum fur den rechten Messiah erkennen. Darnach sollen sie weyn trincken und auch lernen, wie er warhafftiger Gott sey. Denn sie sind tzu tieff und tzu lange verfurt, das man mus seuberlich mit yhn umbgehen, als denen es ist alltzu seer eyngebildet, das Gott nicht muge mensch seyn.*

Darumb were meyn bitt und rad, das man seuberlich mit yhn umbgieng und aus der schrifft sie unterrichtet, so mochten yhr ettliche herbey komen. Aber nu wyr sie nur mit gewallt treyben und gehen mit lugen teydingen umb, geben yhn schuld, sie mussen Christen blutt haben, das sie nicht stincken, und weys nicht wes des narren wercks mehr ist, das man sie gleich fur hunde hellt, Was sollten wyr guttis an yhn schaffen? Item das man yhn verbeutt, untter uns tzu erbeytten, hantieren und andere menschliche gemeynschafft tzu haben, da mit man sie tzu wuchern treybt, wie sollt sie das bessern?

Will man yhn helffen, so mus man nicht des Bapsts, sondern Christlicher liebe gesetz an yhn uben und sie freuntlich annehmen, mit lassen werben und erbeytten, da mit sie ursach und raum gewynnen, bey und umb uns tzu seyn, unser Christlich lere und leben tzu horen und sehen. Ob ettliche hallstarrig sind, was ligt daran? sind wyr doch auch nicht alle gutte Christen. Hie will ichs dis mall lassen bleyben, bis ich sehe, was ich gewirckt habe. Gott gebe uns allen seyne gnade. Amen.«[11]

Pädagogisch mit den Juden umgehen, nicht alles auf einmal sagen, das überfordert nur, christliche Liebe an ihnen üben und ihnen Raum geben, den wahren Gott in Christus zu erkennen. Im Umgang mit Juden Geduld haben. So verständnisvoll schreibt Luther 1523. Aber sein Verständnis ist verbunden mit der unüberhörbar ausgesprochenen Erwar-

---

[10] Luther (WA), Bd.11, S. 325.
[11] Ebd., S. 336.

tung, dass viele Juden sich zum Christenglauben bekehren. Das ist neben der vielen Selbstkritik und all dem Freundlichen und Gewinnenden, das Luther zu den Juden sagt, deutlich zu sehen.

Luther meinte, es könne nur am Papsttum gelegen haben, dass die Juden Christus noch nicht angenommen hätten. Man sage ihnen das Evangelium nach reformatorischem Verständnis, dann würden ihnen die Augen aufgehen.

Dass Luther den Juden ganz selbstverständlich seine christologische Auslegung des Alten Testaments zumutet, die sie vom Ansatz her nicht nachvollziehen können, zeigt uns zweierlei: Luther ist in die christliche Tradition eingebunden und von ihr bestimmt. Von Anfang an hat die Kirche das Alte Testament christologisch ausgelegt. Wie sollte er anders auslegen? Dabei ist ihm aber wohl nicht bewusst, dass er damit im Grunde nichts anderes tut, als was Christen in der Bemühung um Juden immer getan haben. Sie legten mit dem Ausgangspunkt und der Methode immer auch das Ergebnis fest. Die Juden hatten keinerlei Spielraum. Hier auch nicht.

Deshalb dürfen heutige Leser diese judenfreundlich klingende Schrift Luthers nicht naiv lesen. Sie ist kein Ausweis von Toleranz gegenüber den Juden, die gab es im 16. Jahrhundert noch nicht.

Interessant die Stellungnahme eines deutschen Rabbiners. Prof. Dr. Ernst Roth, ehem. Landesrabbiner von Hessen, hat vor Jahren in der Jüdischen Allgemeinen Wochenzeitung geschrieben: »*Die missionarische Tendenz Luthers war für die damaligen Juden in Deutschland belanglos; von Bedeutung war ihnen die Art und Weise, mit der Luther die Behandlung der Juden verurteilte und die Verbesserung für sie forderte. Die Juden hatten tatsächlich in das Auftreten Luthers große Hoffnungen gesetzt.*«[12]

Wir halten fest: Luther findet gewinnende freundliche Worte für die Juden und spricht in ihnen eine starke Erwartung aus, die Juden möchten sich doch zu Christus als zu dem ihnen verheißenen Messias bekehren.

Ich gehe weiter zurück in Luthers Schrifttum mit der Frage, wie er sich in seinen frühen Schriften über die Juden geäußert hat und welche Einstellung zu erkennen ist. Zunächst blicke ich in Luthers Auslegung des Magnificat (1521), danach folgen einige Beispiele aus seinen Psalmenauslegungen.

Das Magnificat verdeutscht und ausgelegt (1521)

Der Lobgesang der Maria (Lk. 1) hat Luther viel bedeutet. Er legt ihn u.a. auch mit Blick auf die Juden aus. Die darin erwähnte Verheißung an Abraham und seinen Samen ewiglich deutet er so, dass sie allen Nachkommen Abrahams gelte, d.h. auch Jesus, allen Christen und aller Welt. Das ist eine Auslegung, die wir heute so nicht mehr nachvollziehen können.

Die Folgerung, die Luther an dieser Stelle zieht, ist uns aus seiner Schrift von 1523 schon bekannt:

»*Drumb solten wir die Juden nit so unfruntlich handeln, denn es sind noch Christen unter yhn zukunfftig und teglich werden, datzu haben sie allein und nit wir heiden solch zusagung, das altzeit in Abrahams samen*

---

[12] Allgemeine Jüdische Wochenzeitung Nr. XXXVIII/35 v. 2.9.1983, S. 17.

sollen Christen sein, die den gebenedeyeten samen erkennen. Unszer ding steht auff gnaden on zusagen gottis, wer weysz wie und wenne, wen wir christlich lebten unnd sie mit gutte zu Christo brachten, were wol die rechte masz. Wer wolt Christen werden, szo er sihet Christen so unchristlich mit Menschen umbgahn? Nit also lieben Christen: Man sag yhn gutlich die warheit, wollen sie nit, lasz sie faren. Wie viel sind Christen, die Christum nit achten, horen seine worte auch nit, erger denn heyden und Juden und lassen sie doch mit friden gahn, ja fallen yhn zufusz, betten sie schier fur abgot an.«[13]

Psalmenauslegungen

Luther hat in seinen Vorlesungen zweimal die Psalmen ausgelegt. Diese Auslegungen sind überliefert und veröffentlich als
- Dictata super Psalterium (1513–16) und
- Operationes in Psalmos (1519–21)

Die beiden Psalmenvorlesungen sind in der Weimarer Ausgabe der Lutherwerke (Band 3 bzw. Band 5) in lateinischer Sprache wiedergegeben. Deshalb zitiere ich die Übersetzung nach Walther Bienert, Martin Luther und die Juden.

In der Auslegung der Psalmen ergibt sich für Luther an vielen Stellen die Gelegenheit, sich über die Juden zu äußern. Ich greife zwei Beispiele heraus:

Als erstes Beispiel **Psalm 1,4: Wie Spreu, die der Wind verweht.**
Aus den Dictata super Psalterium:
»*Staub, das bedeutet zerkleinerte Erde, trocken und leicht, von jedem Winde bewegt, dem er ausgeliefert ist. Mit diesem Wort werden sehr treffend die Juden bezeichnet, die ausgetrocknet sind im Geist und erniedrigt. Daher sind sie auch zu schwach zum Widerstand, zerstreut in alle Länder und jederzeit unsicher in ihren Wohnsitzen. Auch sind sie niedergetreten wie der Schmutz auf den Straßen und der Staub auf den Wegen. Die Verfluchung von Dtn. 28 (5. Mose 28,15ff.) wird an ihnen vor Augen geführt. Die Kirche aber steht felsenfest auf kräftigem Fundament von ausgewählten und kostbaren Steinen.«*[14]

Aus den Operationes in Psalmos:
»*Erstlich ist dies von den Juden zu verstehen. Diese werden auf dreifache Weise umgetrieben.*

Erstens leiblicher Weise, von den Wirbelwinden, das ist, von dem Willen und Unwillen der Menschen, unter denen sie wohnen, wie wir vor Augen sehen, daß sie keine gewissen Wohnsitze haben, sondern jeden Augenblick einem solchen Winde ausgesetzt sind, der sie vertreiben mag.

Zweitens, daß ihr Gemüt durch schädliche Lehrer mit dem Winde mannigfacher Lehre umgetrieben wird, da sie nicht im Glaube Christi gepflanzt

---

[13] Luther (WA), Bd. 7, S. 600/601.
[14] Walther Bienert: Martin Luther und die Juden, Frankfurt/Main 1982, S. 22.

sind, ihr Herz aber hin und her getrieben wird durch ungewisse Lehren, und nun auch ihr Gewissen nicht sicher und ruhig sein kann.

Drittens am jüngsten Tage werden sie durch den ewigen Sturmwind des unerträglichen Zornes Gottes umgetrieben und zerstreut werden, so daß sie niemals Ruhe haben werden, auch nicht für einen Augenblick.«[15]

In der ersten Psalmenvorlesung bewegt Luther sich mit seinen kritischen Äußerungen über die Juden in traditionellen Gleisen. In dieser Weise pflegte Judenfeindschaft sich im Mittelalter zu artikulieren. Zu beachten ist, dass Luther hier aber nicht die gehässigen antijüdischen Verleumdungen und Klischees übernimmt.

Das gilt in etwa auch für die zweite Psalmenvorlesung. Nur, dass Luther hier grundsätzlicher und endgültiger urteilt, so als habe er Einblick in die Urteile, die am Jüngsten Tage gesprochen werden.

Als zweites Beispiel **Psalm 14,7: Ach, dass aus Zion das Heil käme und der Herr die Gefangenschaft seines Volkes wenden möge.**

»Wie ich sehe, wird dies von den erlauchten Vätern verstanden als auf die Juden bezogen, die am Ende bekehrt werden sollen. [...]

Er (der Psalmist) fügt aber hinzu aus Zion, um zu zeigen, daß ihnen (den Juden) oder irgend anderen Menschen kein anderes Heil gegeben werde als jenes, das in Christus besteht, das in Zion gegeben wurde und von dort in alle Welt verbreitet wurde, und daß darum die Juden zu Christus bekehrt werden sollen, so unsinnig sie auch jetzt gegen ihn sein mögen. [...]

Darum ist die Raserei gewisser Christen [wenn man sie Christen nennen soll] verdammenswert, die da meinen, sich darin Gott willfährig zu erweisen, daß sie die Juden mit größtem Haß verfolgen, ihnen alles Übel ansinnen und sie mit äußerstem Hochmut und Verachtung verhöhnen, wenn diese ihr Elend beklagen. [...]

Dem Beispiel dieses Psalms (14,4-7) und des Paulus höchstem Wohlwollen (Röm 11,18-32) zufolge wäre es nötig, für sie zu trauern, betrübt zu sein und ohne Unterlaß zu beten. [...]

Diese gottlosen Namenschristen bereiten durch diese ihre Tyrannei dem christlichen Namen und Volk einen schweren Verlust. Auch sind sie schuld und teilhaftig an der jüdischen Ungläubigkeit. Durch solch ein Beispiel von Grausamkeit treiben sie diese gleichsam vom Christentum weg, obwohl sie diese doch mit aller Milde, Geduld, Bitte und Fürsorge anlocken müßten. Durch solcher Leute Raserei beschützt, verharren gewisse äußerst geschmacklose Theologen und schwatzen in ekelhaftem Hochmut daher, die Juden seien Knechte der Christen und Unterworfene des Kaisers. [...]

Wer, so frage ich, würde zu unserer Religion übertreten, und sei er noch so gutmütigen und geduldigen Gemütes, wenn er sich von uns so grausam und feindselig und nicht nur unchristlich, sondern vielmehr noch so todbringend behandelt sähe.

Wenn Haß auf Juden, Ketzer und Türken die Christen ausmacht, dann sind wir Rasenden wahrhaft die Christlichsten unter allen. Wenn aber

---

[15] Ebd.

Christi Liebe die Christen ausmacht, dann sind wir ohne Zweifel noch schlechter als Juden, Ketzer und Türken, denn niemand würde dann Christum weniger lieben als wir. Ihre Unvernunft ist jenen Toren und Kindern ähnlich, die den auf Wände gemalten Juden die Augen ausstechen, als wollten sie dem leidenden Christus zu Hilfe kommen. [...]

Das Evangelium ... wirkt daraufhin, uns die Liebe Gottes und Christi in dieser Angelegenheit gänzlich und aufs höchste nahezulegen, woran jene nicht mit einem einzigen Wort erinnern.«[16]

Hier haben wir einen Text von Luther aus den Jahren, in denen er als Reformator immer stärker in die Öffentlichkeit trat und bekannt wurde. Wir finden zwei Züge, deren Verbindung für Luthers Denken typisch ist.

– *Heil aus Zion* deutet Luther christologisch: *Zion* meint Christus. Damit bewegt sich Luther, das wurde bereits gesagt, in traditionellen Gleisen theologischen Denkens der Kirche. Ob er sich an dieser Stelle der grundlegenden hermeneutischen Differenz zu den Juden bewusst ist? Indem er ihnen diese Deutung zumutet, trennt er sich von ihnen.

Zugleich spricht aus diesen Worten eine Verantwortung für das jüdische Volk, die darum weiß, dass das jüdische Volk in Christus zum Heil finden muss. Ohne Christus ist es für Luther nicht im Heil. Aus seinen kritischen Äußerungen über gewisse Christen, die den Juden mit Hass und Feindschaft begegnen (wie unpädagogisch!), spricht nicht absichtsfreie Liebe zum jüdischen Volk; diese ist dem Zweck der Bekehrung nachgeordnet. Die Juden sollen für Christus gewonnen werden. Deshalb müssen sich die Christen liebevoll und verständnisvoll verhalten.

– Luther hat zwischen den beiden Psalmenvorlesungen den Römerbrief ausgelegt (1515/16). Dabei ist ihm aufgegangen:

Die *Gerechtigkeit Gottes* ist Gottes Rechtfertigung der Menschen aus Gnade, also etwas ausschließlich Positives und Frohmachendes. Und Luther hat wohl erkannt, dass Paulus sich nicht missbrauchen lässt zu platter bis gewalttätiger antijüdischer Polemik. Diese Erkenntnis mag sich hier auswirken; freilich hat sie sich bei Luther nicht durchgehalten. Luthers Satz *Wer, so frage ich, würde zu unserer Religion übertreten, ... wenn er sich so grausam ... und todbringend behandelt sähe* wird zum Maßstab, der auch an Luther selbst angelegt werden muss, beispielsweise an seine späten Judenschriften.

Luthers letzte Predigt (15. Februar 1546)

Mit dem letzten Text von Luther kehren wir an das Ende seines Lebens zurück. Luthers letztes Wort über die Juden ist eine *Vermahnung wider die Juden*. Er befand sich in seiner Geburtsstadt Eisleben. Er war gebeten worden, dort einen Streit im Hause der Grafen von Mansfeld zu schlichten. Am Montag, 15. Februar 1546, hielt er eine Predigt über Matthäus 11,25-30 und sprach besonders über das Wort Jesu *Kommet her zu mir alle, die ihr mühselig und beladen seid*. Während der Predigt erlitt Luther einen Schwächeanfall und musste die Predigt abbrechen. Seine letzten Predigtworte lauteten:

---

[16] Bienert: Luther, S. 43f.

»Siehe, das heißt nun, an Christi Wort uns halten und zu ihm zu kommen, wie er uns aufs freundlichste lockt, und sagen: ›Du bist allein mein lieber Herr und Meister, ich bin dein Schüler‹. Das und viel mehr wäre von diesem Evangelium weiter zu sagen. Aber ich bin zu schwach. Wir wollen's hierbei bleiben lassen.«

Es ist überliefert, dass Luther danach eine kurze Vermahnung an die Predigt angehängt hat. Sie hat folgenden Wortlaut:

»*Eine vermanung wider die Juden*

Nach dem ich nu ein zeitlang alhie gewesen und euch gepredigt habe, auch nu anheim mus und villeicht euch nicht mehr predigen möcht, So wil ich euch hiemit gesegnen und gebeten haben, das jr vleissig bey dem Wort bleibet, das euch ewre Prediger und Pfarrherr von der gnaden Gottes getrewlich leren, Und euch auch gewehnet zum beten, das euch Gott vor allen Weisen und Klüglingen behüten wolle, so die Lere des Euangelij verachten, denn sie offt viel schaden gethan und noch thun möchten.

Uber andere habt jr auch noch die Jüden im Lande, die da grossen schaden thun. Nu wollen wir Christlich mit jnen handeln und bieten jnen erstlich den Christlichen glauben an, das sie den Messiam wollen annemen, der doch jr Vetter ist und von jrem fleisch und blut geboren und rechter Abrahams same, des sie sich rhümen. Wie wol ich sorge trage, das Jüdische blut sey nu mehr wesserig und wild geworden, Das solt jr jnen erstlich anbieten, das sie sich tzu dem Messia bekeren wollen und sich teuffen lassen, das man sehe, das es jnen ein ernst sey, Wo nicht, so wollen wir sie nicht leiden, Denn Christus gebeut uns, das wir uns sollen teuffen lassen und an jn gleuben, Ob wir gleich nu so starck nicht gleuben können, wie wir wol solten, so tregt doch Gott gedult mit uns.

Nu ists mit den Jüden also gethan, das sie unsern Herrn Jhesum Christum nur teglich lestern und schenden, Die weil sie das thun, und wir wissens, sollen wir es nicht leiden, Denn sol ich den bey mir leiden, der meien HErrn Christum schendet, lestert und verflucht, so mache ich mich frembder Sünden teilhafftig. So ich doch an meinen eigenen Sünden gnug habe, Darumb solt jr Herrn sie nicht leiden, sondern sie weg treiben. Wo sie sich aber bekeren, jren Wucher lassen und Christum annemen, so wollen wir sie gerne, als unser Brüder halten.

Anders wird nicht draus, denn sie machens zu gros, Sie sind unsere öffentliche Feinde, hören nicht auff unsern Herrn Christum zu lestern, Heissen die Jungfraw Maria eine Hure, Christum ein Hurenkind, Uns heissen sie Wechselbelge oder mahlkelber, und wenn sie uns kondten alle tödten, so theten sie es gerne, Und thuns auch oft, sonderlich, die sich vor ertzte ausgeben, ob sie gleich je zu zeiten helffen, Denn der Teuffel hilffts doch zu letzt versiegeln, So können sie die Ertzney auch, so man in Welschland kan, da man einem eine gifft bey bringt, davon er in einer stund, in einem Monat, in einem Jar, ja in zehen oder zwentzig jaren sterben mus, Die Kunst können sie.

Darumb seid unverworren mit jnen als mit denen, die da nichts anders bey euch thuen, denn das sie unsern lieben Herrn Jhesum Christum grewlich lestern, stehen uns nach leib, leben, ehre und gut. Noch wollen wir die Christlich liebe an jnen uben und vor sie bitten, das sie sich bekeren, den Herrn annemen, den sie vor uns billich ehren solten, Welcher solchs nicht thun wil, da sezte es in keinen zweivel, das der ein *verböster Jüde ist, der nicht ablassen wird Christum zu lestern, dich aus zu saugen und (wo er kan) zu tödten. [..]*

Darumb bitte ich, wollet euch frembder sünde nicht teilhafftig machen, Jr habt gnugsam Gott zu bitten, das er euch gnedig sey und ewer Regiment erhalte, Den halte und ehre ich fur meinen Herrn, zu dem mus ich lauffen und fliehen, wo mich der Teufel, die Sünde oder ander unglück anficht, Denn er ist mein schirm, so weit Himel und Erden ist, und meine Gluckhenne, darunter ich krieche vor Gottes zorn, Darumb kan ich mit den verstockten Lestern und Schendern dieses lieben Heilands keine gemeinschafft noch gedult haben.

Das hab ich als ein Landkind euch zur warnung wollen sagen zur letzte, das jr euch frembder Sünde nicht teilhafftig macht, Denn ich meine es ja gut und trewlich beide, mit den Herrn und Unterthanen, Wollen sich die Jüden zu uns bekeren und von jrer lesterung, und was sie uns sonst gethan haben, auffhören, so wollen wir es jnen gerne vergeben, Wo aber nicht, so sollen wir sie auch bey uns nicht dulden noch leiden.«[17]

- Luthers letztes Wort über die Juden ist eine Vermahnung gegen sie. Er kann am Ende seines Lebens wie in einem Stereotyp nur noch gegen die Juden denken und reden. Er wiederholt sich in einer Weise, die wir inzwischen recht genau kennen.
- Immer bricht es aus Luther heraus, – und er leidet wirklich darunter –, dass die Juden seinen lieben Herrn Jesus Christus, seinen Schirm und Schutz, seine Gluckhenne, lästern und verunglimpfen. Woher weiß Luther das? Es heißt, getaufte Juden hätten es ihm angezeigt, Konvertiten, die ihren Glauben, den sie hinter sich gelassen haben, gewiss nicht angemessen charakterisiert haben. Luther hat ihnen Glauben geschenkt.
- Luthers Christusliebe ist anrührend und bewegend. Christus als Hilfe gegen Gottes Zorn *(Schirm).* Offenbar bleibt Gott für Luther der zornige Gott wie vor seiner Entdeckung der Rechtfertigung.

Was Luther von Christus glaubt, glauben die Juden von Gott. Es ist nicht bekannt, ob Luther das gewusst hat. Da liegt der tiefste Unterschied und der Grund seiner Abneigung gegen die Juden. Sie folgen ihm nicht in seine Christusliebe. Luther begreift nicht, dass sie ihm da nicht folgen müssen. Das beginnen erst wir heute zu begreifen.

Zusammenfassung

Im Blick auf mehr als 30 Jahre, in denen Luther sich zu den Juden geäußert hat, zeigt sich nach meinem Verständnis mehr Kontinuität als Diskontinuität. Es hält sich vieles durch.
- Die **traditionelle Polemik** gegen die Juden, die er vorgefunden und gemildert benutzt hat. Bei Luther ist nicht von Brunnenvergiftung, Ritualmord und dergleichen die Rede. Aber das Übrige ist noch stark genug, wie z. B. die Angst, sie trachten uns nach dem Leben, benutzen dazu ihre ärztliche Kunst (in seiner letzten Vermahnung) u.ä.
- Es gibt die Einschätzung, Luther habe sich am Anfang, als er sich **in der gleichen Lage wie die Juden** befand, nämlich von der herrschen-

---

[17] Luther (WA), Bd. 51, S. 194–196.

den Mehrheit angefeindet, theologisch und politisch solidarisch mit den Juden gefühlt. Später habe die inzwischen anerkannte Autorität Dr. Luther von oben herab gegen die Juden gesprochen wie vorzeiten die Katholiken gegen ihn.
- Dazu kommt nach dem Eindruck vieler Lutherforscher, dass Luther am Ende seines Leben verstärkt **Angst vor dem nahen Weltende** gehabt habe. Deshalb habe er versucht, in immer heftigeren Vermahnungen seine lieben Christen bei der Stange des Glaubens an Jesus Christus zu halten. Da hätten ihm die Juden als abschreckendes Beispiel vor Augen gestanden.
- Man hat **Altersstarrsinn** als Ursache für die Ausfälle gegen die Juden in mehreren späten Schriften bezeichnet. Das halte ich nicht für einleuchtend.
- Für wesentlich bei Luther halte ich seine **Fehleinschätzung der religiösen Situation der Juden**. Luther meinte, die bisherige un-evangelische Verkündigung der Kirche habe den Juden den Glauben an Jesus Christus verstellt. Mit der Reformation müssten nun die Juden in Scharen zu ihrem Messias kommen, zu Jesus Christus, der doch ihr Vetter sei. Es sieht so aus, dass Luther – und die damalige Zeit – keine Ahnung gehabt hat, welches die wirklichen Gründe sind, die es Juden schwer machen, Christen zu werden.

Enttäuschung, dass die Juden nicht Christus angenommen haben, spielt sicher mit bei der Verschärfung seines Tons in den späten Schriften, von denen die von 1543 nur das heftigste Beispiel ist.
- In den mehr als 30 Jahren, die wir mit seinen Schriften überblickt haben, ist **Luther sich im Wesentlichen treu geblieben.** Zentral ist und bleibt für ihn **der Glaube an Jesus Christus**.

Dass Jesus Jude ist, bleibt wahr. Aber für Luther hängt alles daran, dass der Mensch Jesus auch als Gottes Sohn geglaubt wird. Dabei bezieht er vieles, was die Bibel von Gott sagt, auf Jesus Christus. Darin konnten ihm die Juden natürlich nicht folgen, aber auch viele Theologen bis in unsere Tage nicht.

Hören wir nur die 2. Strophe aus dem allbekannten Luther-Lied: *Ein feste Burg ist unser Gott.*

»*Mit unsrer Macht ist nichts getan,*
wir sind gar bald verloren.
Es streit' für uns der rechte Mann,
den Gott hat selbst erkoren.
Fragst du, wer der ist, Er heißt Jesus Christ,
der Herr Zebaoth und ist kein anderer Gott.
Das Feld muß Er behalten.«

Die Ausschließlichkeit des Einen Gottes, den die Juden glauben, wird hier auf Jesus Christus übertragen. Ihm werden Attribute Gottes beigelegt: *Zebaoth* ist im AT ein Name Gottes.

Luther glaubte vielleicht, dass er die Juden dadurch gewinnen könne, dass er ihnen nachweise, wie oft das Alte Testament von Christus spreche. Heute können wir das Alte Testament so nicht mehr verstehen und benutzen, das ist eine Frucht der alttestamentlich-wissenschaftlichen Forschung.

Dazu kommt: Wer Christus *Herr Zebaoth* nennt, **vereinnahmt das Alte Testament für den christlichen Glauben und nimmt es den Juden weg.**

Das geschieht bei Luther nicht aus Versehen. Das ist Luthers Glaube. Er unterstreicht das noch: *und ist kein anderer Gott;* d.h. für Luther gibt es keinen anderen Gott als Jesus Christus.

Infolgedessen wirft er den Juden Gottlosigkeit vor, ausgerechnet gläubigen Juden. Das ist eine katastrophale Verkennnung jüdischen Glaubens.

Das müssen wir uns klar machen. Deshalb müssen wir darüber sprechen. Zwischen Christen und Juden stehen der Glaube an Jesus Christus und Einseitigkeiten des trinitarischen Bekenntnisses.

— Die **antijüdische Haltung Luthers** war also wesentlich **theologisch bestimmt**. Seine theologische Grundhaltung durchzieht seine Schriften von Anfang bis Ende. Die anderen genannten Beobachtungen und Gründe wirken sich nur aus auf den Ton, in dem Luther seine Ablehnung der Juden äußert.

Schlussbetrachtung

Schalom Ben-Chorin hat die Beziehung von Juden und Christen so beschrieben: »*Der Glaube an Jesus Christus trennt uns. Der Glaube Jesu verbindet uns.*«

Wir müssten als Christen wohl vorsichtiger sagen, der Glaube Jesu könnte uns verbinden, wenn wir ihn ernst nähmen in der Weise, wie ihn das Neue Testament beschreibt. Damit will ich sagen, dass nach meinem Verständnis vor allem die Ausformung des Glaubens an Jesus Christus in den altkirchlichen Bekenntnissen zwischen Christen und Juden steht.

Eine erneuerte Beziehung zum jüdischen Glauben als der wesentlichen Wurzel des christlichen Glaubens wird davon abhängen, wie wir die Dogmen der Kirche – gut reformatorisch – auf die Heilige Schrift, deren einen Teil wir gemeinsam haben, zurückbeziehen und an ihr messen.

Das halte ich nach der 2000-jährigen christlich-jüdischen Geschichte, die im 20. Jahrhundert ihren Tiefpunkt hatte, für die große theologische Aufgabe der nächsten Generationen.

Die Auseinandersetzung mit Luther ist ein wesentliches Stück davon.

Stephan Linck

»... vor zersetzendem jüdischen Einfluß bewahren.«

Antisemitismus in der schleswig-holsteinischen Landeskirche[1]

»[Ihnen begegneten] *zahlreiche Händler, zum Teil mit Bündeln auf ihren Rücken, zum Teil mit großen Warenballen auf Eseln. Als diese immer wieder von neuem auftauchten, fragte Jesus: ›Vater, was sind das für Leute, und warum sehen sie so sonderbar aus?‹*

Joseph erwiderte: ›Das sind jüdische Händler, die überall die Länder durchziehen. Du kannst sie erkennen an ihren schwarzen Bärten, ihrem schaufelnden Gange und den lebhaften Bewegungen ihrer Hände. Du kennst doch auch unsern Händler Moses in Nazareth, zu dem du schon oft gekommen bist?‹

›Jawohl‹, sagte Jesus. ›Aber Vater‹, setzte er zögernd hinzu, ›sind wir denn nicht alle Juden? – Unser Rabbi Assaph sagt uns das immer in der Schule.‹

›Nun, er mag wohl seine Gründe haben, so zu reden; aber wir Galiläer machen doch etwas besser unsere Augen auf.‹

Nun fragte Jesus: ›Sind denn die Galiläer und die Juden verschieden?‹

Joseph lächelte. ›Darüber hast du bisher wohl noch nicht nachgedacht. Aber du wirst es schon von selber später erfahren, wenn du älter wirst. – Verschieden? – Ja, schon äußerlich zeigt sich der Unterschied. Wir Galiläer sind ein Berg- und Bauernvolk, daher kräftig und hochgewachsen, während die Juden am liebsten in großen Städten ihr Wesen treiben. Und wenn du eben richtig gesehen hast, daß sie besonders dunkel und schwarz aussehen, so brauchst du ja nur an deine und deiner Geschwister Haare zu denken, um zu wissen, daß wir anderen Stammes sind. Ebenso blond und hellfarben war auch ich einmal, ehe ich grau wurde. – Aber noch größer ist wohl der innere Unterschied. Wir Galiläer sind, wie du weißt, ehrlich und offen gegen jedermann; aber der Jude ist in der Regel verschlagen, hinterlistig und beim Handel darauf aus, zu betrügen.‹

Hier wandte Jesus ein: ›Aber mein guter Lehrer ist doch wohl auch ein Jude, und wir lieben ihn alle, weil er so freundlich ist.‹

›Nun‹, sagte Joseph, ›ich halte auch viel von ihm, besonders, weil du so gut bei ihm lernst; aber du wirst vielleicht später selber einmal merken, daß doch in ihm der Jude steckt. Es kann eben niemand aus seiner Haut.« [2]

---

[1] Dieser Beitrag ist eine überarbeitete Fassung eines Vortrages, der am 6.9.2000 in der Ansgarkirche in Kiel und in erweiterter Form am 22.4.2002 im Schleswiger Dom gehalten wurde.

[2] Friedrich Andersen: Wie es wohl wirklich war. Geschichte des Meisters von Nazareth ohne Legenden und theologische Zusätze, Berlin/Leipzig 1938, S. 31f.

Dieser Auszug aus der volkstümlichen Neufassung des Neuen Testaments, verfasst vom Flensburger Hauptpastor im Ruhestand, Andersen, veranschaulicht lebendig die Grundmuster des völkischen Antisemitismus. Das Judentum dient gewissermaßen als Negativfolie. Alles Schlechte dieser Welt vereinigt sich im Judentum. Alles Gute hingegen wird auf das Gegenstück, den »Arier« projiziert. Dieser Gegensatz besteht sowohl im Äußeren als auch im Charakter. Eine Veränderung ist nicht möglich, »es kann niemand aus seiner Haut«. So ergibt sich letztendlich nur eine Möglichkeit, den Sieg gegen das »Böse« zu erringen: die Vernichtung des Judentums.

Damit wird das Kernproblem eines völkischen Antisemitismus, der sich christlich gibt, deutlich: So sehr sich christliche Werte in ihr Gegenteil deuten lassen (auch wenn dies manchen absurd erscheinen mag) – Jesus Christus selbst zu negieren, hieße, sich offiziell vom Christentum abzukehren. Daher ist eine »Arisierung« von Jesus unabdingbare Voraussetzung, um den völkisch-rassistischen Antisemitismus mit dem Christentum zu vereinbaren. Wer auch immer diese Symbiose anstrebte, musste irgendwann den Weg beschreiten, Jesus eine »arische« Herkunft herbeizuphantasieren, wenn er sich nicht endgültig vom Christentum verabschieden wollte.

Dieser Beitrag gibt keinen Gesamtüberblick über den Antisemitismus in der schleswig-holsteinischen Landeskirche bis 1945, sondern stellt stattdessen drei Pastoren der Landeskirche vor.

Diese drei sind sicherlich Ausnahmen. Zumindest ab einem bestimmten Zeitpunkt waren sie ungeliebte Kinder der Kirche. Zwei von ihnen – Johann Peperkorn und Ernst Szymanowski – hängten in der NS-Zeit den Talar an den Nagel, der Dritte, Friedrich Andersen, war da schon lange im Ruhestand.

Sie waren frühe Vertreter eines völkischen Antisemitismus in Schleswig-Holstein und Propagandisten der Deutschkirche. Die Deutschkirche entstand innerhalb der ev.-luth. Landeskirche. Als radikalste antisemitische Gruppierung in der evangelischen Kirche verdient sie – so denke ich –, ausführlich dargestellt zu werden.

Friedrich Andersen

Friedrich Andersen wurde 1860 als viertes Kind einer Pastorenfamilie in Genf geboren.[3] Die Familie lebte damals im Exil. Der Vater war gebürtiger Flensburger und bis 1852 Pastor in Husum gewesen. In diesem Jahr floh der deutschgesinnte Pastor vor der drohenden Repression der dänischen Staatsmacht, die eine harte Dänisierungspolitik praktizierte, nachdem die schleswig-holsteinische Erhebung 1851 niedergeschlagen und der

---

[3] Einen Überblick über die Vita Friedrich Andersens bietet Gisela Siems: Hauptpastor Friedrich Andersen. Ein Wegbereiter des Nationalsozialismus in Flensburg. Schriftliche Hausarbeit zur ersten Staatsprüfung für Realschullehrer, Flensburg 1981. Die Arbeit erschien überarbeitet unter dem Titel Gisela Siems: Pastor Friedrich Andersen, Bund für Deutsche Kirche, – ein Wegbereiter des Nationalsozialismus in der Stadt Flensburg, in: Klauspeter Reumann (Hg.): Kirche und Nationalsozialismus. Beiträge zur Geschichte des Kirchenkampfes in Schleswig-Holstein, Neumünster 1988, S. 13–34.

schleswigsche Landesteil dem dänischen Königreich einverleibt worden war. Die Frau Andersens wurde damals kurz deportiert zusammen mit anderen Beamtenfrauen Husums, bald aber wieder freigelassen und folgte dem Mann nach Genf.[4] Möglicherweise aufgrund der Verschleppung erkrankte sie psychisch und verbrachte nach der Geburt Friedrichs zwei Jahre und 1869 noch mal drei Jahre in einer Heilanstalt. 1865 nach dem deutsch-dänischen Krieg endete das Exil der Familie und man siedelte sich in Grundhof, Nordangeln, an, so dass der junge Friedrich Andersen bereits das Flensburger Gymnasium besuchen konnte.

Die Ereignisse des Grenzkampfes hatten außerordentlich prägende Einflüsse auf die Familie bzw. die Kindheit von Friedrich Andersen. Sein übersteigerter Nationalismus wurde ihm gewissermaßen in die Wiege gelegt und es überrascht nicht, dass er zeitlebens ein Dänenhasser war.[5]

Doch damit ist auch schon das Wesentliche gesagt zum Thema kindliche Prägung Andersens. Erwähnenswert ist vielleicht noch, dass Andersen nach dem Abitur ausgemustert wurde und ungedient das Theologiestudium aufnahm. Er studierte in Tübingen, Erlangen, Kiel und Berlin, ein normaler Studienweg.[6]

Ordiniert in Sörup, kam Andersen bereits 1890 an die St. Johannis-Kirche in Flensburg, an der er bis zu seiner Emeritierung 1928 als Hauptpastor tätig war. Sein Amt ließ ihm genügend Zeit für eine vor allem publizistische Betätigung. Von 1895 bis 1904 war Andersen Redakteur des Schleswig-Holstein-Lauenburgischen Kirchen- und Schulblattes.

In der geistigen Umbruchphase der Jahrhundertwende, auf die ich hier nicht näher eingehen will, befand sich sichtbar auch Andersen in einer Sinn- bzw. theologischen Krise.

Orientierung boten ihm hier die Werke Hans von Schuberts und Houston Stewart Chamberlains.[7] Letzterer gilt mit seinen »*Grundlagen des neunzehnten Jahrhunderts*« als Begründer des modernen Rassismus und hatte mit Kirche kaum etwas zu tun.[8] Hans von Schubert (1859–1931) hingegen war angesehener Kirchenhistoriker und lehrte 1892–1906 an der Kieler Universität. Seine Thesen von den geschichtsbildenden Kräften des

[4] Hauke Wattenberg: Anticlericus. Friedrich Andersens völkische Theologie im Umbruch der Moderne. Wissenschaftliche Hausarbeit zur ersten theologischen Prüfung, Kiel 1993, S. 6.

[5] Zahlreiche Belege liefert das Gemeindeblatt für das Kirchspiel St. Johannis, in dem Andersen für den »Nord-Bezirk« die Beiträge verfasste. Exemplarisch genannt sei die Ausgabe vom April 1928, in der Andersen sich grundsätzlich zum Dänentum äußert. Einige Häuser in der Gemeinde hatten zum »Abstimmungstag« nicht »deutsch« geflaggt. Gemeindeblatt für das Kirchspiel St. Johannis Nord-Bezirk vom April 1928. Archiv der Kirchengemeinde Flensburg St. Johannis.

[6] Angabe Personalbogen Andersens. Personalakte Andersen, NEKA 12.03 Nr. 14. Laut Wattenberg: Anticlericus, S. 6, Tübingen, Erlangen, Kiel; lt. Siems: Andersen, S. 2, Tübingen, Kiel, Kopenhagen.

[7] Wattenberg: Anticlericus, S. 20f. Vergl. hierzu Rudolf Rietzler: »Kampf in der Nordmark« Das Aufkommen des Nationalsozialismus in Schleswig-Holstein (1919–1928), (Studien zur Wirtschafts- und Sozialgeschichte Schleswig-Holsteins, Band 4), Neumünster 1982, S. 147ff.

[8] S. hierzu George L. Mosse: Die Geschichte des Rassismus in Europa, Frankfurt 1990, insbesondere S. 127ff. Bei Chamberlain findet sich bereits die Idee der »arischen Abstammung« Jesus von Nazareths.

Germanentums und der Germanisierung des Christentums ergänzten sich mit seinem Antisemitismus. Aus seinen Vorlesungen in Kiel gingen die »Grundzüge der Kirchengeschichte« hervor, die 1904 erstmals erschienen und bis 1950 elf Auflagen und Übersetzungen ins Englische und Niederländische erlebten. In diesem Lehrbuch findet sich die Charakterisierung des »*Rassejuden*« als »*gewandt, geschmeidig, zudringlich, kriechend unter Umständen*«[9].

Schubert hatte eine vermeintliche jüdisch-hellenistische Umdeutung des Evangeliums für die Entwicklung des Christentums zum römischen Katholizismus veranwortlich gemacht.

Von 1904 ab entwickelte Andersen seine Theologie, die 1907 in die Veröffentlichung des *Anticlericus* mündete. Ein wichtiger Schritt hierbei war die Abkehr von der Lehre der Verbalinspiration, also dem Schriftprinzip der orthodoxen Lutheraner. Andersen unterschied in seinen Thesen *Zur Lehre von der Verbalinspiration* die Buchstaben der Schrift und den Geist der Schrift.[10] Das Schriftprinzip führte er auf die Traditionen des Talmudjudentums zurück. Der Konflikt der Pharisäer und Schriftgelehrten mit Jesus wurde von Andersen neu gedeutet, als der Anspruch der Pharisäer auf einen Messias, der den Buchstaben der Schrift gerecht werde, wohingegen Jesus dem Geist der Schrift nach der Messias war. Mit dieser Argumentation entzog sich Andersen der wissenschaftlich-theologischen Kritik und machte diese gleichzeitig zu einem Produkt jüdischer Traditionen. Hier begegnen wir einem wichtigen antisemitischen Stereotyp. Durch die Gleichsetzung von jüdischer Tradition und wissenschaftlichem Disput diskreditiert sich der argumentierende Kritiker des Antisemitismus von selbst.

Diese Überlegungen bildeten die wohl wichtigste Vorarbeit für Andersens Konzeptionen des *Anticlericus*.[11] Das Judentum ist als Talmudjudentum Ursprung des Klerikalismus. Der Klerikalismus wird zum Universalbegriff für Papsttum. Die Reformation habe den katholischen Klerikalismus überwunden, Aufgabe der Zeit sei es, den jüdischen Klerikalismus auszuscheiden und so die Reformation zu vollenden.[12] Mit dieser Methodik reduzierte Andersen die Kirchengeschichte auf einen »*Kampf zwischen dem Klerikalismus und dem Christentum*«[13].

Grundsätzlich sah sich die Landeskirche von Andersens Schriften angegriffen, seine Veröffentlichungen wurden genau verfolgt und es kam zu Ermittlungen gegen ihn, in deren Folge 1911 eine Rüge, 1913 eine Verwarnung und die Androhung eines Disziplinarverfahrens standen.[14] Der Grund für das Vorgehen der Kirchenbehörden war die öffentliche Präsentation von Andersens Thesen; dass er seine Standpunkte zu keinem Zeitpunkt revidierte, war nie Thema der Kontroversen.

---

9   Hans von Schubert: Grundzüge der Kirchengeschichte, S. 13 der 5. Auflage von 1913.
10 Unter dem Titel »Zur Lehre der Verbalinspiration« veröffentlichte Friedrich Andersen am 8. Oktober 1904 im Schleswig-Holsteinisch-Lauenburgischen Kirchen- und Schulblatt 37 Thesen. Vergl. hierzu Wattenberg: Anticlericus, S. 17f.
11 Friedrich Andersen: Anticlericus. Eine Laientheologie auf geschichtlicher Grundlage, Schleswig 1907.
12 Wattenberg: Anticlericus, S. 23.
13 Andersen: Anticlericus, S. 542.
14 Personalakte Andersen, NEKA, 12.03, Nr. 14, Bl. 7–119.

Lassen sich die Schriften Andersens vor dem 1. Weltkrieg noch als Äußerungen eines Außenseiters abtun, der keinen größeren Schaden anrichtete, so veränderte sich nach dem Kriegsende die Situation grundlegend.

Die Unfähigkeit weiter Teile der deutschen Bevölkerung, Krieg und Niederlage als selbstverschuldet anzusehen, bot einen fruchtbaren Boden für einen aggressiven völkischen Antisemitismus. Eine wirre Mischung von äußeren Feinden, den Siegermächten, und Feinden im Inneren, die mit einem Dolchstoß von hinten das »im Felde unbesiegte Heer« in die Niederlage gezwungen hatten, wurde für die Katastrophe verantwortlich gemacht. Das ewig Böse, das überall in der Welt und genauso im eigenen Land existierte und systematisch an der Schmach Deutschlands arbeitete, wurde bekanntlich mit dem Judentum identifiziert.

Dass in dieser Situation Andersens *Anticlericus* neue Anhänger fand, liegt nahe. Wir schreiben das Jahr 1921, als eine verkürzte Neuausgabe unter dem Titel »*Der deutsche Heiland*« als Taschenbuch erscheint.[15] Die Neuausgabe ist allerdings starken Veränderungen unterworfen. So macht Andersen jetzt keine Umwege mehr über den Klerikalismus, sondern hetzt direkt gegen das Judentum, und zwar mit vielen aktuellen Bezügen. Das Judentum habe über seine Presse während des Krieges den reinen Christusglauben vereitelt, der selbstverständlich die Kriegsniederlage verhindert hätte. Die Juden hätten systematisch in den Arbeiter- und Soldatenräten den Umsturz vorbereitet und seien die »*eigentlichen Sieger des Weltkrieges*«.[16] Die völkisch-rassistische Argumentation, die Andersen nun entwickelte, rückte »*Das Judentum als Weltgefahr*« – so die Überschrift des sechsten Kapitels – in den Mittelpunkt seiner Betrachtungen. Es galt, zur Abwehr das Christentum zu verdeutschen. Voraussetzung war natürlich die »*Arisierung*« von Jesus: der Nachweis, dass er kein Jude war. Die von mir eingangs zitierte Passage aus Andersens Spätwerk zeigte bereits, wie Andersen hierbei vorging.

Nun stellt sich die Frage nach den kirchlichen Reaktionen auf Andersens weitere Publizistik. Symptomatisch erscheint mir ein Visitationsbericht von 1916 – übrigens das einzige Papier in seiner Personalakte zwischen dem Ende der Anticlericus-Kontroverse 1913 und dem Jahr 1925.

Es handelt sich um einen Visitationsbericht des Generalsuperintendenten von Schleswig, Theodor Kaftan. Dieser notierte kurz, Andersen sei in seiner Gemeinde mit Recht geachtet, auch er achte und liebe ihn. Über Andersens »*Verirrungen*« hätte er absichtlich nicht mit ihm gesprochen, »*weil ich zu der Überzeugung gekommen bin, daß er von gewissen Anschauungen wie von fixen Ideen beherrscht wird*«.[17]

Das kirchliche Schweigen endete erst 1924/25, als der Völkisch-Soziale Block (VSB) bzw. Pastor Andersen die Landeskirche angriff. Der VSB war als Sammelbewegung der völkisch-antisemitischen Gruppen 1924 entstanden und stand in der Nachfolge des 1922 verbotenen Deutschvölkischen Schutz- und Trutzbundes[18]. Den VSB vertrat Andersen ab 1924

---

[15] Friedrich Andersen: Der deutsche Heiland, München 1921.
[16] Ebd., S. 118.
[17] Personalakte Andersen, NEKA, Bl. 120.
[18] S. hierzu Rietzler: Kampf um die Nordmark, S. 215ff. In den Unterlagen der Landessynode wird ausschließlich von den »Deutschvölkischen« oder dem »Deutsch-völkischen Block« geschrieben. Dies erklärt sich vermutlich aus der Identifizierung des VSB mit seiner Vorgängerorganisation.

im Flensburger Stadtparlament, bis er ihn 1925 in eine Ortsgruppe der NSDAP umwandelte. Dieser VSB griff die Landeskirche an, weil diese eine Kollekte zugunsten der Judenmission durchführte.

Die Angriffe führten zu einer ausführlichen Behandlung des Verhältnisses zum Judentum in der ersten Landessynode 1924/25. Vorlagen, die die Angriffe der Völkischen einfach zurückwiesen, wurden nach eingehender Diskussion weitgehend verändert.[19] Dies zu erwähnen ist insofern von Bedeutung, als die endlich angenommene Erklärung von der Synode einstimmig verabschiedet worden war, also den Konsens des Kirchenparlamentes darstellte. Die Landessynode verteidigte zwar in ihrer Erklärung das Alte Testament und auch die Judenmission, ausdrücklich wurde aber betont:

»Die Landessynode erkennt die Berechtigung und den Wert aller Bestrebungen an, die darauf hinzielen, das eigene Volkstum zu stärken und vor zersetzendem jüdischen Einfluß zu bewahren.«[20]

Doch kehren wir zu Pastor Andersen zurück. Andersen war nicht mehr der Jüngste und ging im Alter von 68 Jahren 1928 in den Ruhestand. Sein Hauptengagement galt weiterhin seiner wirren Theologie, die bereits 1921 unter seiner Führung zur Gründung des Bundes für Deutschkirche geführt hatte.[21] Kernpunkte der deutschkirchlichen Propaganda waren die Ablehnung des Alten Testamentes, eine scharfe antisemitische Hetze und die oben dargestellte »Arisierung« von Jesus.

Die Deutschkirche blieb eine kleine Splittergruppe, die eine Randexistenz innerhalb der Landeskirchen führte. Daran änderte sich auch nach der nationalsozialistischen Machtübernahme nichts. Grund dafür war der Versuch der Nationalsozialisten in den ersten Jahren ihrer Herrschaft, den grundsätzlichen Konflikt mit den Kirchen zu vermeiden. Um dennoch seiner Vereinigung die nötige Unterstützung zu organisieren, benötigte Andersen demnach die Protektion führender Nationalsozialisten. Er selbst war zu alt, um einen größeren Einfluß bzw. höhere Positionen innerhalb der Partei einzunehmen. Den gesuchten Unterstützer fand Andersen in der Person des Pastors Johann Peperkorn.

---

[19] Bezeichnend hierfür ist ein Beitrag des Synodalen Siemonsen: *»(...) Die völkische Bewegung ist doch im Grunde der Aufschrei eines gequälten und geknechteten Volkes, ein Schrei nach Freiheit und ein Protest gegen geistige Überfremdung.«* Protokoll der 13. Sitzung der 1. Ordentlichen Landessynode der ev.-luth. Landeskirche Schleswig-Holsteins am 29.10. 1924. Verhandlungen der 1. ordentlichen Landessynode der Evangelisch-Lutherischen Landeskirche Schleswig-Holsteins 1924/1925, Kiel 1925, S. 227.

[20] Verhandlungen der 1. ordentlichen Landessynode der Evangelisch-Lutherischen Landeskirche Schleswig-Holsteins 1924/1925, Kiel 1925, A. Nr. 78.

[21] Der NSDAP diente er nach seiner Emeritierung weiter als Schulungsleiter. Am 20.4.1937 wurde ihm als *»unermüdlichen Vorkämpfer der völkischen Erneuerung und ersten nationalsozialistischen Stadtverordneten«* die Flensburger Ehrenbürgerwürde verliehen. Vergl. hierzu: Broder Schwensen: »In dankbarer Freude.« Verleihungen des Flensburger Ehrenbürgerrechts während der NS-Zeit. In Stadtarchiv Flensburg (Hg.): Zwischen Konsens und Kritik. Facetten kulturellen Lebens in Flensburg 1933–1945, Flensburg 1999 (Flensburger Beiträge zur Zeitgeschichte 4), S. 37–58.

Johann Peperkorn

Peperkorn war ebenfalls ein Landeskind, 1890 in Kiel geboren, seit 1920 Pastor in Viöl.[22] Das Jahr 1920 sieht Peperkorn auch in der Schleswig-holsteinischen Landespartei, einer deutsch-völkischen Splitterpartei. Hervorgetreten ist Peperkorn damals nicht, immerhin lernte er aber Hinrich Lohse kennen, den späteren NSDAP-Gauleiter und Oberpräsidenten von Schleswig-Holstein.[23]

Bis zum Jahr 1928 hört man nichts aus Viöl, dann beginnt die zweifelhafte Berühmtheit des Johann Peperkorn:

»*Diese Geschichten spielen da, wo die Welt schon mit Brettern vernagelt ist, soll heißen: wo alles, was auf der Erde passiert, zu allerletzt hinkommt, ob das nun die Eisenbahn, die Berliner Illustrierte Zeitung oder – die Republik ist. In Viöl spielen diese Dinge, einem Örtchen, da oben auf der Westseite Schleswigs.*

In Viöl gibt es einen Pastor, der ist fahnentreu. (...)«[24]

Soweit der Anfang eines Artikels über den ersten Skandal, den Peperkorn provozierte. Anlass war die Weigerung Peperkorns, die Fahne der Republik anzuerkennen – seine Farben waren Schwarzweißrot. Ich will auf diese Auseinandersetzung nicht weiter eingehen. Es sei nur vermerkt, dass Peperkorn die Veröffentlichungen der Volkszeitung über ihn als »*Schleim in dem Kampfblatt **dieser** Republik, in dem Organ des Pöbels, der Juden und der Volksschullehrer*« bezeichnete.[25]

Dem Streit folgte Peperkorns Eintritt in die NSDAP am 1.9.1928.[26] Ab dem 1.6.1929 war Peperkorn Gauredner der Partei. Es waren nicht Hetzreden, sondern vielmehr Hetzpredigten, für die er bald berüchtigt war.[27] Beispielsweise erklärte er auf einer Propagandaveranstaltung im September 1931 in Glückstadt:

»*Hinter jedem ermordeten S.A.-Mann sehen wir nicht den Meuchelmörder, sondern das Gesicht des sozialdemokratischen Polizeipräsidenten. Den werden wir in unser Herz eingraben. Und es wird der Tag kom-*

---

[22] Peperkorn studierte in Kiel, Tübingen und Berlin. Vom Heeresdienst zurückgestellt, wurde er 1916 in Ratzeburg ordiniert und war dort als Provinzialvikar tätig. Von 1917 bis zum September 1920 war er Pastor in Bannesdorf. Personalakte Peperkorn, NEKA 12.03, Nr. 905. Siehe zu Peperkorn Christian M. Sörensen: Politische Entwicklung und Aufstieg der NSDAP in den Kreisen Husum und Eiderstedt 1918–1933, Neumünster 1995 (Quellen und Forschungen zur Geschichte Schleswig-Holsteins, Band 104), insbes. S. 314ff.

[23] Zu Lohse siehe Uwe Danker: Oberpräsident und NSDAP-Gauleitung in Personalunion: Hinrich Lohse. In: Landeszentrale für politische Bildung (Hg.): Nationalsozialistische Herrschaftsorganisationen in Schleswig-Holstein, Kiel 1996 (Gegenwartsfragen 79), S. 23–45.

[24] Schleswig-Holsteinische Volkszeitung Nr. 169 vom 21.7.1928.

[25] Bericht Peperkorns an das schleswig-holsteinische LKA vom 29.8.1928, NEKA, 12.03, Nr. 905, Bl. 119. Hervorhebung im Original.

[26] Mitgliedsnummer 99065. BAB (BDC). Etwa zeitgleich trat auch Peperkorns Vater, der Post-Rechnungsrat i.R. Johannes Peperkorn, der Partei bei. Er vertrat die NSDAP ab 1929 im Husumer Kreistag. Vergl. Rietzler: Kampf in der Nordmark, S. 431.

[27] Personalakte Peperkorn, NEKA, 12.03, Nr. 905, Bl. 149ff.

men, wo wir den Herrgott im Himmel bitten: Vergib, daß wir das Gebot der Nächstenliebe überschreiten mußten.«[28]

Mit solchen Reden beschäftigte er etliche Male die Justiz und auch die Kirchenobrigkeit. Aber lediglich eine Rede führte zu einem Dienstverweis durch die Kirchenbehörden. Sie ist mit ihrer – höflich ausgedrückt – unkonventionellen Bibelauslegung typisch für den Propagandaredner Peperkorn, daher sei der inkriminierte Auszug zitiert:

»Es gibt ein Wort, das in ruhigen Zeiten Geltung hat. Das Wort heißt: Auge um Auge, Zahn um Zahn. Es kann aber im Sinne einer höheren Gerechtigkeit liegen, daß dem hemmungslosen Lumpen, der einem wertvollen deutschen Volksgenossen den Zahn zerschlägt, dafür der Schädel zertrümmert wird.«[29]

Solch ein Redner hatte Zukunft in der Partei. Man stellte ihn erfolgreich als Kandidaten für die Landtage der Provinz und Preußens auf.[30]

Peperkorn war nicht wie Andersen ein Pastor, der eine neue Theologie betrieb, er war vielmehr ein Nationalsozialist, der die Kirche als Ganzes der Partei bzw. nach 1933 dem Staat unterordnen wollte. Entsprechend war sein Ausgangspunkt nach der Machtübernahme nicht vorrangig die nationalsozialistische Glaubensbewegung der Deutschen Christen oder die Deutschkirche, sondern die Partei selbst. Er wurde Gauobmann der Partei für Kirchenfragen und mit dem Aufbau einer Arbeitsgemeinschaft nationalsozialistischer Pastoren beauftragt.[31] Die Aufgabenstellung war weniger, Pastoren für die Partei zu gewinnen – derer gab es genügend[32] –, sondern vorrangig die berufsständische Organisation der Theologen mit Parteibuch.

Sein Ziel bzw. Arbeitsauftrag war die Gleichschaltung der Kirche.

Damit stand er nicht allein, mit übergroßer Mehrheit stand die Kirche den neuen Machthabern positiv gegenüber und war bereit, ihren Anteil zur Umwandlung der Gesellschaft beizutragen.

Unter diesen Maßgaben steht die kirchenpolitische Entwicklung des Jahres 1933. Die Kirchenvorstandswahlen im Sommer hatten das Ziel, die Kirchenvertretungen mit Gefolgsleuten der Partei zu durchsetzen, und die in der Folge einberufene Landessynode Anfang September sollte die gesamte Kirchenorganisation gemäß den Zielen der Partei verändern und dem Führerprinzip annähern. Es ging also in dieser Phase um personelle und organisatorische Veränderungen. In diesem Zusammenhang ist auch

---

[28] Rede Peperkorns vom 13.9.1931 in Glückstadt. In dieser Sache Anklageschrift vom 16.3.1932 wegen Bedrohung und groben Unfugs. Kirchenkreisarchiv (KKA) Husum-Bredstedt, Nr. 447.

[29] Wahlkampfrede Pastor Peperkorns am 19.7.1932 in Husum. KKA Husum-Bredstedt, Nr. 447.

[30] S. hierzu auch Rudolf Rietzler: Von der »politischen Neutralität« zur »Braunen Synode«. Evangelische Kirche und Nationalsozialismus in Schleswig-Holstein (1930–1933), In: ZSHG Band 107 (1982), S. 139–153, hier: S. 148.

[31] Klauspeter Reumann: Der Kirchenkampf in Schleswig-Holstein 1933–1943. In: Schleswig-Holsteinische Landesgeschichte Bd. 6/1, Neumünster 1998, S.111–443, hier: S. 133f. und S. 150.

[32] Der insgesamt mit Vorsicht zu betrachtenden Rechtfertigungsschrift des Reichsleiters der DC und Präsidenten des schleswig-holsteinischen Landeskirchenamtes, Dr. Christian Kinder, zufolge waren bereits vor dem 30.1.1933 27 Prozent der Pastoren der Landeskirche NSDAP-Mitglieder. Christian Kinder: Neue Beiträge zur Geschichte der evangelischen Kirche in Schleswig-Holstein und im Reich 1924–1945, Flensburg 1964, S. 31.

die Übernahme des so genannten Berufsbeamtengesetzes, des Gesetzes zur Wiederherstellung des Berufsbeamtentums, auf die Landeskirche zu sehen. Dieses wurde mit einer Vielzahl anderer Bestimmungen von der Landessynode am 12. September in Rendsburg verabschiedet. Diese Synode ist bekannt als so genannte Braune Synode, da die Masse der Synodalen im Braunhemd erschien.[33]

Das Berufsbeamtengesetz beinhaltete die erste klare kirchliche antisemitische Positionierung nach der NS-Machtübernahme. Es forderte nämlich von den Pastoren und Kirchenbeamten sowie deren Ehepartnerinnen künftig neben dem Bekenntnis zum NS-Staat auch die »arische« Abstammung. Hier muss aber erwähnt werden, dass die beiden einzigen damals bekannten Fälle betroffener Pastoren durch die Ausnahmebestimmungen des Gesetzes geschützt waren, das Gesetz also zu keiner Entlassung führte.

Als sich in der Folge der Synode im Herbst 1933 die »Not- und Arbeitsgemeinschaft schleswig-holsteinischer Pastoren« als Vorläuferin der Bekennenden Kirche gründete, entschied man sich übrigens ausdrücklich dagegen, den Arierparagraphen im Berufsbeamtengesetz als Verletzung des Bekenntnisses zu kritisieren, wie es eigentlich vom Pfarrernotbund bzw. seinem Mitgründer Pastor Martin Niemöller gefordert worden war.[34]

Dass es zu keiner weitergehenden antisemitischen Positionierung der Synode kam, ist vermutlich Pastor Peperkorn zu verdanken. Dieser hielt sich an die Vorgaben der Partei und brachte die ihm von Pastor Andersen vorgelegten Anträge nicht ein, die eine theologische Neuorientierung der Kirche nach den Inhalten der Deutschkirche zum Ziel hatten. Kernpunkte von Andersens Anträgen waren die Ablehnung des »jüdischen« Alten Testamentes und die Ablehnung der »judenchristlichen« Prägung der Bibel.[35] Dass Peperkorn diese Anträge nicht einbrachte, war nicht inhaltlich begründet, sondern ausschließlich taktisch, wie sich im Frühjahr 1934 zeigen sollte. Da griff Peperkorn – übrigens inzwischen Oberkonsistorialrat der Landeskirche – massiv in die Versuche des Landesbischofs Paulsen ein, die nach der Braunen Synode eskalierte kirchenpolitische Auseinandersetzung zu befrieden, indem er mit der Unterstützung seines alten Freundes Gauleiter Hinrich Lohse durchsetzte, dass die Anhänger von Andersens Deutschkirche sogar ein Viertel aller Synodalen der Landessynode stellten.[36]

Die nächsten Schritte in Peperkorns Lebensweg entfernen ihn von unserem Thema: Peperkorn wurde in die Kanzlei der Deutschen Evangelischen Kirche berufen.[37] Durch seine exponierten Positionen war er aber bald ein Hinderungsgrund in den Versuchen, den Kirchenkampf zu beenden. Peperkorn verließ die Reichskirchenverwaltung bereits 1935 wieder. In Kirchenämter kehrte er nicht zurück: Hinrich Lohse machte ihn zum Kreisleiter der

---

[33] Aufgrund dieses Erscheinungsbildes der Synodalen sprach Bischof D. Mordhorst in seiner Synodenpredigt die Anwesenden mit »Ihr Männer im Braunhemd« an. Protokoll der 5. Ordentlichen Landessynode der Ev.-Luth. Landeskirche Schleswig-Holsteins, S. 2 und 22.
[34] Reumann: Kirchenkampf, S. 168.
[35] Reumann: Kirchenkampf, S. 157.
[36] Reumann: Kirchenkampf, S. 192.
[37] Die Berufung als Oberkirchenrat erfolgte durch den Rechtswalter der D.E.K., Jäger. Personalakte Peperkorn, NEKA, 12.03, Nr. 1435.

NSDAP in Südtondern. Dieser Schritt war konsequent: Peperkorn war schon lange vorrangig Nationalsozialist und nur als solcher innerhalb der Kirche tätig. Peperkorn verzichtete endgültig auf die Rechte des geistlichen Standes und nahm die Kirche erst nach 1945 wieder wahr.

Damit wenden wir uns der dritten Biografie zu:

Ernst Szymanowski

Ernst Szymanowski war 1899 in Hilchenbach, Kreis Siegen, geboren, seit 1906 lebte aber die Familie in Neumünster.[38] Im Gegensatz zu Andersen und Peperkorn war Szymanowski beim Militär gewesen. Nach dem Abitur erlebte er das letzte Kriegsjahr als einfacher Soldat. 1924 wurde er Pastor in Kating, 1927 in Kaltenkirchen. Bereits 1926 war Szymanowski der Partei beigetreten.[39]

Ich möchte direkt in das Jahr 1935 springen, es sei nur erwähnt, dass der völkische Antisemit Szymanowski nicht nur früh zur Partei fand, sondern auch zu Andersens Deutschkirche. Dennoch sehen wir ihn 1935 nicht mehr als Pastor von Kaltenkirchen, sondern als Propst von Segeberg. Die Personalkarte Szymanowskis, die aus dem November 1934 vorliegt, zählt noch weitere Ämter auf, die er inzwischen bekommen hatte: Kreisschulungsleiter der NSDAP und der Deutschen Arbeitsfront (DAF), Beisitzer im Kreisgericht, Kreispresseamtsleiter und Pressereferent im Stab der SA-Standarte 213, Gruppe Nordmark.[40]

Diese Liste liest sich zwar sehr eindrucksvoll, sie kann allerdings nicht darüber hinwegtäuschen, dass Szymanowski in seinen eigentlichen Karriereplänen gescheitert war.

Eigentlich hätte es mit Szymanowskis Karriere schnell weitergehen sollen: In Lübeck suchte man 1934 nach geeigneten Kandidaten für das neu zu schaffende Lübecker Bischofsamt. Und der Segeberger Propst entsprach mit seiner Amtsauffassung den Vorstellungen der lübeckischen Kirchenführung einer mit der Partei verschmolzenen Kirche. Szymanowski strebte nach einem Bischofsamt und man war sich einig. Eine Formalie verhinderte allerdings diesen Schritt: Es galt, den schleswig-holsteinischen Gauleiter Hinrich Lohse um Zustimmung zu bitten. Und Hinrich Lohse erhob Einspruch. Worin Lohses Gründe lagen, ist bis heute nicht ganz klar. Fakt ist: Er mochte Szymanowski nicht. In Lübeck wagte man nicht gegen das Votum des mächtigen Gauleiters zu opponieren, so dass Szymanowski sich von seinen Karriereträumen verabschieden musste.[41]

[38] Zu Szymanowski s. Hoch, Gerhard: Zwölf wiedergefundene Jahre: Kaltenkirchen unter dem Hakenkreuz, Bad Bramstedt [1980], S. 26ff., und Rietzler: ›Politische Neutralität‹, S. 141. Ausführlicher Stephan Linck: Von der Kanzel ins Erschießungskommando: Ernst Szymanowski alias Biberstein. In: Gerhard Paul/Klaus-Michael Mallmann (Hg.): NS-Gewalttäter und -täterinnen (Arbeitstitel), Darmstadt 2003 (im Erscheinen).

[39] Der Eintritt datierte auf den 19.7.1926, Mitgliedsnummer 40 718. Mitgliedskarteikarte Ernst Szymanowski. Bundesarchiv Berlin-Lichterfelde (BAB), Bestände des ehemaligen Berlin Document Center (BDC).

[40] Personalkarte des Reichsschulungsamtes der NSDAP, Parteikorrespondenz Akte Szymanowski/Biberstein, BAB (BDC).

[41] Vergl. u.a. Karl Friedrich Reimers: Lübeck im Kirchenkampf des Dritten Reiches, Göttingen 1965, S. 111.

Ernst Szymanowski war nun der nächste innerkirchliche Vorkämpfer für die Deutschkirche. Unter der Theologenschaft der Landeskirche war sie anhaltend eher erfolglos. Sie zählte außer Szymanowski noch die Pröpste Dührkop/Stormarn und Bender/Oldenburg zu ihren Sympathisanten, ihre Hauptverbreitung hatte sie aber nicht unter den Pastoren, sondern unter der Lehrerschaft. Im April 1935 nahmen an einer Tagung der deutschkirchlichen Lehrergruppe 300 Religionslehrer des Landes teil. Anlass der Tagung war die Einführung der Reform des Religionsunterrichtes im deutschkirchlichen Sinn. Dass tatsächlich der Religionsunterricht in Schleswig-Holstein nur noch deutschkirchliches Christentum zuließ, überrascht angesichts der Anhängerschaft nicht: Einem Gestapo-Bericht vom Januar 1936 zufolge gehörten von den 12.000 Religionsvolksschullehrern Schleswig-Holsteins 10.000 der Deutschkirche an.[42]

Hauptredner der Tagung der Lehrergruppe der »Deutschkirchlichen Vereinigung« in Neumünster war der Kieler Theologieprofessor Hermann Mandel, der das »positive Christentum« des vom jüdisch gemeinten Fremdgeist gereinigten artgemäßen deutschen Glaubens darlegte.[43]

Eine Woche nach dieser Tagung gingen die Deutschkirchler einen Schritt weiter. In Itzehoe führte man mit viel Parteiprominenz die erste deutschkirchliche Konfirmation durch. Man bezog sich hierbei auf Landesbischof Paulsen, der der Deutschkirche das Heimrecht in der Landeskirche zugesichert hatte. Die Einsegnung nahm Szymanowski vor.

Um die Dimension dessen, was da stattfand, zu verdeutlichen, sei eine Handreichung für den deutschkirchlichen Konfirmandenunterricht von 1935 wiedergegeben.[44]

In dem Abschnitt über Nächstenliebe listet der Autor Friedrich Andersen die Liebe zur Arbeit, die Liebe zu Familie und Verwandtschaft, Nachbarschaft, Gemeinde und Heimat auf. Weiter heißt es:

»Ganz besonders aber gebührt unsere Liebe dem Vaterland und Volk. Letzteres ist als Organismus des Schöpfers anzusehen, in welchem jeder einzelne Stand und jeder schaffende Volksgenosse gleich notwendig ist zum Wohle des Ganzen. Der Nationalsozialismus mit seinem Winterhilfswerk, seiner Bekämpfung der Arbeitslosigkeit, seiner Betonung von Blut und Boden, Ehrgefühl und Seelenadel, seiner Rassenpflege und Jugenderziehung, seiner Ausmerzung des Judentums sowie des Partei- und Klassengeistes, endlich seinen gesunden Maßregeln gegen Volksentartung und Geburtenrückgang ist die beste Form der Nächstenliebe, welcher daher auch die Arbeit der Kirche zu dienen hat. Mit der Hoffnung

---

[42] Preußische Geheime Staatspolizei für den Regierungsbezirk Schleswig: Allgemeine Übersicht über die politische Lage im Monat Januar 1936 im Bezirk der Staatspolizeistelle Kiel. BAB R 58/570. Abgedruckt in Gerhard Paul: Staatlicher Terror und gesellschaftliche Verrohung. Die Gestapo in Schleswig-Holstein, Hamburg 1996, S. 380ff., hier: S. 384.

[43] Reumann: Kirchenkampf, S. 215. Zu Hermann Mandel siehe auch Jendris Alwast: Die Theologische Fakultät unter der Herrschaft des Nationalsozialismus in: Hans-Werner Prahl (Hg.): Uni-Formierung des Geistes. Universität Kiel im Nationalsozialismus. Band 1, Kiel 1995, S. 87–137, hier: S. 95f.

[44] Friedrich Andersen: Kurze Glaubenslehre zur Prüfung für Jedermann. Zugleich ein Konfirmations-Unterricht nach deutsch-kirchlichen Grundsätzen. Hg. vom Bund für Deutsche Kirche, Berlin 1935.

auf eine bessere Zukunft und der Freude über unsere deutsche Gegenwart (Hitler ist für uns ein Gottesgeschenk!) verbindet sich dann auch der vermehrte Stolz auf unsere völkische Vergangenheit (nordische Vorfahren, Helden von Hermann bis zu den Kämpfern des Weltkrieges [...]).

Als der weiteste Kreis kommt erst zuletzt in Betracht die Welt, damit nicht aus der gesunden Nächstenliebe eine krankhafte Fernstenliebe wird (...)

(...) im übrigen ist es falsch, aus bloßer Gefühlsschwärmerei lieber Fernstehenden Hilfe zu spenden, als eigenen Angehörigen und Landsleuten. Das wäre auch ein Mißverstand von Matth. 5, 14, wonach rechte Liebe wie ein Licht ist, das von selbst in die Weite leuchtet, während Jesus vor einer falschen Propaganda geradezu gewarnt hat (Matth. 23, 15).«[45]

Zur Einsegnung der Konfirmanden heißt es:

»Dies kann geschehen außer mit einem »Ja!« der Konfirmanden auch mit einem selbstgewählten Wahlspruch, der aber, wie auch die nachfolgende Bestätigung und der Segenswunsch bei der ›Einsegnung‹ keinesfalls dem sog. ›Alten Testament‹ zu entnehmen ist, weil es der Würde unseres deutschen Volkes nicht entspricht, zu den Äußerungen der minderwertigen jüdischen Einstellung zurückzugreifen.«[46]

Solchen Konfirmandenunterricht wollten die Deutschkirchler nun landeskirchlich anerkennen lassen. In diesem Fall waren es die landeskirchlichen Vikare im Predigerseminar Preetz, die sich dieser Entwicklung widersetzten. Es kam zum Eklat und der Kirchenkampf in Schleswig-Holstein ging in eine nächste Runde.[47] Ich will auf diese Ereignisse nicht weiter eingehen, es sei nur vermerkt, dass der Präsident des Landeskirchenamtes die deutschkirchlichen Aktivitäten voll deckte.

In der Folge ging es mit Szymanowskis Karriere bergauf, wenn auch nicht im Lande: Noch 1935 wurde er Oberregierungsrat im Reichskirchenministerium. 1936 trat er der SS bei, um genau zu sein: Er wurde SD-Mann, der SD war der Sicherheitsdienst der SS. Hier war ihm eine schnelle Karriere beschieden. Seine SS-Akte vermerkt:

Beförderungen: am 3.9.1936 zum SS-Untersturmführer als Führer im SD-Hauptamt, am 20.4.1937 zum Obersturmführer, am 30.1.1938 zum Hauptsturmführer und am 30.1.1939 zum Sturmbannführer.

Personalbericht vermutlich vom 30.1.1938: *»Gesamtbeurteilung: Oberreg.Rat Szymanowski ist ein würdiger SS-Führer, der für seine klare weltanschauliche Haltung zahlreiche Opfer gebracht und im Rahmen des Sicherheitsdienstes wertvolle Arbeit leistet.«*[48]

Stellungnahme der vorgesetzten Dienststellen: *»SS-Hauptsturmführer Szymanowski, Träger des Goldenen Ehrenzeichens, ist ehrenamtlicher Mitarbeiter bei II und regelmäßiger Überbringer von Nachrichten aus dem Reichskirchenministerium. Da er im RKM bei Beförderungen bisher übergangen wurde, wird seine Beförderung zum SS-Sturmbannführer von hier aus für notwendig gehalten.«*[49]

---

[45] Ebd., S. 12.
[46] Ebd., S. 13.
[47] Siehe hierzu Reumann: Kirchenkampf, S. 217ff. sowie Johann Bielfeldt: Der Kirchenkampf in Schleswig-Holstein 1933–1945, Göttingen 1964, S. 239ff.
[48] SS-Offiziersakte Ernst Szymanowski/Biberstein BAB (BDC).
[49] Ebd.

Szymanowski spitzelte mit anderen Worten im Kirchenministerium für den SD.⁵⁰ Wo Szymanowski inzwischen stand, wird vielleicht deutlich durch die Einträge in der Karteikarte, die zur Akte gehört. Dort wurde er vermerkt als »Träger des Goldenen Parteiabzeichens, des Totenkopfringes, des Ehrendegens, und [handschriftlich] des Julleuchters. Religion ev.-luth. [dahinter nachgetragen ohne vorne auszustreichen] gottgl.«⁵¹

Mit anderen Worten: Szymanowski trat zuletzt aus der Kirche aus. Die weitere Entwicklung ist etwas unklar. Vorerst blieb er im Reichskirchenministerium, bis er im März 1940 in die Wehrmacht einberufen wurde und im Tross der Eroberer nach Frankreich kam. In der Wehrmacht war er allerdings nur einfacher Soldat.

Vermutlich bemühte Szymanowski sich von Frankreich aus um die Übernahme zur Gestapo.

Noch 1940 wechselte er ins Reichssicherheitshauptamt. Doch damit nicht genug. Nach dem Überfall auf die Sowjetunion wurde Biberstein – Sie hören richtig, inzwischen hatte er seinen Familiennamen »arisiert«! – zum Leiter der Gestapostelle Oppeln ernannt.⁵² In seine Verantwortung fiel nun auch die Deportation der ortsansässigen Juden in Vernichtungslager.⁵³

1942 steigerte sich die Judenpolitik des NS-Staates zu ihrem Höhepunkt. Im Januar wurde auf der Wannseekonferenz die »Endlösung der Judenfrage« beschlossen. Dies geschah nicht ohne Rückendeckung von der »Heimatfront«, um noch einmal zur schleswig-holsteinischen Landeskirche zurückzukehren. Dort wurde Anfang Februar 1942 der Ausschluss der letzten Juden aus der Landeskirche verfügt. Ich zitiere aus dem Erlass des Landeskirchenamtes vom 10.2.1942:

»(...) unser Volk [ist] sich dessen bis ins tiefste bewußt geworden, daß das Judentum ein uns fremdes Volkstum darstellt und daß mit diesem Kriege das gesamte Judentum der Welt aufs neue die Zerstörung unseres Reiches und Volkstums betreibt. Um unserer Kirche als Volkskirche willen, ist es unmöglich, an diesem das ganze Volk zutiefst bewegenden Tatbestand vorüberzugehen.«⁵⁴

Im Frühjahr 1942 wurde Biberstein von seiner Dienststelle in Oppeln versetzt. Ziel: das Einsatzkommando 6 in Rostow, dessen Führung er übernahm.⁵⁵ Ich möchte Ihnen die Einzelheiten der weiteren Tätigkeit Szymanowski/Bibersteins ersparen. Nach eigenen Geständnissen verantwortete er die Ermordung von 2–3000 Menschen und wurde deshalb nach dem Krieg vor dem Nürnberger Militärgerichtshof angeklagt. Es war der so genannte Fall 9 der Nürnberger Prozesse, auch bekannt als Einsatzgruppenprozess.

---

50 S. hierzu Heike Kreutzer: Das Reichskirchenministerium im Gefüge der nationalsozialistischen Herrschaft, Düsseldorf 2000, insbesondere S. 185–190 und 197–203. Vergl. auch Wolfgang Dierker: Himmlers Glaubenskrieger. Der Sicherheitsdienst der SS und seine Religionspolitik 1933–1941, Paderborn 2002.
51 SS-Offiziersakte Ernst Szymanowski/Biberstein BAB (BDC).
52 Befehlsblatt der Sipo und des SD, Nr. 27 vom 19.7.1941. BAB (BDC).
53 Raul Hilberg: Die Vernichtung der europäischen Juden, S. 302.
54 Erlasssammlung. NEKA, 22.02, Nr. 7211.
55 SS-Offiziersakte Ernst Szymanowski/Biberstein BAB (BDC).
56 »Der unaufdringliche Pfarrer – Vergasung angenehmer«. Der Spiegel Nr. 50 vom 13.12.1947.

Die Verhandlungen gegen Szymanowski/Biberstein erregten größere Aufmerksamkeit. Das lag zum einen daran, dass er sich als Theologe präsentierte und dass allein war ungewöhnlich. Zusätzlich fiel auf, daß Biberstein wie kein anderer Angeklagter seine Schuld abstritt und durch außergewöhnlichen Zynismus von sich reden machte. U.a. verteidigte er die Ermordung durch Gaswagen. Er halte *sie »aus humanitären Gründen für angebrachter«*, sagte er vor Gericht, *»Sie ist menschlich angenehmer«*.[56]

Da er sich als Theologe darstellte, wurde er im Prozess gefragt, ob er den Opfern geistlichen Beistand vor ihrer Ermordung gegeben habe. Bibersteins Antwort: *»Es waren Bolschewisten und der Bolschewismus predigt und unterstützt die Gottlosenbewegung. Ich bin auch als Pfarrer nicht verpflichtet, Menschen zu bekehren. Es ist nicht meine Art, mich aufzudrängen. Ausserdem muß ich hier ein Wort anführen, das vielleicht nicht ganz der Würde des Gerichts entspricht: »Man soll nicht Perlen vor die Säue werfen.«*[57] Diese Äußerung ging damals durch die Weltpresse.

Biberstein wurde zum Tode verurteilt. Ich möchte hierzu einen Auszug aus der Urteilsbegründung des Militärgerichtshofes zitieren:

»Die Religion, die durch alle Zeiten die Schwachen gestärkt hat, den Armen geholfen, die Einsamen und Bedrückten getröstet, ist jedes Menschen eigene Bestimmung; daß aber ein Diener des Evangeliums auf dem Umweg über das Nazitum an Massenhinrichtungen teilnahm, ist eine Tatsache, die man nicht unbemerkt vorübergehen lassen kann. Als das Hakenkreuz das Kreuz ersetzte und ›Mein Kampf‹ die Bibel verdrängte, ging das deutsche Volk unvermeidlich dem Unheil entgegen. Als das Führerprinzip an die Stelle der Goldenen Lebensregel trat, wurde die Wahrheit zerschlagen und die Lüge herrschte mit einem Absolutismus, wie ihn ein Monarch nie kannte. Unter dem despotischen Regime der Lüge verdrängte das Vorurteil die Gerechtigkeit, die Arroganz hob das Verständnis auf, der Haß erhob sich über die Güte – und die Kolonnen der Einsatzgruppen marschierten. Und in einer der vordersten Reihen schritt der Ex-Pfarrer Ernst Biberstein.«[58]

Eigentlich wäre dies ein Schlusswort. Aber diese Geschichte endet nicht so bald. Dem Urteil folgte später eine Umwandlung der Todesstrafe in »lebenslänglich«. Tatsächlich blieb Biberstein nur bis zum 8. Mai 1958 inhaftiert, 13 Jahre nach dem Ende des NS-Staates. Die Begnadigung war an einen Bürgen und den Nachweis eines Arbeitsplatzes gebunden, zwei Bedingungen, die die schleswig-holsteinische Landeskirche bzw. der Neumünsteraner Propst in Rückkoppelung mit ihr erfüllte.[59]

---

[57] Ebd. Siehe auch bspw.: »Unfaßbare Aussagen in Nürnberg. Der Zynismus eines Geistlichen – Die ›humanitären‹ Hinrichtungen.« Telegraf vom 9.3.1948.
[58] Fall 9. Das Urteil im SS-Einsatzgruppenprozess gefällt am 10.4.1948 in Nürnberg vom Militärgerichtshof II der Vereinigten Staaten von Amerika. Hg. von K. Leszczynski, Berlin 1963, S. 139f.
[59] Personalakte Szymanowski, NEKA, 12.03, Nr. 1215.

Schluss

Ich habe hier drei Theologen vorgestellt, die Außenseiter in der ev.-luth. Kirche waren. Ihr deutschkirchlicher Antisemitismus war sicherlich aggressiver als derjenige der kirchlichen Mehrheit. Alle drei aber waren Kinder der Kirche, zu denen keine Trennlinie gezogen wurde, als es nötig war. So konnten alle drei als Theologen ihr Unheil treiben und den völkischen Antisemitismus propagieren. Dass die Kirche dies zuließ, liegt nicht an einer etwaigen Toleranz, sondern vielmehr daran, dass antisemitisches Denken die Landeskirche prägte, wie etwa der von mir zitierte Synodenbeschluss aus den zwanziger Jahren belegt.

In diesem Sinne konnte der NS-Staat bei den Vorbereitungen zur Beseitigung des deutschen Judentums auf die vorbehaltlose Unterstützung der Kirche bauen. Diese war nötig, denn ohne umfangreiche Recherchen in den Kirchenbüchern ließ sich der assimilierte Teil des deutschen Judentums – insbesondere die Christinnen und Christen jüdischer Herkunft – kaum noch in der deutschen Bevölkerung identifizieren. Ich zitiere aus einer Selbstdarstellungsschrift der schleswig-holsteinischen Landeskirche von 1939:

»*Auf der Reinheit des Blutes beruht die Kraft der Nation. Das ist in unserem Reiche Allgemeingut der Erkenntnis. Der Erforschung von Familie und Sippe in ihren blutmäßigen Zusammenhängen dienen mannigfache Bestrebungen unseres öffentlichen Lebens. Millionen von Arierscheinen, die aus den alten Kirchenbüchern herausgezogen wurden, verbürgen die Reinheit der Abstammung und bieten die Gewähr für die Durchsetzung der notwendigen bevölkerungspolitischen Aufgaben. Die Kirche hat in der Erkenntnis der großen Bedeutung dieser Dinge für das Volk und seine Zukunft sich freudig in den Dienst der Sache gestellt (...)*«[60]

Wenn wir über den Antisemitismus in der ev.-luth. Landeskirche sprechen, müssen wir uns dies bewusst machen:

Es geht nicht um das Schweigen der Kirche, sondern es geht um das Mitmachen während der NS-Zeit, vor allem aber geht es darum, dass Pastoren des Landes dem Nationalsozialismus den Weg bereiteten.

Im Falle von Friedrich Andersen erleben wir einen Begründer des völkischen Antisemitismus und im Fall von Ernst Szymanowski gar einen Vollstrecker des grausamsten Menschheitsverbrechens, des Holocaust.

---

[60] Unsere Heimatkirche, Werbeschrift der Ev.-Luth. Landeskirche Schleswig-Holsteins 1939, Archiv der Paulus-Kirchengemeinde Hamburg-Altona.

Klauspeter Reumann

Halfmanns Schrift
»Die Kirche und der Jude« von 1936*

Gegen Jahresende 1936 schrieb der Flensburger Pastor und neuerdings kommissarische Oberkonsistorialrat Wilhelm Halfmann an einem Manuskript zur Judenfrage. Das kleine Heft von 15 Seiten erschien noch im Dezember und wurde schon Anfang Februar des nächsten Jahres polizeilich beschlagnahmt. In diesen sechs Wochen waren drei Auflagen von je 10.000 Exemplaren gedruckt worden. Außer einer schnellen und breiten Lesernachfrage löste die Schrift »Die Kirche und der Jude« aber auch fast ebenso schnelle Gegenmaßnahmen des nationalsozialistischen Staates aus, der ihre weitere Verbreitung gewaltsam unterband.

In der einschlägigen Literatur über die Kirche im Dritten Reich ist Halfmanns Schrift nicht berücksichtigt worden;[1] sie ist schon in ihrer Zeit nicht einmal in den Fachzeitschriften rezensiert worden,[2] – wohl wegen des Verbots durch die Reichsschrifttumskammer. Erst in unseren Tagen hat Kurt Jürgensen in zwei Vorträgen 1988 und 1992 kurz auf sie hingewiesen als ein im Nachhinein schwer verständliches und bedauerliches Zugeständnis der Bekennenden Kirche an die nationalsozialistische Judenpolitik.[3]

Die Schrift ist ein Produkt des langwierigen, von 1933 bis 1945 geführten Kirchenkampfes zwischen der evangelischen Kirche, speziell der Bekenntnisgemeinschaft, und dem nationalsozialistischen Staat und scheint dennoch auf den ersten Blick nicht in die groben Fronten von kirchlicher Selbstbestimmung und staatlichem Kircheneinfluss zu passen. Ihre Analyse und Einordnung in das kirchenpolitische und allgemeinpolitische Umfeld können vielleicht dazu beitragen, die Positionen einer wesentlichen kirchlichen Richtungsgruppe, der Bekennenden Kirche, und die Positionen einer führend handelnden Person, Halfmann, näher zu differenzieren.

Der Stand des Kirchenkampfes 1936/37

Der Kirchenkampf in Schleswig-Holstein hatte 1936 schon seine erste und schärfste Phase überwunden, in der 1933/34 die nationalsozialistischen Deutschen Christen die kirchenleitenden Ämter an sich gerissen hatten – vom Amt des Landesbischofs über das des Präsidenten des Landeskirchenamtes

---

* Aktualisierter Nachdruck des Vortrags, 1997 erschienen in den Schriften des Vereins für Schleswig-Holsteinische Kirchengeschichte, Reihe II, Bd. 48.
1 Bielfeldt, J.: Der Kirchenkampf in Schleswig-Holstein, Göttingen 1964; Meier, K.: Kirche und Judentum, Die Haltung der evangelischen Kirche zur Judenpolitik des Dritten Reiches, Halle/Göttingen 1968; Meier, K.K.: Der evangelische Kirchenkampf, Bd.1–3, Halle/Göttingen 1976–84.
2 Weder Anzeige noch Rezension in den einschlägigen Fachzeitschriften Theologische Literaturzeitung, Die Christliche Welt, Die Junge Kirche.
3 Jürgensen, K.: Die Neuordnung der Ev-Luth. Landeskirche Schleswig-Holsteins 1945–1948 zwischen Restauration und Neubesinnung, Festvortrag anlässlich des Reformationstages 1988 in Kiel und anlässlich des Nordelbischen Pastorentages am 9. Sept. 1992 in Neumünster; beide Manuskripte hat mir der Vf. freundlicherweise zur Verfügung gestellt.

bis zu den 22 Propstenämtern im ganzen Lande. Diejenigen, die diese Politisierung der Kirche nicht mitvollziehen mochten und sie als bekenntniswidrig kritisierten, waren aus der Leitung der Kirche verdrängt worden. Als Bekenntnisgemeinschaft entzog etwa ein Drittel der schleswig-holsteinischen Geistlichen dem neuen Landesbischof sein Vertrauen und geistlichen Gehorsam. Auf zwei Bekenntnissynoden im Sommer 1935 und 1936 gaben sie sich im Landesbruderrat eine eigene geistliche Leitung. Die Deutschen Christen fielen unterdessen als kirchenpolitischer Verband auseinander, doch ihre ehemaligen Mitglieder organisierten sich in gemäßigterer Form neu: als Lutherische Kameradschaft und als amtskirchlicher Pröpstekreis; trotzdem hielten sie an ihren 1933 erlangten Leitungsämtern fest – bis 1945.[4]

Gegen diese Kirchenspaltung griff ab Herbst 1935 der Staat ein und leitete damit die zweite Phase des Kirchenkampfes ein, die auf zwei Jahre befristete staatskirchliche Übergangszeit. Ein von Hitler eigens eingesetzter Reichskirchenminister, Hanns Kerrl, sollte im Reich und in den kirchenkämpferisch »zerstörten« Landeskirchen, darunter Schleswig-Holstein, paritätische Kirchenausschüsse aus gemäßigten Vertretern beider kirchenpolitischer Richtungen bilden. Der Minister und seine Beamten bemühten sich nachhaltig darum, der Bekenntnisgemeinschaft durch weit reichende Zugeständnisse die Mitarbeit im Landeskirchenausschuss annehmbar zu machen. Dazu gehörte wesentlich auch, dass die Bekenntnisgemeinschaft einen ihrer Pastoren als Träger geistlicher Leitungsfunktionen benennen könnte und der Ausschuss ihn dann beauftragen würde. Diese Aufgabe fiel Halfmann zu; er wurde im März 1936 kommissarischer Oberkonsistorialrat im Kieler Landeskirchenamt. Zwei weitere BK-Vertreter wurden in den fünfköpfigen Landeskirchenausschuss berufen, der nun als Leitung der Landeskirche fungierte; dadurch war die 1933 errichtete deutschchristliche Leitungsstruktur zwar nicht abgeschafft, wohl aber dem neuen Ausschuss untergeordnet. Bis zum September 1937 sollte der Landeskirchenausschuss eine Befriedung und Neuordnung der Kirche erarbeiten.

Aus der Sicht des Staates leistete der Ausschuss diese Aufgabe nicht zufriedenstellend, weil die Bekenntnisgemeinschaft insgesamt sich nicht gefügig und kritiklos in den Ausschuss einbinden ließ. Der Landesbruderrat, die beiden BK-Mitglieder im Ausschuss und Halfmann widersetzten sich hartnäckig der von Partei und Staat geforderten förmlichen Berufung Dr. Christian Kinders (DC) zum Präsidenten des Landeskirchenamtes.[5] So konn-

---

4   Die allgemeinen Teile der folgenden Darstellung gründen sich ohne nähere Nachweise auf den Beitrag gleichen Titels, den der Vf. 1998 in der Schleswig-Holsteinischen Kirchengeschichte, Bd. 6, vorgelegt hat und der sich auf die Quellenbestände des Nachlasses Halfmann und des Archivs der Bekennenden Kirche im Nordelbischen Kirchenarchiv, Kiel, stützt, NEKA Nr. 98.04 und 98.40. Im Übrigen sind die in Anm. 1 genannten Werke grundlegend.

5   Die anfänglich positive Aufbauarbeit des Ausschusses (Erklärung gegen die Irrlehre, Einrichtung einer Prüfungskommission für die BK-Vikare, Ordination der BK-Vikare durch Halfmann) wurde nach wenigen Monaten durch die Forderung des Ministeriums überlagert, der Ausschuss müsse die Ernennung Kinders vom amtierenden Vizepräsidenten zum ordentlichen Präsidenten aussprechen. Dazu waren die BK-Mitglieder und Halfmann sowie der Landesbruderrat und die Bekenntnisgemeinschaft insgesamt nicht bereit, da Kinder ihnen als kirchenpolitisch belastet galt: als Staatskommissar vom Juli 1933, als Reichsleiter der Deutschen Christen 1934 bis 1935 und als Sympathisant mit den nationalkirchlichen Deutschen Christen Thüringer Richtung.

te Kinder damals nur zum kommissarischen Präsidenten ernannt werden. Minister Kerrl löste den schleswig-holsteinischen Ausschuss schließlich im Januar 1937 auf, und Hitler wies im Februar einen neuen Weg zur kirchlichen Befriedung, indem er allgemeine Kirchenwahlen ankündigte.

In beiden Maßnahmen drückt sich ein nun wieder verschärfter Kurs der Partei und des Staates gegen die Bekennende Kirche aus, wozu auch das Verbot der Judenschrift Halfmanns und schließlich seine Entlassung als Vertrauensmann der Bekenntnisgemeinschaft und als Konsistorialrat zählte.

Die kirchenpolitische Position Halfmanns

Halfmanns kirchenpolitischer Weg hatte im Frühjahr 1933 mit der Aufforderung des Flensburger Propstes begonnen, sich für eine vakante Pastorenstelle an der städtischen Marienkirche zu bewerben, als dort von einer nationalsozialistischen Gemeindeinitiative die Wahl eines Pastors betrieben wurde, der besonders rührig für die Deutschen Christen und für die NSDAP agitierte.[6] Halfmann gewann die Gemeindewahl. Nachdem sich die Deutschen Christen im Sommer und Herbst 1933 im ganzen Land durch manipulierte Kirchenwahlen und durch eine gleichgeschaltete Landessynode die Mehrheit und die Macht verschafft hatten, schloss er sich der frühen Bekenntnisbewegung an.

Er sah die Ursache für die kirchliche Fehlentwicklung weniger in dem Einfluss, den Partei und Staat auf die Kirche nahmen, als vielmehr in der freiwilligen und vorauseilenden Selbstgleichschaltung der Landeskirche durch die Deutschen Christen. Er war als Lutheraner bereit, dem Staat eine Regelungskompetenz für die äußere Ordnung der Kirche einzuräumen, nicht aber für die innerkirchliche Ordnung, die allein geistlich und bekenntnismäßig ausgerichtet sein müsse. Er hielt im staatlichen Kirchenausschuss beides für vereinbar. Gerade wegen dessen staatlicher Einrichtung hegte Halfmann noch 1936 die positive Staatsvermutung, dass die Regierung zu ihrem Schutzversprechen vom März 1933 gegenüber den Kirchen stehe.[7]

---

[6] Reumann, Klp.: Kirche und Nationalsozialismus, Die Berufung Wilhelm Halfmanns nach St. Marien/Flensburg im Februar/März 1933 – Vorweggenommene Fronten des Kirchenkampfes?. In: Hoffmann, E., u. Wulf, P., (Hgg.): Wir bauen das Reich, Aufstieg und erste Herrschaftsjahre des Nationalsozialismus in Schleswig-Holstein, Neumünster, 1983, S. 369–389, hier S. 373–375 (Quellen und Forschungen zur Geschichte Schleswig-Holsteins, Bd. 81).

[7] NEKA, 98.04, NL. Halfmann, B VII, Nr. 56, Einige flüchtige Thesen zur Lage der Kirche, verfaßt 6. Okt. 1935, und B VIII, Nr. 136, Unser Weg, Manuskript Halfmanns seiner am 17. Aug. 1936 vor der 2. Bekenntnissynode gehaltenen Rede; darin plädiert er für die Mitarbeit der BG im Landeskirchenausschuss, weil der nationalsozialistische Staat von einer Weltanschauung getragen sei, die zwar nicht christlich sei, aber auch »*nicht christentumsfeindlich sein will*«, und der jetzige Staatseingriff »*offensichtlich nicht feindlich, sondern im Sinne des gutwilligen Schlichtens gemeint*« sei; bei Zusammenarbeit der BK mit den DC, soweit sie bekenntnistreu geworden seien, glaubt H., könne die noch »*undeutliche und verdächtige Haltung maßgeblicher Staats- und Parteistellen zu Christentum und Kirche*« überwunden und die befürchtete »*Aufsaugung des Christ.[entums], Verdrängung der Kirche, Verweltlichung*« abgewendet werden.

Der Vorsitzende des Landesbruderrates, Pastor Reinhard Wester, vertrat dagegen den kirchenpolitischen Kurs, dass äußere und innere Ordnung nicht zu trennen und die Kirche selbstbestimmt und staatsfrei zu gestalten sei. Die Einsetzung eines staatlichen Kirchenausschusses nötigte die Bekenntnisgemeinschaft 1935/36, diese Grundsatzfrage zu entscheiden. Als sich eine Mehrheit für die Beteiligung am Ausschuss abzeichnete, trat Wester vom Vorsitz zurück; unter dem Nachfolger P. Tramsen wurde Halfmann faktisch zum Vordenker und Wortführer der schleswig-holsteinischen Bekenntnisgemeinschaft für eine kooperative Linie.

Mitten hinein in die Krise des Landeskirchenausschusses gegen Jahresende 1936 und in die Vorbereitungen zu Kirchenwahlen seit Frühjahr 1937 fielen die Veröffentlichung und das Verbot von Halfmanns Broschüre »Die Kirche und der Jude«.[8]

Einen ersten Anstoß, sich zur Judenfrage zu äußern, hatte Halfmann offenbar schon im Herbst 1935 durch die Nürnberger Gesetze erhalten, die die Juden der staatsbürgerlichen Rechte beraubten.[9] Gleichzeitig erfuhr er, dass in den Gemeinden ein dringendes Informationsbedürfnis bestand, wie es in der evangelischen Kirche und in der BK-Leitung um die Judenfrage bestellt sei. Mehrere Gemeindemitglieder waren durch eine Sonderausgabe des »Stürmer« vom August 1935, der nationalsozialistischen Kampfschrift gegen die Juden, aufgeschreckt; ihr agitatorischer Bericht über den Prozess gegen einen jüdischen Schuldirektor in Magdeburg wegen sittlicher Vergehen war u.a. mit dem Hinweis verknüpft, dass dieser gerade erst vor wenigen Monaten zum Christentum übergetreten und von einem Bekenntnispastor getauft worden sei.[10] Diese Leser suchten Auskunft beim Landesbruderrat, ob es »fremdrassige Pfarrer« auch in der schleswig-holsteinischen Landeskirche und innerhalb ihrer Bekennenden Kirche gäbe, und mahnten eine grundsätzliche Stellungnahme gegen die Verleumdungen des »Stürmer« an, dass die BK »in einer Front mit Reaktion, Katholizismus, Kommunisten und Juden« stünde.[11] Zu diesem Zeitpunkt jedoch ließ Halfmanns vorrangige Beanspruchung durch die große Kirchenpolitik ihn erst ein Jahr später dazu kommen, das Verhältnis der Kirche zu den Juden darzustellen.

Als der Landesbruderrat damals eine Initiative zu verstärkter Öffentlichkeitsarbeit ergriff und für Anfang Dezember 1936 in Kiel, Altona, Husum und Angeln Kirchentage der BK anberaumte,[12] benannte und erarbeitete Halfmann kurzfristig einen Vortrag »Der Angriff auf die Bibel«. Während seiner Ausarbeitung entschied er sich jedoch, das Thema von

---

[8] NEKA, 98.04, NL. Halfmann, B XX, Nr. 4, Halfmann, W., Die Kirche und der Jude, Breklum 1936, (=Schriften des Amtes für Volksmission, H. 11).

[9] Reichsbürgergesetz und Gesetz zum Schutze des deutschen Blutes und der deutschen Ehre, beide vom 15. Sept. 1935. In: Hofer, W., Der Nationalsozialismus, Dokumente 1933–1945, Frankfurt 1957, Nr. 159 und 160.

[10] Julius Streicher (Hg.): Der Stürmer, Sonderausgabe 2 vom (1.) August 1935.

[11] NEKA, 98.40, Archiv der Bekennenden Kirche (ABK.) Nr. 21, Lage 97, Brief R. Stürz, Kiel, an Wester vom 6. Aug. 1935 und Nr. 22, Lage 100, Brief R. Wrege, Itzehoe, an Wester vom 13. Aug. 1935. Beide Schreiber geben sich als zur BK gehörende Gemeindemitglieder zu erkennen.

[12] NEKA, 98.40, ABK. Nr. 4, Lage 17, Protokollbuch des Landesbruderrates, Sitzung vom 9. Nov. 1936, Pkt. 5, und ebd. 98.04, NL. Halfmann, B VIII (1936), Nr. 146, gedrucktes Programm für die vier Kirchentage.

der aktuellen Bekämpfung der Bibel durch die Deutschkirchler und Teile der Nationalsozialisten auf die grundsätzliche, geschichtliche Bekämpfung des Christentums durch die Juden zu vertiefen. Entsprechend hat er dann vor Ort das zunächst angekündigte Thema geändert, »so daß es nun nicht mehr lautete ›Der Angriff auf die Bibel‹, sondern ›Kirche und Jude‹.«[13] Diesen in Altona und Husby gehaltenen Vortrag stellte er auf Bitten der örtlichen BK-Gruppen und des Landesbruderrates für den Druck zur Verfügung; Pastor M. Pörksen, Mitglied im LBR und obendrein Direktor der Missionsanstalt in Breklum, veröffentlichte das Werk in der Schriftenreihe des Breklumer Amtes für Volksmission.

Halfmann war zu einer solch kurzfristigen Ausarbeitung fähig dank einer Palästinareise und seiner Belesenheit in der jüdischen Geschichte.[14] Da sich dies auf die gegenwärtigen und die geschichtlichen Lebensformen der Juden bezog, heißt es zugleich, dass er seine theologischen Ausführungen aus eigener Kompetenz verantwortete und hier sein eigentlicher Beitrag lag.

Der inhaltliche Tenor der Judenschrift

Grundlegend ist für Halfmann die traditionelle kirchliche Sicht gegenüber den Juden. Sie seien -nach dem Alten Testament- das erwählte Volk Gottes gewesen, dann aber -nach dem Neuen Testament- als sie Jesus nicht als Gottessohn anerkannten und ihn sogar ans Kreuz brachten, das von Gott verfluchte Volk geworden.[15] Die Christen und christlichen Kirchen, denen Jesus als der göttliche Erlöser der Welt galt, stünden seither in einem fundamentalen Gegensatz zu den Juden, der erst aufgehoben werde, wenn diese sich zu Christus bekennten. Für Halfmann ist der Begriff des Juden religiös, nicht rassisch definiert.

---

[13] NEKA, 98.40, ABK. N. 223, Lage 101, Bericht Propst Bertheaus vom 11.12.1936 über den Kirchentag in Husby am 8.12. 1936, und persönliche Mitteilung M. Pörksens an den Vf. vom 3.Mai 1996: Ein förmlicher »Beschluß des Bruderrates«, wie P. schreibt, ist im Protokollbuch des LBR nicht notiert. Der ursprüngliche Titel vom Angriff auf die Bibel klingt in der folgenden Druckfassung wörtlich und sachlich immer wieder an, der geänderte Titel drückt lediglich eine Akzentverlagerung aus.

[14] Über seine Palästinareise hielt Halfmann 1926 zwei Vorträge : 4. Febr. in Preetz »Vom neuen Juden in Palästina« und am 22. August in Rendsburg »Palästina und seine Geschichte als Beispiel religiöser Geschichtsdeutung,« s. NEKA, 98.04, NL. Halfmann, Nr.54, Lage 4 u. 7. – Zum nachchristlichen Judentum stützte er sich auf Hans Blüher, Die Erhebung Israels [gegen die christlichen Güter], Hamburg 1931, und zum Judentum im Mittelalter auf »Heman Harling«, gemeint: Heman, Friedrich: Geschichte des jüdischen Volkes seit der Zerstörung Jerusalems, Zweite, gekürzte und bis zur Gegenwart fortgesetzte Auflage, hrsg. von Otto von Harling, Stuttgart, 1927. Diese Nachweise mit Verfasserkürzeln und Seitenangaben hat Halfmann erst 1960 in seinem Handexemplar vermerkt, s. NEKA, 20.01, Kirchenleitung Schleswig-Holstein, Nr.660.

[15] In seinem Vortrag von 1926 über Palästina und seine Geschichte war er in diesem Punkt noch weiter gegangen : Als Protestanten dächten wir heute nicht mehr, »daß ein Volk als Ganzes ausgewählt oder verworfen werden könne,« sondern wir legten »alles Gewicht auf die persönliche bewußte Entscheidung des Einzelnen« und damit stehe der Einzelne eben als »Mensch vor Gott, sei er nun Deutscher oder sei er Jude,« – wie vorige Anm.

Ein weiterer fundamentaler Unterschied bestehe darin, dass das Alte Testament den Juden die göttliche Gesetzesoffenbarung (Mosesbücher) bedeute, den Christen aber darüber hinaus noch die prophetische Verheißung auf das Kommen Christi.

In beiderlei Hinsicht stünden sich Judentum und Christentum gegensätzlich, ja feindlich gegenüber und könnten daher nicht, wie landläufig behauptet, gleichgesetzt werden. Gleichzusetzen mit den von jeher christenfeindlichen Juden seien vielmehr die deutsch-völkischen Kreise[16] – und das hieß das Gros der Nationalsozialisten –, die das Christentum und seine Kirchen bekämpften, und die russischen Bolschewisten, die neuerdings die Kirchen verfolgten. Sie alle verfochten gleichermaßen eine neue, bessere Welt ohne Christentum.

Aus der geschichtlichen und bis in die Gegenwart fortdauernden religiösen Entscheidung der Juden gegen Christus billigt Halfmann dem nationalsozialistischen Staat ausdrücklich, nämlich durch Wiederholung und Sperrung im Druckbild, die Berechtigung zu, die Nürnberger Gesetze erlassen zu haben. Auch sein eingeflochtenes, ausführliches Zitat aus der jüngsten Schrift Adolf Schlatters, des traditionalistischen Tübinger Theologen, »*Wird der Jude über uns siegen?*« impliziert indirekt Halfmanns Billigung, dass die Juden »aus dem Reichstag und der Universität, aus

---

[16] Noch im Sommer 1936 hatte Halfmann eine analoge Christusfeindschaft wie die der Juden erst bei der Deutschkirche gesehen und deshalb dieser NS-nahen Religiosität eine scharfe Absage erteilt, s. NEKA, 98.04, NL. Halfmann, Nr. 54, Lage 51 u. 52, Halfmanns Vorträge vom 10. Juni und 2./3. Juli 1936 in Neumünster und Husby über die Deutschkirche. Die Deutschkirche firmierte rechtsaußen im kirchenpolitischen Spektrum unter wechselnden Namen als Bund für Deutsches Christentum, als nationalkirchliche Deutsche Christen, schließlich als Nationalkirchliche Einung Deutsche Christen thüringischer Provenienz; sie deutete ihr artgemäßes deutsches Christentum als entjudet, arisiert und antiökumenisch; sie trat ein für die Abschaffung des vorgeblich jüdischen Alten Testaments, für ein arisiertes, heroisches Jesusbild und die Anerkennung der nationalsozialistischen Volksgemeinschaft und Weltanschauung und der Person Hitlers als neue göttliche Offenbarungen; Halfmann hielt den Deutschkirchlern vor, dass sie sich ein Christusbild nach menschlichen, eigenen Maßstäben zurechtschmiedeten »*und das ist der selbstherrliche Mensch, der sich selbst gerecht spricht*«, daher ein »*Todfeind des Christenglaubens*« wie die Juden, jedoch ausdrücklich diese »*nicht im Sinne der Rasse, aber im Sinne der Religion*«. – Jetzt jedoch in seiner Schrift vom Dezember 1936 weitete Halfmann seinen Vorwurf jüdisch-religiöser Denkweise aus auf die »deutsch-völkischen« Zeitgenossen und die »völkisch-religiösen Bewegungen«, mit denen er vorsichtigerweise nichts anderes umschrieb als die weltanschaulichen Distanzierungskräfte der NSDAP um deren Parteiideologen A. Rosenberg; das war eine Verschärfung des theologisch begründeten Widerspruchs gegen die antichristlichen Tendenzen in der NS-Gesellschaft, von denen Halfmann allerdings damals tatsächlich oder taktisch noch meinte, den Staat ausnehmen zu können. Zu diesem Interpretationsmuster ist Halfmann m.E. wesentlich angeregt worden durch seine nachweisliche Lektüre und Verarbeitung der Schrift Schlatters, s. Leonore Siegele-Wenschkewitz: Adolf Schlatters Sicht des Judentums im politischen Kontext, Die Schrift ›Wird der Jude über uns siegen‹ von 1935, in: L. S.-W. (Hg'in): Christlicher Antijudaismus und Antisemitismus: theologische und kirchliche Programme Deutscher Christen, Frankfurt, 1994, S. 95–110.

der Amtsstube, dem Theater und der Zeitung verdrängt« worden seien.[17] In diesen staatlichen Verantwortungsbereich habe sich die Kirche, nach Halfmann, im Einzelnen nicht einzumischen.

Vom gesetzgeberischen Vorgehen des Staates hebt er aber die antisemitische Praxis der nationalsozialistischen Weltanschauungskräfte der SA und SS in aller Schärfe ab. Die Kirche könne niemals in deren aggressiven rassistischen Antisemitismus unter der Parole »Schlagt die Juden tot« einstimmen. Die Judenfrage, weil eine religiöse, sei letztlich nicht mit politischen Mitteln zu lösen – schon gar nicht mit Gewalt, aber auch nicht mit Gesetzen. Die Kirche habe das »fürbittende Gebet« für die Juden einzusetzen, dass Gott ihre Verwerfung beenden möge.[18]

Reaktionen von Partei und Staat

Die Partei- und Staatsorgane schritten sofort gegen die Veröffentlichung und Verbreitung dieser Gedanken ein.
- Als Halfmann Ende Januar auf einer Veranstaltung für alle Flensburger Kirchenvertreter über seine Schrift referieren sollte, untersagte der örtliche Stadtkreisleiter der NSDAP den Parteigenossen unter ihnen, daran teilzunehmen.[19]
- Auch auf den höheren Ebenen hat die NSDAP Halfmanns Judenschrift sofort als staatsfeindlich eingestuft; schon in den ersten Februartagen 1937 hat die Gestapo, noch ohne schriftliche Anordnung, dem Breklumer Missionsverlag den weiteren Vertrieb verboten, die Druckplatten einschmelzen lassen, noch vorhandene Exemplare vorläufig beschlagnahmt und einzelne Hausdurchsuchungen vorgenommen. Einsprüche des Autors bei der Gestapoleitung in Kiel und des Verlagsleiters beim Reichskirchenministerium vermochten die polizeilichen Zugriffe nicht zu stoppen.[20] Im April wurden die Beschlagnahme und

---

[17] Halfmann: Die Kirche und der Jude, S. 15, aus: Schlatter, Adolf: Wird der Jude über uns siegen?, Velber (Dezember) 1935. – In seinem Vortrag von 1926 hatte Halfmann sich von »*der völkischen Bewegung, die sich ja weithin mit Antisemitismus deckt*« noch teils distanziert, teils sich aber selbst als Träger der gängigen antijüdischen Vorurteile zu erkennen gegeben; seinem negativen Bild von den europäischen Juden, besonders den osteuropäischen, setzte er nun nach seiner Palästinareise das anerkennende Bild von den in Palästina siedelnden jüdischen Landarbeitern entgegen, s. o.a. Vortrag vom 4. Febr. 1926.
[18] Die theologischen Implikationen der Judenschrift Halfmanns hat neuerdings bearbeitet und dargestellt Sönke Zankel: Die Bekennende Kirche und die »Judenfrage«: Der Radikalantisemitismus des Wilhelm Halfmann. In: Niklas Günther und Sönke Zankel (Hg.): Die Theologie zwischen Kirche, Universität und Schule. Festschrift für Klaus Kurzdörfer, Kiel 2002, S. 52–66.
[19] Nachlass Brodersen, dem Vf. freundlicherweise zur Verfügung gestellt von Frau E. Brodersen, Flensburg, darin Brief Mutter B. an Sohn Peter, undatiert, jedoch nach inneren Bezügen von Anfang Februar 1937, so dass die genannte Veranstaltung Ende Januar stattgefunden haben wird.
[20] Zur Beschlagnahme s. NEKA, 98.40, ABK. Nr. 32, Lage 186, Brief Pörksens an Tramsen vom 5. Febr. 1937; zur Haussuchung s. Nachlass Brodersen, Brief Vater B. an Sohn Peter vom 5. Febr. 1937; zum Einspruch s. NEKA, 98.04, NL. Halfmann, B IX, Nr. 179, Abschrift des Einspruchs Pörksens an das Reichskirchenministerium vom 9. Febr. 1937.

das Verbot endgültig verfügt, nachdem die Reichsschrifttumskammer das Werk auf die Liste schädlichen und unerwünschten Schrifttums gesetzt und das Reichskirchenministerium dem zugestimmt hatte.
Die Begründungen lauteten sinngleich, dass sich der Inhalt des Heftes »*gegen die Weltanschauung des Nationalsozialismus richtet*« und »*mit den im heutigen Staate herrschenden Anschauungen und Grundsätzen nicht vereinbaren lässt*«.[21] Eventuell war das eine standardmäßige Verbotsbegründung, falls sie jedoch auf den konkreten Einzelfall hin formuliert war, konnte sie sich nur darauf beziehen, dass Halfmann den nationalsozialistischen Rassebegriff vom Juden verneint hatte.

– In dieser Richtung polemisierte denn auch, freilich verspätet, »Der SA-Mann« gegen die Judenschrift und vor allem gegen die Person und Stellung Halfmanns.[22] Der ungezeichnete Artikel »*Ist Rasse ein Religionsprodukt?*« stellt Halfmann als einen heimlichen, verkappten Judenfreund dar, für den die Gegensätze zu den Juden ausgeräumt seien, sobald sie durch Taufe zum Christentum überträten. Dem religiösen Judenbegriff stellt der Verfasser den rassischen gegenüber, einfach als eine Erfahrungstatsache des deutschen Volkes, die solche intellektuellen Unterscheidungen belanglos mache. Die von Halfmann herausgestellte gemeinsame Christentumsfeindlichkeit der mosaischen Juden und der völkischen Deutschen überspielt er polemisch mit einer Sympathiebemerkung für Ludendorffs atheistischen Tannenbergbund. Durch eine in den Text eingeschobene, zunächst beziehungslos erscheinende Karikatur des päpstlichen Kardinal-Staatssekretärs Pacelli und des russischen Außenministers Litwinow, der als Jude dargestellt ist, rückt das Blatt außerdem die Bekennende Kirche in die Nähe des Katholizismus, des Bolschewismus und des Judentums. Das verrät, dass sich die Nationalsozialisten letztlich doch wohl am empfindlichsten getroffen fühlten durch Halfmanns Umkehrung dieses Feindbildes zu seiner These vom gemeinsamen antichristlichen Nenner der Juden, der Bolschewisten und der Deutsch-Völkischen. Der Verfasser schließt mit der indirekten Drohgebärde, Halfmann habe, wie andere Geistliche beider Konfessionen, die im nationalsozialistischen Staat gewährte »*Gewissens- und Glaubensfreiheit*« missbraucht, um »*staatsfeindliche Traktate und Pamphlete*« zu verfassen.

Kritik von Lesern

Ungleich sachlichere und sogar teilweise übereinstimmende Kritiken auf seine Schrift erhielt Halfmann von einem jungen Kieler Geistlichen und einem Hamburger Richter jüdischer Abstammung.

[21] NEKA, 98.04, NL. Halfmann, B IX, Nr. 179, Schreiben der Reichsschrifttumskammer an den Vorsitzenden der Breklumer Volksmission vom 12. Apr. 1937, und Nr. 180, Schreiben der Kanzlei der DEK an Halfmann vom 21. Apr. 1937.

[22] »Der SA-Mann«, Folge 39 vom 25. Sept. 1937, S. 15, Artikel »Ist Rasse ein Religionsprodukt?« Als Zeitungsausschnitt in: NEKA, 98.04, NL. Halfmann, B XXI, Nr. 133.

- Kurt Ferdinand Grell, ein kompromissloser BK-Vikar, kritisiert Halfmanns Berufung auf Luther, der für die aktuelle Judenfrage gar nicht in Anspruch genommen werden könne;[23] Luther habe sich immer nur gegen die Juden als »*Religions- und Glaubensgemeinschaft*« gewandt, nicht aber gegen sie als »*Rassegemeinschaft*«. Obwohl die Judenproblematik »*im heutigen Staat*« rassistischer Art sei, erwecke seine Schrift nun den falschen Eindruck, als gäbe es nur »*Konfessionsjuden*«, nämlich orthodoxe Juden mosaischen Glaubens, nicht aber auch christliche, getaufte Juden.[24]
- Der andere Kritiker, Fritz Valentin, war selbst Jude und getaufter Christ, hatte 1914 bis 1918 als Freiwilliger und Offizier Kriegsdienst geleistet, anschließend Rechtswissenschaft studiert und seit 1926 in Hamburg als Richter gearbeitet; 1934 war er – erst 36-jährig – mit politischer Begründung aus dem Staatsdienst in Hamburg entlassen worden. Hier nun in seiner kritischen Entgegnung beklagt er Halfmanns uneingeschränkte Bejahung der Nürnberger Gesetze und seine davon abgehobene Distanzierung vom Kampfblatt »Der Stürmer«. Partei und Staat deckten doch immer öffentlicher die »*moralische Diffamierung*« der Juden nicht mehr nur als andersartige, sondern als minderwertige Menschen. Man könne heute »*nicht mehr den ›Stürmer‹ ablehnen, ohne damit auch die Methoden der Partei und des Staates abzulehnen*«, und gerade das habe Halfmann unterlassen. Die Kirche »als Hüterin von Gottes Geboten« hätte ihre Stimme erheben müssen, dass der Jude »*zwar nicht als Volksgenosse (das zu verlangen hat die Kirche angesichts der staatlichen Gesetzgebung kein Recht), wohl aber als* Mitmensch*, als ›Nächster‹* geachtet *wird*« [Unterstreichungen von F.V.]. Zum andern kritisiert Valentin, Halfmann habe die Juden völlig pauschal charakterisiert und es dabei versäumt, die christlichen Juden, die es ja in großer Zahl gäbe, ausdrücklich von dem negativen Gesamtbild auszunehmen.[25]

Halfmanns Antwort ist nicht erhalten, sie lässt sich jedoch in Grundzügen aus Valentins zweitem Brief erschließen. Halfmann hat demnach seine Billigung der Nürnberger Gesetze dahin gerechtfertigt, dass sie immerhin nicht die Ausrottung der Juden beinhalteten, sondern ihnen »*eine umschriebene Rechtsstellung im völkischen Staat*« zuwiesen. Er räumte freilich ein, dass dies »*nur ›theoretisch‹ eine Verteidigung bedeutet*«.

Zu Valentins Einwand, Halfmann habe die getauften Juden außer Acht gelassen, kann vermutet werden, dass er auf seinen strikt religiösen Judenbegriff verwiesen hat, wonach ein Jude durch den mosaischen Glauben definiert sei und, sobald er zum christlichen Glauben übertrat, eben kein Jude mehr war, sondern Christ. Als Mitglied des Landesbruderrates

---

[23] Halfmann bezieht sich mit zwei beiläufigen Hinweisen auf Luthers Streitschriften gegen die Juden: L. habe nach 1523 die Bekehrungsunwilligkeit der Juden persönlich erfahren (S. 12) und die Nürnberger Gesetze seien noch ein »mildes Verfahren« gegenüber dem, was Luther anriet (S. 14), gemeint in seiner Schrift »Von den Juden und ihren Lügen« von 1543.
[24] NEKA, 98.04, NL. Halfmann, B IX, Nr. 179, Brief K.F. Grells an Halfmann vom 7. Jan. 1937.
[25] NEKA, 98.04, NL. Halfmann, B IX, Nr. 179, Briefe Valentins an Halfmann vom 25. Apr. und 17. Mai 1937.

wird Halfmann gewusst haben, dass in der schleswig-holsteinischen Landeskirche drei von den Nürnberger Gesetzen betroffene Amtsbrüder tätig waren, – P. Auerbach in Altenkrempe, neuerdings in Neumünster, P. Bothmann in Wandsbek und P. Leiser in Brokdorf. Ihre jüdische Herkunft wäre für ihn aber unerheblich gewesen, waren sie doch christliche, evangelische Pastoren. Christ jüdischer Herkunft zu sein, galt dann auch für Valentin, so dass er sich in seinem zweiten Brief mit dieser Aufklärung stillschweigend zufriedengab.

Weiterhin wird Halfmann Valentin vergleichend und relativierend die staatlichen Behinderungen und Widerstände aufgezeigt haben, denen die BK-Pastoren ausgesetzt waren. Valentin hielt dem entgegen, die Pastoren könnten »*trotz oder wegen jener Widerstände und Hemmungen immerhin [für ihre Sache] noch kämpfen*«, während die Juden einem ungehemmten Hass und öffentlichen Anprangerungen ehr- und schutzlos preisgegeben seien; das sei ebenso erniedrigend, als würden sie körperlich angegriffen und misshandelt – ein geradezu vorausahnender Alpdruck dessen, was den Juden in den Pogromen vom November 1938 und mit den Deportationen nach 1941 dann tatsächlich widerfuhr.

Halfmanns Motivation und Intention

Außer den Begründungen von Partei und Staat und denen seiner beiden kritischen Leser müssen daher Halfmanns eigene Motivation zu dieser Schrift und seine Gewichtungen der einzelnen Aussagen noch näher in Betracht gezogen werden.

Die Pauschalverurteilung der BK als judenfreundlich kannte Halfmann bisher vor allem aus der nationalsozialistischen Kampfpresse, neuerdings auch aus den beiden genannten Leseranfragen. Nun aber erlebte er eine solche Verleumdungskampagne ganz aktuell im Ort seiner eigenen Kirchengemeinde.

Mitte November 1936 bereiste ein Reichsredner der NSDAP, der Preußische Staatsrat Börger, mehrere Städte Schleswig-Holsteins mit einem Vortrag über Partei und Volk, in dem er u.a. vor dem Alten Testament als »*jüdischem Gift*« warnte und die Kirchen als »*Filialen der jüdischen Synagoge*« diffamierte.[26] Er forderte seine Zuhörer auf, »*ihre Kinder vor Ansteckung mit jüdischem Gift zu bewahren*« – konkret, sie vom schulischen Religionsunterricht abzumelden. Die Folge waren auch zahlreiche Kirchenaustritte – in Flensburg des Landrats und des Polizeipräsidenten. Auf Halfmanns Betreiben reagierten dort Propst Hasselmann und 19 seiner 21 Pastoren, also weit über die Bekenntnisgemeinschaft hinaus, mit einer Beschwerde beim Landeskirchenamt und einer Kanzelerklärung an ihre Gemeinden.[27] Parallel zu diesem Vorstoß verfasste Halfmann nun seinen

---

[26] KKA Flensburg, Propstei, Nr. 400, Bd. 7, Bericht und Beschwerde an den Landeskirchenausschuss vom 28. Nov. 1936 und Wort an die Gemeinden der Propstei Flensburg vom 29. Nov. 1936.

[27] Wie vorige Anmerkung. Der Propst erreichte außerdem durch persönliche Intervention im Landeskirchenamt, dass Dr. Kinder über seine Parteikontakte den Redner veranlasste, seinen Vortrag in Kiel in entschärfter Fassung zu halten, s. NL. Brodersen, Brief Mutter B. an Sohn Peter vom 4. Dez. 1936.

Vortrag »*Der Angriff auf die Bibel*« für die geplanten Bekenntnisgottesdienste Anfang Dezember. Die Kirche war offen angegriffen und diffamiert, und daraufhin schritt Halfmann seinerseits innerhalb weniger Tage zur offensiven Verteidigung.

Für Ende Januar 1937 organisierten die Pastoren eine aufklärende Gegenveranstaltung für alle Flensburger Kirchenvertreter, auf der Halfmann über »*Die Kirche und der Jude*« referierte. Seine dort formulierten Gedanken erschienen ihnen geeignet, die Kernaussage ihres Wortes an die Gemeinden zu erhärten, dass es nicht wahr sei, »*daß die christliche Kirche die Juden von heute als das von Gott erwählte Volk bezeichnet. Es ist vielmehr dies wahr, daß das jüdische Volk seit der Kreuzigung Christi bis heute unter dem Fluche Gottes steht*«[28]. Das entsprach ganz dem Tenor und dem mehrfachen Wortlaut in Halfmanns Judenschrift.

Auch mit seiner Anerkennung und sogar Befürwortung der staatlichen Judengesetze stand Halfmann nicht allein. Pastor Dr. Pörksen, sein Bruderratskollege und Breklumer Verlagsleiter, hat in seinem Einspruch gegen die Beschlagnahme gerade auf diese staatsfreundlichen Stellen abgehoben, die »<u>klar das Recht</u> der Staatsleitung zu ihrem Vorgehen« [Unterstreichung von P.] ausdrückten.[29] Das mag noch eine taktische Schutzbehauptung aus der neuen, Anfang Februar eingetretenen Defensivsituation heraus gewesen sein; doch ging er, nun substantiell, darüber hinaus und stellte aber auch die Verknüpfung her zwischen dem religiösen und dem staatlichen Antisemitismus: Die Vorstellung von der jüdischen Verknechtung der Kirche sei entstanden »*unter fälschlicher Gleichsetzung von altem Testament und Judentum*« und führe dann zu der ebenso falschen Folgerung, die Kirche sei »*darum Gegner der auf die Herausarbeitung der gesunden Kraft unseres Volkes und auf Abwehr zersetzender Mächte gerichteten Bestrebungen*« [der Staatsleitung, nämlich zur »*Reinerhaltung des deutschen Blutes*«], und ein solcher Gegner wollte die Kirche nicht sein.

Hier ist, nun mit sachlicher Begründung und Überzeugung, Halfmanns Billigung der antijüdischen Gesetze des Staates wiederholt. Die Umstände der Veröffentlichung sprechen durchaus dafür, dass dies nicht nur dem Denken Halfmanns und Pörksens entsprach, sondern vollauf auch dem des Landesbruderrates und der Bekenntnisgemeinschaft insgesamt.

Gewiss hatte auch Halfmann von Anfang an mit eventuellen Einwendungen der staatlichen Organe gerechnet und ihnen mit diesen Konzessionsformulierungen vorbeugen wollen. Dazu nämlich fügt sich der durchgehende Gedanke in Halfmanns Schrift, zwischen dem gesetzgeberischen Antisemitismus des Staates, den er billigte, und dem wilden Antisemitismus der SA und SS, den er verwarf, zu unterscheiden. Das allerdings war eine politische Fehleinschätzung, wie sein jüdischer Kritiker ihm alsbald darlegen sollte. Dennoch war seine Aussage vom »*berechtigten Kampf* [des Staates, d. Vf.] *gegen das Judentum*« und ihre zusätzliche Hervorhebung »*– wir unterstreichen noch einmal: aus dem berechtigten Kampf*

---

[28] Wie Anm. 26, Kanzelerklärung der Pastoren der Propstei Flensburg vom 29. Nov. 1936.

[29] NEKA, 98.04, NL. Halfmann, B IX, Nr. 179, Einspruch Pörksens an das Reichskirchenministerium vom 9. Febr. 1937, hier abschriftliches, an Halfmann geschicktes Exemplar.

gegen das Judentum«[30] nicht nur taktischer Art, sondern entsprach seiner persönlichen Grundüberzeugung von der Autonomie staatlichen Gesetzeshandelns. Dass dies weithin zeitgenössisches Gemeingut war, deutete sich auch darin an, wenn sein jüdischer Kritiker Valentin einräumte, *»daß es nicht Aufgabe und Recht der Kirche sein kann und darf, in die Gesetzgebung des dritten Reiches in der Judenfrage in irgend einer Weise hineinzureden«.*[31]

Was Halfmann damals in all seinen kirchenpolitischen Überlegungen vorrangig bewegte, war der breit angelegte Vorwurf von der Verjudung der Kirche,[32] der außer von den Weltanschauungskräften um Rosenberg auch von den nationalkirchlichen Deutschen Christen und von der Deutschkirche erhoben wurde. Sie alle stempelten die Bekennende Kirche, eben weil diese sich kompromisslos auf die alttestamentlichen, jüdischen Traditionen gründete, als volks- und staatsfeindlich ab. Bei solchen falschen Fronten fürchtete Halfmann für den beginnenden Kirchenwahlkampf die Zerreißung des Volkes dadurch, dass man »*Christentum und Judentum zusammenwirft«.*[33] Von dort sei dann die schon vereinzelt erhobene Forderung nicht mehr fern, »die Christen seien unter Fremdenrecht zu stellen«. Das war 1936/37 die theologische und kirchenpolitische Abwehrstellung Halfmanns und der Bekennenden Kirche, aus der heraus er seine Judenschrift verfasst hatte.

Halfmanns Folgerungen und seine persönlichen Folgen

Als er seine Judenschrift Ende 1936 niederschrieb und veröffentlichte, war er noch des guten Glaubens, den radikalen Antisemitismus der NSDAP vom milderen des Staates trennen zu können. Schon im Herbst des folgenden Jahres aber musste Halfmann auf einer Sitzung des Lutherischen Rates der Bekennenden Kirche einsehen, dass die staatlichen Verbotsmaßnahmen des Jahres 1937 gegen die Kirche auf den ausgreifenden und sich verselbständigenden Regierungseinfluss Himmlers und seiner Ge-

---

[30] Halfmann: Die Kirche und der Jude, S.3.
[31] Wie oben, Anm. 25, Brief F. Valentins an Halfmann vom 25. April 1936.
[32] NEKA, 98.04, NL. Halfmann, B IX, Nr. 179, Postkarte J. Bundfuß an Halfmann vom 25. Sept. 1937, B. hatte die Judenschrift Halfmanns offenbar gar nicht gelesen, wohl aber deren Verriss in der Zeitschrift ›Der SA-Mann‹ und unterstellte Halfmann, er stelle die Juden auf eine Stufe mit den Ariern; das sei eine Verdummung und ein Verbrechen am deutschen Volk, betrieben sowohl von der katholischen wie von der evangelischen Kirche mit dem Ziel: *»Ausrottung der germanischen Rasse durch planmäßige Eindressierung der christlichen Irrlehre, mit dem gewünschten Erfolg: Weltrevolution und unumschränkte Judenherrschaft.«* Er beschimpfte Halfmann als *»Judengenossen übelster Sorte«*. Halfmann musste in dieser Attacke eine unwissentliche Bestätigung seiner These von der gemeinsamen Christenfeindlichkeit der Juden, Bolschewisten und Deutsch-Völkischen sehen, vgl. seine Antwort an Bundfuß vom 30. Sept. 1937.
[33] NEKA, 98.40, ABK. Nr. 16, Lage 74, Brief Halfmanns an P. Miether (BK), Gelting, vom 6. März 1937 über das Vorgehen der Bekenntnisgemeinschaft zur Kirchenwahl.

stapo zurückgingen. Das dort mitgeteilte Verbot einer Gegenschrift von Walther Künneth[34] gegen Rosenbergs »*Der Mythus des 20. Jahrhunderts*« machte ihm klar, dass nun im Staat die Entscheidung endgültig zugunsten der von Rosenberg entwickelten rassistischen Weltanschauung gefallen sei, dass sein »*Mythus – tatsächlich kanonisiert*« sei.[35] Halfmanns noch vor einem Jahr versuchte Differenzierung zwischen Staat und Partei war überholt, und damit war die von Valentin vorgebrachte Aktionseinheit beider offenkundig. Eine wesentliche Grundannahme Halfmanns in seiner Judenschrift war durch die politische Entwicklung widerlegt, was für ihn eine bittere Desillusionierung gewesen sein muss.

Halfmann hat in den folgenden Monaten die argumentative Auseinandersetzung mit Rosenbergs neuer antikirchlicher Kampfschrift »*Protestantische Rompilger*« aufgenommen.[36] Eben weil dessen »*Gedankengut öffentliche Anerkennung*« fand und sich in einer Serie von staatlichen Verboten gegen die Kirche niederschlug, habe »*die Kirche ihre Freiheit verloren*«.[37] Da all diese Maßnahmen auch von der Kirchenleitung Dr. Kinders übernommen würden, sei die schleswig-holsteinische Landeskirche faktisch einem kaum verhüllten Staatskommissariat unterworfen. Das sei keine *kirchliche* Kirchenleitung mehr.

Halfmann erfuhr den neuen Kurs auch persönlich, als Kinder ihn im Herbst 1937 aus seinem Amt als kommissarischer Konsistorialrat, das er dem inzwischen aufgelösten Landeskirchenausschuss verdankte, entließ.[38] Seine Entlassung hatte der Kirchenminister gefordert, sie aber nun nicht mehr mit der Judenschrift begründet, sondern damit, dass Halfmanns jüngster Zeitschriftenartikel vom Sommer 1937 zur Kirchenwahl Opposition bedeute.[39] Das Reichsministerium für Volksaufklärung und

---

[34] Es wird sich gehandelt haben um Künneth, Walter, Antwort auf den Mythus. Entscheidung zwischen dem nordischen Mythus und dem biblischen Christus, 1‹ Berlin 1935 [bis 1937 noch zwei weitere Auflagen].

[35] NEKA, 98.04, NL. Halfmann, B IX, Nr. 150, Halfmanns Notizen »31. Oktober« [1937] über eine Sitzung des Lutherischen Rates, in der man die Aussetzung der Kirchenwahl und ein einschneidendes Verordnungswerk des Staates gegen die Kirchen für den 31. Okt. 1937 erwartete. Himmler als Chef der Deutschen Polizei habe eine kleine Reichskanzlei aufgebaut, mit Referenten für sämtliche Verwaltungszweige; man habe den Eindruck, dass er »*nicht mehr Exekutivorgan ist, sondern eigene Politik macht*«; seine Gestapo übernähme immer mehr Zuständigkeiten des Innenministeriums, vom Reichskirchenministerium ganz zu schweigen.

[36] Rosenberg, Alfred, Protestantische Rompilger. Der Verrat an Luther und der ›Mythus des 20. Jahrhunderts‹. 1‹ München 1937. NEKA, 98.04, NL. Halfmann, A X, Nr. 42, »Pilgern wir nach Rom?«, Manuskript Halfmanns für einen Vortrag, den er zwischen September und Dezember 1937 an mehreren Orten gehalten hat.

[37] NEKA, 98.40, ABK. Nr. 2, Lage 7, Entwurf einer Stellungnahme des Landesbruderrates vom 12. Nov. 1937 zum gegenwärtigen Geschehen um die ev. Kirche; das von Halfmann korrigierte Exemplar s. NEKA, 98.04, NL. Halfmann, B IX, Nr. 175, daraus hier zitiert.

[38] NEKA, 98.04, NL. Halfmann, B IX, Nr. 153, Schreiben Präsident Kinders an Halfmann vom 25. Sept. 1937.

[39] NEKA, 98.04, NL. Halfmann, B IX, Nr. 111, Notizen Halfmanns über sein Gespräch mit Kinder am 24. Aug. 1937. Der beanstandete Aufsatz Halfmanns, Die kirchliche Entwicklung in Schleswig-Holstein, war in der Zeitschrift »Das Niederdeutsche Luthertum«, Nr.11 vom 3. Juni 1937 erschienen.

Propaganda von Goebbels stellte fest, dass darin »*Maßnahmen des Staates in versteckter Form angegriffen und Anordnungen des Reichskirchenministeriums kritisiert*« würden.[40] Hier bestätigte sich vollends die Vermutung, die Halfmanns Freund Pörksen schon bei den Beschlagnahmen vom Frühjahr 1937 geäußert hatte, dass ein »*Generalangriff bestimmter Stellen gegen Ihre Person und Stellung*« geführt werde, nämlich als Exponent der Bekennenden Kirche.[41]

Wegen der Judenschrift speziell ist Halfmann jedoch von Polizei oder Staatsanwaltschaft weder verhört noch verhaftet worden, auch ihretwegen in seiner dienstlichen Stellung nicht gemaßregelt worden. Die örtliche Gestapo hat ihm lediglich die vorhandenen Exemplare abgefordert; und bei der Gestapoleitung in Kiel ist er aus eigenem Antrieb erschienen, um sie zur Freigabe der Schrift zu bewegen.

Halfmanns Schriften über die Juden und die kirchliche Entwicklung werfen in ihren Kernaussagen, ihrer Motivation und vor allem in ihrer Wirkung ein zeittypisches Licht darauf, dass kirchliche Selbstbehauptung in der nationalsozialistischen Bedrohung eine intellektuelle und gewissensmäßige Gratwanderung mit vielfältigen Anfechtungen bedeutete, teils sachlich kritischen, wie von dem jüdischen Richter Valentin, teils gewaltsamen, wie von den staatlichen Behörden. Diese Anfechtungen führten aber auch bei Halfmann zu einer fortschreitenden persönlichen Klärung; zu einer veröffentlichten Korrektur fehlte ihm nach den Zwangsmaßnahmen und dem Verbot der Schrift jede reale Möglichkeit.

Ich fasse als Ergebnisse dieser Betrachtungen zusammen:

1. Halfmanns Judenschrift basiert auf der traditionellen christlichen Verwerfung der Juden, weil sie Jesus nicht als Gottessohn und Erlöser der Welt gelten ließen.
2. Auf die Gegenwart gewendet, stellt Halfmann diese Christusverleugnung und damit Feindlichkeit gegen das Christentum außer bei den Juden auch bei den Deutsch-Völkischen und bei den Bolschewisten fest.
3. Seine Schrift ist aus der Defensive heraus entstanden, dass die Weltanschauungskräfte der NSDAP permanent den Vorwurf von der Verjudung der Kirche erhoben.
4. Halfmann trifft eine – nicht erst aus heutiger Sicht – problematische Trennung zwischen der Zuständigkeit der Kirche und der des Staates, fällt aber dennoch als Kirchenmann ein positives Urteil über die antijüdischen Gesetze des Staates; er hebt außerdem den gesetzlichen Antisemitismus des Staates vom aggressiven Antisemitismus der NSDAP ab.
5. Die letztere Unterscheidung hat er spätestens im Herbst 1937 als prinzipiell nicht länger anwendbar eingesehen, da das Rosenberg'sche Gedankengut nun als offizielle Staatsdoktrin gehandhabt wurde.

---

[40] NEKA, 98.04, NL. Halfmann, B IX, Nr. 96, Schreiben des Reichsministeriums für Volksaufklärung und Propaganda an den Schriftleiter der Zeitschrift »Das Niederdeutsche Luthertum«, P. Kreye, Hamburg, vom 5. Juli 1937, von diesem an Halfmann weitergereicht.

[41] NEKA, 98.04, NL. Halfmann, B IX, Nr. 179, Brief Pörksens an Halfmann vom 19. April 1937.

Über diese begründbaren Ergebnisse hinaus war es vielleicht eine Fernwirkung der Erfahrungen mit der Judenschrift, dass später zu den von der SA inszenierten und vom Staat gedeckten Judenpogromen vom 9./10. November 1938 weder Halfmann noch der Landesbruderrat sich zu äußern wagten; erst in seinen späten Kriegspredigten hat Halfmann es vorsichtig, doch immerhin öffentlich gebrandmarkt, dass der NS-Staat »*aus angeblichen Gründen des Gemeinwohls: etwa unheilbar Kranke, Lebensuntüchtige, entwaffnete Feinde und Geiseln oder Menschen fremder Abstammung*« als nichtschuldige Menschen töte; Gottes Gebote kennten keinen Aufschub, keine zeitweilige Außerkraftsetzung, auch nicht das 5. Gebot »Du sollst nicht töten«, nicht im Kriege und schon gar nicht im Innern des Volkes und Staates.[42] Diese Position ging aus Erfahrung und Einsicht meilenweit über seine in der Judenschrift von 1936 bezogene Position hinaus.

---

[42] NEKA, 98.04, NL. Halfmann, A I, Predigten, Bd. 1944–45, Predigt vom 16. Juli 1944 über das 5. Gebot, daraus das Folgende referiert; nach göttlicher Ordnung dürfe die Obrigkeit durch ihre Richter und Soldaten nur schuldige Verbrecher und äußere Feinde zum Schutz des eigenen Volkes töten; weiterhin seine Predigt vom 12. Nov. 1944, in der er u.a. die Vergöttlichung der eigenen Rasse und die Verteufelung der jüdischen als Aufstand gegen Gott anklagte.

Hansjörg Buss

»Entjudung der Kirche«

Ein Kircheninstitut und die schleswig-holsteinische Landeskirche[*]

Am Neujahrstag 1940 predigte Landesbischof Adalbert Paulsen in der Kieler Nikolaikirche:

»*Im gleichen Atemzug stellen wir uns vor, der Heiland würde eines Tages in Kiel auftreten, zum Rathaus gehen und den Beamten um eine Beurkundung seiner jüdischen Abstammung ersuchen. ›Was hast du für Papiere‹, würde der Beamte fragen. Der Heiland sagt: »Ich habe hier ein Geschlechtsregister aus dem Neuen Testament.« Der Beamte sieht es sich durch und sagt: ›Dies Register betrifft nur deinen Vater Joseph. Es geht zwar von Abraham an, aber es ist voller Lücken. Darauf kann ich eine Beurkundung über deinen Vater nicht ausstellen.‹ Der Heiland sagt: ›Ich habe hier noch ein zweites Geschlechtsregister aus dem Neuen Testament.‹ Der Beamte sieht es durch und sagt: ›Auch dieser Register geht nur auf deinen Vater. Es fängt mit Joseph an und geht umgekehrt, wie das erste auf Adam zurück. Aber des Register weist noch größere Lücken auf. Ich kann somit nicht beurkunden, daß Joseph von David abstammt. Aber wie ist es denn mit deiner Mutter? Die Abstammung von der Mutter ist das wichtigste.‹ Der Heiland antwortet: ›Von meiner Mutter stehen gar keine Angaben im Neuen Testament über ihre Abstammung.‹ Der Beamte fragt: ›Wo stammt sie denn her?‹ Der Heiland erwidert: ›Aus Galiläa.‹ Es reicht der Beamte ihm die Papiere zurück und sagt: ›Dann ist nach unseren Gesetzen deine jüdische Abstammung nicht zu beurkunden weder väterlicherseits noch mütterlicherseits. Es ist höchstens festzustellen, daß du mit höchster Wahrscheinlichkeit von nicht-jüdischer Abstammung bist. Den Galiläa hieß zu deinen Geburtszeiten: Gallil ha Gijom, d.h. das Land der Heiden. Seine Sprache ist anders. Seine Bevölkerung ist nachweisbar eingewandert aus dem Westen und aus dem Norden, im Kaukasus, nicht aber vom Osten. Du bist kein Jude.*«[1]

Warum betonte Paulsen die »nichtjüdische Abstammung« von Jesus? Warum beschäftigte er sich überhaupt in einer Predigt mit der »Abstammungsfrage«? Was wollte der Bischof mit der Thematisierung der Herkunft von Jesus erreichen? Die Beantwortung dieser Frage führt unmittelbar zu einem der zentralen Aspekte der theologischen Diskussion in den 30er und frühen 40er Jahren: den jüdischen Wurzeln des Christentums und dem daraus resultierenden Spannungsverhältnis zwischen christlicher Religion, völkischer Ideologie und nationalsozialistischer Weltanschauung.

---

[*] Überarbeitete Fassung eines Vortrags in der Ansgarkirche am 25. Februar 2002.
[1] *Im Feuer einer Schicksalswende*, Predigt vom 1. Januar 1940. Nordelbisches Kirchenarchiv (NEK-Archiv): 98.40 Nachlass Wester, Nr. 227 Landesbischof Paulsen.

Schon in der Weimarer Republik wurden völkische und rassistische Ideen auch innerhalb der Kirche propagiert.[2] Ein Wegbereiter dieser völkischen Theologie – und auf politischem Gebiet des Nationalsozialismus – ist in der Ausstellung *Kirche, Christen, Juden in Nordelbien 1933 bis 1945* beispielhaft dargestellt: der Flensburger Hauptpastor Friedrich Andersen, der spiritus rector des *Bundes für deutsche Kirche*. Zentrales Element der *»neuen, zeitgemäßen«* Interpretation des Christentums war ein Antisemitismus, der den weit verbreiteten, theologisch begründeten, kirchlichen Antijudaismus um eine rassistische Komponente erweiterte. Die sog. *Deutschkirche* forderte ein *»judenfreies Christentum«*. Insbesondere das Alte Testament wurde als eine *»Quelle fremder Art«* abgelehnt und Jesus zum *»Arier«* umgedeutet, der als Held und Märtyrer im Kampf gegen das Judentum den Tod am Kreuz erlitten hatte.[3]

Derartige Vorstellungen gewannen mit dem politischen Durchbruch der Nationalsozialisten im Jahre 1933, und damit eng verbunden dem Aufstieg der *Deutschen Christen* (DC) in der evangelischen Kirche, an Einfluss.

Am 13. November 1933 rief der Berliner DC-Gauobmann, Reinhold Krause, vor über 20.000 Anhängern der DC zur Befreiung von allem *»Undeutschen im Gottesdienst und im Bekenntnismäßigen«* und vom *»Alten Testament mit seiner jüdischen Lohnmoral, von dieser Viehhändler- und Zuhältergeschichte«* auf und forderte den *»Verzicht auf die Sündenbocks- und Minderwertigkeitstheologie des Rabbiners Paulus«*.[4]

Die Hetzrede Krauses, die als »Sportpalastskandal« in die Annalen der Kirchengeschichte einging, führte zwar zu einer Massenaustrittsbewegung und leitete den rapiden Verfall der DC ein, das Anliegen einer *»völkischen«* und *»artgemäßen«* deutschen Reichskirche wurde aber in verschiedenen aggressiv und radikal antisemitisch auftretenden deutschchristlichen Zirkeln weiterverfolgt. Als wichtigste und wirkungsmächtigste Gruppierung konnte sich die *Nationalkirchliche Bewegung Deutsche Christen* (NDC), die auch als *Thüringer DC* bezeichnet werden, etablieren. Als Folge der Übernahme des nationalsozialistischen »Rassenbegriffes« war die »Entjudung« von Gesellschaft und Kirche für die NDC ideologisch konstitutiv. So heißt es in den Programmsätzen der NDC aus dem Jahr 1937:

»Die Nationalkirchliche Bewegung DC setzt sich ein für die Überwindung und Beseitigung alles jüdischen und fremdvölkischen Geistes in den kirchlichen Lehr- und Lebensformeln und bekennt sich zum Deutschen Christentum als der artgemäßen Religion des deutschen Volkes. Christus

---

[2] Vgl. Klaus Scholder: Die Kirchen und das Dritte Reich, Band 1: Vorgeschichte und Zeit der Illusionen 1918–1934, Frankfurt (M) u.a. 1977, S. 124ff.

[3] Vgl. NEK-Archiv (Hg.): Kirche, Christen, Juden in Nordelbien 1933 bis 1945, Schuber mit 13 Einlagen, Kiel 2001 – Pastor Friedrich Andersen; Gisela Siems: Pastor Friedrich Andersen, Bund für deutsche Kirche, – ein Wegbereiter des Nationalsozialismus in der Stadt Flensburg, in: Klauspeter Reumann (Hg.): Kirche und Nationalsozialismus. Beiträge zur Geschichte des Kirchenkampfes in den evangelischen Landeskirchen Schleswig-Holsteins (Schriften des Vereins für Schleswig-Holsteinische Kirchengeschichte, Reihe I, Band 35), Neumünster 1988, S. 13–34.

[4] Auszugsweise abgedruckt in: Georg Denzler/Volker Fabricius: Christen und Nationalsozialisten, überarbeitete und aktualisierte Neuausgabe, Frankfurt (M) 1993, S. 50.

ist nicht Sproß und Vollender des Judentums, sondern sein Todfeind und Überwinder.«[5]

Aufgrund der offenkundigen Bekenntniswidrigkeit und der bloßen Übertragung der nationalsozialistischen Ideologie auf den kirchlichen Bereich wurden die NDC von der überwiegenden Mehrheit der Amtsträger und Laien konsequent abgelehnt. Durch geschicktes kirchenpolitisches Taktieren und Protektion durch staatliche und parteiamtliche Stellen gelang es diesen dennoch, innerhalb der Kirche an Einfluss zu gewinnen und einflussreiche Positionen zu besetzen. In vier Landeskirchen, u.a. in Lübeck, stellten sie die Kirchenleitung.[6]

Auch bei der Gründung des *Instituts zur Erforschung und Beseitigung des jüdischen Einflusses auf das deutsche kirchliche Leben*, eines kirchlichen Instituts, das auf Initiative von elf der 28 evangelischen Landeskirchen im Mai 1939 gegründet worden war, spielten die Thüringer DC eine maßgebliche Rolle.

Das Eisenacher Institut

Die ersten Überlegungen zur Errichtung eines von der Kirche getragenen Instituts mit antisemitischer Zielsetzung setzten bereits Anfang 1938 ein. Im Januar forderte der *Bund für deutsches Christentum*, ein Zusammenschluss der deutschchristlichen Kirchenführer von Anhalt, Bremen, Hessen, Lübeck, Oldenburg, Mecklenburg, Sachsen, Schwerin und Thüringen, zur gründlichen »Entjudung« der Kirche auf.[7] Ausdrücklich wurde diese Forderung als kirchlicher Beitrag zum nationalsozialistischen »*Weltkampf gegen das Judentum*« verstanden.[8] 15 Monate später, am 4. April 1939, erklärten schließlich die Kirchenführer von elf Landeskirchen den christlichen Glauben zum unüberbrückbaren Gegensatz zum Judentum und gaben die Gründung eines Instituts zur Erforschung und Beseitigung des jüdischen Einflusses auf das deutsche kirchliche Leben bekannt.[9] Inhaltliche Grundlage für das Vorpreschen der Kirchenleiter war die sog. Godesberger Erklärung, die im Zuge der (gescheiterten) kirchlicher Einigungsbemühungen des Reichskirchenministers, Hanns Kerrl, von Vertretern der nationalkirchlich orientierten DC und der kirchlichen Mitte verabschiedet worden war. In unmissverständlichen Worten war in dieser

---

[5] Die Nationalkirche. Briefe an die Deutsche Christen, Nr. 30/1937. Abgedruckt in: Kurt Meier: Kirche und Judentum. Die Haltung der evangelischen Kirche zur Judenpolitik des Dritten Reiches, Göttingen 1968, S. 31.

[6] Es handelt sich um die Landeskirchen Anhalt, Lübeck, Sachsen und Thüringen. Zur Entwicklung der NDC vgl. Kurt Meier: Die Deutschen Christen. Das Bild einer Bewegung im Dritten Reich, Göttingen 1964, S. 232ff.

[7] Meier: Die Deutschen Christen, S. 147ff.

[8] Schreiben des Berliner Superintendenten Propp an Professor Grundmann vom 5. Februar 1938. Landeskirchenarchiv Thüringen (LKArch Thüringen): Bestand DC, III 2f Acta diversa – Institut zur Erforschung und Beseitigung des jüdischen Einflusses auf das deutsche kirchliche Leben.

[9] Abgedruckt in: Evangelische Arbeitsgemeinschaft für kirchliche Zeitgeschichte (Hg.): Dokumente zur Kirchenpolitik des Dritten Reiches, Band 4: 1937–1939, Gütersloh 2000, S. 340ff.

Eröffnungsfeier
am Sonnabend, den 6. Mai 1939, 16,30 Uhr
auf der Wartburg

✝ Institut zur Erforschung und Beseitigung des jüdischen Einflusses auf das deutsche kirchliche Leben.

1. Lied: Ans Werk, ihr Kameraden

Ans Werk, ihr Kameraden! / Zum Kampf zu frohen Taten! / Nun gleichen Tritt gefaßt! / Die heil'gen Ströme fluten, / die heilgen Feuer gluten, / ins Herz, das liebt und haßt.

Das Herz, das liebt die Treue, / die uralt ewig neue / und haßt den falschen Tod. / Wir wollen kämpfen, bauen / und in die Sterne schauen / und lieben Volk und Gott.

Nicht klagen, nicht verzagen, / das Schicksal wird getragen! / Das ist Befehl von Gott! / Kein Mund soll feige fragen, / die Fackeln sollen ragen / in wilder Nacht und Not.

Die Nacht, die muß hingehen, / das Licht muß auferstehen / in heller Morgenpracht.

All' Falschheit muß verwehen, / aufrechte Männer stehen / vor Gott und halten Wacht.

2. Begrüßung
3. Quartett: Adagio von Mozart
4. Prolog (H. Ohland)
5. Lied: Über uns Gottes Befehle

Über uns Gottes Befehle, / unter uns Gottes Gebot. / In uns die gläubige Seele, / um uns versinkende Not. / Ziehn wir in den Morgen / neuer Gotteszeit, / gläubig und tapfer! / Wir sind bereit!

Über uns blinkende Sterne, / hinter uns Nebel und Not! / Vor uns die leuchtende Ferne, / mit uns der ewige Gott. / Ziehn wir in den Morgen / neuer Gotteszeit, / gläubig und tapfer! / Wir sind bereit!

Über uns Führer und Meister, / unter uns treu Kamerad. / Gegen uns Welten und Geister, / wir nur des Führers Soldat. / Ziehn wir in den Morgen / neuer Gotteszeit, / gläubig und tapfer! / Wir sind bereit!

6. Es spricht: Siegfried Leffler
7. Lied: Wir glauben das Neue

Wir glauben das Neue! / Wir hüten die Saat! / Wir halten die Treue! / Wir leben die Tat! / Arbeiter, Bauern, Soldaten, / Schaffer und Kämpfer zugleich, / Arbeiter, Bauern, Soldaten / bauen das heilige Reich.

Wir glauben das Neue! / Wir hüten die Saat! / Wir halten die Treue! / Wir leben die Tat! / Wir roden, wir graben, wir mauern / den Grund, den heiligen Grund. / Deutschland soll ewiglich bauern, / Wir schwör'n's mit Herz u. Mund.

Wir glauben das Neue! / Wir hüten die Saat! / Wir halten die Treue! / Wir leben die Tat! / Wir schaffen, wir schaffen, vererben / die Kraft, das deutsche Blut. / Wir schaffen, wir schaffen u. sterben / für unser heiligstes Gut.

8. Es spricht: Dr. Grundmann-Jena
9. Quartett: Andante von Schubert
10. Schlußwort
11. Lied: Es gibt nur eine Parole

Es gibt nur eine Parole, / die allen im Herzen brennt. / Es gibt nur eine Parole, / zu der sich jeder bekennt:

Gehorsam und Treue, Gehorsam und Treu'. / Es gibt nur eine Parole: / Gehorsam und Treu'.

Programm der Eröffnungsfeier des Eisenacher Instituts am 6. Mai 1939 auf der Wartburg.

die nationalsozialistische Weltanschauung als Grundlage der evangelischen Kirche bejaht worden:

»*Indem der Nationalsozialismus jeden politischen Machtanspruch der Kirchen wirksam bekämpft und die dem deutschen Volke artgemäße nationalsozialistische Weltanschauung für alle verbindlich macht, führt er das Werk Martin Luthers nach der weltanschaulich-politischen Seite fort und verhilft uns dadurch wieder zu einem wahren Verständnis des christlichen Glaubens.*«[10]

Zum Sitz des Instituts wurde das kirchliche Predigerseminar in Eisenach bestimmt. Der feierliche Gründungsakt fand am 6. Mai auf der Wartburg statt. Ort und das Datum waren nicht zufällig gewählt: Es handelte sich um den Jahrestag der Ankunft von Luther auf der Wartburg – und die Gründung des Instituts wurde als völkische Fortführung seines reformatorischen Werks betrachtet. Der Nationalsozialismus habe, so der wissenschaftliche Leiter des Instituts, Professor Walter Grundmann[11], in seinem Festvortrag, den Deutschen die »*völkische Wahrheit*« wieder ins Bewusstsein gerufen, dass »*der Mensch Glied einer ihn tragenden und umfassenden Gemeinschaft ist, der er zu Dienst verpflichtet ist, wenn er überhaupt Mensch sein will. Diese Gemeinschaft ist das Volk, eine aus Rasse entstehende, an den Boden gebundene, durch das geschichtliche Schicksal bestimmte und geprägte organische Größe*«.[12] Da das Judentum diesen Gedanken untergrabe und mit Hilfe des Bolschewismus »*die Weltherrschaft des Judentums*« herbeiführen wolle, sei »*dem deutschen Volk der Kampf gegen das Judentum unwiderrufbar aufgegeben*«.[13] In einem an die Landeskirchen gerichteten Rundschreiben fasste Grundmann die Zielsetzung des Instituts noch einmal knapp zusammen: Die Arbeit des Instituts beruhe auf der Überzeugung, dass »*der jüdische Einfluß auf allen Gebieten des deutschen Lebens, also auch auf dem religiös-kirchlichen entlarvt und gebrochen werden muß*«. Dabei gelte der Leitsatz, dass »*das Christentum, wie seine Geschichte in den ersten Jahrhunderten erweist, gegen das Judentum gewachsen ist und den germanischen Stäm-

---

[10] Ebenda, S. 340f.
[11] Walter Grundmann war Professor für Neues Testament und Völkische Theologie an der Theologischen Fakultät der Universität Jena. Zur Person und der Theologie Grundmanns vgl. Klaus-Peter Adam: Der theologische Werdegang Walter Grundmanns bis zum Erscheinen der *28 Thesen der sächsischen Volkskirche zum inneren Aufbau der Deutschen Evangelischen Kirche* Ende 1933, in: Leonore Siegele-Wenschkewitz (Hg.in): Christlicher Antijudaismus und Antisemitismus. Theologische und kirchliche Programme Deutscher Christen (Arnoldshainer Texte, Band 85), Frankfurt (Main) 1994, S. 171–200; Wolfgang Schenk: Der Jenaer Jesus. Zu Werk und Wirken des völkischen Theologen Walter Grundmann und seiner Kollegen, in: Peter von der Osten-Sacken (Hg.): Das mißbrauchte Evangelium. Studien zu Theologie und Praxis der Thüringer Deutschen Christen (Studien zu Kirche und Israel, Band 20), Berlin 2002, S. 167–279; Peter von der Osten-Sacken: Walter Grundmann – Nationalsozialist, Kirchenmann und Theologe. Mit einem Ausblick auf die Zeit nach 1945, in: Ders. (Hg.): Das mißbrauchte Evangelium, S. 280–313.
[12] Grundmann: Die Entjudung des religiösen Lebens als Aufgabe deutscher Theologie und Kirche, Weimar 1939, S. 8 (es handelt sich um die gedruckte Fassung seines Festvortrags anlässlich der Institutseröffnung).
[13] Ebenda: S. 9.

Die Arbeitsgliederung des Institutes
Arbeitskreise und Forschungsaufträge

I. Prinzipielle Untersuchungen

F. A. 211 (Schriftprinzip)
Grundsätzlich systematisch-theologische Besinnung auf die Beziehungen zwischen Schrift, Frömmigkeit und Kirche;
Untersuchungen über das Neuverstehen des Schriftprinzips auf Grund der Fortentwicklung des lutherisch-kritisch-gläubigen Ansatzpunktes durch Idealismus, Religionsgeschichte und Textkritik;
Forschungen über die Kulturbedeutung der Bibel im deutschen Geistesleben.

A. K. 212 (Religionstypologie)
Untersuchung und Herausarbeitung des typischen Gegensatzes zwischen arischer und semitischer Religiosität unter besonderer Berücksichtigung der germanisch-deutschen Lebens- und Glaubenshaltung einerseits und der jüdischen andererseits.

F. A. 213 (Kunstwerkbeurteilung)
Herausarbeitung klarer Grundsätze für die Beurteilung (und Aufführung) von Kunstwerken, die alttestamentliche Figuren, Symbole und Texte zum Ausdruck eines Arteigenen verwenden.

F. A. 214 (Geopolitik)
Herausarbeitung der geopolitischen Unterscheidungsmerkmale von Christentum und Judentum zur Darstellung ihres religiösen Wesensunterschiedes unter besonderer Berücksichtigung der Selbständigkeit oder Abhängigkeit gegenüber den jeweiligen Wirtsvölkern.

II. Historisch-genetische Untersuchungen

A. K. 221 (Altes Testament)
Die grundsätzlichen und religionsgeschichtlichen Probleme des Alten Testaments.

A. K. 222 (Neues Testament)
Untersuchung der Entstehungsverhältnisse des Christentums unter dem rassischen Gesichtspunkt und unter Einbeziehung der bevölkerungspolitischen und religiösen Einflußverhältnisse Palästinas.

A. K. 223 (Quellensammlung)
Das Urteil über die Juden und das Judentum in der griechisch-römischen Spätantike und dem Mittelalter bis zum 16. Jahrhundert.

A. K. 224 (Kirchengeschichte I/II)
Untersuchung des jüdischen Einflusses auf die Entstehung der römisch-katholischen Kirche und auf die Entwicklung von Frömmigkeit, Dogma, Kultus und Recht, sowie die Herausarbeitung der bestimmenden Kräfte in der Auseinandersetzung deutschen Glaubenslebens mit dem römischen Katholizismus seit der Christianisierung bis zur Reformation.

F. A. 225 (Kirchengeschichte III)
Erforschung der Zusammenhänge zwischen der Reformation und der paulinischen Theologie unter der Fragestellung: a) sind durch diese Zusammenhänge spezifisch jüdische Gedanken in das deutsche Leben eingedrungen; b) liegt in der Reformation eine spezifische Aneignung des Christentums vor, und unter welchen Gesetzen steht sie?

A. K. 226 (Einzelpersönlichkeiten)
Klarstellung der Haltung großer deutscher religiöser Persönlichkeiten zum Judentum (Luther, Herder, Stöcker usw.)

F. A. 227 (Deutsche Mystik)
Erforschung der Zusammenhänge zwischen der sogenannten deutschen und der jüdischen Mystik unter der Fragestellung: a) sind durch die im einzelnen festzustellenden Zusammenhänge spezifisch jüdische Gedanken in die deutsche Mystik eingedrungen; b) stellt die deutsche Mystik eine spezifische Gestaltung des Christentums dar, und unter welchen Gesetzen vollzieht sich diese Gestaltung?

F. A. 231 (Spinoza und jüdische Philosophie)
Klarstellung des Einflusses Spinozas auf die Naturfrömmigkeit des 18. und 19. Jahrhunderts. Verhältnis des deutschen Idealismus zum Judentum. Untersuchung des Einflusses der jüdischen Vertreter im Rahmen des Neuidealismus (Cohen, Simmel u. a.) auf die theologische Entwicklung der Nachkriegszeit.

F. A. 232 (Politischer Katholizismus)
Untersuchung der Auswirkung des jesuitisch bestimmten politischen Katholizismus im 19. Jahrhundert auf die deutsche Frömmigkeit und seine Zusammenhänge mit der jüdischen Gedankenwelt.

Arbeitsgliederung des Instituts. In: Verbandsmitteilungen Nr. 1, 30. Dezember 1939

F. A. 233 (Jüdische Verfälschung)
Untersuchung der vom Judentum der Neuzeit in die Moderne eingeführten Vorstellungen und Begriffe auf ihre Herkunft unter besonderer Berücksichtigung der von ihm vorgenommenen Säkularisierung, Erweichung und Verfälschung genuin abendländisch-christlicher Ideen.

F. A. 234 (Kirchenrecht)
Untersuchung des Kirchenrechts nach Wesen und Form besonders im Hinblick auf den auffälligen Parallelismus zwischen jüdischer und römischer Kasuistik.

F. A. 235 (Jüdische Literatur)
Das Urteil des Juden über die Religion an sich als auch die Selbstbeurteilung der eigenen Religiosität sowie des Atheismus bei den jüdischen Literaten.

F. A. 236 (Volkskunde)
Die Stellung und Beurteilung des Juden besonders hinsichtlich der Religion bei dem „gemeinen" Volke durch Sammlung des gesamten einschlägigen Materials seit dem 30jährigen Kriege
 a) in der volkstümlichen Dichtung,
 b) in der Autobiographie,
 c) in dem Schrifttum zur Volkskunde.

F. A. 237 (Judenmission)
Untersuchung der Geschichte der Judenmission beider Konfessionen auf völkischer Grundlage nach ihren kultur- und geistesgeschichtlichen Voraussetzungen, sowie Schaffung einer einwandfreien Statistik jüdischer Konvertiten nach rassischen Gesichtspunkten.

F. A. 238 (Jüdische Religionsprobleme)
Untersuchung der innerreligiösen Probleme des Judentums
 a) in der Vergangenheit,
 b) in der Gegenwart,
 c) in Palästina.

F. A. 239 (Freimaurerei)
Untersuchung der religionsgeschichtlichen Ursprünge und zeitgeschichtlichen Bedingtheiten des Freimaurertums, der zunehmenden Einflußnahme des Judentums über die Freimaurerei auf Kirche und Christentum, sowie der tatsächlichen Zusammenhänge zwischen Kirche und Freimaurerei, besonders unter dem Gesichtspunkt der Verjudung.

F. A. 240 (Völkisches Christentum)
Darstellung der religiösen Problematik bei den Versuchen einer spezifischen Eindeutschung des Christentums unter besonderer Herausarbeitung der zeitgeschichtlich bedingten und überzeitlichen Auffassung von dem Werte des Christentums.

F. A. 241 (Theologie des 19. Jahrhunderts)
Untersuchung der Stellung der Schule bildenden Theologie des 19. Jahrhunderts zur Judenfrage sowohl im konfessionellen und überkonfessionellen als auch im staatspolitischen Sinne.

III. Praktische Maßnahmen

A. K. 291 (Volkstestament)
Schaffung einer Ausgabe der Evangelien, die auf Grund der wissenschaftlichen Erkenntnisse sich auf den ältesten Traditionen aufbaut, die aus dem Judentum kommenden Umbildungen und Legenden ausscheidet und die zugleich zum ältesten uns erreichbaren Jesusbild führen soll.

Eine ebensolche Bearbeitung des Johannesevangeliums und der übrigen neutestamentlichen Schriften und des Alten Testaments soll folgen, und zwar
 a) als wissenschaftliche Ausgabe,
 b) als Volksausgabe.

A. K. 292 (Gesangbuchrevision)
Schaffung eines deutschen Volksgesangbuches durch Sichtung und Bearbeitung des vorhandenen Liedgutes.

A. K. 293 (Lebensgeleitbuch)
Schaffung eines Volksbuches deutscher Frömmigkeit als Lebensgeleitbuch deutscher Menschen, das Zeugnisse deutschen Christusglaubens und deutscher Frömmigkeit enthält.

A. K. 299 (Aufklärungsmaterial)
Schaffung von Aufklärungsmaterial für die praktische Gemeindearbeit zur Klarstellung des Gegensatzes zwischen christlicher und jüdischer Glaubensweise; Schriften volkstümlicher Art zur Volksaufklärung unter Einbeziehung des Films, der wegen seiner unmittelbaren Anschaulichkeit in besonderer Weise hierzu geeignet ist.

Arbeitsgliederung des Instituts. In: Verbandsmitteilungen Nr. 1, 30. Dezember 1939

men auf den Wegen zur Volkswerdung und Geschichtsmächtigkeit eine entscheidende Wahrheit mitgegeben hat«. Demnach gelte es »*die Werdegesetze deutschen religiösen Lebens und deutscher christlicher Erfahrung aufzuzeigen und die entartenden und gefährlichen fremden Einflüsse zu enthüllen*«.[14]

Um dieses Ziel zu erreichen, wurde ein umfangreicher Aufgabenkatalog erstellt. In der Institutssatzung vom Januar 1940 wurde festgehalten, dass das Institut folgende Aufgaben zu erfüllen habe:

»*a) Errichten von Arbeits- und Forschungsgemeinschaften, b) Schaffung von Aufklärungsmaterial für einschlägige Materialien, c) Literarische Veröffentlichungen, d) Vorträge und Lehraufträge, e) Anregungen an die verantwortlichen Kirchenleitungen und an andere Stelle des kirchlichen Lebens.*«[15]

In der praktischen Arbeit des Instituts wurde diese vielfältige Aufgabenstellung von Beginn an mit großem Engagement umgesetzt. So veranstaltete das Institut bis ins Jahr 1942 jährlich »wissenschaftliche« Tagungen, an denen bis zu 600 Theologen aus dem gesamten Reichsgebiet teilnahmen. Die Tagungsbeiträge spiegeln durchweg die antisemitische Intention der Institutsarbeit wider. Beispielsweise waren auf der 2. Gesamtarbeitstagung 1941 in Eisenach u.a. folgende Vorträge zu hören: Prof. Eisenhuth, Jena, referierte zu dem Thema *Germanische, jüdische und christliche Gottesidee*, Prof. Euler, Gießen, zur *Rassengeschichte des vorderen Orients und die Wissenschaft des Alten Testaments*. Prof. Koepp, Greifswald, hielt den Vortrag *Aus der Werkstatt einer Glaubensgeschichte der germanischen Seele,* Prof. Meyer-Erlach, Jena, *Die völkische Prägung des Christentums in den nordischen Ländern* und Prof. Grundmann *Das apokalyptische Geschichtsbild und das deutsche Geschichtsdenken*. Ergänzend referierte Kriegspfarrer Prof. Hempel, Berlin, über *Die Aufgabe von Theologie und Kirche, von der Front her gesehen*.[16]

---

[14] Grundmann: Die Arbeit des Instituts, NEK-Archiv: 32.01 Landeskirchenrat/-amt Hamburg, Nr. 2040 Institut zur Erforschung und Beseitigung des jüdischen Einflusses auf das deutsche kirchliche Leben, Blatt 2.

[15] Satzung vom Januar 1940, LKArch Thüringen: Bestand DC III.

[16] 2. Arbeitstagung vom 24. bis 26. Februar 1941 in Eisenach. Verbandsmitteilungen Nr. 2/3, Dezember 1940, S. 73. Kirchenkreisarchiv Herzogtum Lauenburg (KKArch Herzogtum Lauenburg): Nr. 306 Institut zur Erforschung und Beseitigung des jüdischen Einflusses auf das deutsche kirchliche Leben. Die Ergebnisse der Arbeitstagungen wurden in Tagungsbänden veröffentlicht: Grundmann (Hg.): Christentum und Judentum. Studien zur Erforschung ihres gegenseitigen Verhältnisses (Sitzungsberichte der ersten Arbeitstagung des Instituts zur Erforschung des jüdischen Einflusses auf das deutsche kirchliche Leben vom 1.-3. März 1940), Band 1, Leipzig 1941; ders. (Hg.): Germanentum, Christentum und Judentum. Studien zur Erforschung ihres gegenseitigen Verhältnisses (Sitzungsberichte der zweiten Arbeitstagung des Instituts zur Erforschung des jüdischen Einflusses auf das deutsche kirchliche Leben vom 3.-5. März 1941 in Eisenach), Band 2, Leipzig 1942; ders. (Hg.): Germanentum, Christentum und Judentum. Studien zur Erforschung ihres gegenseitigen Verhältnisses (Sitzungsberichte der dritten Arbeitstagung des Instituts zur Erforschung des jüdischen Einflusses auf das deutsche kirchliche Leben vom 9.-11. Juni 1942 in Nürnberg), Band 3, Leipzig 1943.

Von zentraler ideologischer Bedeutung und Voraussetzung für die Institutsarbeit war dabei die vollständige Abkoppelung der Person Jesu vom Judentum. Grundmann war in seinem diesbezüglich grundlegenden Werk *Jesus der Galiläer und das Judentum* zu dem Ergebnis gekommen:

»*Wenn also die galiläische Herkunft Jesu unbezweifelbar ist, so folgt (...) daraus, daß er mit größter Wahrscheinlich kein Jude gewesen ist, vielmehr völkisch einer der in Galiläa vorhandenen Strömungen angehört hat. Daß er wie die meisten Galiläer von seiner Familie her jüdischer Konfession gewesen ist, die er selbst aber restlos zerstoßen hat, hatten wir bereits festgestellt.*«[17]

Erst auf der »wissenschaftlich« gesicherten Basis des »nicht-jüdischen« Jesus konnte das Institut diesen als den entschiedensten Gegner des Judentums darstellen und die angestrebte »Ausmerzung« alles Jüdischen aus der Kirche vorantreiben.

Neben der »wissenschaftlichen« Arbeit trat das Institut aber vor allem mit der Herausgabe von »entjudeten« kirchlichen und liturgischen Materialien an die Öffentlichkeit. Bereits im Jahr 1940 erschien als erste Institutsveröffentlichung eine »gereinigte« Fassung des Neuen Testamentes: *Die Botschaft Gottes*. Diese sei, so heißt es in den Verbandsmitteilungen des Instituts, nötig geworden, da die Bibel von »*der Legende überhöht und von der Unzulänglichkeit der Überlieferung (...) judenchristlich verunstaltet*« sei.[18] Das Verfahren sah vor, hebräische Wörter, den Zusammenhang zwischen Jesus und dem Judentum sowie die Bezüge zum Alten Testament zu streichen. Sofern die entsprechenden Beschreibungen nicht gänzlich eliminiert werden konnten, wurden genealogische Zuschreibungen des jüdischen Ursprungs von Jesus in reine Ortsangaben umgewandelt. Insgesamt wurde der Text in weiten Teilen umgeschrieben und neu gegliedert. Die Überschriften der sieben Unterkapitel des ersten Teiles *Jesus der Heiland*, eine Zusammenfassung der drei synoptischen Evangelien nach Matthäus, Markus und Lukas, lauteten nunmehr: *1. Sein Ursprung 2. Sein Aufbruch 3. Seine Botschaft 4. Seine Gefolgschaft 5. Sein Kampf 6. Sein Kreuz 7. Sein Sieg*. Die Anlehnung an den nationalsozialistischen Sprachgebrauch ist hierbei nicht zu übersehen.[19] *Jesus der Heiland* war auch die erfolgreichste Produktion des Eisenacher Institutes: nach eigenen Angaben wurden bis Ende 1940 etwa 200.000 Exemplare der Teilausgabe verkauft.[20]

Ein Jahr später, im Juni 1941, wurde der kirchlichen Öffentlichkeit mit *Großer Gott wir loben dich* ein »judenfreies« Gesangbuch vorgestellt. In zweijähriger Arbeit waren die bis dahin in Gebrauch stehenden 30 evan-

---

[17] Grundmann: Jesus der Galiläer und das Judentum, 2. Auflage, Leipzig 1941, S. 175.
[18] Grundmann: Unsere Arbeit am Neuen Testament, Verbandsmitteilungen Nr. 1, Dezember 1939, S. 6–22, hier S. 8. NEK-Archiv: 32.01, Nr. 2040.
[19] Vgl. Birgit Jerke: Wie wurde das Neue Testament zu einem sogenannten *Volkstestament* »entjudet«. Aus der Arbeit des Eisenacher Institutes zur Erforschung und Beseitigung des jüdischen Einflusses auf das deutsche kirchliche Leben, in: Siegele-Wenschkewitz (Hg.in): Christlicher Antijudaismus und Antisemitismus, S. 201–234.
[20] Verbandsmitteilungen Nr. 2/3, Dezember 1940, S. 80. KKArch Herzogtum Lauenburg: Nr. 306.

Beispiel aus der »entjudeten« Fassung des deutschchristlichen Gesangbuches: Großer Gott wir loben dich, Weimar 1941.

gelischen Gesangbücher einer intensiven Überprüfung unterzogen worden. Nach internen Institutsvorgaben waren demnach auszuscheiden: *»Lieder bzw. Strophen, 1) die jüdisch sind in Wort und Denken, 2) die von ausgesprochener dogmatischer Haltung sind, 3) die süßlich, geschmacklos, selbstentwürdigend oder dichterisch unmöglich sind.«*[21] Eine erste Auswertung ergab, dass von 2336 geprüften Liedern lediglich 102, d.h. 4,4 Prozent zur unveränderten Übernahme, 263 zur weiteren Prüfung und Überarbeitung vorgeschlagen wurden. Die restlichen 1971 (84,4 Prozent) wurden gemäß den Richtlinien als zur Verwendung ungeeignet eingestuft.[22]

Auch hier wurden Wörter mit jüdischen oder alttestamentarischen Bezügen gestrichen, einzelne Strophen ganz herausgenommen oder umgedichtet. Beispielsweise wurden die Gottesnamen »*Jehova*«, »*Jahwe*«, »*Immanuel*«, »*Zebaoth*« restlos beseitigt. Ebenso das Gotteslob »*Halleluja*«.

[21] Kriterienkatalog, erstellt von dem Institutsmitarbeiter Gimpel, Berlin, und dem Hamburger Oberkirchenrat a.D. Pastor Dr. Karl Friedrich Boll. LKArch Thüringen, Bestand DC, C VII, 3a.

[22] Bericht Gimpels auf der Tagung der landeskirchlichen Referenten des Eisenacher Instituts vom 6./7. Juli 1939 in Eisenach. Evangelisches Zentralarchiv Berlin (EZA Berlin): 1/C3 Kirchenkanzlei der DEK/174 Institut zur Erforschung und Beseitigung des jüdischen Einflusses auf das deutsche kirchliche Leben.

In dem Weihnachtslied *Es ist ein Ros entsprungen* wurde in der zweiten Strophe der Halbsatz »*davon Jesaja sagt*« durch »*davon die Kunde sagt*« ersetzt. Ersetzt wurde auch die Anfangszeile der aus dem 17. Jahrhundert stammenden Weise *Jerusalem, du hochgebaute Stadt*« durch »*O, Ewigkeit, du lichte Gottesstadt*«. In Paul Gerhards Morgenlied *Die güldne Sonne* wurden die Worte »*Weihrauch und Widder*« als Symbole des jüdischen Dankopfers getilgt. Selbst Luthers Reformationslied *Ein feste Burg ist unser Gott* wurde von den deutschchristlichen Umdichtungen nicht verschont. Aus dem ursprünglichen »*Herr Zebaoth*« wurde in der Neufassung des Chorals ein »*Retter in der Not*«.[23] Insgesamt waren von derartigen Veränderungen mehr als 100 Verse betroffen.[24] Die »Reinigung« des Liedbestands betraf auch die Verfasser. Die Lieder des bekannten niedersächsischen Dichters und Theologen Philipp Spitta (1801–1859) wurden restlos getilgt, da er nach der rassistischen Definition der Nationalsozialisten als »Halbjude« galt. Insgesamt stellte das Ergebnis die Autoren und Herausgeber zufrieden: »*jüdische Worte und jüdischen Geist atmende Formulierungen wurden restlos beseitigt.*«[25] Ergänzend wurden Lieder und Gebete aufgenommen, die einen unmittelbaren Bezug nur nationalsozialistischen Ideologie herstellen. Diese sollten insbesondere den Volk- und Heimatgedanken, Wehrwillen, die Bereitschaft zum Heldentum und zum Opfertod stärken. So schließen sich den Passionsliedern, deren Anzahl auf 14 reduziert worden war, die Lieder zum Heldengedenken unmittelbar an. Auch der nationalsozialistische »Rassenbegriff« und die These der »arischen Herkunft« von Jesus flossen in das Gesangbuch ein wie z.B. in dem Tauflied *Du Kindlein zart aus deutschem Blut*. Als Anregung für Gebete von Kindern wurde u.a. vorgeschlagen:

»*Schütze Gott, mit starker Hand
unser Volk und Vaterland!
Laß auf unsres Führers Pfade
Leuchten deine Huld und Gnade!
Weck' im Herzen uns aufs neue
Deutscher Ahnen Kraft und Treue.
Und so laß uns stark und rein
deine deutschen Kinder sein.*«[26]

Im Ergebnis der Eisenacher Gesangbuchrevision wurden etwa zwei Drittel des alten kirchlichen Liedbestands eliminiert. Gegenüber dem *Deutschen Evangelischen Gesangbuch* aus dem Jahr 1915 wurden lediglich 22

---

[23] Vgl. Birgit Gregor: (...) vom jüdischen Einfluß befreit: *Großer Gott wir loben dich*. Ein deutschchristliches Gesangbuch aus dem Jahr 1941, in: Thomas Seidel (Hg.): Thüringer Gratwanderungen. Beiträge zur fünfundsiebzigjährigen Geschichte der evangelischen Landeskirche Thüringen (Herbergen der Christenheit), Leipzig 1998, S. 202–224.

[24] Verzeichnis der von Hebraismen gereinigten oder aus anderem Grunde im Wortlaut veränderten Strophen. Arbeitsbericht Thieme, September 1940. LKArch Thüringen: Bestand DC, C VI, 2a Neues Gesangbuch (Entstehung), Blatt 163.

[25] Ebenda: Blatt 159.

[26] Großer Gott wir loben dich, Weimar 1941, S. 415.

Lieder unverändert übernommen. *Großer Gott wir loben dich* erschien in zwei Auflagen mit einer Gesamtzahl von 100.000 Exemplaren.[27]

Unbenommen von der tatsächlichen Verbreitung und der Wirkungsgeschichte des Gesangbuches, der 1945 ein Ende gesetzt wurde, fällt die Bewertung des Werkes aus. *Großer Gott wir loben dich* ist – im Sinne der Herausgeber – ein überzeugendes Beispiel für die Anpassung der Kirche an den Nationalsozialismus und dessen theologische Rechtfertigung. Der positive Bezug auf »Blut und Boden« und die völkisch definierte »Glaubens- und Schicksalsgemeinschaft«, die in den Kriegszeiten wichtige Stärkung der Wehrbereitschaft, die in der Figur des »heldischen« Jesus zum Ausdruck kommt, sowie ein aggressiver Antisemitismus waren Werte, die den Grundüberzeugungen der Herausgeber und der Autoren entsprachen. Mit Hilfe des Gesangbuches sollten diese im kirchlichen Leben fest verankert werden. Dabei stellten die Herausgeber das neue Gesangbuch ausdrücklich in den politischen Kontext der nationalsozialistischen Ausgrenzungs- und Vernichtungspolitik. Der Pressesprecher der NDC, Pastor Heinz Dungs, betonte bei der Vorstellung des Gesangbuches am 13. Juni 1941, also zehn Tage vor dem deutschen Überfall auf die Sowjetunion:

Beispiel aus der »entjudeten« Fassung des deutschchristlichen Gesangbuches: Großer Gott wir loben dich, Weimar 1941.

»*Denn ein Volk, daß die endgültige Lösung der Judenfrage um seiner Zukunft willen in die Hand genommen, kann auf dem aller innersten Gebiet, da, wo es feiernd vor Gott tritt, Rückstände judenchristlichen Geistes, seien sie auch nur vorhanden in hebräischen Redewendungen und Begriffen, unter keinen Umständen mehr ertragen.*«[28]

Als letzte Veröffentlichung zur Verwendung im Gottesdienst und Unterricht erschien im selben Jahr schließlich das Buch *Deutsche mit Gott. Ein deutsches Glaubensbuch* – ein »entjudeter« Katechismus. Dieser erfuhr, im Gegensatz zu den Eisenacher Fassungen des Neuen Testamentes und des Gesangbuches zwar wenig Verbreitung, er markiert jedoch den Höhepunkt einer Verschmelzung von christlicher Botschaft und nationalsozialistischer Ideologie, in dem die christliche Botschaft nicht mehr ansatzweise zu erkennen ist. Im 19. Kapitel D*er Heiland der Deutschen* heißt es:

»*Jesus aus Nazareth in Galiläa erweist sich in seiner Botschaft und Haltung einen Geist, der dem Judentum in allen Stücken entgegengesetzt*

---

[27] Gregor: (...) vom jüdischen Einfluß befreit: *Großer Gott wir loben dich.* S. 208.
[28] Redemanuskript von Dungs am 13. Juni 1941. LKArch Thüringen: Bestand DC, C VI 2a, Blatt 301.

ist. *Der Kampf zwischen ihm und den Juden wurde so unerbittlich, daß er zu seinem Kreuzestod führte. So kann Jesus nicht Jude gewesen sein. Bis auf den heutigen Tage verfolgt das Judentum Jesus und alle, die ihm folgen mit unversöhnlichem Hass. Hingegen fanden bei Jesus Christus besonders arische Menschen Antwort auf ihre letzten und tiefsten Fragen. So wurde er auch Heiland der Deutschen.*«[29]

Deutsche mit Gott enthält ebenso eine erweiterte Neufassung der zehn Gebote, da »*die zehn Gebote des Moses für Deutsche nicht verpflichtend sein können«.*[30] Das biblische Tötungsverbot wurde ersetzt durch »*Heilig sei dir Leib und Leben«*. Im 8. Gebot der Eisenacher Neuschöpfung heißt es: »*Halte das Blut rein und die Ehe heilig«*. Das 11. Gebot lautet »*Ehre Führer und Meister«* und im 12. – und gleichzeitig auch dem letzten – Gebot heißt es: »*Diene freudig dem Volk mit Arbeit und Opfer! So will es Gott von uns.«*

Die theologische Dürftigkeit und die offensichtliche Aufgabe christlicher Werte und des Bekenntnisses dürfen aber nicht darüber hinwegtäuschen, dass das Eisenacher Institut kein Zusammenschluss von kirchlichen Außenseitern war. Vielmehr gehörten dem Institut zahlreiche Theologen und Professoren an, die zur kirchlichen Elite zu zählen sind und die auf den Kurs und die Entwicklung von Theologie und Kirche nachhaltigen Einfluss ausübten. Nach Institutsangaben stellte sich etwa die Hälfte aller ordentlichen Theologieprofessoren des Deutschen Reiches der Arbeit des Instituts zur Verfügung.[31] Weiterhin gehörten dem Institut sechs Landesbischöfe sowie verschiedene Landeskirchenamtspräsidenten und zahlreiche Pastoren an. Diese stellten sich bewusst in den Dienst des nationalsozialistischen Deutschlands. So ordnete Grundmann die Arbeit des Instituts als »*ein Stück Kriegseinsatz der deutschen Religionswissenschaft*« ein:

»*Im großdeutschen Schicksalskampf, der ein Kampf gegen das Weltjudentum und gegen alles zersetzende und nihilistische ist, gibt die Arbeit des Instituts an ihrem Platze das Rüstzeug zur Überwindung aller religiösen Überfremdung im Innern des Reiches an die Hand und dient dem Glauben des Reiches.«*[32]

Der Gießener Neutestamentler Prof. Georg Bertram, der wissenschaftliche Leiter des Instituts in den letzten beiden Kriegsjahren, äußerte sich in ähnlicher Absicht:

---

[29] Walter Grundmann/Wilhelm Büchner/Paul Gimpel/Hans Pribnow/Kurt Thieme/Max Adolf Wagenführer/Heinrich Weinmann/Hermann Werdermann (Hg.): Deutsche mit Gott, Ein deutsches Glaubensbuch, Weimar 1941, S. 46.

[30] Ebenda: S. 89.

[31] Dem Institut sollen demnach über 50 Theologieprofessoren sowie Dutzende von Dozenten und Akademikern als Mitarbeiter angehört haben. Schreiben von Brauer an die Finanzabteilung bei der DEK vom 19. Mai 1942. EZA Berlin: 1/C3/174. Im Jahr 1938 lehrten an den 17 Theologischen Fakultäten in Deutschland 109 ordentliche Professoren. Der Lehrkörper umfasste insgesamt 251 Personen. Trutz Rendtorff: Das Wissenschaftsverständnis der Theologie im »Dritten Reich«, in: Leonore Siegele-Wenschkewitz/Carsten Nicolaisen (Hg.): Theologische Fakultäten im Nationalsozialismus (Arbeiten zur kirchlichen Zeitgeschichte: Reihe B, Darstellungen Band 18), Göttingen 1993, S. 19–44, hier S. 31.

[32] Grundmann: In den Entscheidungsstunden des deutschen Schicksals, in: Verbandsmitteilungen Nr. 4, Dezember 1941, S. 84. Zitiert nach Hans Prolingheuer: Der Lutherisch Deutsch-Christliche Weg am Beispiel des Eisenacher Entjudungsinstituts, in: C. Staffa (Hg.): Vom Protestantischen Antijudaismus und seinen Lügen, Magdeburg 1993, 52–92, hier S. 71.

»Dieser Krieg ist der Kampf des Judentum gegen Europa. Dieser Satz enthält eine Wahrheit, die sich bei der Forschungsarbeit des Instituts immer neu bestätigt. Dabei ist diese Arbeit nicht nur auf frontalen Angriff eingestellt, sondern auch auf die Festigung der inneren Front für Angriff und Abwehr gegen all das heimliche Judentum und jüdische Wesen, das im Laufe der Jahrhunderte in die abendländische Kultur eingesickert ist. (...) So hat das Institut neben der Erforschung und Beseitigung des jüdischen Einflusses die positive Aufgabe und Erkenntnis des eigenen germanischen christlichen Wesens und der Gestaltung des frommen deutschen Lebens aufgrund dieser Erkenntnis.«[33]

Noch im März 1944, als sich das Kriegsgeschehen bereits entscheidend zuungunsten des Deutschen Reiches entwickelt hatte, führte der Gießener Dozent Karl Friedrich Euler auf einer Sitzung des Instituts aus, dass der tiefere Sinn des Krieges in der Überwindung und Vernichtung jeglichen »jüdischen Einflusses« liege und dass das »deutsche Volk« zu dessen Vollendung bestimmt sei:

»Es gibt keine andere Lösung der Judenfrage als die, daß sich die ganze Welt erhebt, sich für oder gegen das Judentum entscheidet und nun solange miteinander ringt, bis die Welt verjudet oder restlos entjudet ist. Wir dürfen mit ehrlichem, reinem Gewissen sagen, daß wir diesen Krieg nicht gewollt und nicht begonnen haben. Aber stolz dürfen wir vor aller Welt – der heutigen wie der zukünftigen – bekennen: Wir haben den Fehdehandschuh aufgenommen mit dem klaren Entschluß, die Judenfrage für alle Zukunft zu lösen. Deutschland, das Land der Denker und Forscher, Dichter und Künstler – dieses Land ist vom Schicksal gerufen, der Welt zu erkämpfen, was das größte ist: Die Lösung der Judenfrage.«[34]

Die nordelbischen Landeskirchen und das Eisenacher Institut

Im Rahmen meiner Magisterarbeit am Historischen Seminar der Kieler Universität habe ich die wechselseitigen Beziehungen zwischen den damals noch selbständigen vier nordelbischen Landeskirchen – Eutin, Schleswig-Holstein, Lübeck und Hamburg – und dem Eisenacher »Entjudungsinstitut« untersucht.[35] Wie verhielten sich die Landeskirchen zur »Entjudungsarbeit« des Instituts? Wurde dessen Arbeit unterstützt oder abgelehnt? Andererseits die Frage: Wie wirkte sich die Arbeit des Instituts vor Ort aus? Beeinflussten sie den kirchlichen Alltag? Fanden die »entjudeten« Materialien aus Eisenach Eingang in Gottesdienste und Unterricht?

---

[33] Bericht über die Tagung vom März 1944 im Predigerseminar Thüringen, unterschrieben von Georg Bertram, LKArch Thüringen: A 921 Landeskirchenrat Thüringen (Entjudung der Kirche).

[34] Karl Friedrich Euler in einem Vortrag zu *Wesen und Entstehung der Judenfrage* auf einer Sitzung des erweiterten Beirates vom 22.-24. März 1944 in Eisenach, S. 16. LKArch Thüringen: Bestand DC, III.

[35] Hansjörg Buss: Die nordelbischen Landeskirchen und das Institut zur Erforschung und Beseitigung des jüdischen Einflusses auf das deutsche kirchliche Leben, unveröffentlichte Magisterarbeit, Kiel 2002.

In Eutin und Hamburg dominierten mit dem Landespropst und späteren Bischof Wilhelm Kieckbusch und Landesbischof Franz Tügel zwei einem konservativen Luthertum verpflichtete Geistliche den kirchenpolitischen Kurs der Landeskirchen. Beide hatten sich schon zu Beginn der 30er Jahre für die Annäherung der Kirche an die NSDAP eingesetzt. In der Landeskirche Eutin konnten Mitglieder der NSDAP bei der Einführung von Kieckbusch als Hauptpastor von Eutin im Jahr 1930 erstmals in Uniform und mit Hakenkreuzfahnen am Gottesdienst teilnehmen. Der Landespropst trat in der Folgezeit mehrfach als Redner bei NSDAP-Veranstaltungen auf und stellte sich und die Landeskirche nach der Machtübertragung an die Nationalsozialisten am 30. Januar 1933 der Propaganda des nationalsozialistischen Staates willig zur Verfügung. So wurden beispielsweise der »Tag der nationalen Arbeit« und ein SA-Aufmarsch am 2. Juni 1933 mit Gottesdiensten feierlich umrahmt.[36] In Hamburg hatte sich Franz Tügel bereits Ende der 20er Jahre dem Nationalsozialismus zugewandt und war 1931 in die NSDAP eingetreten. Als Gauobmann der Hamburger DC löste er im März 1934 Simon Schöffel als Landesbischof ab und forcierte die Umgestaltung der Landeskirche im nationalsozialistischen Sinne.[37]

Ungeachtet der positiven Haltung gegenüber dem nationalsozialistischen Staat, die ausdrücklich auch die Bejahung der rassistischen und diskriminierenden staatlichen Gesetzgebung gegenüber der jüdischen Bevölkerung mit einschloss, und eigenen – theologisch motivierten – antijüdischen Vorbehalten, lehnten beide Kirchenführer die Arbeit des Eisenacher Institutes ab. Der Übertragung der nationalsozialistischen »Rassenlehre« auf das Gebiet der Kirche stellten sie das Primat der Taufe entgegen. Aus diesem Grund verzichtete die Landeskirche Hamburg als einzige in Nordelbien auf eine landeskirchliche »Ariergesetzgebung«. Insbesondere der bekennende Nationalsozialist und Antisemit Tügel polemisierte mehrfach gegen das Eisenacher Institut und die Thüringer DC. An einen dem Institut als Mitarbeiter angehörenden Pastor seiner Landeskirche schrieb er 1942:

»Unter diesem Gesichtspunkt bitte ich dich auch meine Abneigung gegen das Institut verstehen zu wollen, das vom jüdischen Einfluß auf die Kirche redet. Das ist blanker Unsinn, denn es greift ein Schlagwort des Gegners gegen die Kirche auf, anstatt diesem Schlagwort zu begegnen. Nicht die Kirche hat das Judentum großgezüchtet, sondern der liberale Staat. Die Kirche war im Mittelalter und über Luther hinaus, ja zuletzt bis heute der schärfste Gegner zum Judentum (...) Sie selbst kann ein gutes Gewissen haben, denn sie hat den Juden immer in seiner Gegnerschaft gegen alles nationale Leben erkannt und nur eins festgehalten. Nämlich die religiöse Wertung des Alten Testamentes und die Taufe an bekehrten Juden. Dabei muß es bleiben, es sei denn, die Kirche gebe sich selbst auf. Das aber hat mit jüdischem Einfluß nichts zu tun.«[38]

[36] Vgl. Lawrence D. Stokes: Die Eutiner Landeskirche zwischen Novemberrevolution und Nationalsozialismus, in: Klauspeter Reumann (Hg.): Kirche und Nationalsozialismus, S. 133–152.

[37] Vgl. NEK-Archiv (Hg.): Kirche, Christen, Juden in Nordelbien 1933 bis 1945 – Franz Tügel; Heinrich Wilhelmi: Die Hamburger Kirche in der nationalsozialistischen Zeit 1933 bis 1945, Göttingen 1968 und Rainer Hering: Die Bischöfe Simon Schöffel und Franz Tügel (Hamburgische Lebensbilder, Band 10), Neumünster 1995.

[38] Schreiben Tügels an Pastor Gerdts vom 28. Mai 1942. NEK-Archiv: 32.03.01 Personalakten Pastoren Hamburg, Nr. 286 Pastor Gerdts, Blatt 39.

Trotzdem wurden die Schriften und Mitteilungen des Instituts auf Kosten der Landeskirchen sämtlichen Pastoren zur Verfügung gestellt. In Einzelfällen wurden Institutsmitarbeitern auch Reisekosten zur Teilnahme an Veranstaltungen und Tagungen erstattet. Insgesamt spielte das Institut für diese beiden Landeskirchen und deren kirchlichen Alltag allerdings eine geringe Rolle.

Anders verlief die Entwicklung in der Landeskirche Lübeck. Mit dem damals erst 33-jährigen Pastor Erwin Balzer war 1934 ein Geistlicher ins Bischofsamt gekommen, der für eine Synthese von Nationalsozialismus und Christentum und eine Neuformulierung der christlichen Botschaft auf »völkischer« Basis eintrat. Unter seiner Führung näherte sich das Lübecker Kirchenregiment den radikal völkischen Thüringer DC an. Balzer gehört als Unterzeichner der Erklärung vom 4. April 1939 zu den Initiatoren des Eisenacher Instituts. Mit Oberkirchenrat Johannes Sievers, der nach der Einberufung des Bischofs zur Wehrmacht der Landeskirche vorstand, stellte diese zugleich einen hochrangigen Funktionär des Instituts. Als Vorsitzender des Verwaltungsrates war Sievers für die finanziellen und organisatorischen Belange des Instituts verantwortlich. Eine herausragende Rolle spielte er insbesondere bei der Herausgabe des Gesangbuches *Großer Gott wir loben dich*, das von der Lübecker Landeskirche in finanzieller Hinsicht entscheidend gefördert wurde.[39] Die Verwendung der »judenfreien« Eisenacher Materialien wurde von der Kirchenleitung ausdrücklich empfohlen und unterstützt. Inwieweit sie tatsächlich benutzt wurden, lässt sich heute nicht mehr genau rekonstruieren. Dass sie von einigen Pastoren verwendet worden sind, ist hingegen eindeutig belegt, u.a. von dem in der Ausstellung porträtierten Pastor Gerhard Schmidt.[40]

[39] Die Lübecker Landeskirche stellte auf Initiative von Sievers dem Verlag *Der neue Dom* einen Kredit in Höhe von 60.000 Reichsmark zur Verfügung, was die Hälfte der von den verschiedenen Landeskirchen zur Verfügung gestellten Anschubfinanzierung ausmachte. Bezüglich der Rolle Sievers führte Pastor Dungs in seiner Festrede aus: »*Sein Name wird mit der Geschichte des Gesangbuches für immer verbunden verbleiben.*« Redemanuskript von Dungs am 13. Juni 1941. LKArch Thüringen: Bestand DC, C VI 2a, Blatt 301.

[40] Pastor Dr. Gerhard Schmidt war 1937 in den Dienst der Landeskirche getreten. Nach seiner Ordination durch Bischof Balzer übernahm er das Pfarramt von St. Lorenz. Er gehörte dem Eisenacher »Entjudungsinstitut« von Beginn an als Mitarbeiter an und war Mitglied des *Theologischen Arbeitskreises* des Instituts. Seine Arbeit für das Institut spiegelt sich in seinen zahlreichen Vorträgen und Aufsätzen wie z.B. in seiner historischen Abhandlung *Die Juden in Lübeck* aus dem Jahr 1940 wider. Die Radikalisierung seines Denkens führte ihn schließlich zur Lösung von Kirche und Christentum, auch wenn er das Amt eines Pastors bis Kriegsende ausübte. Bereits Anfang 1941 hatte Pastor Dungs gegenüber dem Leiter des Instituts, Siegfried Leffler, einen Vortrag Schmidts auf der 3. Sitzung des *Theologischen Arbeitskreises* am 27. Januar 1941 mit den Worten kommentiert: »*Darüber ging die Schau der Gegenwart und ihrer Probleme aus unserer nationalsozialistisch deutsch-christlichen Haltung völlig verloren, so daß nach dem Tenor seines Referates wir nur noch festzustellen hätten, daß die christliche Anthropologie vergangen ist, und uns aufzuhängen dürften.*« Schreiben von Dungs an Leffler vom 8. Februar 1941. LKArch Thüringen, Bestand DC, C IV, 4d Theologischer Arbeitskreis. Zu Schmidt vgl. NEK-Archiv (Hg.): Kirche, Christen, Juden in Nordelbien 1933 bis 1945 – Pastor Gerhard Schmidt; ausführlich Buss, Die nordelbischen Landeskirchen, S. 94-109.

Die Arbeit des Eisenacher Instituts spiegelte sich auch in der Kirchengesetzgebung der Landeskirche wider. Den Höhepunkt einer ganzen Reihe diskriminierender und antisemitischer Kirchengesetze bildete der endgültige Ausschluss sog. »nichtarischer« Gemeindeglieder »*von jeder kirchlichen Gemeinschaft*« Ende Dezember 1941, der unmittelbar auf die theologischen Vorgaben des Eisenacher Instituts zurückzuführen ist.[41] Die zeitliche Nähe zum Beginn der Mordaktionen in den besetzten Gebieten der Sowjetunion durch Einsatzgruppen der SS und Einheiten der Wehrmacht sowie zu der Anfang Oktober einsetzenden systematischen Deportation deutscher Juden und Jüdinnen in die Vernichtungslager ist hierbei kein Zufall. Sie bildeten vielmehr den Rahmen für die angestrebte endgültige kirchliche Trennung der Kirche von den Christen und Christinnen »nichtarischer« Herkunft im Sinne eines kirchlichen Beitrags zur »*Überwindung des Judentums*«. Unter diesem Blickwinkel ist auch das Lübecker Kirchengesetz vom 31. Dezember 1941 zu verstehen und bewerten, das keine vier Wochen nach der Deportation von 90 Lübecker und Lübeckerinnen – unter ihnen auch zahlreiche Christen jüdischer Herkunft – nach Riga vom Lübecker Kirchenregiment verabschiedet worden war.[42]

Die Landeskirche Schleswig-Holstein nahm bezüglich des Eisenacher Instituts eine Sonderrolle ein. Es besteht kein Zweifel daran, dass dessen Arbeit von der überwiegenden Mehrheit der schleswig-holsteinischen Geistlichen abgelehnt wurde. In den Akten sind lediglich fünf Vertreter der Landeskirche zu finden, die für das Institut tätig waren. Es handelte sich hierbei aber um führende Repräsentanten der Landeskirche: den Präsidenten des Landeskirchenamtes und früheren Reichsleiter der DC, Dr. Christian Kinder, Landesbischof Paulsen sowie die Pröpste von Stormarn und Segeberg, Gustav Dührkop und Jürgen Stoldt.[43] Auch der 1933 ins Amt gekommene DC-Propst von Südtondern, Fritz Gottfriedsen, soll dem »*institutum antijudaicum*« als Mitarbeiter angehört haben.[44]

Wieweit das Engagement der Landeskirche für das Institut reichte, lässt sich aufgrund der schlechten Quellenlage – die Akten des Landes-

---

[41] Gesetz über den Ausschluß rassejüdischer Christen aus der Kirche vom 29. Dezember 1941, Amtsblatt für Lübeck 1941, S. 164.

[42] Vgl. Peter Guttkuhn: »Sie sieht nicht sehr jüdisch aus.« Leben, Leiden und Sterben der Lübecker Lehrerin Emma Grünfeldt, in: Gerhard Paul/Miriam Gillis-Carlebach (Hg.), Menora und Hakenkreuz. Zur Geschichte der Juden in und aus Schleswig-Holstein, Lübeck und Altona 1918–1998, Neumünster 1998, S. 541–547, hier S. 546f. Die meisten der Deportierten aus Lübeck wurden im März 1942 in der Nähe von Riga ermordet. Emma Grünfeldt, die bereits im Jahr 1897 zur evangelischen Kirche konvertiert war, gehörte den Seelsorgebezirk Dom an, der von Pastor Adolf Riege betreut wurde. Riege gehörte dem Eisenacher Institut als Mitarbeiter an und war Autor verschiedener antisemitischer Schriften.

[43] Dr. Kinder und Landesbischof Paulsen wurden in den Verbandsmitteilungen als Mitarbeiter aufgeführt. Verbandsmitteilungen Nr. 1, Dezember 1939, S. 5. NEK-Archiv: 32.01, Nr. 2040. Dührkop nahm u.a. als Vertreter der Landeskirche an Sitzungen der landeskirchlichen Referenten zur Herausgabe des Gesangbuches *Großer Gott wir loben dich* teil. Protokoll der Sitzung vom 16./17. Juli 1940. LKArch Thüringen: Bestand DC, C VI, 2a, Blatt 115. Als Lektor wurde neben anderen der zu dieser Zeit noch als Pastor amtierende Jürgen Stoldt, Oldesloe, benannt. Schreiben von Thieme an Oberkirchenrat Sievers vom 23. Juni 1940. Ebenda, S. 114.

[44] Schreiben des Landesbruderrates an die Vorläufige Kirchenleitung vom 29. Oktober 1945. NEK-Archiv: 98.40, Nr. 379 Korrespondenz Treplin.

kirchenamtes wurden im Jahr 1944 bei einem Luftangriff weitgehend zerstört – nur vage beantworten. Belegt sind allerdings die Verteilung der Institutsmaterialien an sämtliche Geistliche auf Kosten der Landeskirche, die finanzielle Unterstützung in Form von Reisekostenerstattung und die Anerkennung der Teilnahme an Institutstagungen als Dienstzeit.[45]

Die Landeskirche Schleswig-Holstein gehörte ebenfalls zu den Mitbegründern des Instituts. Die Erklärung der elf deutschchristlichen Landeskirchenführer vom 4. April 1939 war von Dr. Kinder als bevollmächtigtem Vertreter der Landeskirche unterschrieben worden. Dieser Schritt stieß innerhalb der Landeskirche indes auf heftige Kritik. Der Landesbruderrat der *Bekennenden Kirche* (BK) wertete die Unterschrift Kinders als Aufgabe der kirchenpolitischen Neutralität, ohne jedoch die antisemitische Stoßrichtung der Erklärung zu kritisieren. Immerhin ist es vermutlich diesem Widerspruch geschuldet, dass die Satzung des Instituts von der Landeskirche Schleswig-Holstein nicht ratifiziert wurde, d.h. eine formelle Mitgliedschaft der Landeskirche nicht erfolgt ist.

Die Kritik am Eisenacher Institut wuchs mit dessen zunehmendem Bezug auf eine »germanisch-nordische« Frömmigkeit und der Anknüpfung an »unverfälschte« germanische Religionsvorstellungen. 1942 kritisierten auf der regelmäßig im Landeskirchenamt stattfindenden Theologischen Konferenz mehrere Mitglieder die völkische Ausrichtung des Instituts und die Aufgabe der christlichen Universalität zugunsten der »Rassenideologie«. Ihrer Auffassung nach betreibe das Institut keine »*Forschungsarbeit*«, sondern »*Gestaltungsarbeit*« und habe sich zu einem bloßen Propagandainstrument der NDC entwickelt.[46] Diese Kritik wurde auch von den gemäßigten Vertretern der DC geteilt. Der Streit um das Institut gipfelte in einer Stellungnahme der Theologischen Konferenz im Juli 1942, in der in Anwesenheit des Landesbischofs das Eisenacher Institut als bekenntniswidrig verurteilt wurde und Dr. Kinder und Paulsen aufgefordert wurden, ihre Mitarbeit für das Institut zu überprüfen.[47]

Dieser eindeutigen Stellungnahme eines hochrangig besetzten kirchlichen Gremiums gegen die Arbeit des Instituts ging allerdings der für die Landeskirche beschämende Akt des Ausschlusses der Christen jüdischer »Abstammung« aus der landeskirchlichen Gemeinschaft am 10. Februar 1942 voran.[48] In der Verfügung gab Landeskirchenamtspräsident Dr. Kinder zudem die Bildung einer eigenen »judenchristlichen« Gemeinde unter Obhut des 1935 als »Nichtarier« aus den Diensten der Landeskirche entlassenen Pastors Walter Auerbach, Altenkrempe, bekannt.[49] Der Be-

---

[45] Brief von Dr. Hunger an das EOK vom 15. März 1940. EZA Berlin: 7 Evangelischer Oberkirchenrat/4166 Institut zur Erforschung und Beseitigung des jüdischen Einflusses auf das deutsche kirchliche Leben.

[46] Niederschrift der Theologischen Konferenz vom 7. Mai 1942. NEK-Archiv: 22.02 Landeskirchenamt-Zentralregistratur, Nr. 7487 Rundschreiben des Landeskirchenamtes (1942).

[47] Niederschrift der Theologischen Konferenz vom 8. Juli 1942. NEK-Archiv: 22.02, Nr. 7487.

[48] Verfügung vom 10. Februar 1942. NEK-Archiv: 22.02, Nr. 7487.

[49] Zur Entlassung von Pastor Auerbach vgl. Walter Knoke: Kirche in den ersten Jahren der nationalsozialistischen Herrschaft im Spiegel von Gemeindechroniken aus dem ländlichen Ostholstein, in: Klauspeter Reumann (Hg.): Kirche und Nationalsozialismus, S. 307–328, hier S. 315ff.

zug zu der Arbeit des Eisenacher Instituts ist hierbei unübersehbar. Ein Gutachten zur *Frage der Beteiligung der Judenchristen am christlichen Gottesdienst* des Institutstheologen Professor Heinz-Erich Eisenhuth bildete die theologische Grundlage einer Erklärung der Vertreter von sieben Landeskirchen.[50] Die Kernsätze dieser Erklärung vom 17. Dezember 1941 lauteten:

»*Als Glieder der deutschen Volksgemeinschaft stehen die unterzeichnenden deutschen Landeskirchen und Kirchenleiter in der Front dieses Abwehrkampfes, der u.a. die Reichspolizeiordnung über die Kennzeichnung der Juden als der geborenen Reichs- und Weltfeinde notwendig gemacht hat, wie schon Dr. Luther nach bitteren Erfahrungen die Forderung erhob, schärfste Maßnahmen gegen die Juden zu ergreifen und sie aus deutschen Landen auszuweisen. (...) Durch die christliche Taufe wird an der rassischen Eigenart eines Juden, seiner Volkszugehörigkeit und seinem biologischen Sein nichts geändert. Eine deutsche evangelische Kirche hat das religiöse Leben deutscher Volksgenossen zu pflegen und zu fördern. Rassejüdische Christen haben in ihr keinen Raum und kein Recht.*«[51]

Auch diese Erklärung trug die Unterschrift von Dr. Kinder. Es wird deutlich, dass – entgegen der Legendenbildung in der Nachkriegszeit – die Verfügung vom 10. Februar 1942 dem Engagement und der Initiative des Kirchenamtspräsidenten geschuldet ist.[52] Sie entsprach, wie seine Unterstützung des Eisenacher Instituts insgesamt, seinem politisch-ideologischen Weltbild: nationalsozialistisch und antisemitisch. In dieselbe Richtung weist auch sein unermüdlicher Einsatz für die *Deutschkirche* in Schleswig-Holstein, der er nicht nur ausdrücklich das Heimrecht in der Landeskirche gewährte, sondern für die er sich in der Auseinandersetzung um seine Nachfolge im Jahr 1943 erfolgreich einsetzte. Mit der Berufung des Landesleiters der Deutschkirche, Dr. Franzen, in den Landeskirchenrat war diese erstmals – und in der Geschichte der evangelischen Landeskirchen einmalig – an der Leitung einer Landeskirche unmittelbar beteiligt.[53]

Wie aber wirkte sich die Arbeit des Eisenacher Instituts an der kirchlichen Basis aus? Im alltäglichen Gemeindeleben erreichte das Institut lediglich in einem der 22 Kirchenkreise, in der Propstei Stormarn, über-

---

[50] Heinz-Erich Eisenhuth: Zur Frage der Beteiligung der Judenchristen am christlichen Gottesdienst, in: Verbandsmitteilungen Nr. 5/6, Dezember 1941, S. 125 ff. EZA Berlin: 7/4167 Institut zur Erforschung und Beseitigung des jüdischen Einflusses auf das deutsche kirchliche Leben.

[51] Bekanntmachung im Thüringer Kirchenblatt Nr. 1/1942. Abgedruckt in: Meier: Kirche und Judentum, S. 115f.

[52] Die Verfügung vom 10. Februar habe, so Kinder in seiner Rechtfertigungsschrift aus dem Jahr 1964, vor allem die seelsorgerische Betreuung der »*so schwer betroffenen jüdischen Familien*« gewährleisten sollen. Im Vorfeld habe er darauf hingewiesen, dass »*in der Kirche Luthers keine Möglichkeit bestehe, Gemeindeglieder auszuschließen*«, zumal »*gerade jetzt bei den Betroffenen eine große seelische Not bestünde, die den Seelsorger geradezu verlange*«. Christian Kinder: Neue Beiträge zur Geschichte der evangelischen Kirche in Schleswig-Holstein und im Reich 1934–1945, Flensburg 1964, S. 100ff.

[53] Klauspeter Reumann: Der Kirchenkampf in Schleswig-Holstein 1933 bis 1945, in: Verein für Schleswig-Holsteinische Kirchengeschichte (Hg.): Kirche zwischen Selbstbehauptung und Fremdbestimmung (Schriften des Vereines für Schleswig-Holsteinische Kirchengeschichte, Band 6/1), 111–473, hier S. 377.

haupt eine gewisse Relevanz. Die Gründe hierfür sind hauptsächlich in der Person des Propstes zu suchen. In Stormarn amtierte seit 1933 Gustav Dührkop, der dem nationalkirchlich gesinnten Teil der DC nahe stand und zeitweilig das Amt des Landesgemeindeleiters der NDC in Schleswig-Holstein ausübte. Dührkop vertrat einen ausgewiesenen und aggressiven Antisemitismus. Es überrascht in diesem Zusammenhang nicht, dass die 1939 erfolgte Entlassung des Wandskeker Pastors Bernhard Bothmann auf das vehemente Drängen und die Denunziationen des Propstes zurückzuführen sind.[54] Die Propstei Stormarn war auch der einzige Kirchenkreis der Landeskirche, in dem nachweislich das »judenreine« Gesangbuch *Großer Gott wir loben dich* im Gottesdienst verwendet wurde. Für die Bestellung der 300 Exemplare für die Propstei war Dührkop persönlich verantwortlich.[55] Die Verwendung des Eisenacher Gesangbuches im Gottesdienst durch den Propst sowie zumindest eines weiteren Pastors stieß allerdings in der Pastorenschaft auf heftige Kritik, wie überhaupt das kirchenpolitische Engagement Dührkops sowie dessen Mitarbeit im Eisenacher Institut wiederholt zu Anlass für heftige Auseinandersetzungen zwischen dem Propst und der Mehrheit der Pastoren der Propstei war.[56] In der Gesamtschau lässt sich festhalten, dass trotz des Engagements des Propstes deutschkirchliche und nationalkirchliche Vorstellungen in Stormarn keine dauerhafte Verankerung erfuhren.

Die Theologische Fakultät der Christian-Albrechts-Universität zu Kiel

Auch zwei Professoren der einzigen Theologischen Fakultät im Gebiet der Landeskirche gehörten dem Eisenacher Institut als Mitarbeiter an: Hartmut Schmökel und Martin Redeker. Beide waren im Zuge der personellen Umgestaltung der Fakultät im Jahr 1936 nach Kiel berufen worden.[57] Schmökel lehrte am Lehrstuhl für Altes Testament und orientalische Hilfswissenschaften und übernahm 1938 das Amt des Dekans. Martin Redeker

---

[54] Vgl. NEK-Archiv (Hg.): Kirche, Christen, Juden in Nordelbien 1933 bis 1945 – Pastor Bernhard Bothmann; Astrid Louven: Beschimpft, entlassen, verhaftet: Familie Bothmann, in: Dieselbe (Hg.in): Die Juden in Wandsbek, Hamburg 1989, S. 169–180.

[55] Undatierte Bestellliste. LKArch Thüringen: Bestand DC, C VI, 2a, ohne Blattangabe.

[56] Schreiben von Pastor Hansen-Petersen an Propst Dührkop vom 25. Januar 1943. Kirchenkreisarchiv Stormarn: Akte P 421 Pröpste. In einem Schreiben von Pastor Friedrich Kruse an das Landeskirchenamt vom 14. Juni 1945, in dieser die Amtsführung Dührkops scharf kritisierte, heißt es hierzu: »*D. hat hinter dem Rücken der Kirchenvorstände, aber auf deren Kosten die Liederbücher der D.C. eingeführt, obgleich die offiziell von der Landeskirche herausgegebenen Gesangbücher vorlagen.*« NEK-Archiv: 12.03 Personalakten Pastoren Schleswig-Holstein/Nordelbische Kirche, Nr. 212 Propst Dührkop, Blatt 187.

[57] Zur Geschichte der Theologischen Fakultät in der Zeit des Nationalsozialismus vgl. Jendris Alwast: Die Theologische Fakultät unter der Herrschaft des Nationalsozialismus, in: Hans Werner Prahl (Hg.): Uniformierung des Geistes. Universität Kiel im Nationalsozialismus, Band 1, Kiel 1995, S. 87–138.

wurde Nachfolger des überzeugten Republikaners und liberalen Theologen Hermann Mulert am Lehrstuhl für Systematische Theologie. Beide stellten sich dem Eisenacher »Entjudungsinstitut« von Beginn an als Mitarbeiter zur Verfügung.[58]

Schmökel gehörte dem Arbeitskreis 1f unter der Leitung des Berliner Alttestamentlers Johannes Hempel an, der das »*grundsätzliche und religionsgeschichtliche Problem des Alten Testamentes*« untersuchen sollte. Folgende Fragestellungen waren zu bearbeiten:

»*a) Die rassische Zusammensetzung Israels in ihrem Einfluß auf die israelische Geschichte (Unfähigkeit der Staatenbildung als Wirkung der Rassenmischung?) und Religionsgeschichte (Wurzel der religiösen Untreue?).*

b) Die Stellung der israelitischen Religion im Rahmen der altorientalisch-semitischen:

1. Die primitive Schicht, die auch in literarisch späteren Schichten wieder durchschlägt.

2. Die arischen Einflüsse: in der älteren (sehr gering) und in der späteren Zeit (Einfluß des Persischen und des Griechischen).

3. Die Stellung des AT in der Theologiegeschichte des Protestantismus und in der politischen Geschichte des Abendlandes (englisches Nationalbewußtsein). Als Grundlage wäre die Frage der Konzeption des AT in der alten Kirche heranzuziehen.«[59]

Über das konkrete Engagement Schmökels lassen sich keine weitere Aussagen treffen. Seine Eignung für die Institutsarbeit hatte er allerdings schon mit seiner Schrift *Altes Testament und Judentum* aus dem Jahr 1936 unter Beweis gestellt. Diese hatte er nach eigenen Angaben ausdrücklich zur Verteidigung des Alten Testamentes gegen die Angriffe von neuheidnischen und deutschgläubigen Gruppierungen konzipiert. An seiner positiven Haltung gegenüber dem nationalsozialistischen Staat ließ er dabei keinen Zweifel aufkommen:

»*Mit vollem Recht, das sich auf die gottgegebenen Normen und Grenzen der Schöpfungsordnung berufen kann, hat der Staat in den vergangenen Jahren das Judentum in Deutschland hinter die Grenzen zurückgedrängt, die ihm nach seiner Zahl und seinem Wesen als Gastvolk zu setzen sind. Darüber hinaus sind die Weltherrschaftsziele des internationalen Judentums und seine entsittlichenden Einflüsse auf Geist und Leben unseres Volkes schonungslos aufgedeckt und unterbunden worden.*«[60]

Das Alte Testament charakterisierte Schmökel als »*artfremd*« und »*das deutsche religiöse Empfinden*« abstoßend. Weite Teile dieser »*israelitischen Schriftsammlung*« entsprächen dem »*Stande einer altorientalischen Volksreligion mit fetischistischen Zügen, mit Zauberglauben und Dämonenkult, mit beschränktem, oft finsteren Gottesbilde und einer selbstsüchtigen, nationalistisch-chauvinistischen Geisteshaltung*«.[61] Es sei

---

[58] Verbandsmitteilungen Nr. 1, Dezember 1939. NEK-Archiv: 32.01, Nr. 2040.
[59] Planung für die Abeitsgemeinschaft 1f, Anlage eines Schreiben des Instituts vom 3. August 1939. Archiv der ev.-luth. St.-Pankratius-Kirchengemeinde in Hamburg-Neuenfelde: Nr. 292 Rundschreiben des Instituts zur Erforschung und Beseitigung des jüdischen Einflusses auf das deutsche kirchliche Leben.
[60] Hartmut Schmökel: Altes Testament und Judentum, Tübingen 1936, S. 3.
[61] Ebenda: S. 5.

»ohne jede Beschönigung zuzugeben, und offen auszusprechen, daß in solchen Texten Unwertiges, Dunkles und Fremdes zu uns spricht«.[62] Trotzdem gelte es für die Christen, am Alten Testament festzuhalten. Denn eine Gleichsetzung des Volkes vom Alten Testament mit dem »Judentum, wie wir es kennen und 14 Jahre als Machthaber über uns ertragen mußten« sei falsch und tue »vor allem auch der deutschen Seele Unrecht«.[63]

»Andererseits fehlt dem Alten Testament und dem Volke, das aus ihm spricht, ganz ein Zug, der für den modernen Juden besonders typisch ist: Jener defaitistische, zersetzende Geist, der alles in den Staub zog, was uns hoch und heilig war, der unsere Ideale zu zerstören suchte, indem er sie lächerlich machte, der das Heldische als Dummheit, das Erhabene als Trug und das Fromme als Rückständigkeit darzustellen versuchte. Solche Neigung zur negativen Kritik, Skepsis, zum Defaitismus, kurz zur Zersetzung kennt das Alte Testament nicht. Es bescheidet sich in dem schlichten, stillen friedlichen Bauernideal von der einst mal kommenden Heilszeit aller Völker; es weiß herzerfrischend zu reden von Kampf und Sieg und Schlachtentod: es sucht auf dem zuweilen falschen, aber immer ehrlichen und einfachen Weg zu Gott.«[64]

Der in Bielefeld geborene Redeker hatte sich bereits vor seiner Professur in Kiel für die westfälischen DC engagiert. Eine eigenständige theologische Positionierung gab er zugunsten der nationalsozialistischen Weltanschauung auf, denn, so Redeker, »die Theologie der Gegenwart muß erkennen, daß unsere neue völkisch-politische Weltanschauung den Boden und Untergrund für die gesamte deutsche Geistigkeit bildet«.[65] Religion betrachtete er letztendlich unter dem Aspekt der Legitimierung des NS-Staates:

»Die gegenwärtige Erfüllung deutscher Politik und politischen Führertums, die wir im nationalsozialistischen Deutschland erleben dürfen, ist also die Vollendung urdeutscher Motive, die schon bei Luther aufbrechen und durch Luther eine religiöse und moralische Begründung erfahren haben«.[66]

Ein Grundmotiv Redekers Denkens war sein aggressiver Antisemitismus. Seit dem Zusammenbruch des deutschen Idealismus habe es keine Kraft gegeben, die »die allgemeine Weltanschauung des deutschen Glaubens und die Glaubenswahrheit des christlichen Glaubens« verbunden habe, denn »die naturalistischen und materialistischen weltanschaulichen Versuche hatten starke destruktive Tendenzen. Sie waren nicht etwa organisch aus der deutschen Geistesgeschichte heraus Gewachsenes, sondern eine Fehlinterpretation der neu aufbrechenden Naturwissenschaf-

---

[62] Ebenda: S. 6.
[63] Ebenda: S. 23.
[64] Ebenda: S. 23.
[65] Martin Redeker: Theologie und Weltanschauung, in: Luther, Kant, Schleiermacher in ihrer Bedeutung für den Protestantismus (Festschrift für Georg Wobbermin), Berlin 1939, S. 394–413, hier S. 395.
[66] Redeker: Der britische Cant. Politische Weltanschauung und englische Religiosität, in: Kieler Blätter, hrsg. von der Gemeinschaft Kieler Professoren, zugleich Veröffentlichung der Wissenschaftlichen Akademie des NS-Dozentenbundes der Christian-Albrechts-Universität, Heft 3/4, Neumünster 1940, S. 257–265, hier S. 263.

ten aus den Motiven der französischen Revolution und unter starkem jüdischen Einfluß«.[67] Zwei Monate nach der Reichspogromnacht predigte er in Kiel: »*Was im Weltjudentum und im Materialismus an satanischer Kraft der Zersetzung sich zusammenballt, sehen wir allzu deutlich.*«[68] Es ist also nicht verwunderlich, dass er sich an den Bemühungen zur »Entjudung« des kirchlichen Lebens aktiv beteiligte. Für das Eisenacher Institut engagierte er sich als wissenschaftlicher Leiter des Arbeitskreises *Spinoza und jüdische Philosophie*. Einen Vortrag über *Spinozas Einfluß auf das deutsche Seelenleben* auf einer Tagung der landeskundlichen Referenten des Instituts Anfang Juni 1939 in Eisenach nutzte Redeker dabei zu scharfen Angriffen auf die BK. So forderte er insbesondere eine Untersuchung über Hermann Cohens »*jüdische Einflüsse auf* [Karl] *Barths Ansätze*«:[69]

»*Auch die neu-kantische Philosophie, die heute wieder vielfach in der Bekenntnistheologie wirksam wird, ist nichts anders als die Auslegung der Philosophie Kants, jedoch eben durch einen Juden: Cohen. Wo große und bedeutende arische Menschen entscheidenden Einfluß im deutschen Geistesleben gewannen, nahm der Jude ihre Werte in die Hand, um sie, durch seine Auslegung verfälscht, dem deutschen Menschen zugänglich zu machen.*«[70]

Dies war der Tenor, mit dem der Nachwuchs der deutschen Theologenschaft ausgebildet wurde. Weitere Aussagen bezüglich der Institutsarbeit der beiden Kieler Theologen lassen sich aufgrund der schlechten Quellenlage – teils durch Kriegsschäden, teils durch die gezielte Vernichtung von Akten und Veröffentlichungen in der Nachkriegszeit bedingt – nicht treffen. Dies betrifft ebenso die Haltung der Theologischen Fakultät gegenüber dem Eisenacher Institut sowie eine genauere Bestimmung des Einflusses des Instituts auf Forschung und Lehre an der Fakultät.

Die praktische Mitarbeit Schmökels und Redekers am Institut darf insgesamt sicherlich nicht überbewertet werden, die Aufgeschlossenheit der beiden Theologen für die theologische und ideologische Ausrichtung des Eisenacher Instituts bleibt hiervon freilich unberührt.

Schluss

Dem Eisenacher »Entjudungsinstitut« wurde mit der Kriegsniederlage Deutschlands ein Ende gesetzt, ehe es innerhalb der Kirche eine tief greifende Wirkung entfalten konnte.[71] Das Ende betraf aber lediglich das Institut selbst, nicht aber die Theologen, die das Institut maßgeblich bestimmt hatten.

[67] Redeker: Theologie und Weltanschauung, S. 410.
[68] *Uns ist das Kämpfen und Sein ist das Siegen*. Predigt vom 15. Januar 1939, in: Redeker: Rundfunkpredigten, Bremen 1939, S. 18.
[69] Vertraulicher Bericht für den Präsidenten, Oberkirchenrat Wienecke, vom 12. Juli 1939. Zitiert nach Prolingheuer, S. 89.
[70] Bericht über die Tagung der landeskirchlichen Referenten des Instituts zur Erforschung und Beseitigung des jüdischen Einflusses auf das deutsche kirchliche Leben am 6. und 7. Juni 1939 in Eisenach, abgefasst von Superintendent Pich. EZA Berlin: 1/C3/174.
[71] Susannah Heschel: Theologen für Hitler, in: Siegele-Wenschkewitz (Hg.in): Christlicher Antijudaismus und Antisemitismus, S. 111–171, hier S. 151ff.

Walter Grundmann arbeitete nach seiner Rückkehr aus sowjetischer Kriegsgefangenschaft als Hilfspfarrer und Pfarrer und wurde 1954 Leiter des Predigerseminars in Eisenach, dann Dozent an der Theologischen Fakultät in Leipzig. 1974 wurde er zum Kirchenrat in Thüringen berufen. Zahlreiche Bücher von ihm wurden sowohl in der DDR als auch von evangelischen Verlagen in Westdeutschland verlegt. Seine Kommentare zum Neuen Testament gelten bis heute als Standardwerke der theologischen Wissenschaft.[72] Der zweite wissenschaftliche Leiter des Instituts, Georg Bertram, lehrte bis zu seiner Emeritierung im Jahr 1965 an der Theologischen Fakultät der Universität Frankfurt am Main Hebräisch sowie Altes Testament, Heinz-Erich Eisenhuth, der Verfasser des infamen Gutachtens über den Ausschluss »rassejüdischer« Christen aus der kirchlichen Gemeinschaft, wurde 1952 zum Superintendenten des Kirchenkreises Eisenach berufen. Auch Martin Redeker behielt seinen Lehrstuhl an der Kieler Universität bis 1970, obwohl gegenüber Bischof Halfmann in der unmittelbaren Nachkriegszeit Redekers Tätigkeit für das Eisenacher Institut thematisiert wurde und der Kirchengeschichtler Kurt Dietrich Schmidt nicht an die Fakultät zurückkehren wollte, solange Redeker dort amtiere.[73] Die Mittäterschaft Redekers in der NS-Zeit und sein Antisemitismus wurden erst im Gefolge der sog. 68-Bewegung – zumindest in Ansätzen – öffentlich diskutiert.[74] Eine kritische Aufarbeitung der Tatsache, dass die überwiegende Anzahl der Theologen und Professoren, die dem Eisenacher Institut als Mitarbeiter angehörten, nach 1945 in Amt und Würden blieben und welche Auswirkungen und Bedeutung dies auch für die deutsche Nachkriegstheologie hatte und hat, steht noch aus.

Dieses Versäumnis lässt sich exemplarisch aus der Aufarbeitung des Eisenacher Instituts selbst ableiten. Bis zu Beginn der 90er Jahre wurde in der wissenschaftlichen Forschung die Argumentationslinie führender Institutstheologen schlichtweg übernommen. Nach diesen hatte das Institut eine »*apologetische Aufgabe im Dienste der Kirche und des deutschen Christentums in ihrem Abwehrkampf gegen die immer wieder auftretende (...) These übernommen, daß das Christentum dem Judentum gleichzusetzen sei und völlig von ihm abhängig sei*«.[75] Diese These wurde insbesondere von dem renommierten Kirchenhistoriker Kurt Meier aufgegriffen, für den hinsichtlich der Arbeit des Instituts eine »*apologetische Note gegenüber völkisch-antikirchlichen Angriffen*« unverkennbar war.[76] Diese Sichtweise hielt er auch in seinem Anfang der 90er Jahre

---

[72] Zur Kontinuität von Grundmanns Theologie nach 1945 vgl. Peter von der Osten-Sacken: Walter Grundmann – Nationalsozialist, Kirchenmann und Theologe, hier S. 304ff.

[73] K.D. Schmidt nahm ausdrücklich auf Redekers Tätigkeit für das Eisenacher Institut sowie sein Engagement für das antisemitische Zeitungsprojekt *Kommende Kirche* des Bremer DC-Bischofs Heinz Weidemann Bezug. Schreiben von Prof. Schmidt an Pastor Thedens vom 18. Juli 1947. NEK-Archiv: 98.40, Nr. 364 Theologische Fakultät der CAU.

[74] Vgl. insbesondere die Ausgaben der Studierendenzeitschrift *Res Nostra* Nr. 23 und 24 vom Januar und Februar 1968.

[75] Schreiben von Bertram an den neu konstituierten Landeskirchenrat der Landeskirche Thüringen vom 6. Mai 1945. Zitiert nach Prolingheuer, S. 80.

[76] Meier: Kirche und Judentum, S. 35.

erschienenen Abriss der Geschichte der evangelischen Kirche während des »Dritten Reiches« aufrecht.[77] In seiner Deutung des Instituts kommt er dabei sogar ohne das Wort Antisemitismus aus. So setzte eine kritische Untersuchung der Arbeit des Eisenacher »Entjudungsinstituts«, begünstigt durch die Öffnung kirchlicher Archive in der früheren DDR, erst Mitte der 90er Jahre ein. Insbesondere die amerikanische Professorin für Judaistik Susannah Heschel verwarf die These, dass es sich bei dem Eisenacher Institut um ein christliches Abwehrinstrument gegen Neuheidentum und antichristliche Propaganda gehandelt hatte, sondern deutete das Institut als ein Produkt des kirchlichen Antisemitismus in seiner radikalsten Ausprägung und damit als eine Einrichtung, die in ihrer Zielsetzung mit dem Nationalsozialismus deckungsgleiche Interessen vertrat.[78]

---

[77] Meier: Kreuz und Hakenkreuz. Die evangelische Kirche im Dritten Reich, München 1992. S. 167.

[78] Susannah Heschel: Theologen für Hitler. Walter Grundmann und das Eisenacher »Institut zur Erforschung und Beseitigung des jüdischen Einflusses auf das deutsche kirchliche Leben«, in: Siegele-Wenschkewitz (Hg.in.): Christlicher Antijudaismus und Antisemitismus, S. 125–170; dies.: Nazifying Christian Theology: Walter Grundmann and the Institute for the Study and Eradication of Jewish Influence on German Church Life, in: Jerald C. Brauer/Martin E. Marty (Hg.): Church History, Vol. 63, 1994, S. 587–605; dies.: When Jesus was an Aryan, in: Robert P. Ericksen/Susannah Heschel (Hg.): Betrayal. The Protestant Church and the Holocaust, Indianapolis 1996; dies.: Deutsche Theologen für Hitler. Walter Grundmann und das Eisenacher »Institut zur Erforschung und Beseitigung des jüdischen Einflusses auf das deutsche kirchliche Leben«, in: Fritz Bauer Institut (Hg.): »Beseitigung des jüdischen Einflusses …«. Antisemitische Forschung, Eliten und Karrieren im Nationalsozialismus, Frankfurt (Main)/New York 1999, S. 147–168.

Bettina Goldberg

»Am schlimmsten war es für uns Kinder.«

Jüdische Kinder und Jugendliche in Schleswig-Holstein unter dem NS-Regime

»Am schlimmsten war es für uns Kinder«, erklärte mir Chaim Yechieli, als ich ihn im November 1996 telefonisch für eine schleswig-holsteinische Zeitung interviewte. Im März 1997 lernte ich Chaim Yechieli in Haifa persönlich kennen. Er erzählte mir seine Geschichte.[1]

Chaim Yechieli wurde am 27. Dezember 1923 als Kind von Dora Kufelnitzky in Schleswig geboren. Im Andenken an seinen knapp drei Monate zuvor im Alter von nur 24 Jahren an einer Blinddarmentzündung verstorbenen Vater erhielt er den hebräischen Namen Chaim Yechiel. Sein deutscher Name ist Karl Heinz.

Kufelnitzkys blieben nicht lange in der Stadt Schleswig wohnen, in der kaum Juden lebten.[2] Im Herbst 1924 zogen sie nach Kiel, wo es eine jüdische Gemeinde gab und Chaims verwitwete Mutter Dora zusammen mit ihren jüngeren Geschwistern unter ihrem Mädchennamen die »Mützenfabrik Gerstel« eröffnete. Chaim besuchte in Kiel die Volksschule. Schon bald nach dem Machtantritt der Nationalsozialisten wurde der 10-Jährige dort auf eine »Judenbank« gesetzt und systematisch gedemütigt. *»Wir jüdischen Jungen waren dort fast jeden Tag in Schlägereien verwickelt, und ich kam meistens mit blutender Nase, blauem Auge oder verrenktem Arm nach Hause«*, erinnert sich Chaim. *»Sehr oft schickte man zu mir einen schmächtigen Jungen, meist den Schwächsten der Klasse. Er beschimpfte und bespuckte mich dann, und wenn ich ihm dann eine Ohrfeige gab, kamen die anderen und riefen: ›Du feiger Judas, vergreifst dich an den Schwächeren.‹«*[3]

Im Herbst 1935 konnte und wollte Dora Kufelnitzky ihrem Sohn diese Qualen nicht länger zumuten. Um ihm die Möglichkeit zu geben, nach

---

[1] Im Folgenden, soweit nicht anders angegeben: Interview der Verf. mit Chaim Yechieli (Haifa) v. 10.3.1997. – Ausführlich zu Chaim Yechieli und seiner Familie siehe Bettina Goldberg: »Am preiswertesten und am besten bei Gerstel«. Die Geschichte einer Mützenfabrik und der Vertreibung ihrer Besitzer. In: Gerhard Paul/Miriam Gillis-Carlebach (Hg.): Menora und Hakenkreuz. Zur Geschichte der Juden in und aus Schleswig-Holstein, Lübeck und Altona (1918–1998), Neumünster 1998, S. 245–263.

[2] Siehe Erich Koch: Was nützt einem die Assimilation, wenn man Horwitz oder Weinberg heißt? Schicksale jüdischer Familien in Schleswig, ebenda, S. 369–386, 377ff.

[3] Chaim Yehieli [sic!]: Erinnerungen an meine Schuljahre in Kiel. In: Jüdische Gemeinde Hamburg (Hg.): Zwischen gestern und heute. Erinnerungen jüdischen Lebens ehemaliger Schleswig-Holsteiner, zusammengestellt u. eingeleitet von Gerd Stolz, Heide 1991, S. 149–153, 150. – Ausführlich zu Kiel siehe Bettina Goldberg: »... und vieles bleibt ungesagt.« Die Israelitische Gemeinde zu Kiel vor und nach 1933 – Versuch einer Annäherung. In: Paul/Gillis-Carlebach: Menora und Hakenkreuz, S. 49–66.

Karl-Heinz Kufelnitzky (l. heute: Chaim Yechieli) und sein Bruder Leo (Arjeh) 1928 in Kiel; Leo starb 1947 im israelischen Unabhängigkeitskrieg

Palästina auszuwandern, schickte sie ihn in das Kinderheim »Ahawah« nach Berlin, wo der 11-Jährige an einem Auswahlverfahren für die »Jugend-Alija« teilnahm, aber als noch nicht reif genug für die Auswanderung mit einer Kindergruppe befunden wurde. Seine Mutter vertraute ihn daraufhin einer jüdischen Familie in Hamburg an, damit er dort die jüdische »Talmud-Tora-Schule« besuchen konnte. Im Mai 1938 wechselte er zur »Israelitischen Gartenbauschule« in Ahlem bei Hannover über, wo er auf landwirtschaftliche Tätigkeit in Palästina vorbereitet werden sollte. Seine Ausbildung währte nur wenige Monate. Am 27. Oktober wurde der 14-Jährige verhaftet und in ein Sammellager gebracht, um am nächsten Tag im Rahmen der so genannten Polen-Aktion zusammen mit annähernd 600 weiteren Menschen aus Hannover zwangsweise nach Polen abgeschoben zu werden. Chaim hatte zwar noch nie in seinem Leben polnischen Boden betreten, er besaß aber – wie seine aus Lemberg stammende Mutter – einen polnischen Pass.[4]

»Wir fuhren dann ostwärts, erst durch Berlin und dann Frankfurt/Oder, bis wir vor die Grenze kamen«, so Chaim. »Dann kam die SS, hat uns über die Grenze ins Niemandsland getrieben, hat mit Stöcken geschlagen. Wir standen sechs Stunden zwischen den beiden Grenzen. Es gab einen Sprühregen. Und die Deutschen standen mit gezückten Revolvern auf der einen Seite und die polnischen Soldaten mit Bajonetten auf dem Gewehr auf der andern.«

Chaim und die anderen aus Hannover Abgeschobenen wurden schließlich auf polnischen Boden gelassen und zusammen mit über 8000 polnischen Juden aus anderen Teilen des Deutschen Reiches auf einem leer stehenden Kasernengelände im Grenzort Zbaszyn untergebracht. Nach einmonatiger Internierung konnte Chaim zu Verwandten seines verstorbenen Vaters nach Lodz fahren. Von dort wanderte er im April 1939 nach Palästina aus. Das Visum hatte ihm seine Mutter besorgt, die sich noch kurz vor Kriegsbeginn nach Großbritannien retten konnte. Chaim sah sie erst nach dem Krieg wieder.

»Am schlimmsten war es für uns Kinder.« Dieser Satz beinhaltet die Erfahrungen nicht nur von Chaim Yechieli, sondern von allen jüdischen Kindern und Jugendlichen, die im nationalsozialistischen Deutschland aufwuchsen. Ausgegrenzt, geschlagen, gedemütigt, erfuhren sie, was es heißt, wenn Antisemitismus zur Staatsdoktrin wird, und sie erfuhren es in einem Alter, in dem sie noch gar nicht begreifen konnten, was da mit

4   Siehe Bettina Goldberg: Die Zwangsausweisung der polnischen Juden aus dem Deutschen Reich im Oktober 1938 und die Folgen. In: Zeitschrift für Geschichtswissenschaft 46 (1998), S. 971–984, insbes. 975f. – Zur Jugend-Alija siehe Fußnote 31.

ihnen geschah und warum es geschah. Nicht in der Lage, ihre Ängste, ihre Verzweiflung, ihre Hoffnungslosigkeit in Worte zu fassen, waren sie dem Regime noch schutzloser ausgeliefert als die Erwachsenen.[5] In besonderem Maße betroffen waren jüdische Kinder in Regionen, denen es an großen jüdischen Gemeinden fehlte, die Halt hätten bieten können. Eine solche Region war Schleswig-Holstein.

Nehmen wir zum Beispiel die Verhältnisse in Flensburg. 1925 lebten dort bei einer Gesamtbevölkerung von fast 64.000 Menschen gerade 61 Juden. Bis 1933 war die Zahl der Einwohner auf über 66.000 gestiegen, die Zahl der Juden dagegen auf 39 gesunken. Eine jüdische Gemeinde gab es in der Fördestadt nicht, jüdisches Leben fand demzufolge kaum statt. Nur an den hohen jüdischen Feiertagen, also an Roschaschana, dem jüdischen Neujahrsfest, und an Jom Kippur, dem Versöhnungstag, kam man zum gemeinsamen Gottesdienst zusammen. Mangels Synagoge fand dieser im »Roten Salon« statt, einem angemieteten Zimmer im dänischen »Flensborghus« auf der Norderstraße. Selbst anlässlich der hohen Feiertage hatte die kleine jüdische Gemeinschaft allerdings häufig Schwierigkeiten, einen Minjan zu stellen, d.h. die für den jüdischen Gottesdienst vorgeschriebene Mindestzahl von zehn erwachsenen männlichen Betern. Damit dennoch ein Gottesdienst stattfinden konnte, schickte manchmal der in Altona ansässige Oberrabbiner einige jüdische Jugendliche zur Verstärkung. Oder man griff zu der Verlegenheitslösung, auch männliche Kinder unter 13 Jahren mitzuzählen, obwohl diese noch nicht die Bar Mizwa, die jüdische »Konfirmation«, abgelegt hatten und somit in die Gemeinschaft der erwachsenen Beter auch noch nicht aufgenommen waren. Angesichts solcher Schwierigkeiten kann man sich vorstellen, dass am Sabbat, dem wöchentlichen jüdischen Feiertag, der am Freitagabend beginnt und am Samstagabend endet, in Flensburg in der Regel keine Gottesdienste stattfanden.[6]

Damit die Kinder nicht ganz dem Judentum entfremdet wurden, war dafür gesorgt worden, dass sie zweimal wöchentlich nachmittags jüdischen Religionsunterricht erhielten. Dieser wurde ab 1929 von Bezirksrabbiner Dr. Benjamin Cohen erteilt, der in Friedrichstadt ansässig war und zu diesem Zweck extra anreiste.[7] Ungeachtet des Unterrichts ging es allerdings vielen Kindern so wie dem Ende 1922 geborenen Schimon Monin: Sie erfuhren nur sehr wenig von jüdischer Religion und Kultur, da diese weder in den Familien noch in der Gemeinschaft groß praktiziert wurde. »*Ich hab' gewußt, ich bin Jude, ich hab' gewußt, ich geh' manchmal beten, mehr hab' ich nicht gewußt*«, so Schimon Monin, der heute in

---

[5] Siehe Barbara Bauer/Waltraud Strickhausen (Hg.): »Für ein Kind war das anders.« Traumatische Erfahrungen jüdischer Kinder und Jugendlicher im nationalsozialistischen Deutschland, Berlin 1999 (mit ausführlichem Literaturverzeichnis).

[6] Bernd Philipsen: Flensburg, unveröff. TS, Flensburg o.J., Kopie im Besitz der Verf.; StA Hamburg, 522–1: Jüdische Gemeinden, 128: Sammelakten des Oberrabbinats Altona (2. Serie), die Provinzialgemeinden in Schleswig-Holstein betreffend, Bd. 30 (1925); Interviews der Verf. mit Schimon Monin (Tel Aviv/Jerusalem) v. 17.3.1997 u. Shlomo Carlebach (Tel Aviv) v. 23.3.1997.

[7] Siehe Bernd Philipsen: »… ein selbständiger Denker, erfahren in Talmud und Halacha.« Dr. Benjamin Cohen, Bezirksrabbiner von Friedrichstadt/Flensburg. In: Paul/Gillis-Carlebach: Menora und Hakenkreuz, S. 107–119, 115.

Schimon Monin mit seinen Schwestern Henny und Sonja sowie seinen aus Bobruisk (Weißrussland) stammenden Eltern, dem Maßschneider Benjamin Monin und seiner Frau Lea (geb. Katzenelson), 1925 in der Angelburgerstraße 8 in Flensburg.

Tel Aviv lebt, rückblickend. Als er 1933 von seinem in SA-Uniform unterrichtenden Lehrer in die Ecke gestellt und in Gegenwart seiner Mitschüler über jüdische Bräuche befragt wurde, konnte er denn auch nichts antworten, was der Lehrer der Klasse gegenüber als klaren Beleg für »*jüdische Heimlichtuerei*« hinstellte.[8]

Für Schimon veränderte sich nach dem Machtantritt der Nationalsozialisten nicht nur die Situation in der Schule. Er hörte die antisemitischen Hetzreden im Radio, er erlebte, wie sich Kinder und Nachbarn nach und nach von der Familie zurückzogen, und er sah die Aufmärsche der SA, bei denen nicht selten das NS-Lied gesungen wurde: »*Wenn das Judenblut vom Messer spritzt, dann geht's noch mal so gut.*« »*Wir haben Angst gehabt, wir haben in der Nacht nicht geschlafen*«, erzählt er. »*Ich hab' schon gedacht wie die ältere Generation, Verantwortung und so. Ich konnte nicht mehr mit Kindern spielen. Die haben noch kinderisch gedacht, ich hab' schon anders gedacht.*« Als die 6-köpfige Familie Monin im Herbst 1934 Flensburg verlässt, um nach Palästina auszuwandern, ist für den 11-Jährigen die Kindheit bereits verloren gegangen.

Flensburg sei eine »*Diaspora in der Diaspora*« gewesen, so der Journalist Bernd Philipsen über die Situation der Juden in dieser Stadt.[9] Mit »Diaspora« wird das Leben der Juden außerhalb ihrer historischen Heimat Palästina, ihre Zerstreuung über alle Länder der Welt bezeichnet. Wenn Flensburg als Diaspora in der Diaspora charakterisiert wird, so ist damit angedeutet, wie fernab von den Zentren jüdischen Lebens die Stadt lag.

Die Bezeichnung »Diaspora in der Diaspora« beschreibt indes nicht nur die Situation der jüdischen Einwohner von Flensburg in der Weimarer und in der NS-Zeit; sie ist vielmehr geeignet, die jüdische Minderheit in Schleswig-Holstein insgesamt zu charakterisieren. Dies mögen einige Zahlen verdeutlichen. Mitte der 1920er Jahre zählte das gesamte Deutsche Reich

---

[8] Hier und im Folgenden: Interview der Verf. mit Schimon Monin. – Ausführlich zur Familie Monin siehe Bernd Philipsen: Schimon Monin – jüdisches Emigrantenschicksal. In: Grenzfriedenshefte (1987), S. 143–155.

[9] Philipsen: »... ein selbständiger Denker ...«, S. 107.

564.379 Menschen jüdischer Religionszugehörigkeit; sie machten 0,9 Prozent der Gesamtbevölkerung aus. Auf das Gebiet des heutigen Bundeslandes Schleswig-Holstein entfielen davon gerade 1940 Menschen. Sie bildeten nur 0,13 Prozent der schleswig-holsteinischen Gesamtbevölkerung und 0,34 Prozent aller im Deutschen Reich ansässigen Juden.[10]

Schleswig-Holstein ist von jeher eine primär agrarisch strukturierte Region gewesen. Dem entspricht, dass 1925 noch sieben von zehn Einwohnern in Landkreisen lebten. Demgegenüber hatten sich die Juden – wie in anderen Teilen Deutschlands – mehrheitlich in den Städten niedergelassen, und zwar insbesondere in den Großstädten Kiel und Lübeck, die Mitte der zwanziger Jahre über 60 Prozent der jüdischen Gesamtbevölkerung auf sich vereinigten. Die übrige jüdische Bevölkerung verteilte sich auf mehr als 123 Kleinstädte und Landgemeinden, wobei in mindestens 69 Ortschaften nur je ein Jude ansässig war.[11]

Mit dem Siedlungsmuster der jüdischen Bevölkerung korrespondiert die Verteilung der jüdischen Einrichtungen. Nur in Kiel und Lübeck gab es relativ stabile jüdische Mittelgemeinden, die sich stattliche Synagogen gebaut hatten, außerdem über eigene Rabbiner und ein vielfältiges jüdisches Vereinswesen verfügten. Demgegenüber dominierte im übrigen Schleswig-Holstein der Typus der jüdischen Kleingemeinde. Selbständige Kleingemeinden bestanden namentlich in Ahrensburg, Elmshorn, Friedrichstadt, Rendsburg und Segeberg, diesen angeschlossene in Flensburg, Itzehoe und Neumünster.[12]

Kehren wir zurück zur Situation der jüdischen Kinder und Jugendlichen. Diese konnte sich durchaus unterscheiden je nachdem, ob sie in einer Klein- bzw. Mittelstadt oder in den Großstädten Kiel bzw. Lübeck aufwuchsen. In den Klein- und Mittelstädten war schon lange vor der NS-Zeit die jüdische Bevölkerung rückläufig. Gerade viele Jüngere waren in die Großstädte abgewandert, und zwar vor allem nach Hamburg, wo sich ihnen bessere berufliche Möglichkeiten boten. Die jüdische Bevölkerung in den Kleinstädten war demzufolge relativ überaltert, so dass es nur wenige jüdische Kinder gab. Dies verdeutlichen beispielhaft die Verhältnisse im Rabbinatsbezirk Friedrichstadt-Flensburg, der Ende 1928 vom schleswig-holsteinischen Provinzialverband jüdischer Gemeinden eingerichtet wurde, um die seelsorgerische Betreuung aller nördlich des Nord-

[10] Berechnet nach: Statistik des Deutschen Reichs, Bd. 401/I: Die Bevölkerung des Deutschen Reichs nach den Ergebnissen der Volkszählung 1925, Berlin 1930, S. 364 u. 380f.; »Die Zahl der Juden in Schleswig-Holstein«. In: Israelitischer Kalender für Schleswig-Holstein 1927/28, S. 15–18; Heinrich Silbergleit: Die Bevölkerungs- und Berufsverhältnisse der Juden im Deutschen Reich. I. Freistaat Preußen, Berlin 1930, S. 30*. – Den Zahlen und Prozentangaben liegt der Gebietsstand Schleswig-Holsteins im Jahr 1938 zugrunde, was bedeutet, dass die ehemals schleswig-holsteinischen, seit 1937 aber nach Hamburg eingemeindeten Städte Altona und Wandsbek sowie einige kleinere Ortschaften in den Kreisen Pinneberg und Stormarn ausgeklammert, die einst unabhängige Hansestadt Lübeck und ihr Umland dagegen einbezogen sind; zu den Gebietsveränderungen auf Grund des Groß-Hamburg-Gesetzes v. 26.1.1937 siehe Statistisches Landesamt Schleswig-Holstein (Hg.): Beiträge zur historischen Statistik Schleswig-Holsteins, Kiel 1967, S. 2.
[11] Wie Fußnote 10.
[12] Siehe die Rubrik »Die Gemeinden Schleswig-Holsteins und ihre Verwaltungen«. In: Israelitischer Kalender für Schleswig-Holstein 1926/27–1928/29,

Ostsee-Kanals ansässigen jüdischen Familien sicherzustellen. Zu den Aufgaben von Dr. Benjamin Cohen, der das Amt des Bezirksrabbiners übernahm, gehörte – wie bereits angedeutet – die Erteilung von jüdischem Religionsunterricht an die im schulpflichtigen Alter befindlichen Kinder. 1930 unterrichtete er 20 Kinder, von denen elf in Flensburg, sieben in Friedrichstadt und zwei in Rendsburg wohnten; später kamen außerdem drei Kinder aus Kappeln hinzu.[13]

Solange die jüdischen Kinder in ihre nichtjüdische Altersgruppe völlig integriert waren, solange sie in Sport- und anderen Jugendvereinen aktiv tätig sein konnten, stellte ihre geringe Zahl kein Problem dar. Dies änderte sich allerdings nach der nationalsozialistischen Machtübernahme, als sie aus den nichtjüdischen Vereinen ausgeschlossen und in Schule und Freizeit zusehends ausgegrenzt wurden. »*Wollt ihr mal einen Judenjungen sehen? Hier ist einer!*« Mit diesen Worten habe Heinrich Kraft, damals Lehrer an der Volksschule in Friedrichstadt, den Jungen Rolf Meier an den Ohren hochgezogen, um ihn dann vor die Klasse ans Pult zu stellen und höhnische Bemerkungen über Juden zu machen, berichtet Hermann Hansen in einer seiner Veröffentlichungen.[14] Welche Verwundungen der Lehrer durch diese und andere Erniedrigungen dem Kind zugefügt hat, lässt sich erahnen. Rolf Meier können wir nicht mehr fragen. Wie Leopold und Resi Meier, seine Eltern, wurde Rolf Meier in einem nationalsozialistischen Vernichtungslager ermordet.[15]

Rita Bar-On, Rolfs jüngere Schwester, die als einzige Überlebende der Familie heute in Israel lebt, kann nicht mehr sagen, ob sie von Lehrer Kraft ebenfalls gedemütigt wurde. Die Schule und den Unterricht hat sie aus ihrem Gedächtnis gestrichen. Sie weiß allerdings noch, dass Heinrich Kraft zu denjenigen gehörte, die während des Novemberpogroms in ihr Elternhaus eindrangen und es verwüsteten. Sie erinnert sich auch, dass ein Mitschüler ihr einen Stein an den Kopf warf. Die Narbe hat sie bis heute. Eher positiv sind demgegenüber ihre Erinnerungen an einige ihrer Klassenkameradinnen und insbesondere an ihre beste Freundin, Hannelore Wichmann, mit der sie nach dem Krieg wieder Kontakt hatte. »*Wir waren eine Gruppe, sechs, sieben Mädchen, die immer zusammen gespielt haben*«, erzählt sie. »*Und wir waren sehr demokratisch, wir Kinder. Also haben wir ein paar exercises, Übungen, gehabt, nicht, die jeder machen muß. Und die Beste ist dann Präsidentin geworden. [...] Also, Jüdin oder Nichtjüdin, ich war die Beste, und ich war die Präsidentin.*«[16]

Dass die antisemitische Verhetzung allerdings auch in Friedrichstadt vor den Kindern nicht Halt machte, zeigen folgende Vorfälle, die sich 1941 ereigneten, als das Haus der Familie Meier, Am Markt 6, bereits zwangs-

---

Jahrbuch für die Jüdischen Gemeinden Schleswig-Holsteins und der Hansestädte 1 (1929/30) – 9 (1937/38).

[13] Philipsen: »... ein selbständiger Denker ...«, S. 115; ders.: Zwischen Integration und Deportation. Die Lebens- und Leidensgeschichte der jüdischen Familie Eichwald in Kappeln. In: Jahrbuch des Heimatvereins der Landschaft Angeln 63 (1999), S. 115–165, 126ff.

[14] Zit. nach Karl Michelson: Friedrichstadt in den Jahren 1933 bis 1941. Über das Leben in der Stadt im »Dritten Reich«. In: Mitteilungsblatt der Gesellschaft für Friedrichstädter Stadtgeschichte 55 (Sommer 1998), S. 1–550, 394.

[15] Zum Schicksal der Familie Meier siehe weiter unten im Text.

[16] Interview der Verf. mit Rita Bar-On geb. Meier (Ramat Hasharon) v. 1.3.1999.

Rita Meier (l., heute: Bar-On) und ihr Bruder Rolf aus Friedrichstadt zusammen mit der später nach Schottland ausgewanderten Dortmunderin Ingrid Wolff 1931 in Schwabstedt.

weise »arisiert« war und die von Husum zugezogene nichtjüdische Familie Winter dort die Parterre-Wohnung gemietet hatte. »*Eines Tages [...] wird plötzlich die Wohnzimmertür aufgerissen und fünf oder sechs Kinder im Alter von etwa zehn Jahren stürmen hinein, rufen alle durcheinander so was wie ›Judensau‹, ›Judenschweine‹, ›Juden raus‹ oder ähnliches, rennen um unseren Wohnzimmertisch herum, reißen die Tischdecke mitsamt der Teekanne herunter, und bevor meine Mutter noch reagieren kann, ist die grölende Schar schon wieder zur Haustür hinaus und fortgerannt*«, so Edgar Winter in seinen »Lebenserinnerungen«. »*Kinder waren es auch, die im Vorbeigehen unsere Fenster bespuckten, so daß meine Mutter jeden Tag Fenster putzen mußte. Dieses Verhalten änderte sich erst langsam, und ich denke, daß es wohl ein halbes Jahr gedauert hat, bis auch die Rufe auf der Straße nachließen.*«[17]

Anders als in den Kleinstädten waren in Kiel und Lübeck die jüdischen Kinder zumindest in den ersten Jahren der NS-Herrschaft noch nicht auf sich allein gestellt. Sie besuchten dort mehrmals in der Woche am Nachmittag die Religionsschule und kamen damit in eine Umgebung, in der sie die Wärme einer Gemeinschaft erfahren konnten. Beliebter noch als die Religionsstunden waren bei Mädchen wie Jungen die zionistischen Jugendgruppen, die an Wochenenden Wanderungen, in den Ferien auch Fahrten unternahmen und sich außerdem zu Heimabenden trafen, bei denen man gemeinsam Vorträge über Palästina hörte und diskutierte, die hebräische Sprache und hebräische Lieder lernte, tanzte und sang. In Lübeck gab es zum Beispiel den zionistischen Turn- und Sportbund »Bar Kochba«, in Kiel die ebenfalls zionistischen Jugendbünde »Zeire Misrachi« und »Habonim Noar Chaluzi«. Einer Gruppe des Habonim, zu deutsch »Die Bauleute«, gehörte auch Chaim Yechieli in Kiel an. Die gemeinsamen Fahrten, sportlichen Aktivitäten und Heimabende vermittelten ihm ein Gefühl der Zusammengehörigkeit und Geborgenheit. »*Wir gingen fünf Tage zur*

---

[17] Edgar Winter: Lebenserinnerungen – der Beginn meiner Schulzeit in Friedrichstadt. In: Mitteilungsblatt der Gesellschaft für Friedrichstädter Stadtgeschichte 47 (Winter 1994/95), S. 52–63, 56.

Schule«, so Chaim, der wie die anderen jüdischen Kinder am Samstag, dem jüdischen Sabbat, vom Unterricht befreit war. *»Daß wir diese fünf Tage durchgestanden haben, verdanken wir, glaube ich, dem jüdischen Jugendbund. Er gab uns die Kraft.«*[18]

Die Schule war für die meisten jüdischen Kinder der Ort, an dem sie am schutzlosesten einer immer feindlicher werdenden Umwelt ausgesetzt waren. In positiver Erinnerung haben ihre Schulzeit nur diejenigen jüdischen Kinder, die eine jüdische Schule besuchen konnten. Außerhalb der 1937 nach Hamburg eingemeindeten Stadt Altona gab es in Schleswig-Holstein allerdings nur zwei jüdische Schulen: eine in Lübeck, die 1934 eingerichtet wurde, eine zweite in Kiel, die im Zuge der von den Nationalsozialisten durchgesetzten »Rassentrennung« im Schulwesen im Frühjahr 1938 geschaffen wurde. Bereits ein Jahr zuvor hatte man dort die jüdischen Kinder aus den allgemeinen Volksschulen entfernt und in »Sammelklassen« zusammengefasst. Bei beiden jüdischen Schulen handelte es sich um Volksschulen, bei der Kieler sogar nur um eine zweiklassige Zwergschule. Wer seinem Kind den Besuch einer weiterführenden jüdischen Schule ermöglichen wollte, schickte es entweder allein nach Hamburg, Frankfurt oder Berlin oder zog direkt mit der gesamten Familie dorthin um.[19] In den nichtjüdischen öffentlichen Schulen in Schleswig-Holstein waren die jüdischen Kinder in der Regel sehr isoliert. Dies galt nicht allein für die Kleinstädte und Landgemeinden, sondern auch für die Großstädte, wie aus einer Statistik des Kieler Rabbiners Posner zu ersehen ist. Demnach kamen die 74 Kinder im schulpflichtigen Alter, die 1932/33 am jüdischen Religionsunterricht teilnahmen, aus 24 verschiedenen Schulen der Stadt. Zehn Schulen wurden nur von einem einzigen jüdischen Schüler besucht, weitere zwölf von zwei bis sechs jüdischen Kindern. *»Selbst in den Schulen, die eine größere Anzahl von jüdischen Schülern haben«,* so Posner, *»verteilen sich diese auf so viele Klassen, daß meist ein jüdisches Kind allein in seiner Klasse ist.«*[20]

Diese Zahlen stammen, wie gesagt, vom Vorabend der NS-Herrschaft. Spätere Zahlen liegen nicht vor; sie dürften aber eine noch stärkere Vereinzelung zeigen, denn nach der nationalsozialistischen Machtübernahme ging auch in den Mittelgemeinden Kiel und Lübeck die Mitgliederzahl

---

[18] Interview der Verf. mit Chaim Yechieli; ähnlich äußerten sich auch andere ehemalige Kieler und Lübecker im Interview. – Allgemein zur jüdischen Jugendbewegung nach 1933 siehe Chaim Schatzker: The Jewish Youth Movement in the Holocaust Period. In: Leo Baeck Institute Year Book 32 (1987), S. 157–181, 33 (1988), S. 301–325.

[19] Zu den jüdischen Schulen in Schleswig-Holstein einschließlich Altona siehe Miriam Gillis-Carlebach: »… damit die Kinder in die Schule gehen« (Jer. Talmud). Die letzte Phase der Israelitischen Gemeindeschule in Altona (1928–1938). In: Paul/Gillis-Carlebach: Menora und Hakenkreuz, S. 121–133; Gerhard Paul/Erich Koch: Klassenfoto 1939. Das Schicksal der Schüler und Lehrer der jüdischen Volksschule in Kiel, ebenda, S. 481–490; Christiane Pritzlaff: »Zu guten Juden und zu guten Deutschen.« Die jüdische Volksschule in Lübeck (1934–1940), ebenda, S. 397–410. – Allgemein zum jüdischen Schulwesen siehe u.a. Ruth Röcher: Die jüdische Schule im nationalsozialistischen Deutschland 1933–1942, Frankfurt/Main 1992; Joseph Walk: Jüdische Schule und Erziehung im Dritten Reich, Frankfurt/Main 1991.

[20] Central Archives for the History of the Jewish People (Jerusalem), P 40, Bestand Posner, Nr. 19: Religionsschule Kiel.

Eine Gruppe des »Habonim« in Kiel 1934. Hintere Reihe, l. Jakob Grubner, r. Leo Kufelnitzky

dramatisch zurück. Der Rückgang muss teils auf Auswanderung, zu einem nicht unerheblichen Teil aber auf Binnenwanderung zurückgeführt werden, wobei die jüdischen Großgemeinden Hamburg und Berlin die bevorzugten Ziele bildeten.[21]

Eine schwere Belastung stellte die Schulzeit unter dem NS-Regime für alle jüdischen Mädchen und Jungen dar. Und doch fallen die Erinnerungen unterschiedlich aus, je nachdem, ob sich ein Kind in der Klasse völlig allein gelassen sah oder ob sich ein Mitschüler oder ein sich seiner Verantwortung bewusster Pädagoge dort seiner annahm. Selbst das kleinste Zeichen von Mitgefühl oder Solidarität bekam damals eine kaum zu überschätzende Bedeutung und ist den Betroffenen bis heute genau in Erinnerung geblieben.

Von Lehrkräften, die sich ihrer angenommen hätten, berichten in Memoiren und Interviews vor allem die Frauen. Judith Jakobowitz, die nach dem Novemberpogrom 1938 mit ihrer Familie noch nach Palästina flüchten konnte, hatte eine Grundschullehrerin in Kiel, ein Fräulein Boege, das sich schützend vor sie stellte.[22] Und die 1922 in Flensburg geborene Berta Katz, die heute in Argentinien lebt, erinnert sich liebevoll ihrer Turnlehrerin in Flensburg. »*Ich hab' doch die Schwimmprüfung gemacht, 1935/36 muß das gewesen sein*«, erzählt sie. »*Und auf dem Schulhof durfte mir das nicht übergeben werden, das Zertifikat, das war nicht erlaubt. Aber die Lehrerin war so nett, sie wollte nicht, daß ich traurig bin, daß ich*

---

[21] Siehe ebenda, Nr. 13: Gemeindeangelegenheiten 1927–1938; David [Alexander] Winter: Erinnerungen aus meinem Leben, unveröff. MS, London 1954, S. 67, Privatbesitz Naftali Winter (Jerusalem); Israelitisches Familienblatt (Hamburg) v. 14.3.1935, S. 13, u. 15.4.1937, S. 18. – Siehe auch Gerhard Paul: »Nur Shanghai war noch offen.« Der jüdische Exodus aus Schleswig-Holstein. In: Paul/Gillis-Carlebach: Menora und Hakenkreuz, S. 437–458, 439f.

[22] Interview der Verf. mit Judith Jakobowitz geb. Bombach (Ramat Gan) v. 20.3.1997. – Zur Familie Bombach siehe auch Bettina Goldberg: Verfolgung und Selbstbehauptung. Jüdische Familien in Schleswig-Holstein während der NS-Zeit. In: Zeitschrift der Gesellschaft für Schleswig-Holsteinische Geschichte 126 (2001), S. 95–118, 110ff.

Erster Schultag von Gisela Feuer (heute: Tova Antmann) 1930 in Kiel.

*es nicht erhalten hab', und da ist sie am hellichten Tag zu meinem Vater ins Geschäft gekommen und hat es gebracht.«*²³

Wie die Erinnerungen dieser und anderer Frauen nahe legen, scheint in Mädchenschulen überhaupt das Klima auch von Seiten der Schülerinnen weniger aggressiv gewesen zu sein, als dies von Knabenschulen überliefert ist. Allerdings fand auch hier Ausgrenzung statt. Sie verlief subtiler, war deshalb aber nicht minder wirkungsvoll. *»Ich hatte sehr angenehme Kinderjahre in Kiel – Freunde, schönes und bequemes Leben, jeden Sonntag schöne Ausflüge in die Umgegend im Auto meiner Eltern, und wenn ich auch das einzige jüdische Kind in einer Klasse von 40 Schülern war, fühlte ich mich nicht als Fremder«,* so Tova Antmann, die 1924 als Gisela Feuer in Kiel geboren wurde und seit 1935 in Kfar Saba, Israel, lebt.²⁴ Dann aber kam der Wendepunkt: *»Anfang 34, kann ich mich erinnern, brachte man in die Klasse eine große Tafel mit einem Hakenkreuz, und jedes Kind hatte 10 Pfennig gebracht, um einen Nagel reinzuhämmern. Meine Eltern wollten mir das Geld nicht geben. Bist du verrückt? Du willst Geld geben für das Hakenkreuz? Ich hab' davon nicht viel verstanden, hab' gesagt, ich will wie alle Kinder sein, alle Kinder kaufen Nägel [...], hab' ich von meiner Sparkasse einen Nagel gekauft. Und da fingen die Kinder an: Guck die Jüd'sche an, die kauft auch 'nen Nagel.«*²⁵

Dass die jüdischen Kinder nicht nur verbal gedemütigt, sondern auch körperlich angegriffen wurden, ist vor allem für Jungenschulen, insbesondere Volksschulen, überliefert. Simcha Becker zum Beispiel, der damals noch Siegfried hieß und die »2. Knaben-Volksschule« in Kiel besuchte, wurde regelmäßig von einigen Mitschülern auf dem Heimweg aufgelauert und verprügelt. *»Wenn ich dann mit zerrissenen Hosen und blutend nach Hause kam, dann schimpfte mein Vater noch auf mich: Was hast du wieder angestellt?!«,* heißt es in seinen Erinnerungen. *»Er konnte sich nie vorstellen, daß von meinem Benehmen nichts abhing. Das war so in den Jahren 1935/36.«*²⁶

---

²³ Interview der Verf. mit Berta Bettheil geb. Katz (Buenos Aires), geführt am 13.11.1998 in Flensburg. – Siehe auch Berta Bettheil: Von Flensburg nach Südamerika. In: Jüdische Gemeinde Hamburg: Zwischen gestern und heute, S. 34–37.

²⁴ Tova Antmann: Vergangenheit und Gegenwart – Erinnerungen, ebenda, S. 21–23, 21.

²⁵ Interview der Verf. mit Tova Antmann geb. Feuer (Kfar Saba) v. 16.3.1997. – Ausführlich zur Familie Feuer siehe Bettina Goldberg: »... froh, der Hölle Europa entkommen zu sein.« Der schwierige Neuanfang in Palästina. In: Paul/Gillis-Carlebach: Menora und Hakenkreuz, S. 623–644, 634ff.

²⁶ Simcha Becker: ... zu Hause?? In: Jüdische Gemeinde Hamburg: Zwischen gestern und heute, S. 31–33, 32.

Auch Jakob Grubner, Mittelschüler in Kiel, bezog des Öfteren Prügel. Als sehr sportlicher Junge konnte er sich allerdings ganz gut dagegen zur Wehr setzen. Er hatte außerdem Freunde in seiner Klasse. Umso betroffener machte ihn ein Vorfall, der sich während einer Schulpause ereignete. »*Wir kamen vom Turnen in der großen Pause, und da am Gitter standen die Schultaschen*«, erinnert er sich. »*Und um 11 müssen wir wieder rauf zur nächsten Unterrichtsstunde, und ich nehme meine Tasche: Sie war volluriniert. Da hat jemand reingepinkelt, auf meine Bücher, auf meine Stulle. Was soll ich machen? Ich nehm' sie in die Hand, wir gehen rauf, und alle gucken. Und ich komme in die Klasse und stelle mich ans Lehrerpult und stelle meine Tasche dazu. Der Lehrer kommt rein [...], sieht mich, und da sitzen 30 oder 35 Schüler, und ich bin allein. [...] Er hat nur geguckt, dann steigt er auf seinen hohen Sessel und hat der Klasse eine Brandrede gehalten. [...] Aber das hat mir einen schweren Schlag [versetzt], was die Klasse betrifft.*«[27]

Die meisten Lehrer seien Antisemiten gewesen, meint Henry Glanz rückblickend, der ab 1935 in Kiel ebenfalls die Mittelschule, die spätere Carl-Loewe-Realschule, besuchte.[28] Es habe jedoch einige wenige Ausnahmen gegeben. Er berichtet von einer Geschichtsstunde. Der Lehrer habe zunächst einen überschwänglichen Vortrag über die großen Leistungen der alten Germanen gehalten, um sich anschließend ihm zuzuwenden und abfällige Bemerkungen über seine jüdischen Vorfahren zu machen. »*Sag deinem Lehrer, unsere Vorfahren hatten eine hohe Zivilisation, als seine Vorfahren noch in Höhlen wohnten*«, habe seine Mutter ihm gesagt, als sie davon erfuhr. »*Und das hab' ich ihm gesagt, als das wieder kam. Er nahm mich beim Ohr, du jüdischer Rotzjunge du, und ging zum Direktor. [...] Der Junge hat vollkommen recht, hat Harms gesagt, der Direktor.*«

In besonders positiver Erinnerung ist Henry Glanz der Lehrer Johannes Hagenah geblieben. »*Im Deutschunterricht ist oft gesagt worden, wenn man einen Juden nicht an der Nase erkennt, dann erkennt man ihn an dem Gestank von Knoblauch*«, erzählt er. »*In der Turnstunde stand ich neben einem Jungen, der hat Hagenah gefragt: ›Kann ich woanders stehen? Ich kann den Gestank von Knoblauch nicht vertragen.‹ Hat Hagenah ihm eine Ohrfeige gegeben, hat gesagt: ›Was du in der Hitler-Jugend machst, darüber hab' ich keine Kontrolle. Hier benimmst du dich wie ein zivilisierter Mensch!‹*« Kurz nach dem Krieg hatte Henry Glanz wieder Kontakt zu seinem mittlerweile verstorbenen Lehrer. »*Hagenah hätte es verdient, daß man für ihn einen Baum pflanzt*«, sagt er, »*an der Allee der Gerechten in Yad Vashem.*«

Yehuda Offen, 1922 in Altona geboren und in Kiel aufgewachsen, hatte nicht das Glück, auf verantwortungsbewusste Pädagogen zu treffen. Von 1932 bis 1936 besuchte er das renommierte Staatliche Gymnasium in Kiel, die heutige Gelehrtenschule, wo er zwar nicht verprügelt, aber

---

[27] Vortrag von Jacob Gower (Frankfurt/Main), ehem. Jakob Grubner, über seine Kindheit in Kiel im Jüdischen Museum Rendsburg am 9.11.1999, aufgenommen u. transkribiert von der Verf. – Siehe auch Eva Hoffmann: Jacob Gower – in Kiel geboren und aufgewachsen. In: Mitteilungen des Beirats zur Geschichte der Arbeiterbewegung und Demokratie in Schleswig-Holstein 20 (Oktober 1995), S. 27–52.

[28] Hier und im Folgenden: Interview der Verf. mit Henry Glanz (London) v. 8.10.1997.

Jakob Grubner (sitzend, 2. Reihe v. vorn, 2.v.r.) und seine Klassenkameraden in der Knaben-Mittelschule an der Ecke von Berg- und Muhliusstraße in Kiel, um 1930.

schon vor und insbesondere dann nach der nationalsozialistischen Machtübernahme systematisch gedemütigt wurde. Drei Vorfälle – sie haben sich im Zeichen-, im Deutsch- und im Turnunterricht abgespielt – seien hier wiedergegeben.[29]

Der Zeichenlehrer sei immer durch die Reihen gegangen und habe sich angesehen, was jeder so zeichnet. Bei ihm habe er sich fast gar nicht aufgehalten, erinnert sich Yehuda. Nur einmal, da habe er ihm erklärt, dass er ja ruhig zeichnen könne, sich aber keine Hoffnungen machen solle als Jude. Die Juden seien ja bekanntermaßen große Genies in allen möglichen Drehgeschäften, aber im Zeichnen, im Malen? Es gebe doch keine großen jüdischen Künstler, es gebe doch nur entartete Kunst bei denen. »*Das ist die elegante Art*«, so Yehuda, »*anstatt die Zähne einzuschlagen, macht man das elegant und bleibt Kulturmensch dabei.*«

Im Fach Deutsch war Yehuda ein sehr guter Schüler, und so schreckte es ihn denn auch nicht, wenn eine Klassenarbeit zu schreiben war. »*Ich kann mich nicht erinnern, was das Thema war*«, erzählt er, »*aber ich habe eine Geschichte geschrieben über einen kleinen Vogel, über ein Küken, das ist aus dem Nest gefallen in den Schnee. Und ich habe geschrieben, wie mich das erschüttert hat, wie die Landschaft aussah usw. Ich bin nach Hause gekommen, war überzeugt, das war der beste Aufsatz, den ich je*

[29] Hier und im Folgenden, soweit nicht anders angegeben: Interview der Verf. mit Yehuda Offen (Tel Aviv) v. 23.3.1997. – Siehe auch Yehuda Offen: Brief aus Tel Aviv. In: Mitteilungen der Kieler Gelehrtenschule 19 (1993), S. 24–28.

geschrieben hatte. Der Lehrer hat nachher die Hefte verteilt: minus Offen. Mangelhaft! Ich hatte in meinem Leben noch kein ›mangelhaft‹ bekommen [...]. Und dann hat er den Aufsatz vorgelesen vor der Klasse und hat seine Bemerkungen gemacht. Da fing er an, wie das Vöglein fiel in den Schnee. Ja, warum fiel das Vöglein in den Schnee? Weil Juden keine Ahnung haben von Natur!«

Am schlimmsten waren für Yehuda die Turnstunden. Sie begannen damit, dass die Schüler in Dreierreihen durch die Turnhalle oder über den Sportplatz marschierten und dabei sangen. »Und was mußten wir singen? Die Nazi-Lieder! Und die mußte ich mitsingen. Da machte ich, was viele jüdische Kinder machten: Ich spielte Pantomime, d.h. man konnte nicht genau ausmachen, sing ich oder [...] bewegen sich nur die Lippen. Wenn jemand auf mich geguckt hat und ich habe es gesehen, dann habe ich gesungen. Und da gab es besonders zwei, drei Lieder, die sehr gegen Juden waren. Und dann hat man mir auf die Lippen geguckt, ob ich das auch singe, besonders das Lied ›Und wenn das Judenblut vom Messer spritzt, dann geht's noch mal so gut‹. Ich habe mich bemüht, es nicht zu singen. Das heißt, wenn ich es nicht sang, dann hat man mich schikaniert, beleidigt, gestoßen. Also, man hat mir nichts angetan, das war damals noch nicht soweit. Aber die Angst – in dieser Angst bin ich aufgewachsen.«

1936 musste Yehuda das Gymnasium verlassen. Der Direktor hatte seinen Eltern mitgeteilt, dass man dies zwar sehr bedaure, dass es aber Anordnungen von oben gebe, wonach man keine jüdischen Schüler mehr halten könne. »Wir waren ungefähr 40 bis 45 Schüler in der Klasse«, so Yehuda. »Einer hieß Hell. Das war der einzige, der sich von mir verabschiedet hat.«

Um ihm die Fortsetzung seiner schulischen Ausbildung zu ermöglichen, wurde Yehuda zu seinem Onkel nach Hamburg geschickt, wo er die Talmud-Tora-Schule besuchte. Die Umstellung fiel ihm nicht leicht. Da es sich um eine Realschule handelte, waren seine in Kiel erworbenen altsprachlichen Kenntnisse dort nicht gefragt; vielmehr musste er den Englischunterricht von vier Jahren nachholen. Diese Schwierigkeiten wurden allerdings durch die Atmosphäre wieder ausgeglichen. »In der Judenschule gab es etwas mehr Freiheit«, so Yehuda, »und weniger Schläge.«[30]

Yehuda Offen, Henry Glanz, Jakob Grubner und Simcha Becker haben den millionenfachen Mord an den europäischen Juden überlebt, weil sie noch rechtzeitig aus dem nationalsozialistischen Machtbereich in Sicherheit gebracht werden konnten. Simcha Becker verdankt sein Leben der »Jugend-Alija«, durch die bis Ende März 1939 3262 jüdische Mädchen und Jungen im Alter von 15 bis 17 Jahren nach Palästina ausreisen konnten. Träger dieses Rettungswerks waren die »Jüdische Jugendhilfe«, die »Jüdische Waisenhilfe« und das Kinderheim »Ahawah«, die sich 1933 in Berlin zur »Arbeitsgemeinschaft Kinder- und Jugend-Alija« zusammengeschlossen hatten. In Zusammenarbeit mit vergleichbaren Einrichtungen in Palästina stellten sie sicher, dass die Jugendlichen dort gruppenweise in Kibbuzim oder Kinderheimen untergebracht und in einer zweijährigen

---

30 Zur Talmud-Tora-Schule siehe Ursula Randt: Zur Geschichte des jüdischen Schulwesens in Hamburg (ca. 1780–1942). In: Arno Herzig (Hg.): Die Juden in Hamburg 1590–1990, Hamburg 1991, S. 113–129.

Ausbildung auf ihr neues Leben vorbereitet wurden. Simcha Becker kam im Juli 1938 mit einer Gruppe von Gleichaltrigen in das Kinderheim »Ahawah« nach Kiryat Bialik bei Haifa. Er lebt heute in der Nähe von Tel Aviv.[31]

Mit der Jugend-Alija sollte auch Henry Glanz auswandern. Parallel zur Schule besuchte er deshalb eine »Hachschara«, ein Vorbereitungslager für Palästina. Infolge der drastischen Beschränkung der jüdischen Einwanderung in das britische Mandatsgebiet wurde jedoch sein Einreisezertifikat ungültig. Dass er dennoch Deutschland verlassen konnte, verdankt er der englischen Öffentlichkeit. Unter deren Druck fasste nämlich die britische Regierung am 16. November 1938 den Beschluss, etwa 10.000 Kindern im Alter bis zu 18 Jahren im Königreich zeitweilig Zuflucht zu gewähren, wenn Hilfsorganisationen und Privatleute deren Unterbringung und Unterhalt garantierten. Dieser Beschluss bildete die Grundlage für die »Kindertransporte«, eine groß angelegte Rettungsaktion, durch die zwischen Dezember 1938 und November 1939 annähernd 11.000 meist jüdische Kinder aus Deutschland, Österreich und der Tschechoslowakei nach Großbritannien in Sicherheit gebracht wurden. Mindestens 29 Kinder kamen aus dem Gebiet des heutigen Bundeslandes Schleswig-Holstein, unter ihnen auch Henry Glanz. In Großbritannien wurden die Kinder teils in Familien, teils in Heimen untergebracht. Henry kam nach Nordwales in ein Vorbereitungslager für Palästina. Später ging er nach London, wo er bis heute wohnt.[32]

Yehuda Offen war wie Chaim Yechieli Ende Oktober 1938 zwangsweise nach Polen abgeschoben worden, und zwar von Hamburg aus. Nach einigen Monaten bei Verwandten in Krakau ging er mit gefälschten Papieren nach Belgien, wohin seine Eltern und seine jüngere Schwester Hanna Ende 1938 geflohen waren. Dort suchte er den Kontakt zur zionistischen Jugendbewegung, der er auch schon in Deutschland angehört hatte. Er wollte umgehend nach Palästina. Als er erfuhr, dass er möglicherweise sehr lange auf ein Zertifikat der Jugend-Alija würde warten müssen, beschloss er, sich der »Alija Beth«, der illegalen Einwanderung, anzuschließen. Während seine Familie in Belgien blieb, kam Yehuda am 13. August 1939, von der britischen Mandatsmacht unbemerkt, in Palä-

---

[31] Interview der Verf. mit Simcha Becker (Givataim) v. 18.3.1997. – Zur Kinder- und Jugend-Alija siehe Röcher: Die jüdische Schule, S. 192ff. »Alija«, das hebräische Wort für »Aufstieg«, bezeichnet in der zionistischen Ideologie die Einwanderung nach Palästina, die als Rückkehr der zerstreut in der Diaspora lebenden und leidenden Juden in ihre historische Heimat gedeutet wird.

[32] Interview der Verf. mit Henry Glanz. – Ausführlich dargestellt ist seine Geschichte und die seiner Familie in: Bettina Goldberg: Mit einem Kindertransport nach Großbritannien. Drei ehemalige Kieler erinnern sich. In: Arbeitskreis zur Erforschung des Nationalsozialismus in Schleswig-Holstein e.V. (Hg.): Geschichte und Biografie. Jüdisches Leben, Nationalsozialismus und Nachkriegszeit in Schleswig-Holstein. Festschrift für Erich Koch (Informationen zur Schleswig-Holsteinischen Zeitgeschichte 33/34), Kiel 1998, S. 121–139 (mit Literaturangaben zu den Kindertransporten). – Zur Beschränkung der jüdischen Einwanderung nach Palästina durch die britische Mandatsmacht siehe Juliane Wetzel: Auswanderung aus Deutschland. In: Wolfgang Benz (Hg.): Die Juden in Deutschland 1933–1945. Leben unter nationalsozialistischer Herrschaft, München 1988, S. 413–498, 451ff.

stina an. Später war er in Israel als freier Schriftsteller tätig.³³ Er starb am 25. April 1997 im Alter von 75 Jahren in Tel Aviv.

Jakob Grubner zog mit seinen Eltern 1935 von Kiel nach Berlin. Dort besuchte er ein Jahr lang die Schule der Jugend-Alija und ging dann zur Hachschara »Brüderhof«, einem vom Rauhen Haus gepachteten Hof in der Nähe von Hamburg³⁴, um sich für Palästina landwirtschaftlich ausbilden zu lassen. Von dort kam er zusammen mit anderen Jugendlichen im Mai 1938 nach Dänemark, wo er zunächst in der Nähe von Kolding, später auf Seeland seine Vorbereitung auf Palästina fortsetzte. Mit der Besetzung Dänemarks durch die deutsche Wehrmacht am 9. April 1940 hatten die Nationalsozialisten Jakob Grubner wieder eingeholt. Als im Herbst 1943 auch die auf dänischem Boden lebenden Juden deportiert werden sollten, stellten sich der deutschen Vernichtungsmaschinerie allerdings ungewohnte Hindernisse in den Weg: dänische Behörden, die jegliche Mithilfe verweigerten, und eine dänische Bevölkerung, die nahezu einmütig entschlossen war, die Juden zu schützen. So kam es im Oktober 1943 zu einer einzigartigen Rettungsaktion, bei der 7200 Juden und etwa 700 nichtjüdische Angehörige mit Booten in das neutrale Schweden gebracht wurden. Zu den Organisatoren gehörte auch Jakob Grubner, der sich der dänischen Widerstandsbewegung angeschlossen hatte. Er blieb bis 1948 in Schweden. Dann wanderte er nach Israel aus. Heute lebt er wieder in Deutschland.³⁵

Jakob Grubner, Yehuda Offen, Henry Glanz und Simcha Becker haben den Holocaust überlebt. Ihre Eltern und zum Teil ihre Geschwister haben sie nicht wiedergesehen. Feiwel Becker, Rosa Becker, Julius Becker, Esther Glanz und Joachim Glanz wurden in Belzec ermordet, Markus Glanz, Naftali Offen, Taube Offen und Hanna Offen in Auschwitz. In welchen Vernich-

Henry Glanz kurz vor seiner Ausreise mit einem Kindertransport nach Großbritannien, Kiel 1939.

---

33 Interview der Verf. mit Yehuda Offen. – Zur Alija Beth siehe Wetzel: Auswanderung, S. 472ff.

34 Siehe Sieghard Bußenius: Zionistische Erziehung im norddeutschen Moor. Die Ausbildungsstätte des Hechaluz auf dem ›Brüderhof‹ bei Harksheide. In: Paul/Gillis-Carlebach: Menora und Hakenkreuz, S. 425–435.

35 Interview der Verf. mit Jacob Gower (Frankfurt/Main) v. 31.1.2000. – Zur »Hachschara« (hebr. für »Ertüchtigung«), der beruflichen, sprachlichen und ideologischen Vorbereitung auf die Auswanderung nach Palästina, siehe Wetzel: Auswanderung, S. 454ff.; Perez Leshem: Straße zur Rettung 1933–1939. Aus Deutschland vertrieben – bereitet sich jüdische Jugend auf Palästina vor, Tel Aviv 1973, S. 90ff. (Dänemark). – Zur Rettung der dänischen Juden siehe Herbert Pundik: Die Flucht der dänischen Juden 1943 nach Schweden, Husum 1995; Therkel Straede: Die Menschenmauer. Dänemark im Oktober 1943: Die Rettung der Juden vor der Vernichtung, Kopenhagen 1997.

tungslagern Schaja Grubner, Regina Grubner, Sara Grubner, Simon Grubner und Yehuda Grubner starben, ist unbekannt; sie gelten als »*im Osten verschollen*«.[36]

Jakob Grubner, Yehuda Offen, Henry Glanz und Simcha Becker teilen das Schicksal der meisten Überlebenden. Was es bedeutet, Freunde und Verwandte, häufig genug die Eltern und Geschwister, im Holocaust verloren zu haben, hat Rita Bar-On auszudrücken versucht, die als einzige Überlebende der Friedrichstädter Familie Meier heute in der Nähe von Tel Aviv lebt. Rita war gerade zwölf Jahre alt, als es ihren Eltern gelang, sie am 4. Januar 1939 mit einem Kindertransport von Hamburg aus nach Holland zu schicken. Als man sie dort einer sehr liebevollen jüdischen Familie anvertraute, ertrug sie die Nähe nicht. »*Ich hab' meine Eltern in Deutschland noch, und ich brauch' keine andern Eltern*«, erklärte sie dem jüdischen Hilfskomitee, das sie daraufhin in einem Kinderheim unterbrachte. »*Ich muß erwartet haben, meine Eltern und meinen Bruder bald wiederzusehen*«, sagt sie.[37]

Im Mai 1940, als die deutsche Wehrmacht Holland überfiel, wurde Rita zusammen mit anderen Kindern nach England in Sicherheit gebracht. Ihre Eltern und ihr Bruder bemühten sich vergeblich um die Auswanderung aus Nazi-Deutschland. Am 8. November 1941 wurden sie von Hamburg nach Minsk deportiert. Ihre Todesdaten sind unbekannt; sie gelten als »*verschollen*«.[38]

»*Looking back I think I must have built a wall around ›Feelings‹, so that I did what was expected of me, but feelings, emotions went underground. So one makes the impression of being quite normal, but there is a deep insecurity and dullness of emotions superimposed for self-preservation. Fear of being hurt again*«, so Rita Bar-On in einem Brief. »*Wenn ich zurückblicke, denke ich, ich muß eine Wand um die Gefühle gebaut haben, so daß ich tat, was man von mir erwartete, aber Gefühle, Emotionen gingen ins Unterbewußtsein. So macht man den Eindruck, ganz normal zu sein, aber da ist in einem eine tiefe Unsicherheit und Traurigkeit, unterdrückt um der Selbsterhaltung willen. Furcht, wieder verletzt zu werden.*«[39]

---

[36] Forschungsstelle »Juden in Schleswig-Holstein« an der Universität Flensburg, Datenpool.

[37] Interview der Verf. mit Rita Bar-On. – Die Transporte nach Holland umfassten insgesamt etwa 1850 Kinder; Inge Hansen-Schaberg: Kindheit und Jugend. In: Claus-Dieter Krohn u.a. (Hg.): Handbuch der deutschsprachigen Emigration 1933–1945, Darmstadt 1998, Sp. 81–94, 83; siehe auch Ya'Ácov Friedler: Die leisen Abschiede. Geschichte einer Flucht, Hagen 1993, S. 59ff.

[38] Memorbuch zum Gedenken an die jüdischen, in der Schoa umgekommenen Schleswig-Holsteiner und Schleswig-Holsteinerinnen, hg. von Miriam Gillis-Carlebach für den Verein jüdischer ehemaliger Schleswig-Holsteiner und Schleswig-Holsteinerinnen in Israel, Hamburg 1996.

[39] Brief von Rita Bar-On (Ramat Hasharon) an eine Freundin, o.D., Kopie im Besitz der Verf.

Bernd Gaertner

Zwischen Anpassung und Widerstand

Katholische Kirche und Nationalsozialismus 1933–1945[1]

Schuldeingeständnis und Dank für Widerstand

Am 23. August 1945 veröffentlichten die deutschen kath. Bischöfe ein Hirtenschreiben, in dem sie u.a. bekennen:

»Furchtbares ist schon vor dem Krieg in Deutschland und während des Krieges durch Deutsche in den besetzten Ländern geschehen. Wir beklagen es zutiefst: Viele Deutsche, auch aus unseren Reihen, haben sich von den falschen Lehren des Nationalsozialismus betören lassen, sind bei den Verbrechen gegen menschliche Freiheit und menschliche Würde gleichgültig geblieben; viele leisteten durch ihre Haltung den Verbrechen Vorschub, viele sind selber Verbrecher geworden. Schwere Verantwortung trifft jene, die aufgrund ihrer Stellung wissen konnten, was bei uns vorging, die durch ihren Einfluß solche Verbrechen hätten hindern können, und es nicht getan haben, ja diese Verbrechen ermöglicht und sich dadurch mit den Verbrechern solidarisch erklärt haben.«[2]

Worin bestand die Schuld der kath. Kirche in der Zeit der nationalsozialistischen Herrschaft, die hier – in allgemeiner Form – eingestanden wurde? Hatte sie sich nicht als eine der letzten Bastionen des Widerstands gegen die NS-Diktatur erwiesen? Die Aufarbeitung der Geschichte der evangelisch-lutherischen Kirche im Bereich des heutigen Nordelbiens hat ergeben, dass vor 1933 schon 27 Prozent der Pastoren Mitglieder der NSDAP waren. Gilt diese Entwicklung auch für die kath. Kirche in Deutschland und speziell im Norden[3]? Nach meiner Kenntnis war im gesamten Bistum Osnabrück nur ein Priester Mitglied der NSDAP; im Gegenteil – die Kirche war einem vehementen Kirchenkampf ausgesetzt: Während der nationalsozialistischen Herrschaft waren 411 deutsche Priester im KZ Dachau inhaftiert, mehr als 100 von ihnen sind umgebracht worden; fast die Hälfte der kath. Geistlichen in Deutschland war staatlicher Verfolgung

---

[1] Im Folgenden ist immer von »Katholischer Kirche« oder »Katholiken« die Rede. Das meint immer die Römisch-katholische Kirche. Es nimmt damit den üblichen Sprachgebrauch auf und will nicht andere sich »katholisch« bezeichnende und sich so verstehende Kirchen, etwa die »Alt-katholische Kirche«, vereinnahmen. Vergl. zur Altkatholischen Kirche: Ring, Matthias: Versuchung und Irrtum. Die Alt-Katholische Kirche im Dritten Reich. In: Christen heute, Mai 1995, 72ff.

[2] Kirchliches Amtsblatt für die Diözese Osnabrück, 61. Jg. Nr. 6 vom 8. 11. 1945, Art 215, S. 161–164.

[3] Seit dem Konkordat, das der Vatikan mit Preußen am 13.8.1929 geschlossen hatte, und der kirchenrechtlichen Umsetzung am 13.8.1930 gehörten die »Missionsgebiete nördlich der Elbe« (Hamburg, Schleswig-Holstein, Lübeck, Mecklenburg) zum Bistum Osnabrück. Die meisten der 1931 mehr als 48.000 in Schleswig-Holstein/Lübeck lebenden Katholiken waren seit 1865 als Arbeitskräfte, durch den Ausbau der Marine oder als Beamte ins Land gekommen. In Hamburg waren es fast 67.000, die in erster Linie auf Arbeitssuche in die Groß-

oder Disziplinierungsmaßnahmen ausgesetzt[4] ; die Predigten des Bischofs von Münster, von Galen, gegen nationalsozialistische Verbrechen sind in vielen Gemeinden abgeschrieben und unter Lebensgefahr verteilt worden; trotz eigener Bedrohung haben Papst und Bischöfe Stellung gegen die NS-Ideologie bezogen – man denke nur an die Enzyklika »Mit brennender Sorge« (1937) und eine Vielzahl von Hirtenbriefen; Papst und Bischöfe haben im Krieg ihre Klöster verfolgten Juden geöffnet, anderen zur Flucht verholfen; bereits ab 1933 standen kath. Vereine und Verbände unter Gleichschaltungsdruck[5] – trotzdem hatte z.B. der Katholische Gesellenverein/Deutsche Kolpingsverband 1939 noch 63.500 Mitglieder; im Oldenburger Land kämpften 1936 die Katholiken erfolgreich gegen die Entfernung von Kreuzen aus den Schulräumen.

Sind diese Beispiele nicht Belege genug für den aktiven Widerstand von Katholiken und Kirchenleitung in diesen Jahren der nationalsozialistischen Bedrückung und des Kirchenkampfes? So haben die Bischöfe 1945 auch den Dank für ihre Treue an ihr Kirchenvolk geäußert: »*Katholisches Volk, wir freuen uns, daß du dich in so weitem Ausmaße von dem Götzendienst der brutalen Macht freigehalten hast. Wir freuen uns, daß so viele unseres Glaubens nie und nimmer ihr Knie vor Baal gebeugt haben. Wir freuen uns, daß diese gottlosen und unmenschlichen Lehren auch weit über den Kreis unserer katholischen Glaubensbrüder hinaus abgelehnt wurden*«.[6]

stadt kamen; auch viele schleswig-holsteinische Katholiken suchten in Hamburg ihre Zukunft.

Die kath. Kirche nördlich der Elbe war in einer extremen Minderheitensituation. Sie rekrutierte sich fast ausschließlich durch »Zuwanderer« aus kath. Landen. Auch fast alle Priester stammten aus den »kath. Stammlanden« des Bistums. Das hat Auswirkungen auf ihren politischen und gesellschaftlichen Einfluss und lässt Rückschlüsse zu auf das Selbstbewusstsein innerhalb der Kirche und auf das Milieu in den Gemeinden.

An der Spitze dieses damit flächenmäßig großen Bistums stand Bischof Dr. Wilhelm Berning (1877 in Lingen geboren, gest. 1955 in Osnabrück). Er war zum Bischof gewählt worden vor Ausbruch des Ersten Weltkrieges 1914 und leitete das Bistum bis zu seinem Tode. Wie er waren acht weitere katholische Bischöfe Deutschlands, die 1933 an der Spitze von Bistümern standen, bereits während des Kaiserreiches in ihre Ämter gekommen. Für ihre Einstellung zur »Weimarer Republik« und dem »Dritten Reich« ist das nicht ohne Bedeutung. Berning war im Rahmen der Fuldaer Bischofskonferenz zuständig für Schulfragen, Auswanderer, Verhandlungen mit der Reichsregierung. Von Göring wurde er 1933 in den »Preußischen Staatsrat« berufen und blieb dessen Mitglied bis Kriegsende, was ihm später immer wieder den Vorwurf der Nähe zum NS-Staat einbrachte. 1949 ernannte ihn Pius XII. zum Titular-Erzbischof.

Vergl. Recker, Klemens August: »Wem wollt ihr glauben?« Bischof Berning im Dritten Reich, Paderborn-München-Wien-Zürich ²1998 (in den folgenden Anmerkungen zitiert: Recker: Bischof Berning).

[4] Hehl, U. von: Die Kirchen in der NS-Diktatur. Zwischen Anpassung, Selbstbehauptung und Widerstand. In: Bracher, Karl-Dietrich/Funke, Manfred/Jacobsen, Hans-Adolf: Deutschland 1933–1945. Neue Studien zur nationalsozialistischen Herrschaft, 2., ergänzte Aufl. 1993, 153–181, S. 176 (in den folgenden Anmerkungen zitiert: Hehl, Die Kirchen in der NS-Diktatur).

[5] Gleichschaltung meint Auflösung des jeweiligen Vereins/Verbands und Überführung der Mitglieder in entsprechende NS-Organisationen.

[6] Kirchl. Amtsblatt für die Diözese Osnabrück, a.a.O.

Unterstützt werden die Beispiele auch durch Lob und Dank aus unverdächtigem Mund: Nach Kriegsende haben Vertreter der jüdischen Gemeinde Roms und andere Juden dem Papst und der kath. Kirche für ihre Hilfe während des Krieges gedankt.[7] In Jad Vaschem werden etliche Katholiken für ihr Eintreten für Juden während der Shoa als »Gerechte aus den Völkern« geehrt[8].

Angesichts so offenkundiger Gegnerschaft wird in den ersten Jahren nach dem Krieg in vielen Schriften die Widerstandskraft der kath. Kirche betont und werden ihre Märtyrer gefeiert.[9]

Kritische Betrachtung des eigenen Handelns

Trotz dieser positiven Bilanz stellt sich die Frage: Waren die Täter nur auf anderen Seiten zu suchen? Haben sich – trotz der unwiderlegbaren Beispiele von Widerstand – auch Katholiken (Papst, Bischöfe, Priester oder Gläubige) zu sehr mit den Nazis eingelassen, haben sie nicht energisch genug gegen die Verbrechen protestiert? Wenn Schuld zu finden ist, liegt sie dann nur bei den Menschen und ihren Schwächen oder gibt es auch in Glauben und kirchlicher Lehre Anhaltspunkte, die hierfür anfällig machen?

Ende der 50er Jahre begann eine lebhafte Diskussion über die Rolle der kath. Kirche 1933.[10] Papst Pius XII. (1939–1958) wurde vorgeworfen,

---

[7] Lapide, Pinchas E.: Rom und die Juden, Freiburg-Basel-Wien 1967, S. 188: »*Die katholische Kirche ermöglichte unter dem Pontifikat von Pius XII. die Rettung von mindestens 700.000, wahrscheinlich sogar von 860.000 Juden vor dem gewissen Tod von den Händen des Nationalsozialismus.*«
Außenministerin Golda Meir zum Tod von Pius XII.: »*Wir trauern mit der Menschheit um das Hinscheiden seiner Heiligkeit Pius XII. In einer Generation, die von Krieg und Zwietracht heimgesucht war, hielt er die Ideale des Friedens und des Mitleids hoch. Als unser Volk während des Naziterrors ein furchtbares Martyrium durchlitt, erhob der Papst seine Stimme für die Opfer.*« Zit. in: Kommission für die Beziehungen zum Judentum: Wir erinnern. Eine Reflexion über die Shoa, Vatikan 1998, Anm. 16.

[8] Z.B. Frau Dr. Gertrud Luckner, die sich im Auftrag der Bischöfe für die »nichtarischen« Katholiken, und auch für »Glaubensjuden« einsetzte, dann selbst ins KZ kam, nach dem Krieg für die christlich-jüdische Aussöhnung eintrat und die »Freiburger Rundbriefe« gründete.

[9] So beispielsweise aus Lübeck die 1943 hingerichteten Kapläne Prassek, Lange und Müller sowie den ev. Pastor Stellbrink: Sie hatten sich in Predigten, Gesprächen und Jugendarbeit kritisch über die NS-Herrschaft geäußert und die Predigten von Bischof von Galen aus Münster verteilt.
Bücher wie die Anfang 1946 veröffentlichen Erinnerungen von Johannes Neuhäusler (Kreuz und Hakenkreuz. Der Kampf des Nationalsozialismus gegen die katholische Kirche und der kirchliche Widerstand. 2 Teile in einem Band, München 1946), der vier Jahre im KZ zubringen musste, betonten die Widerstandskraft der kath. Kirche gegen die NS-Diktatur und seine Ideologie.

[10] Böckenförde, Ernst-Wolfgang: Der deutsche Katholizismus im Jahre 1933. Eine kritische Betrachtung. In: Hochland 53 (1960/61), 215–239. – Buchheim, Hans: Der deutsche Katholizismus im Jahre 1933. Eine Auseinandersetzung mit Ernst-Wolfgang Böckenförde. In: Hochland 53 (1960/61), 497–515. – Böckenförde, Ernst-Wolfgang: Der deutsche Katholizismus im Jahre 1933. Stellungnahme zu einer Diskussion. In: Hochland 54 (1961/62) 217–245.

zu deutschfreundlich[11], antimarxistisch und antijüdisch eingestellt gewesen zu sein, nichts oder zumindest zu wenig gegen die Judenvernichtung gesagt und getan zu haben – z.B. so Rolf Hochhuth in seinem Drama »Der Stellvertreter«.[12] Die kath. Kirche und vor allem der Papst seien die einzige Instanz gewesen, die auch während des Krieges noch relativ frei und mit Gewicht ihre Stimme hätte erheben können. Dass solche Stimmen gehört wurden und auch Erfolg hatten, wird an den Predigten von Bischof von Galen sichtbar. Er hatte z.B. am 20.7.1941 die Enteignung von Klöstern, die Inhaftierung von Priestern und die Tötung »lebensunwerten Lebens« angeklagt.[13] Die Aktion der Tötung »lebensunwerten Lebens« wurde danach offiziell eingestellt.

Grund für das Schweigen sei vor allem die Sorge um das Überleben der kath. Kirche gewesen. Durch ihr Schweigen hätten sie aber den Tod vieler Juden mit zu verantworten. Bischöfe wie der Breslauer Kardinal Bertram, der Münchner Kardinal Faulhaber oder der Freiburger Erzbischof Gröber hätten Hitler bis in den Krieg hinein positiv gegenüber gestanden[14] – so dass sich heute etwa die Frage stellt: Darf man nach solchen Männern Straßen benennen oder ihnen die Ehrenbürgerschaft zuerkennen?[15]

Noch immer sind nicht alle Archive des Vatikans geöffnet.[16] Da taucht der Verdacht auf: Will die kath. Kirche ihre eigenen Versäumnisse ver-

[11] Er war von 1917 bis 1929 Nuntius in München und dann Berlin und hatte anschließend als Kardinalstaatssekretär und als Papst in Rom mehrere deutsche enge Vertraute um sich.

[12] Für den Kreis der Kritiker seien weiter genannt: Denzler, Georg: Im Keller liegt eine Leiche. Katholische Kirche im Dritten Reich. Kritik an der schönfärberischen Rede vom allgemeinen Widerstand. In: Publik-Forum 15 vom 3.7.1982. Groß, Alexander: Gehorsame Kirche. Ungehorsame Christen im Nationalsozialismus, Mainz 2000. Cornwell, John: Hitler's Pope. The secret history of Pius XII, New York 1999. (Pius XII. Der Papst, der geschwiegen hat).

[13] »Als ich von dem Vorhaben erfuhr, Kranke aus Marienthal abzutransportieren, um sie zu töten, habe ich am 28. Juli beim Landgericht Münster und beim Herrn Polizeipräsidenten in Münster Anzeige erstattet durch eingeschriebenen Brief...« in: Portmann, Heinrich: Kardinal von Galen. Ein Gottesmann seiner Zeit, Münster ⁴1957, S. 347f.

[14] Erzbischof Gröber (Freiburg) war zunächst förderndes Mitglied der SS – trotzdem war er starken Angriffen der Nazis ausgesetzt. Kardinal Bertram (Breslau) sandte noch am 20.4.1940 Hitler einen Geburtstagsglückwunsch zum Geburtstag: »*Hochgebietender Herr Reichskanzler und Führer. Der Rückblick auf die unvergleichlich großen Erfolge und Ereignisse der letzten Jahre und der tiefe Ernst der über uns gekommenen Kriegszeit gibt mir als Vorsitzenden der Fuldaer Bischofskonferenz besonderen Anlaß, namens der Oberhirten aller Diözesen Deutschlands Ihnen zum Geburtstag die herzlichen Glückwünsche darzubringen. Es geschieht das im Verein mit den heißen Gebeten, die die Katholiken Deutschlands am 20. April an den Altären für Volk, Heer und Vaterland, für Staat und Führer zum Himmel senden ...*« In: Akten Deutscher Bischöfe V, 57f. Wegen dieses Schreibens trat Bischof Preysing als kirchenpolitischer Sprecher der Fuldaer Bischofskonferenz zurück.

[15] Diskussion in München: z.B. Köhler, Otto: Dem wendigen Kardinal Faulhaber. Frohe Botschaft in Weiss-Blau. In: »Freitag« vom 14.4.2000. Zum Streit um die Rolle Bernings in Osnabrück siehe Recker: Bischof Berning, 11.

[16] In den vergangenen Jahren wurde in Rom eine kath.-jüdische Historikerkommission mit der Sichtung der Akten und einer Aufarbeitung beauftragt. Sie ist im Streit um ihren Auftrag und angebliche Beschränkungen vor einem Jahr ohne Ergebnis zerbrochen.

schleiern? Wollen interessierte Kreise im Vatikan das Andenken von Pius XII. schützen, damit etwa seine Heiligsprechung nicht behindert wird?

Sind diese Stimmen im Recht? Gab es doch zu viel Nähe zum NS-Staat oder zu wenig Mut, sich gegen die Verbrechen im nationalsozialistischen Deutschland und den von ihm besetzten Gebieten zu wenden?[17]

Oder ist der Vorwurf an Kritiker wie Hochhuth oder Böckenförde berechtigt, sie urteilten aus der Sicht der Nachkriegszeit, sie hätten die damals im Deutschen Reich herrschende Stimmung und den Kampf staatlicher Propaganda, der Gestapo und der Partei gegen die kath. Kirche in der Zeit vor und während des Krieges nicht ausreichend berücksichtigt?[18]

Seit den 60er Jahren wird diese Diskussion sehr engagiert geführt und hat sehr zur Aufarbeitung der Geschichte der kath. Kirche im »Dritten Reich« beigetragen.

Die Katholische Kirche 1933

Die ersten Monate des »Dritten Reiches« haben eine besondere Bedeutung. In ihnen musste sich die Kirche auf die neue Regierung einstellen. Wie hat sie auf die Machtübernahme reagiert? Wie haben sich Regierung und Partei zur kath. Kirche verhalten? Diese Fragen sollen zunächst im Mittelpunkt stehen.

Böckenförde hatte in seinem Aufsatz aufgezeigt, dass die kath. Bischöfe durch ihre Haltung 1933 bei der Durchsetzung der Machtübernahme der NSDAP geholfen haben. Das zentrale Datum dafür ist der 28. März. An diesem Tag hat Kardinal Bertram im Namen der Fuldaer Bischofskonferenz[19] eine Kundgebung veröffentlicht, in der es hieß: »*Es ist nunmehr anzuerkennen, daß von dem höchsten Vertreter der Reichsregierung, der zugleich autoritärer Führer jener Bewegung ist, öffentlich und feierlich Erklärungen gegeben sind, durch die der Unverletzlichkeit der*

---

[17] Erst nach Redaktionsschluss erschien neu zum Thema und wurde daher nicht berücksichtigt: Daniel Jonah Goldhagen: Die katholische Kirche und der Holocaust. Eine Untersuchung über Schuld und Sühne, München 2002.

[18] So z.B. Buchheim gegen Böckenförde, 497: »*Man muß anerkennen, daß Böckenförde keine falsche Scheu gezeigt hat, das, was geschehen ist, auszusprechen. Jedoch gewinnt man den Eindruck, daß er die damit verbundenen Umstände nicht ausreichend würdigt.*«

[19] Es gab zwei unabhängig tagende Bischofskonferenzen – die Fuldaer (Vorsitz Kardinal Bertram – Breslau) und die Bayerische (Vorsitz Kardinal Faulhaber – München-Freising). Die Bayerische Bischofskonferenz hatte sich der Kundgebung nicht angeschlossen – aus terminlichen wie inhaltlichen Vorbehalten. So schreibt Bischof Buchberger (Regensburg) an Kardinal Faulhaber: Kardinal Bertram »*drängt so sehr, daß ich Sorge habe, es könnte zu einer übereilten Aktion kommen ... Die Erklärung des Reichskanzlers bei der Eröffnung des Reichstags ist sehr dankenswert, und sein Entschluß, mit aller Tatkraft den Bolschewismus in seinen verschiedenen Formen zu bekämpfen, verdient höchste Anerkennung. Aber vorläufig sind das nur Worte ...*« In: Kath. Kirche und Nationalsozialismus, hrsg. v. Hans Müller, München 1965, Dok.-Nr. 24, S. 93f. (in den folgenden Anmerkungen zitiert: Katholische Kirche und Nationalsozialismus, hrsg. v. Hans Müller). Wenig Verständnis für die Kundgebung zeigte auch der Linzer Bischof Gföllner.

katholischen Glaubenslehre und den unveränderlichen Aufgaben und Rechten der Kirche Rechnung getragen, sowie die vollinhaltliche Geltung der von den einzelnen deutschen Ländern mit der Kirche abgeschlossenen Staatsverträge durch die Reichsregierung ausdrücklich zugesichert wird. Ohne die in unseren früheren Maßnahmen liegende Verurteilung bestimmter religiös-sittlicher Irrtümer aufzuheben, glaubt daher der Episkopat das Vertrauen hegen zu können, daß die vorbezeichneten allgemeinen Verbote und Warnungen nicht mehr als notwendig betrachtet zu werden brauchen.«[20]

Die Ablehnung der nationalsozialistischen Weltanschauung

Diese Sätze wirkten wie eine Sprengladung, die einen Damm zum Einsturz bringt. Ihn hatten die kath. Bischöfe in den zurückliegenden Jahren errichtet gegen das Eindringen nationalsozialistischer Gedanken.

Seit der Septemberwahl 1930[21] hatten deutsche Bischöfe eine Mitgliedschaft von Katholiken in der Hitler-Partei ausgeschlossen. Die Gauleitung Hessen fragte beim Bistum Mainz an, ob folgende Auskunft richtig sei: »*1. Jedem Katholiken ist es verboten, eingeschriebenes Mitglied der Hitlerpartei zu sein. 2. Jedem Mitglied der Hitlerpartei sei nicht gestattet, in korporativer Zusammensetzung an Beerdigungen oder sonstigen Veranstaltungen teilzunehmen. 3. Solange ein Katholik eingeschriebenes Mitglied der Hitlerpartei sei, könne er nicht zu den Sakramenten zugelassen werden.*«[22] Der Generalvikar des Bistums Mainz bestätigt dieses Verbot und begründet es vor allem mit § 24 des Parteiprogramms der NSDAP[23], aus dem sich so viele Fragen und Gegensätze zum kath. Glauben ergäben, dass diese nur zu dem Urteil führen können: Unvereinbar! In vielen Gemeinden, so auch in München, wurden im Winter 1930/1931 Diskussionen zu Nationalsozialismus und Kommunismus veranstaltet und die Gegensätze festgehalten: »*Insbesondere sehen wir in der sozialistisch-kommunistischen wie auch in der völkisch-nationalsozialistischen Weltanschauung den rein irdischen und darum auch unbrauchbaren Versuch, dem Volk eine klare und sichere Zielanschauung für eine persönliche und staatsbürgerliche Haltung zu geben. Die Weltanschauungen ent-*

---

[20] In: Katholische Kirche und Nationalsozialismus, hrsg. v. Hans Müller, Dok.-Nr. 20, S. 88f.
[21] Die NSDAP hatte erdrutschartig 107 Mandate gewonnen.
[22] Katholische Kirche und Nationalsozialismus, hrsg. Hans Müller, Dok.-Nr. 1f, S. 40ff.
[23] »Wir fordern Freiheit aller religiösen Bekenntnisse im Staat, soweit sie nicht dessen Bestand gefährden oder gegen das Sittlichkeits- und Moralgefühl der germanischen Rasse verstoßen. Die Partei als solche vertritt den Standpunkt eines positiven Christentums, ohne sich konfessionell an ein bestimmtes Bekenntnis zu binden. Sie bekämpft den jüdisch-materialistischen Geist in und außer uns und ist überzeugt, daß eine dauernde Genesung unseres Volkes nur erfolgen kann von innen heraus auf der Grundlage: Gemeinnutz vor Eigennutz.« In: Katholische Kirche und Nationalsozialismus, hrsg. v. Hans Müller, S. 34, Anm. 4.

halten neben vielen Irrtümern unzulängliche Halbwahrheiten, die in keiner Weise geeignet sind, dem Volk andere gangbare Wege zu seiner Gesundung und zu seinem Glück zu bahnen.«[24]

In gleicher Weise hatten bereits 1923 die Katholische Arbeiterbewegung (KAB) und 1930 der Kath. Gesellenverein (Kolpingsverein) eine Doppelmitgliedschaft für unmöglich erklärt.[25]

In mehreren Stellungnahmen erneuerten die Bischöfe in den folgenden Jahren diese Haltung im Grundsatz, aber die meisten Bischöfe befürworteten aus pastoralen Gesichtspunkten für ihre Diözesen eine weniger radikale Umsetzung.[26] Auch die zu den Wahlen am 5.3.1933 veröffentlichten Hirtenbriefe (im Wesentlichen Wiederholungen des vergangenen Jahres) änderten diese Haltung nicht und forderten mehr oder weniger versteckt dazu auf, das ›Zentrum‹ zu wählen.[27]

Noch am 19.3.1933 wies Kardinal Bertram in einem Schreiben an die Mitglieder der Fuldaer Bischofskonferenz darauf hin: »*Die Veränderung in den politischen Machtverhältnissen kann nicht Anlaß sein, die aus kirchlichen Gründen beschlossene Stellungnahme zu beeinflussen ... Weil in tendenziöser Weise verbreitet wird, die Kirche werde ihre Haltung zu den Nationalsozialisten revidieren, brachte Herr Vizekanzler von Papen bei seinem gestrigen Besuch die Frage vor. Ich wies darauf hin: wer revidieren muß, ist der Führer der Nationalsozialisten selbst ...*«[28]

Trotz dieser Bedenken verkündete Bertram dann einige Tage später die Aufhebung des Verbots der Doppelmitgliedschaft. Was hatte zum Verbot und nun zu seiner Aufhebung geführt?

---

[24] Bayerischer Kurier Nr. 315 v. 11. 11. 1930, zit. in: Volk, Ludwig: Der Bayerische Episkopat und der Nationalsozialismus. 1930–1934, Mainz ²1966, 23 (Veröffentlichungen der Kommission für Zeitgeschichte Reihe B, Forschungen, Bd. 1), S. 53ff. (in den folgenden Anmerkungen zitiert: Volk: Der Bayerische Episkopat).

[25] Aretz, Jürgen: Katholische Arbeiter gegen Hitler. Zur Auseinandersetzung zwischen KAB und Nationalsozialismus. In: Kringels-Kemen, Monika/Lemhöfer, Ludwig: Katholische Kirche und NS-Staat. Aus der Vergangenheit lernen? Frankfurt/M 1981, 51–67; Raem, Heinz-Albert: Katholischer Gesellenverein und Deutsche Kolpingsfamilie in der Ära des Nationalsozialismus, Mainz 1982 (Veröffentlichungen der Kommission für Zeitgeschichte: Reihe B, Forschungen; Bd. 35) S. 26 (in den folgenden Anmerkungen zitiert: Raem: Kath. Gesellenverein).

[26] Bischof Buchberger/Regensburg (9.12.1930): »*Mainz geht zu weit. Es sei taktisch unklug und praktisch undurchführbar.*« Bischof Hauck/Bamberg (14.12.1930) hielt einen solchen Schritt bei der gegenwärtigen Begeisterung für verfrüht und fruchtlos; wahrscheinlich würden dadurch die studierenden Katholiken, die von Hitler das Heil erwarteten, in einen Konflikt mit der Kirche gedrängt. Bischof Ehrenfried/Würzburg (9.12.1930): Die Zulassung von Uniformen in der Kirche würde geradezu die Partei verleiten, ihre Mitglieder zum uniformierten Kirchgang zu verpflichten. Faulhaber schrieb an Bischof Ehrenfried am 24.12.1930 zur Begründung seines Vorschlags, Uniformen zu gestatten: »*Meine hiesigen Pfarrer haben mich angefleht, den Kirchgang in Uniform zu gestatten, weil die kindliche Freude an der Uniform zur Zeit so stark ist, daß sie (die Hitlerleute) lieber auf die kirchliche Trauung als auf die Uniform verzichten würden, obwohl sie bisher treu am kirchlichen Leben sich beteiligt haben.*« Alle Zitate in: Volk: Der Bayerische Episkopat, 24ff.

Gründe für die Gegnerschaft

Zwei Voraussetzungen scheinen mir wichtig zu sein, um zu erklären, warum dieser Damm so lange gehalten hat: die Erfahrungen der Katholiken im vergangenen Jahrhundert und die Einbindung in die Weltkirche. Andererseits haben auch innere Gründe der Kirche die Öffnung begünstigt.

Erfahrung von Ausgrenzung und Unterdrückung und die katholische Reaktion – das katholische Milieu und der politische Katholizismus

Die kath. Kirche in Deutschland hatte bereits 1803 in der Säkularisierung das durchgemacht, was den evangelischen Kirchen 1918 passierte: der Verlust ihrer Struktur und damit zusammenhängend eine tief gehende Verunsicherung in einer sich wandelnden Welt.[29]

Zum einen wurde der Neuaufbau von Strukturen notwendig. Im Laufe der ersten Hälfte des 19. Jahrhunderts wurden in Verhandlungen zwischen Vatikan und Landesregierungen neue Bistumsgrenzen gezogen, die Finanzen als Ausgleich für die verlorenen früheren Besitzungen geregelt usw.

Zum anderen übernahm Preußen als vorherrschende protestantische Macht nach 1815 die überwiegend kath. Gebiete Rheinland und Westfalen. Die preußische Religionspolitik wurde von den Katholiken dort als Unterdrückung erfahren. In der Mischehenfrage[30] kam es zum offenen Streit. Der Kölner Erzbischof Clemens August zu Droste-Vischering wurde 1837 verhaftet und in der Festung Minden eingesperrt. Das führte in einigen kath. Gebieten des Rheinlands und Westfalens zu Aufständen (»Kölner Ereignis«[31]). Wenn auch 1840 zwischen dem Vatikan und Preußen eine einvernehmliche Regelung gefunden wurde, so hatte dieses Ereignis doch große Auswirkungen auf den kath. Bevölkerungsteil: a) Es verstärkte die kritische Einstellung zum (protestantischen) Staat. b) In Deutschland scharten sich die Katholiken um ihre Priester, Bischöfe und um den Papst. Diese Verbindung blieb erhalten. So sagte ein Reichstagsabgeordneter des ›Zentrums‹ noch im Mai 1933: »*Unter ihrer (der Bischöfe) Leitung kön-*

[27] »*... Wählet Abgeordnete, deren Charakter und erprobte Haltung Zeugnis gibt von einem Eintreten für Frieden und soziale Wohlfahrt des Volkes, für den Schutz der konfessionellen Schulen, der christlichen Religion und der katholischen Kirche. Hütet Euch vor Agitatoren und Parteien, die des Vertrauens des katholischen Volkes nicht würdig sind.*« In: Kath. Kirche und Nationalsozialismus, hrsg. Hans Müller, Dok.-Nr. 13, S. 76.

[28] Akten Deutscher Bischöfe über die Lage der Kirche 1933–1945, Bd. 1 – 1933–1934, bearbeitet von Bernhard Stasiewski, Mainz 1968, Dok.-Nr. 6, S. 11 (in den folgenden Anmerkungen zitiert: Akten Deutscher Bischöfe I).

[29] Vergl. Scholder, Klaus: Die Kirchen und das Dritte Reich. Band 1: Vorgeschichte und Zeit der Illusionen 1918–1934, Frankfurt (Main), Berlin, Wien 1977, S. 3, 26ff. (in den folgenden Anmerkungen zitiert: Scholder: Die Kirchen).

[30] Der Vorgänger Droste zu Vischerings, Erzbischof von Spiegel, hatte mit der preußischen Regierung geheim vereinbart, bei Mischehen vom nichtkath. Vater keine Zusage zur kath. Erziehung der Kinder zu verlangen. Bald nach seiner Wahl lehnte Droste zu Vischering diese Regelung als mit kirchlichem Recht nicht vereinbar ab.

[31] Hürten, Heinz: Görres und die Kölner Wirren, 1999.

nen wir nicht in die Irre gehen.«³² c) Einerseits wurden so Glaube und Volksfrömmigkeit, andererseits auch das politische Bewusstsein gestärkt. J. v. Görres hatte mit seiner Schrift »Athanasius«³³ große publizistische Wirkung gefunden: Alle forderten Freiheit der Kirche vom staatlichen Einfluss. d) Als Folge der Gegnerschaft zum protestantischen preußischen Staat verstärkte sich auch eine allgemein antiprotestantische Haltung in den konservativen kath. Kreisen. »Das ›Kölner Ereignis‹ hat die konfessionellen Fronten nachhaltig verhärtet.«³⁴

In diesem kirchlichen Aufbruch entstanden kath. Studentenschaften, verschiedene eigene Zeitschriften und Zeitungen wurden herausgegeben (1934 gab es z.B. noch 434 kath. Tageszeitungen³⁵), viele Orden wurden gegründet. Bereits Anfang 1870 gründeten Katholiken die ›Deutsche Zentrumspartei‹ als ihre politische Vertretung. Von Bismarck wurde die Gründung des ›Zentrums‹ als Kampfansage verstanden wie auch die Entscheidungen des 1. Vatikanischen Konzils 1870 – Bismarck befürchtete, der Papst als fremde Macht werde sich in die Hoheit des Deutschen Reiches einmischen. Auf beides reagierte er mit antikatholischen Maßnahmen und Gesetzen – der »Kulturkampf« beeinträchtigte bis 1887 das Verhältnis der kath. Kirche und der Katholiken zum neuen deutschen Reich, ließ aber auch für die Zukunft beim kath. Bevölkerungsteil eine kritische Grundstimmung wach bleiben.³⁶ Die kath. Kirche in Deutschland sah sich bis zum Ersten Weltkrieg zwar immer wieder als beargwöhnte Minderheit in dem mehrheitlich protestantischen Kaiserreich, mit den Jahren jedoch empfand sie sich doch zunehmend als fester Bestandteil der deutschen Gesellschaft und des deutschen Kaiserreiches.³⁷ Bischöfe wie der 1859 geborene Kardinal Bertram von Breslau hatten diese schwierigen Jahre noch in lebendiger Erinnerung. Ihr Verhalten während der Weimarer Republik und der NS-Zeit ist durch diese Erfahrungen entscheidend geprägt. Doch herrschte bei vielen Katholiken wieder die Angst, auch jetzt in den schwierigen Jahren der Weimarer Republik und des neuen nationalen Aufbruchs 1933 wieder abseits zu stehen, gesellschaftlich ausgegrenzt und als national unzuverlässig eingestuft zu werden.

Der äußere Druck bewirkte eine starke innere Geschlossenheit, ein »katholisches Milieu«, das auch in der Minderheitensituation Norddeutschlands den Katholiken Halt und Heimat bieten und konfessionelles Überleben sichern konnte. Wo neue Kirchengemeinden entstanden –

---

³² Zit. bei Böckenförde: Der deutsche Katholizismus im Jahre 1933, S. 217.
³³ In dieser Streitschrift »*gelang es ihm, Droste als den großen Vorkämpfer für die Kirchenfreiheit und die Sache der deutschen Katholiken zu machen ... Der Görres-Kreis begründete 1838 die Historisch-Politischen Blätter, die unter der Führung von George Phillips, Görres' Sohn Guido und Carl Ernst Jarcke die katholisch-konservative Staats- und Gesellschaftslehre ausgebaut haben*«. R. Aubert, in: Hdb. der Kirchengeschichte VI/1 (1971/1985) S. 397f.
³⁴ Ebd., S. 389.
³⁵ Hehl, Die Kirchen in der NS-Diktatur, S. 171.
³⁶ Vergl. Hdb. der Kirchengeschichte VI/2 (1973/85). Morsey, R.: Der Kulturkampf – Bismarcks Präventivkrieg gegen das Zentrum und die katholische Kirche. In: Essener Gespräche zum Thema Staat und Kirche 34, hrsg. von Heiner Marré/Dieter Schümmelfeder/Burkhard Kämper, Münster 2000, 5–27.
³⁷ Anders war das Verhältnis in Bayern, wo sich diese Gegnerschaft nicht so entwickelt hatte und auch in der Weimarer Republik noch eine starke Verbindung zum kath. Herrscherhaus der Wittelsbacher erkennbar ist.

so auch im schnell wachsenden Hamburg[38] oder in verschiedenen schleswig-holsteinischen Städten – wurden neben den Kirchen auch private Schulen, Krankenhäuser und Kinderheime errichtet[39]. Das gesellschaftliche und berufliche Leben konnte in kath. Kinder- und Jugendgruppen, Sportvereinen, in Frauenverbänden oder für Männer in beruflichen Standesverbänden Heimat finden wie z.B. dem Kath. Gesellenverein (für Handwerksgesellen), dem Kath. Arbeiterverein (KAB – der auf das soziale Wirken des Bischofs von Ketteler zurückgeht) oder dem Kath. Kaufmannsverein. So war es auch in größeren Städten der Diaspora für Katholiken möglich, im ›eigenen Raum‹ zu leben.

Durch diese Einbindung war für die meisten Katholiken die Vertreibung des Kaisers und der Landesfürsten keine so einschneidende Katastrophe wie für die ev. Kirchen. Das »katholische Milieu« trug die kirchentreuen Katholiken weiterhin (andere lösten sich ganz von der Kirche). Ihre politische Vertretung, das ›Zentrum‹ und ab 1919 die ›Bayerische Volkspartei‹, wurde bald – neben der SPD – die staatstragende politische Kraft der Weimarer Republik, die an vielen Regierungen bis Sommer 1932 beteiligt war. Dabei bildete die Zusammenarbeit mit der SPD für konservative kath. Kreise, auch für manche Bischöfe und natürlich für die rechten Parteien den ständigen Vorwurf: Katholiken sind die Steigbügelhalter für den Kommunismus! Wegen ihrer Regierungsverantwortung wurden sie außerdem für den politischen und wirtschaftlichen Niedergang der Republik seit dem Ende der zwanziger Jahre natürlich auch mit verantwortlich gemacht. Trotzdem blieb ihre Wählerschaft insgesamt recht konstant.

Die Weltkirche

Die Einbindung der kath. Kirche Deutschlands in die Weltkirche und der hierarchische Aufbau der Kirche boten Schutz vor zu enger Bindung an örtliche Entwicklungen: Glaubenslehren wurden zentral entschieden und gemeinsam verantwortet; Kontakte zum Papst und den vatikanischen Behörden gab es regelmäßig, auch über die Nuntiaturen in Berlin und München; die Bischöfe pflegten Kontakte zu Bischöfen in aller Welt; die Ausbildung der Theologen verlief nach einem einheitlichen Schema an gemeinsamen theologischen Grundlagen; Priester waren an die Bischöfe bzw. die Gläubigen an Priester, Bischöfe und Papst gebunden.

Dieses hatte auch Auswirkungen etwa in der Betreuung von Zwangsarbeitern während des Krieges. Kath. deutsche Priester feierten (in der weltweit gebräuchlichen lateinischen Sprache) Gottesdienste für die polnischen Zwangsarbeiter – man gehörte zu einer Kirche. Entsprechende Notizen tauchen in den Gestapoberichten auch aus Schleswig-Holstein auf.[40]

---

[38] Vergl. für Hamburg: Nellessen, Bernd: Das mühsame Zeugnis. Die katholische Kirche in Hamburg im zwanzigsten Jahrhundert, Hamburg 1992, S. 25ff.
[39] Schulen z.B. in Wedel, Kiel, Neumünster, Nordstrand; Krankenhäuser z.B. in Hamburg, Lübeck, Flensburg, Eutin.
[40] Meldungen aus dem Reich Nr. 322, Berlin 1.10.1942:
»*Die monatlichen Sondergottesdienste wirken sich auf Haltung und Arbeitsleistung der Zivilpolen durchweg schädlich aus. Nach Beendigung der Messe treiben sich die Polen gewöhnlich in größeren oder kleineren Trupps vor der Kirche oder in der Umgebung herum. Es besteht der Verdacht, daß sich die Polen nur zu dem Zwecke aus den umliegenden Dörfern einfinden, um bei die-*

Zustimmung zum Nationalsozialismus

Manche hatten aber auch sehnsüchtig auf eine solch positive Kundgebung der deutschen Bischöfe zum Nationalsozialismus gewartet. Denn selbstverständlich gab es auch Katholiken, die sich von Hitler und seiner Politik angezogen fühlten, wie folgende Beispiele zeigen:

Am 9.9.1930 erklärt P. Rupert Mayer dem Kardinal Faulhaber: »*Ich traf neulich den Herrn Pfarrer von Holzkirchen, der mir sagte, 4/5 seiner Pfarrkinder denken nationalsozialistisch.*«[41] Bischof Buchberger schreibt am 9.12.1930 an Kardinal Faulhaber, der Nationalsozialismus besitze in den gebildeten Schichten einen begeisterten Anhang.[42]

Pfarrer Philipp Haeuser aus Straßberg trat am 14.12.1930 bei einer nationalsozialistischen Weihnachtsfeier als Festredner auf, um Christus vom Vorwurf des Pazifismus zu reinigen.[43] Vor allem unter der jüngeren Bevölkerung hatte die NSDAP großen Zulauf – schon 1930 wurde geklagt, dass das ›Zentrum‹ viele junge Wähler verliere.[44] Anfang 1933 waren 42,2 Prozent der Wählerinnen und Wähler der NSDAP unter 30 Jahren – darunter viele Katholikinnen und Katholiken.

Nach der Regierungsbeauftragung am 30. Januar 1933 wurden diese Stimmen immer lauter:

Erzbischof Gröber (Freiburg) schrieb am 18.3.1933 dem Kardinalstaatssekretär Pacelli, dem späteren Papst Pius XII.: »*Betrüblich ist dabei, daß auch in meiner Erzdiözese eine größere Anzahl rein katholischer Gemeinden mit fliegenden Fahnen zu dieser Partei hinübergezogen sind.*«[45]

Die Kundgebung der Fuldaer Bischofskonferenz hatte den Damm an verschiedenen Stellen löcherig gemacht und den Weg für viele Katholiken in das Dritte Reich geebnet. Direkt nach Hitlers Regierungserklärung – vor der Kundgebung der Bischöfe – hatte schon Friedrich Muckermann, später einer der kath. Gegner des NS-Staats, erkannt: »*Die Würfel sind gefallen.*«[46]

ser Gelegenheit ihre Neuigkeiten auszutauschen und somit eine enge Verbindung zu unterhalten (Kiel).« (S. 732) »Durch die Teilnahme an Sondergottesdiensten mehren sich die Fälle, wonach vor allem polnische Zivilarbeiter ihren Aufenthaltsort ohne Genehmigung der Ortspolizeibehörde verlassen, um an einem anderen Orte dem Gottesdienst beiwohnen zu können. Man macht daher den Vorschlag, die Gottesdienste in den Unterkünften der Polen abzuhalten, um dadurch vor allem auch Zusammenkünfte mit auswärtigen Polen zu unterbinden (Kiel, ähnlich: Breslau).« (S. 734)
In: Berichte des SD und der Gestapo über Kirchen und Kirchenvolk in Deutschland 19341944, bearb. von Heinz Boberach, Mainz 1971 (Veröffentlichungen der Kommission für Zeitgeschichte Reihe A: Quellen – Band 12).

[41] Akten Kardinal Michael von Faulhabers 1917–1945 – I, bearbeitet von Ludwig Volk, Mainz 1975, Dok.-Nr. 207, S. 489.
[42] Volk: Episkopat, S. 25.
[43] Bischof Kumpfmüller (Augsburg) verhängte daraufhin ein Redeverbot über den »braunen Pfarrer«, von Bischof Buchberger, der ihn aus Studientagen kannte, als unbedeutenden Außenseiter charakterisiert: Volk: Der Bayerische Episkopat, 27f.
[44] In: Hehl, Ulrich von: Kath. Kirche und Nationalsozialismus im Erzbistum Köln 1933–1945, Mainz 1977, S. 22.
[45] Akten Deutscher Bischöfe I, Dok.-Nr. 5, S. 10.
[46] Katholische Korrespondenz 36 vom 25.3.1933, in in: Katholische Korrespondenz 36 vom 25.3.1933: Kath. Kirche und Nationalsozialismus, hrsg. Hans Müller, Dok.-Nr. 25, S. 94f.: Kath. Kirche und Nationalsozialismus, hrsg. Hans Müller, Dok.-Nr. 25, S. 94f.

Mit seiner Kundgebung vom 1.4.1933 stellt sich der Kath. Lehrerverband in den neuen nationalen Aufbruch: »... *Jetzt ist das ganze deutsche Volk in allen seinen Gliedern, auch den katholischen, zur Mitarbeit und zum Aufbau des Neuen aufgerufen. Es darf nun nicht mehr so kommen, daß der Katholizismus abwartend und tolerierend, oder nur geduldet, in dieser Zeitenwende dasteht. Wir legen, vertrauend auf den Führer der deutschen und völkischen Bewegung, und vertrauend auf die volksverwurzelten Kräfte des Katholizismus, mit Hand an, den neuen Reichs- und Volksbau zu schaffen ... So ist einmal unser Schicksal geworden, daß aus Katholizismus und germanischem Volkstum die Eigenart deutschen Wesens erwuchs.*«⁴⁷ Die Kath. Arbeiterbewegung verkündet am 2.4.1933: »*Die im Reichsverband geeinte katholische Arbeiterbewegung Deutschlands ist gewillt, an der Schaffung eines in sich gefestigten nationalen Staates sowie an der Verwirklichung einer dem christlichen und deutschen Wesen gemäßen Volksordnung mitzuwirken.*«⁴⁸

Das nationale Hochgefühl und der Wunsch, am Wiederaufbau des kranken Staatswesens mitzuarbeiten, hatte sie erfasst. Manche werden auch aus Sorge um ihren Arbeitsplatz so gestimmt haben. Die bayerischen Bischöfe schrieben in ihrem Hirtenwort vom 6.5.1933: »*Niemand darf jetzt aus Entmutigung und Verbitterung sich auf die Seite stellen und grollen; niemand, der zur Mitarbeit ehrlich bereit ist, darf aus Einseitigkeit und Engherzigkeit auf die Seite gestellt werden.*«⁴⁹

Am 25.4.1933 berichtet der Vertreter Münchens in der Bischofskonferenz: In München liefen schon 35 Geistliche öffentlich mit dem Hakenkreuz herum.

Sie waren nicht allein. Bekannte kath. Anhänger Hitlers waren schon lange der Benediktinerpater Alban Schachleiter (1860–1937), der seit 1908 Abt im Kloster St. Emmaus in Prag war, nach Ende des Ersten Weltkriegs aber wegen seiner nationalistischen Einstellung Prag verlassen musste; er unterhielt in der Weimarer Republik Kontakte zum »Stahlhelm« und der NSDAP, wurde dann ein glühender Anhänger Hitlers. Am 17.3.1933 wurde er vom Amt suspendiert⁵⁰ ; er konnte somit die Einladung Hitlers, für ihn im kleinen Kreis am »Tag von Potsdam« einen Gottesdienst zu feiern, nicht annehmen. Hitler besuchte ihn am 12.5.1933 in seinem Wohnort Bad Aibling und ordnete zu seinem Tod am 20.7.1937 ein Staatsbegräbnis an.

Albert Hartl, bis 1934 Priester im Dienst der Erzdiözese München-Freising, war danach im Reichssicherheitshauptamt in Berlin tätig und trat aus der Kirche aus.⁵¹

47   Kath. Kirche und Nationalsozialismus, hrsg. Hans Müller, Dok.-Nr. 28, S. 99f. Die Gleichschaltung hat der Verband schon nach dem 7.4.1933 angestrebt, er löste sich am 2.8.1933 auf (während der Lehrerinnenverband weiterhin bestehen blieb). Konträr zu dieser Äußerung war noch die Haltung der kath. Verbände vom 17.2.1933, in dem vor dem Nationalsozialismus gewarnt und eine Mitgliedschaft ausgeschlossen worden war. Vergl. Akten Deutscher Bischöfe I, Dok.-Nr. 2 , S. 3.
48   Kath. Kirche und Nationalsozialismus, hrsg. Hans Müller, Dok.-Nr. 31, S. 104ff.
49   Kath. Kirche und Nationalsozialismus, hrsg. Hans Müller, Dok.-Nr. 42, S. 140.
50   Wegen seines öffentlichen Auftretens für die nationalsozialistische Politik wollten ihn Vatikan, deutsche Bischöfe und andere Benediktineräbte dazu bewegen, sich in das Kloster Neresheim zurückzuziehen. Er lehnte ab und wurde daraufhin aller seiner kirchlichen Rechte enthoben. Vergl. Volk: Der Bayerische Episkopat, S. 53ff.

Franz Josef Rarkowski (1873–1950), zunächst Feldpropst bei der Reichswehr, von den Nazis 1938 zum Militärbischof durchgesetzt, war ein begeisterter Verehrer Hitlers und setzte sich uneingeschränkt für den Krieg ein. Unter den deutschen Bischöfen und beim Vatikan hatte er allerdings wenig Rückhalt, nahm nicht an den Bischofskonferenzen teil.[52]

Gründe für den Sinneswandel

In der Spannung zwischen Widerstand und Anpassung lebte die kath. Kirche. Welche Ereignisse und Überlegungen zum plötzlichen Sinneswandel zwischen dem 19. März und dem 28. März 1933 beigetragen haben, ist nicht mehr im Einzelnen nachzuvollziehen. Doch einzelne Dimensionen seien genannt.

Chaos, Gewalt und Verarmung in der Gesellschaft

Chaos und Gewalt auf der Straße und in der Politik, die zunehmende Verarmung weiter Teile der Bevölkerung hatten den Wunsch nach einem Neuanfang und nationalen Aufbruch immer stärker werden lassen. Erzbischof Gröber (Freiburg) kann angesichts dieser nationalen Not am 10.2.1933 nicht mehr schweigen und ruft auf zu einer Gebetsgemeinschaft für »inneren Frieden unseres Volkes«[53].

Die kath. Parteien haben die Not nicht hindern können und sind nun auch aus der Verantwortung entlassen. So blieb die Hoffnung, dass durch einen nationalen Aufbruch, getragen von den Rechtsparteien, die Ordnung wieder durchgesetzt werden könne. Bei diesem Neuanfang wollten auch die Katholiken mitarbeiten.

Die nationalsozialistische Propaganda

Kardinal Bertram selbst spricht von den Zusicherungen Hitlers an die Kirchen in seiner Regierungserklärung am 23. März, will andere Gründe nicht nennen[54]. Folgende Äußerungen des Reichskanzlers hätten das Verhältnis grundlegend verändert: »*Die nationale Regierung sieht in den beiden*

---

[51] Volk: Episkopat, S. 168.
[52] Vergl. Adolph, Walter: Die katholische Kirche im Deutschland Adolf Hitlers, Berlin o.J. (1974), 113f.
[53] Akten Deutscher Bischöfe I, Dok.-Nr. 1, S. 1f: »*Die trostlosen Zustände der Gegenwart veranlassen mich, ein tiefernstes Wort an euch, meine geliebten Erzdiözesanen, zu richten ... Den Bürger verhetzt man gegen den Bürger, die Klasse gegen die Klasse, die Rasse gegen die Rasse, die Gemeinden gegen ihre Priester, die Katholiken gegen ihre Bischöfe, sogar die Kinder gegen die Kinder... Ich beklage die Selbstentehrung, die unser Volk den anderen Völkern gegenüber durch die Duldung solcher Zustände verschuldet ...*«
[54] Bertram an Bischof Gföllner (Linz) 3.4.1933: »*Wie weit all diese Bürgschaften von den Unterbehörden durchbrochen werden, wie weit die obersten Behörden selber sich folgerichtig daran halten werden, darüber kann man privat in Sorge sein. Der Episkopat im ganzen durfte jenes unerwartete Friedensangebot nicht zurückstoßen ... Wir erleben also jetzt die Tragik, dass die Bischöfe im Aufblick zu höheren Lebensfragen des Reiches Gottes den Verdacht einer Umschwenkung auf sich nehmen und dem kritischen Klerus gegenüber von den tieferen Anlässen der Kundgebung schweigen müssen.*« – Akten Deutscher Bischöfe I, Dok.-Nr. 19, S. 48.

christlichen Konfessionen wichtigste Faktoren der Erhaltung unseres Volkstums. Sie wird die zwischen ihnen und den Ländern abgeschlossenen Verträge respektieren; ihre Rechte sollen nicht angetastet werden ... Die nationale Regierung wird in Schule und Erziehung den christlichen Konfessionen den ihnen zukommenden Einfluß einräumen und sicherstellen. Der Kampf gegen eine materialistische Weltauffassung und für die Herstellung einer wirklichen Volksgemeinschaft dient ebenso sehr den Interessen der deutschen Nation wie denen unseres christlichen Glaubens. ... Ebenso legt die Reichsregierung, die im Christentum die unerschütterlichen Fundamente des sittlichen und moralischen Lebens unseres Volkes sieht, den größten Wert darauf, die freundschaftlichen Beziehungen zum Heiligen Stuhle weiter zu pflegen und auszubauen.«

Diese Sätze, ausgehandelt zwischen der Führung des ›Zentrums‹ und Hitler, verstand Kardinal Bertram als Zusicherung: Der neue Staat wolle ein christlich geprägter Staat sein; der Kirche werden ihre tragende Funktion und ihre Rechte zugesichert. Solch positive Äußerungen meinte man akzeptieren und die Ablehnung der Doppelmitgliedschaft aufgeben zu müssen; jedoch gab es auch die Kritik, bisher seien das nur Worte bei den Nationalsozialisten, es seien noch keine Veränderungen erkennbar.

Hitler konnte außerdem das Verbot der kath. Bischöfe auf »Doppelmitgliedschaft« geschickt für sich nutzen. Am Tag der Parlamentseröffnung am 21. März, den Hitler in hervorragender Dramaturgie als »Tag von Potsdam« gestalten ließ, nahm der Katholik Hitler demonstrativ nicht am kath. Gottesdienst teil, *»weil er ja nicht zugelassen sei«*. Stattdessen besuchte er publikumswirksam die Gräber getöteter SA-Männer. Dieses hatte einen Mitleidseffekt und Solidarisierung bewirkt. So teilte etwa der Großindustrielle Fritz Thyssen mit dem Blick hierauf Kardinal Schulte von Köln am 24.3.1933 mit, dass *»er und seine Familie selbstverständlich dem Beispiel unseres Führers folgen und am kath. Gottesdienst nicht teilnehmen werden, solange die ungerechte Behandlung des Führers und Mitglieder der NSDAP andauert«*.[55]

Die konfessionelle Spaltung Deutschlands

Einige wollten *»den Katholiken einen Zugang zum Nationalsozialismus offenzuhalten, damit die deutsche Freiheitsbewegung nicht ausschließlich protestantisch würde«*[56]. Auch in einem Schreiben Kardinal Faulhabers an Bischof Buchberger (10.4.1933) klingt dieses Motiv an: *»Ich kann nicht verantworten, wenn die SA-Leute, die jeden Sonntag in den Gebirgsdörfern Übungen haben, deshalb vom Gottesdienst fernbleiben, weil sie sich ausgeschlossen fühlen, oder wenn mit der Zeit, wie es in Schlesien schon vorkommt, SA-Leute in Kolonne in die protestantische Kirche geführt werden.«*[57]

---

[55] F. Thyssen an Schulte, 24.3.1933, zit bei L. Volk, Ludwig: Kirchliche Akten über die Reichskonkordatsverhandlungen 1933, Mainz 1969 (Veröffentlichungen der Kommission für Zeitgeschichte, Reihe A: Quellen, Bd. 11), S. 72 (in den folgenden Anmerkungen zitiert: Volk, Reichskonkordat).
[56] Volk: Der bayerische Episkopat, S. 54.
[57] Ludwig Volk (Bearb.): Akten Kardinal Faulhaber, Bd. I (1917–1934), Mainz 1975, S. 708.

Diese Begründungen werfen ein erhellendes Licht auf die verhängnisvolle Wirkung der konfessionellen Teilung Deutschlands. 1931 lebten in Deutschland ca. 21 Mill. Katholiken (1/3 der Gesamtbevölkerung). Die kath. Kirche war eine große Minderheit in einem sich protestantisch fühlenden Land. Beide Konfessionsgruppen standen sich weitgehend kritisch gegenüber, ja man blickte eifersüchtig auf die politischen und gesellschaftlichen Einflussmöglichkeiten der jeweils anderen Seite.[58] Die Nachricht vom 23.3.1933, dass Hitler mit der katholischen Seite über ein Konkordat verhandeln wolle, elektrisierte die evangelischen Kirchenbehörden. »*Man befürchtete, daß das offenkundige Bemühen Hitlers um Rom eine grundsätzliche katholische Orientierung seiner Politik bedeuten könne und daß demgegenüber der deutsche Protestantismus an Einfluß und Gewicht verlieren würde.*«[59]

Im Gespräch mit Bischof Berning am 26.4.1933 weist Hitler darauf hin: »*Als Katholik kann ich mich in die evangelische Kirche und ihre Struktur nicht hineinfinden ... Das evangelische Volk oder die Protestanten würden ihn in jedem Fall als Katholiken ablehnen.*«[60] Hitler weiß den Gegensatz der Konfessionen geschickt zu nutzen.

Gründe aus Glauben und Lehre

Doch gab es auch innerhalb des kath. Glaubens Anknüpfungspunkte für die nationalsozialistische Ideologie. So hat Walter Dirks[61] schon 1931 prophetisch geschrieben: »*Zum Lehrsystem der Kirche steht die gegenwärtig verkündete Ideologie des Nationalsozialismus in einem offenen, ausdrücklichen, leicht aufzeigbaren Gegensatz, und die Front der offiziellen katholischen Organe ist dann auch eindeutig: der Katholizismus steht im offenen und erklärten Abwehrkrieg gegen den Nationalsozialismus. Damit ist aber noch nicht alles gesagt, ... So wenig Verständnis der Katholizismus für jede Form von Wotanskult und für die Deutschkirche hat, so nahe liegen ihm doch gewisse weniger plumpe Formen der faschistischen Ideologie. Die Worte ›Autorität‹, ›Vertrauen und Führer‹, ›Ruhe und Ordnung‹ finden ein geneigtes Ohr. Vom Wirtschaftsprogramm der NSDAP zum ›Solidarismus‹, zum ›Ständestaat‹ und ähnlichen im Katholizismus weit verbreiteten Vorstellungen ist kein sehr weiter Weg. Die Front gegen den ›Liberalismus und Materialismus‹, die der Nationalsozialismus behauptet, deckt sich zum Teil mit einer entsprechenden kath. Front, und auch der Antimarxismus wird lebhaft verstanden. Diese ideologischen Nachbarschaften kommen zum Teil aus tiefen kath. Gegebenheiten religiöser und geschichtlicher Art .... Hier steckt die schwache Stelle des politischen Katholizismus: seine Demokratie ist zuverlässig ... gegen den Nationalismus Rosenbergs und der Straße, aber ob sein beunruhigtes Kleinbürgertum, seine Bauern, seine arbeitslosen Angestellten und Intel-*

---

[58] Die in den zwanziger Jahren massiv anschwellende ökumenische Bewegung wurde von Rom schroff zurückgewiesen in der Enzyklika von Pius XI. »Mortalium animos« (Über die Förderung der wahren Einheit im Glauben) vom 6.1.1928.
[59] Scholder: Kirchen, 357.
[60] Akten Deutscher Bischöfe I, Dok.-Nr. 32/1, S. 102.
[61] 1901–1991, Publizist.

lektuellen in entscheidender Stunde sich gegen den Reiz eines ideologisch gemäßigten ›Dritten Reiches‹ wehren können, eines Dritten Reiches, das auf die religiöse Verbrämung verzichtet, das in weniger blutrünstigen Worten verkündet wird, das ist eine ernste Frage.«[62] Viele der von Dirks angesprochenen Punkte haben sich in den folgenden Jahren als Schwachstellen erwiesen. Einige seien erwähnt.

Kath. Hierarchie und das Führerprinzip

Die kath. Kirche ist eine hierarchisch verfasste Kirche: Das Amt (Papst, Bischof, Priester, Diakon) gehört wesentlich zu ihrem Kirchesein. Im Kulturkampf hatte es sich als überlebenswirksam erwiesen, sich um das Amt zu scharen. Zweifellos besteht hier Ähnlichkeit zum Führerprinzip der NSDAP, wie es auch in der Kirche empfunden wurde: *»Ein katholischer Priester in Heide/Schleswig-Holstein verglich die Gliederung seiner Kirche, nachdem er festgestellt hatte, daß der Katholizismus die bestorganisierte Einheit der Welt sei, mit der des Nationalsozialismus. Die Gliederung seiner Kirche: Papst, Kardinal, Bischof, Pfarrer entsprechen der des Nationalsozialismus: Führer, Gauleiter, Kreisleiter, Ortsgruppenleiter. Diese Gleichheit sei auch in den beiderseitigen Lehren zu finden: der Katholizismus fordere unbedingten Glauben, der Nationalsozialismus fordere unbedingten Gehorsam.«*[63] Wo es noch nicht Praxis war, wurde dieses Prinzip auch eingeführt. Kath. Verbände veränderten ihre Struktur schon 1933: Der Kath. Gesellenverein und kath. Studentenverbände führten das Führerprinzip ein.[64]

Kath. Staatsverständnis – das »Reich« als Ideal

Trotz der aktiven Mitarbeit in der Gestaltung der Weimarer Republik fühlten sich weite kath. Kreise in diesem Staat nicht zu Hause. Die Schwierigkeiten ergaben sich auch aus dem kath. Staatsverständnis. Die Monarchie wurde von vielen kath. Amtsträgern und auch Gläubigen als die allein akzeptable Regierungsform angesehen – ist doch schon in der Bibel vom König als der von Gott gegebenen Ordnung die Rede. Die Regierungsgewalt geht von Gott aus: König, Fürst von Gottes Gnaden. In einer Demokratie geht die oberste Gewalt vom Volk aus, nicht von Gott. In dieser Umwertung sah man das christliche Grundprinzip der Ordnung verletzt. So sagte der kath. Theologieprofessor Michael Schmaus am 11.7.1933:

---

[62] Dirks, Walter: Katholizismus und Nationalsozialismus. In: Die Arbeit 8, 1931, S. 201f.

[63] Meldungen aus dem Reich Nr. 297, Berlin, 6. Juli 1942, in: Berichte des SD und der Gestapo, S. 690f.

[64] Vergl. Raem: Kath. Gesellenverein, S. 110ff. Ab 1935 lassen etwa die Protokolle der Kolpings-Vereinssitzungen in Kiel, St. Nikolaus erkennen, dass man zum üblichen Führungsstil, aber auch Sprachgebrauch der Zeit übergeht: Vorstandssitzungen heißen jetzt »Führersitzung« und das Wort des Vorsitzenden »Führerwort«. In: 100 Jahre St. Nikolaus Kiel. Festschrift zum 100. Weihetag der St. Nikolaus-Kirche, Kiel, 1993, S. 39. Der Vorteil des Führerprinzips war, dass nur gewünschte Personen in Leitungspositionen kommen konnten. So konnte sich der im September 1933 in »Deutsche Kopingsfamilie« umbenannte »Gesellenverein« weitgehend von nationalsozialistischen Elementen frei halten. Raem: Kath. Gesellenverein, S. 113.

»Nichts ist unkatholischer als eine extrem demokratische Wertung des Sein. In Rangstufen des Seins und des Wertes baut sich die Welt auf.«[65]

Für die Weimarer Republik kam belastend hinzu: Dieser Staat war durch die Vertreibung der gottgegebenen Ordnung entstanden. So heißt es in einem Schreiben Kardinal Faulhabers: *»Wir Bischöfe können nicht den Geburtstag einer Verfassung feiern, gegen die wir bald nach ihrer Geburt Einspruch erhoben, weil vier oder fünf Punkte der Verfassung mit kirchlichen Gesetzen und Grundsätzen und darum mit dem katholischen Gewissen in Widerspruch stehen.«*[66]

Bischof Ow-Felldorf, Passau, schrieb zur Anfrage Kard. Faulhabers zum Tode von Reichspräsident Ebert am 8.3.1925: er plädiere gegen Trauergeläut, auch weil Republik und Staatsoberhaupt doch eigentlich zwei logisch unvereinbare Begriffe seien und es einer Irreführung der öffentlichen Meinung gleichkäme, wenn dem ersten Beamten der Republik die gleichen kirchlichen Ehren erwiesen würden wie dem Oberhaupt eines angestammten Herrscherhauses.[67]

In diesen Beispielen wird die Distanz der kath. Bischöfe und weiter Teile der Kirche zur (Weimarer) Republik deutlich. Verbunden fühlte man sich dem traditionellen Staatsverständnis – als Ständestaat mit einem König an der Spitze als gottgegebene Obrigkeit.

Das Ergebnis der Reichstagswahl am 5.3.1933 veränderte die Einstellung bereits. Kard. Faulhaber schrieb am 24.3.1933 an den bayerischen Episkopat: *»Ich muß mir aber nach dem, was ich an höchsten Stellen in Rom erlebt habe, hier aber nicht mitteilen kann, vorbehalten, trotz allem mehr Toleranz gegen die neue Regierung zu üben, die heute nicht bloß im Besitz der Macht ist, was unsere Grundsätze nicht umstoßen könnte, sondern rechtmäßig wie noch keine Revolutionspartei in den Besitz der Macht gelangte.«*[68]

In gleichen Maße muss man diese distanzierte Haltung für einen nicht unbeträchtlichen Teil des ›Zentrums‹ konstatieren. Dieser verstand das ›Zentrum‹ als »Verfassungspartei«: Wir stehen auf dem Boden dieser Republik und dieser Verfassung, wissen aber, dass diese nicht rechtmäßig, sondern durch Revolution geworden ist. Jedoch ist sie jetzt die legale Staatsform, die zu respektieren ist, nach der es sich zu richten gilt. Aber eigentlich gewünscht wird eine andere![69]

[65] Schmaus, Michael: Begegnung zwischen katholischem Christentum und nationalsozialistischer Weltanschauung, Münster ³1934, 25 (in den folgenden Anmerkungen zit.: Schmaus: Begegnung).
[66] Volk: Akten Kardinals Faulhabers, 337f.: Kardinal Faulhaber an Jarres – Antwort Faulhabers vom 23.7.1924 auf eine Bitte des Reichsinnenministers, eine Entschließung zu einer festlichen Begehung des Verfassungstages zu erreichen.
[67] Vergl. Volk: Akten Kardinal Faulhabers, 365.
[68] Akten Deutscher Bischöfe I, Dok.-Nr. 9, S. 16ff.
[69] Diese legalistische Haltung war in dieser Zeit auch in Juristenkreisen die vorherrschende Interpretation: Ein Gesetz ist legal und gültig, wenn es auf formal legale Weise zustande gekommen ist. In diesem Sinne zu verstehen ist auch die Äußerung von Dr. Thomas Legge, Generalsekretär des Zentralkomitees der Katholiken Deutschlands, an Kardinal Bertram am 14.5.1933: *»Zu jeder rechtmäßigen Obrigkeit hat die katholische Kirche und alle auf ihrem Boden gewachsenen Organisationen sich immer positiv gestellt.«* abgedruckt in: Akten Deutscher Bischöfe I, Dok.-Nr. 38, S. 141.

Verbreitet in der kath. Jugendbewegung, bei deutschen Benediktinern[70] und der kath. Akademikerschaft war eine romantische Reichsideologie. Das »Reich« erschien als eigentlich kath., weil ganzheitliche Form der politischen Ordnung, als Hereinnahme auch der politischen Welt in die Erlösungsordnung und somit als ein Gegenbild zum modernen, individualistischen Staat, wie man ihn in der Weimarer Republik erleben musste. In dem von Hitler propagierten »Dritten Reich« schienen allerdings diese Reichsvorstellungen Wirklichkeit zu werden. »*Die tragenden Ideen der nationalsozialistischen Weltanschauung heißen: Gemeinschaft, Volk, Bindung, Autorität. Das führt zum Vorrang der Volksgemeinschaft und des Staates vor den Interessen des Individuums, zur Ablösung der liberalkapitalistischen Wirtschaftsordnung durch die korporative, zum Umbau der klassenkämpferisch orientierten Gesellschaft zu einer organischen Gesellschaft ... Katholisch bedeutet Bindung an das Gegebene, an das Objektive, Ehrfurcht vor dem Gewordenen, Gewachsenen, vor allen naturhaften Ordnungen, und zwar aus religiösen Motiven.*«[71]

Die »Reichs«-Ideale von Hitler und diesen kath. Kreisen trafen sich offenbar in Vorstellungen und Begriffen. Hier wünschte man sich einen eher autoritären Staat, sicher keinen demokratischen, sicher aber auch keinen totalitären, schon gar keinen antikirchlichen, wie ihn Hitler dann durchsetzte. Ihm half seine religiösverbrämte Sprache, inhaltliche Unterschiede zu verschleiern. Er gab sich das Image eines christgläubigen Menschen.

Nur der linke Flügel des ›Zentrums‹ um Brüning, Adenauer u.a. trug voll die Weimarer Verfassung und das demokratische Modell mit. In der legalistischen Haltung weiter Kreise der kath. Kirche, sogar der politischen Vertretung, des ›Zentrums‹, ist das weitere Schicksal der Weimarer Republik vorgezeichnet.

Gegen Kommunismus und Liberalismus

Seit der Mitte des 19. Jahrhundert sieht die kath. Kirche im Liberalismus einen ihrer größten Feinde: Selbst noch nicht versöhnt mit der Aufklärung, führt der Liberalismus weg von der gemeinsamen ethischen Grundlage, die die Kirchen bieten, hin zu einem Neuheidentum.

---

[70] P. Ildefons Herwegen von der Benediktinerabtei Maria Laach am 26.5.1933 im Kölner Gürzenich: »*Volk und Staat sind wieder eins geworden durch die Tat des Führers Adolf Hitler ... Auf den Glauben des Führers an das Volk antwortet die Gefolgschaft des Volkes. Die treue Gefolgschaft aller gegenüber dem einen schafft ein neues Gemeinschaftserlebnis, das unser Volk zurückfinden läßt zu den letzten Wurzeln seiner Gemeinsamkeit: zu Blut, Boden und Schicksal.*« »Würde der Staat es ablehnen, seine Autorität von Gott sich schenken zu lassen und sich dem göttlichen Gesetz zu beugen, würde die Staatsraison selbst die letzte Richtschnur seines Handelns und die letzte Quelle seines Rechtes sein, so müßte die Selbstvergötterung schließlich zur Knechtung des Volkes führen und es zum rechtlosen Spielball der Staatsorgane machen.« In: Hehl, U. von: Kath. Kirche und Nationalsozialismus, S. 38, Anm 81. Breuning, Klaus: Die Vision des Reiches. Deutscher Katholizismus zwischen Demokratie und Diktatur (1929–1934), München 1969.

[71] Schmaus: Begegnung, S. 22f.

Auch das andere politische Extrem, der Bolschewismus, wird grundlegend abgelehnt.

Den Vatikan wie fast alle Bischöfe und große Teile des kath. Volkes in Deutschland bestimmten die Angst vor der Machtübernahme der Linken: Der Kommunismus/Bolschewismus zeigte gerade seit 15 Jahren in der UdSSR sein grausames Gesicht und wollte auch in Deutschland die Macht übernehmen auf dem Weg zur klassenlosen Gesellschaft in der ganzen Welt. Sein Kampf gegen den christlichen Glauben und die Kirche war zum Trauma geworden. Papst Pius XI. soll Hitler gelobt haben wegen seiner »antibolschewistischen« Äußerungen[72], denn er versprach eine kraftvolle Politik gegen beide Lager, die die Kirche bedrängten.

Entsprechend wurden Katholiken, die Kontakte mit Sozialisten und Kommunisten pflegten, innerhalb der Kirche nicht geschätzt. Beispiel hierfür ist der »rote Kaplan« Dr. Joseph Rossaint, Priester der Erzdiözese Köln, der Kontakte unterhielt zur sozialistischen Arbeiterjugend und zum kommunistischen Jugendverband Deutschlands. Er wurde Februar 1934 verhaftet und am 17.4.1937 wegen Hochverrats zu elf Jahren Zuchthaus verurteilt. Bei der Verhandlung antwortete er auf die Frage, ob er auch politische Ziele verfolgt habe, mit einem klaren: »*Ja, ich hatte politische Ziele!*« Nach dem Zweiten Weltkrieg schied er enttäuscht aus dem kirchlichen Dienst aus.

Der Antijudaismus

Beim Gespräch mit Bischof Berning konnte Hitler betonen: »*Man hat mich wegen der Behandlung der Judenfrage angegriffen. Die katholische Kirche hat 1500 Jahre die Juden als Schädlinge angesehen, sie ins Ghetto gewiesen usw. ... Ich stelle nicht die Rasse über die Religion, sondern ich sehe die Schädlinge in den Vertretern dieser Rasse für Staat und Kirche; und vielleicht erweise ich dem Christentum den größten Dienst.*«[73] Ein Protest des Bischofs gegen diese Äußerung ist nicht im Protokoll vermerkt. Er konnte auch nicht erwartet werden, war doch die große Mehrheit der kirchlichen Amtsträger – auch Berning – antijüdisch eingestellt. Kardinal Faulhaber hat in der ersten seiner Adventspredigten am 3.12.1933 gesagt: »*Nach dem Tode Christi wurde Israel aus dem Dienst der Offenbarung entlassen. Sie hatten die Stunde der Heimsuchung nicht erkannt. Sie hatten den Gesalbten des Herrn verleugnet und verworfen, zur Stadt hinausgeführt und ans Kreuz geschlagen. Damit zerriß der Vorhang im Tempel auf Sion und damit der Bund zwischen dem Herrn und seinem Volk. Das Volk erhielt den Scheidebrief, und seitdem wandert der ewige Ahasver ruhelos über die Erde ...*«[74] Kardinal Faulhaber, selbst einmal Professor für Altes Testament, will in diesen Ansprachen die bleibende Bedeutung des sog. »Alten Testaments« für die christliche Kirche betonen. Dabei berief er sich auf die traditionelle christliche Deutung der Rolle des Volkes Israel: Es wurde von Gott als sein Volk berufen, doch die Mehrheit der Juden hat Jesus nicht als den Christus anerkannt, so sind sie aus dem besonderen Verhältnis zu Gott herausge-

---

[72] Z.B. von Bertram an Gföllner (3.4.1933): Akten Deutscher Bischöfe I, Dok.-Nr. 19, S. 48.
[73] Ebd., Dok.-Nr. 32/1, S. 101f.
[74] Kardinal Faulhaber: Judentum, Christentum, Germanentum. Adventspredigten, gehalten in St. Michael zu München 1933, München, S. 10.

fallen – die Christen sind nun das neue Volk Gottes. In diesem Geist hatte Kardinal Bertram am 1.4.1933 auf die Bitte, etwas gegen den Boykott jüdischer Geschäfte zu unternehmen, den Erzbischöfen seine Bedenken formuliert: Es gehe dabei um einen wirtschaftlichen Kampf in einem Gebiet, das den Episkopat weniger berührt, es könne übelste Interpretationen in den weitesten Kreisen Deutschlands finden, wenn die kath. Kirche zugunsten der Juden intervenieren würde. Abschließend schrieb er: »*Daß die überwiegend in jüdischen Händen befindliche Presse gegenüber den Katholikenverfolgungen in verschiedenen Ländern durchweg Schweigen beobachtet hat, sei nur nebenbei berührt.*«[75] Bischof Gröber sprach sich für eine Äußerung gegen den Boykott aus – sie unterblieb. So distanziert wie Bertram haben viele in den folgenden Jahren dem Schicksal der Juden gegenübergestanden. Wenn ein projüdisches Handeln noch Aussicht auf Erfolg hatte, dann in dieser Anfangszeit.

Doch es gab auch andere. So haben einige Priester den Mut gehabt, sich projüdisch zu äußern.[76] Bekannt ist der Ausspruch des Berliner Dompropstes Bernhard Lichtenberg, der am 10.11.1938 in St. Hedwig sagte: »*Was gestern war, wissen wir; was morgen ist, wissen wir nicht; aber was heute geschehen ist, das haben wir erlebt: draußen brennt der Tempel – das ist auch ein Gotteshaus.*« Von diesem Tag an bis zu seiner Verhaftung am 30.10.1941 betete er im täglichen Abendgebet »*für die schwerbedrängten nichtarischen Christen, für die Juden, für die Gefangenen in den Konzentrationslagern, zumal für die gefangenen Priester und Ordensleute, für die zum Unglauben, zur Verzweiflung und zum Selbstmord versuchten Menschen, für die Millionen namen- und staatenloser Flüchtlinge, für die kämpfenden, verwundeten und sterbenden Soldaten hüben und drüben, für die bombardierten Städte in Freundes- und Feindesland, für das Vaterland und die Führer des Volkes.*«[77]

Der kath. Antijudaismus gründete nicht in einer »Rassenlehre« wie bei den Nationalsozialisten, sondern war eine Ablehnung der Juden aus religiöser Überzeugung – ließen sich Juden taufen, waren sie vollgültige Mitglieder der kath. Kirche. Das gilt auch für die Zeit des Dritten Reiches. Eine Ausgrenzung von Katholiken jüdischer Herkunft aus den Gemeinden ist nicht bekannt. Der Erlass, den Davidstern zu tragen, führte bei den Bischöfen zu Anfragen, wie man gegebenenfalls damit umgehen sollte.[78]

---

[75] Kath. Kirche und Nationalsozialismus, hrsg. Hans Müller, Dok.-Nr. 27, S. 98f.
[76] Beispiele aus dem Bistum Osnabrück in: Recker: Bischof Berning, S. 135f.:
»*Pfarrer Theodor Gretzmann (Riemsloh) sagte in der Predigt am 6.11.1938, daß man alle Menschen, also auch die Juden, lieben müsse.*«
Pfarrer Bernhard Mecklenburg war 1943–45 im KZ, weil er nach den Ermittlungsakten in einer Seelsorgestunde in Hamburg-Rahlstedt gesagt hatte, dass die »*Art der Lösung der Judenfrage in Deutschland ... eine Kulturschande sei*«. Pater Vinzenz Josef Holzem, Kaplan in Parchim, erklärte, »*daß Gott alle Menschen, auch die Juden, erschaffen hat, und daß wir als Christen alle Menschen lieben müssen, auch unsere Feinde*«. Pater Holzem erhielt eine Verwarnung. Ihm wurde der Ratschlag gegeben, älteren Leuten gegenüber könne er ja so reden, aber die Kinder müßten zum Hass gegen die Juden erzogen werden.
[77] Läpple: Kath. Kirche und Nationalsozialismus, S. 276.
[78] Recker: Berning, 334: »*Die Juden im Gottesdienst nicht anders behandeln. Wenn das geschieht, die Pfarrer anweisen. Es ist hinzuweisen auf die Werke der Barmherzigkeit gegen alle Notleidenden.*«

1933 wurde das »*Sonderhilfswerk für die Betreuung katholischer Nichtarier*« gegründet und arbeitete unter ständigen Schikanen der Gestapo. 1935 wurde der »*Hilfsausschuß für katholische Nichtarier*« gegründet, hatte sich für Christen jüdischer Herkunft einzusetzen, ihnen bei der Ausreise zu helfen. Zeitweise wurden auch sog. »Glaubensjuden« betreut, doch das wurde 1936 von der Regierung verboten, ebenso wie die Betreuung evangelischer nichtarischer Christen – die Einhaltung dieser Verbote und aller Arbeit wurde streng überwacht, 1941 schloss die Gestapo diese Hilfseinrichtungen ganz.

Manche verfolgte Juden haben sich an Bischof Berning um Hilfe gewandt.[79] Aus den Unterlagen ist ersichtlich, dass er sich in verschiedenen Fällen bei den zuständigen Stellen in Berlin für diese Menschen verwandt hat – in einigen Fällen mit Erfolg. Das wird auch bei anderen Bischöfen der Fall gewesen sein. Hier ist vor allem an Bischof Preysing von Berlin zu denken, der in Berlin eine eigene Hilfsstelle einrichtete. Er war einer jener Bischöfe, die den Papst um ein offenes Wort zum Schicksal der Juden drängte.[80] 1942 haben sich die Kirchen in Holland in einem gemeinsamen Brief gegen die Verfolgungsmaßnahmen und Deportation der Juden aus ihrem Land gewandt. Die Folge war, dass die bis dahin ausgenommenen ca. 40.000 »nichtarischen« Katholiken auch in die KZ verschleppt worden sind.[81] Das soll auch Pius XII. veranlasst haben, einen schon entworfenen offenen Protest gegen die Judenverfolgung zurückzuziehen – er hatte die Befürchtung, dass sein Protest wesentlich mehr Menschenleben fordern würde.[82] Hingegen hat er in mehreren Ansprachen, auch in den jährlichen Weihnachtsansprachen in Radio Vatikan, gegen die Judenverfolgung protestiert – allerdings in mehr diplomatisch verklausulierter Sprache, wenn auch Pius XII. meinte, seine Worte seien wohl verstanden worden.

Papst und Bischöfe haben hingegen versucht, durch stille humanitäre Maßnahmen den einzelnen Menschen konkret karitativ zu helfen.[83]

Der Vorwurf an Papst und Bischöfe, nicht laut und energisch genug gegen die Judenverfolgungen gesprochen zu haben – vor allem als man vom Umfang der Vernichtungen im Osten Kenntnis hatte –, scheint mir leider berechtigt. Ob er in der Kriegszeit noch Aussicht auf Erfolg gehabt hätte, scheint allerdings fraglich. Der Vatikan wie Kardinal Bertram gingen den Weg der schriftlichen Eingaben bei den zuständigen Ministerien

---

[79] Recker: Berning, S. 321ff.
[80] Pius XII. an Preysing (30.4.1943): »*Es hat uns ... getröstet zu hören, daß die Katholiken, gerade auch die Berliner Katholiken, den Nichtariern in ihrer Bedrängnis viel Liebe entgegengebracht haben.*« In: Die Briefe Pius'XII. an die deutschen Bischöfe 1939–1944, herausgegeben von Burkhart Schneider in Zusammenarbeit mit Pierre Blet und Angelo Martini, Mainz 1966 (Veröffentlichungen der Kommission für Zeitgeschichte Reihe A: Quellen Bd. 4), S. 239. (= In: Die Briefe Pius'XII. An die deutschen Bischöfe 1939–1944).
[81] Gedruckt mit einem Kommentar von Clemens Thoma in: FrR NF 7 (2000), S. 81–91.
[82] Sr. M. Pascalina Lehnert: Ich durfte ihm dienen. Erinnerungen an Papst Pius XII., Würzburg ²1983, S. 132.
[83] Pius XII. an Preysing (30.4.1943):»*Für die katholischen Nichtarier wie auch für die Glaubensjuden hat der Heilige Stuhl caritativ getan, was nur in seinen Kräften stand.*« In: Die Briefe Pius'XII. an die deutschen Bischöfe 1939–1944, S. 241.

bzw. bei Hitler persönlich. Dieses war zwar der rechtlich und diplomatisch gebotene Weg – aber er zeigte keine Wirkung. Bei vielen Eingaben bekam man nicht einmal eine Eingangsbestätigung.

Bischöfe wie Preysing, Berning und von Galen, die sich für deutliche öffentliche Äußerungen einsetzten, hatten in der Bischofskonferenz keine Mehrheit. Der Vorsitzende, Kardinal Bertram, lehnte es ab: aus staatsrechtlichen Gründen, weil es wirkungslos sein werde und weil es vom Feind gegen sie ausgenutzt werden könne. Erzbischof Gröber lehnt ab, da kein »akuter Fall« von Angriff auf die Kirche vorliege.[84] Hinzu kam, dass die Regierung den Bischöfen unmissverständlich klar gemacht hatte, eine öffentliche Kritik in dieser Frage würde schwerste Folgen nach sich ziehen. Dabei war die Verfolgung (wegen der öffentlichen Wirkung) nicht den Bischöfen selbst, sondern Priestern und anderen weniger in der Öffentlichkeit stehenden Personen angedroht.[85]

Die weitere Entwicklung

Hitlers Ziel war die Zerschlagung des »politischen Katholizismus«: Parteien (›Zentrum‹ und Bayerische Volkspartei), Gewerkschaften, Berufs- und Ständevertretungen, Jugendorganisationen, Zeitungen, Zeitschriften, Verlage. Sie bildeten bis 1933 eine massive Opposition, die der NSDAP auch danach noch gefährlich werde konnte.[86] Mit Druck und gleichzeitigen Verhandlungen gelang es der NSDAP, viele Bereiche des politischen Katholizismus zu schwächen. Zunächst konnte Hitler das ›Zentrum‹ – trotz starken Widerstands einiger Mitglieder[87] – zur Zustimmung zum Ermächtigungsgesetz am 23.3.1933 bewegen. Das bedeutete den Todesstoß für die kath. Parteien.

Ab April wurde in Rom über ein Reichskonkordat verhandelt. Bereits in den 20er Jahren war hierüber verhandelt worden, doch es kam nicht zu einer Übereinkunft. Jetzt hingegen ging die Initiative von der Reichsre-

[84] Recker: Berning, S. 336f.
[85] Ebd., S. 339ff.
[86] Mitgliedszahlen des Deutsche Kolpingsverband – 1933: 143.416, 1934: 150.167, 1935: 150.167. 1939 63.500 – in diesen Jahren gab es schon massive Einschränkungen des Verbandslebens und Druck auf die Mitglieder, ihn zu verlassen. Vergl. Raem: Kath. Gesellenverein, S. 249. 1933 hatten die berufsständischen Jugendorganisationen 125.000 Mitglieder, insgesamt waren 1,3 Mill. Jugendliche in katholischen Organisationen – gegenüber 50.000 in der HJ. Vergl. Lemhöfer, Ludwig, Blaue Blume und braune Diktatur. Die katholische Jugend auf der Suche nach dem anderen Reich, in: Kath. Kirche und NS-Staat. Aus Vergangenheit lernen?, hrsg. von Kringels-Kemmen, Monika und Lemhöfer, Ludwig, Frankfurt am Main 1981, S. 37.
[87] Der Vorsitzende, Prälat Kaas, hatte sich vehement für die Zustimmung zum Ermächtigungsgesetz eingesetzt. Der ehemalige Reichskanzler Brüning u.a. kämpften dagegen, unterlagen aber parteiintern. Der Abgeordnete des preußischen Abgeordnetenhauses Franz von Galen trat nach der Zustimmung zurück in der Überzeugung, »... nicht freiwillig verzichten zu dürfen auf die Möglichkeit, die bei der Annahme des Mandats übernommenen Aufgaben zu erfüllen«. Er, Brüning, Adenauer und andere zogen sich daraufhin aus der Politik zurück. Böckenförde: Der Deutsche Katholizismus 1933, S. 220, Anm. 12.

gierung aus – vor allem Vizekanzler von Papen scheint dieses Ziel verfolgt zu haben. Hitler hatte mit dem Konkordat vor allem zwei Ziele verfolgt: die Ausschaltung des politischen Katholizismus und internationale Anerkennung für seine Regierung. Von der Reichsregierung wurden bei den Verhandlungen jene Punkte angeboten, die die Kirche vorher vergeblich gefordert hatte: Bestätigung der Rechte der Kirche, des Bestandes der kath. Schulen und des kath. Verbandswesens. Bereits am 20.7.1933 konnte das Reichskonkordat unterzeichnet werden. Auch die Kirche hatte Kompromisse eingehen müssen: § 32 des Konkordats verbot den Priestern parteipolitische Betätigung.[88] Diese Einschränkung war gegen ihre Mitarbeit in den kath. Parteien gerichtet. Denn zunehmend hatten Priester die Führung von ›Zentrum‹ (seit 1928 Prälat Kaas) übernommen und in ihnen die politische Richtung bestimmt. Hitler hatte sein Ziel bereits vor der Unterzeichnung des Reichskonkordats erreicht – bereits Anfang Juli lösten sich die kath. Parteien selbst auf.[89] Ein Gesetz vom 15.7.1933 verbot die Neugründung von Parteien. Die Gleichschaltung beim Parteiensystem war geglückt.

Schon ab April sahen sich kirchliche Einrichtungen und Verbände Schikanen und den Gleichschaltungsversuchen ausgesetzt.[90] Kath. Jugendgruppen standen unter ständiger Beobachtung und durften nur noch rein religiöse Themen behandeln.[91] Am 25.6.1933 wurden die christlichen Gewerkschaften aufgelöst. Das Bundestreffen des Kath. Gesellenvereins im Juni in München wurde durch SA-Schlägergruppen so behindert, dass es vorzeitig beendet werden musste.[92]

Dem Vatikan wie den meisten Bischöfen war die Bedrohung für die Kirche klar. Noch jedoch vertrauten einige der Aussage Hitlers und nahmen seine Erklärung ernst, das seien Übergriffe örtlicher Stellen, das

---

[88] Der § 32 schloss parteipolitische Betätigung für Priester aus – folgerichtig war dann auch die Mitgliedschaft in der NSDAP nicht möglich – das erwies sich als Schutz für die Priester vor dem Druck, in die Partei einzutreten (darum war auch nur ein Priester im Bistum Osnabrück Mitglied in der NSDAP).
[89] Bald nach den Märzwahlen begannen Entlassungen von Zentrums- und BVP-Beamten auf der Basis des »Gesetzes zum Schutze des Berufsbeamtentums«. Außerdem wurden allein in Bayern Ende Juni 1933 ca. 2000 Mandatsträger, viele der BVP, verhaftet. Volk: Episkopat, S. 104.
[90] »1.7.1933 – In St. Joseph werden die Banner von der Gestapo versiegelt, um nicht an dem großen Treffen teilnehmen zu können. Um 10.30 Uhr erscheint im Pfarrhaus Kiel-Gaarden ein Kriminalbeamter um das Schriftenmaterial und Vermögen des Jungmännervereins und der Deutschen Jugendkraft (DJK) zu beschlagnahmen. Der Schrank, in welchem sich die Fahnen befinden, wird polizeilich versiegelt. Alle Bemühungen des Gaardener Pastors, die Fahnen für den am folgenden Tag stattfindenden Katholikentag in Neumünster freizubekommen, blieben erfolglos.« In: Chronik der Katholischen Pfarrgemeinde St. Heinrich Kiel-Nord, Bd. 1 – 1909–1965, Kiel o.J.
[91] »Vielfach werden auch außerschulische »Unterweisungsstunden« oder »Seelsorgestunden« in der Art der Heimabende der HJ durch Märchenerzählungen, durch Vorführung von Lichtbildern und Farbfilmen interessant und anziehend gestaltet, während bei den jüngeren Kindern zu primitiven Mitteln gegriffen wird wie z.B. Verschenken von Bildern, die farbig ausgemalt werden können, Abgabe von Kuchen, Anhängern für Halsketten, Bonbons u.ä. (Karlsruhe, Kiel, Bayreuth, Innsbruck) …« in: Berichte des SD und der Gestapo, S. 575.
[92] Raem: Kath. Gesellenverein, S. 52ff.

werde verfolgt und abgestellt. Doch der Vatikan und die deutschen Bischöfe befürchteten Schlimmes. Sie versprachen sich vom Konkordat rechtliche Sicherheit in den bevorstehenden Auseinandersetzungen.

Tatsächlich kam es im August zu einer gewissen Beruhigung. Viele Konzentrationslager der ersten Monate wurden aufgelöst, die SA wurde nicht mehr als Hilfspolizei eingesetzt. So erhoffte man sich, dass nun die revolutionäre Anfangszeit beendet sei. Doch die Wirklichkeit war anders.

In den folgenden Jahren kam es dann immer wieder zum Kampf um die kath. Presse. Mit kurzfristigen Verboten, Minderung der Papierzuteilung oder Anzeigenverboten wurden die kath. Zeitungen immer neu behindert und in ihrer Existenz bedroht. Das betraf oft auch die Kirchenzeitungen. Verlage wurden ersatzlos enteignet wie z.B. in mehreren Fällen nach dem Druck der Enzyklika »Mit brennender Sorge« März 1937.[93] So waren die Amtsblätter der Diözesen die letzte relativ freie Mitteilungsform, in denen zumindest den Priestern die bischöflichen Verlautbarungen übermittelt werden konnten; sie mussten den Gläubigen in den Gottesdiensten verlesen werden, fast immer in Anwesenheit von Spitzeln.

Den Partei-Ideologen war klar, dass die kath. Kirche mit ihrem geschlossenen Milieu sich nicht so leicht gleichschalten ließ. Entsprechend massiv ging die Propaganda vor, z.B. durch eingängige Karikaturen im »Stürmer« und anderen Medien; Devisenprozesse richteten sich gegen Bischöfe, Verbände und Klöster, Sittlichkeitsprozesse 1936–37 gegen Priester und Ordensleute. Diese Kampagnen hatten jedoch nur bedingten Erfolg.[94] Der äußere Druck verstärkte sogar noch den Zusammenhalt im »katholischen Milieu«.[95]

Spätestens mit dem Röhm-Putsch Juni 1934 und dem ersten Mord an dem prominenten Katholiken Dr. Erich Klausener, dem Vorsitzenden der Kath. Aktion im Bistum Berlin, war der Mehrheit der Bischöfe der Ernst der Lage klar. Trotzdem erstaunt es, wenn auch weiterhin Bischöfe wie die Kardinäle Bertram und Faulhaber in fast devoter Art mit Hitler umgingen. Andererseits hat Kardinal Faulhaber den Entwurf für die Enzyklika »Mit brennender Sorge« verfasst; er in München wie Erzbischof Gröber in Karlsruhe, so haben Kardinal Bertram und Bischof Berning in Berlin im-

---

[93] Viele Hinweise auf diese Auseinandersetzungen finden sich in: Adolph, Walter: Geheime Aufzeichnungen aus dem nationalsozialistischen Kirchenkampf 1933–1943, Mainz ³1982. Von 1933–36 war er Fachschaftsleiter der kath.-kirchlichen Reichspressekammer, Schriftleiter des Berliner Kirchenblattes und enger Vertrauter von Bischof Preysing.

[94] »Am 31.3.1935 wird Kiel zum Kriegshafen ernannt. Das führt dazu, daß sich viele freiwillig zum Heer melden. Viele Gemeindemitglieder treten aus der Kirche aus, weil sie Mitglieder der NSDAP werden. Das Gemeindeleben leidet sehr stark darunter.« In: 100 Jahre St. Nikolaus, S. 39.
Kirchenaustrittszahlen für Deutschland: 1935 – 34.347, 1936 – 46.687, 1937 – 108.054, 1938 – 8.8715, 1939: keine Angabe, 1940 – 52.076, 1941 – 52.560, 1942 – 38.368. Siehe Hehl: Kath. Kirche im Erzbistum Köln, S. 138, Anm. 26.

[95] So stiegen die Zahlen der Teilnehmer bei Wallfahrten und anderen religiösen Treffen stark an: 1937 stärkere Teilnahme an kirchlichen Veranstaltungen als in den Vorjahren: »Etwa 800 000 Menschen aus allen Teilen Deutschlands zusammengeströmt.« Heiligtumswallfahrt nach Aachen – »wobei für die zeitgenössischen Beobachter feststand: nicht die Heiligtümer konnte diese Massen anlocken, sondern der Wille zum Bekenntnis des heftig befehdeten Glaubens, zum stummen Protest.« Hehl: Kath. Kirche im Erzbistum Köln, 172f.

mer wieder mündlich und schriftlich gegen Eingriffe und Verletzungen des Konkordats protestiert und hart für die Freiheit der Kirche gegenüber Eingriffen der Partei gekämpft. Es ging ihnen in erster Linie um das Überleben der kath. Kirche angesichts schwerster Angriffe von nationalsozialistischer Seite. Ihre antijüdische, antikommunistische und antiliberalistische Einstellung sowie manche kirchlichen Lehren brachten sie dabei in die Nähe der NS-Weltanschauung und großenteils zum Schweigen gegenüber den Verbrechen an den Juden.

Der Einfluss von Bischöfen und Papst war m.E. nicht so groß, wie es Kritiker wie Hochhuth glauben möchten: Die Verbreitung ihrer Hirtenworte war stark beschränkt; der Druck auf die Bischöfe war groß, auch weil ihre Priester anstatt ihrer belangt wurden.

Außerdem war der Episkopat untereinander gespalten hinsichtlich der Frage, wie man vorgehen sollte, und schränkte seine Möglichkeiten damit selbst ein.

Konsequenzen

Kath. Kirche 1933–1945 – eine Glaubensgemeinschaft mit Widerstand und Anpassung. Beides hat es gegeben. Angesichts einer totalen Propaganda für das Dritte Reich und gegen die Kirche, einer starken Bedrohung der Existenz war der Widerstand im Kleinen wie im Großen relativ stark. Dabei meine ich all jene, für die im Alltag die Teilnahme am kirchlichgemeindlichen Leben ihr Freiraum war in den Zwängen der totalitären Gesellschaft – und damit ihr Zeichen von Widerstand. Schon kleine Andeutungen anderer Meinung als die offiziell verkündete war gefährlich und hat viele ihren Arbeitsplatz gekostet, ins KZ gebracht oder den Tod bedeutet. Die Bischöfe haben ihre Verantwortung darin gesehen, ihre Kirche angesichts des Versuches der NSDAP, sie gleichzuschalten und für sich nutzbar zu machen, in Verbindung mit der Weltkirche zu erhalten und ihre bisherigen Rechte zu bewahren. Dabei hat ihre hierarchische Struktur und die weltkirchliche Einbindung die Grundlage geboten – solange die führenden Personen standhaft blieben, ist das System recht gut geschützt. Da ist ein synodales Prinzip wie in den ev. Kirchen leichter bedroht.

Um den handelnden Personen gerecht zu werden, muss gesagt werden: Sie hatten keine Erfahrung im Umgang mit Diktatoren. Sie hatten auch nicht die Vorstellung, wozu Menschen fähig sind. Sie gingen mit Hitler um wie mit dem Präsidenten eines Rechtsstaates. So war man praktisch machtlos gegen die zynische Machtpolitik: Man reagierte mit diplomatischen Eingaben und meinte, damit das Mögliche getan zu haben. Wenn hingegen viele Gläubige etwa die Predigten eines Bischofs von Galen unter Lebensgefahr vervielfältigten, lässt das erkennen, wie sich – zumindest diese – die Handlung der Bischöfe gewünscht hätten: als offen ausgesprochenes mutiges Zeugnis. Dazu aber ist es zu selten gekommen. Gründe genug sind in den Zeitereignissen zu finden, ebenso in der Prägung durch die in diesen Jahrzehnten gelehrte Theologie und im gelebten Glauben. Darin scheint mit das Problem zu liegen: Kann eine Theologie richtig sein, wenn sie dazu führt, dass man zur Unterdrückung

ganzer Bevölkerungsgruppen schweigt, weil die eigenen Belange nicht betroffen sind? Legt die Kirche den Glauben an den befreienden Gott der Bibel richtig aus, wenn
- ihr Staatsverständnis Nähe zum autoritären Staat schafft,
- Gehorsam und Einordnung in ihr ähnlich hohen Stellenwert besitzt wie in diesem Unterdrückungsstaat,
- die Gegnerschaft zwischen den Konfessionen einem Diktator hilft, seine Macht zu konsolidieren,
- wenn sie das Judentum heute als von Gott verworfen betrachtet?

In der kath. Kirche sind in diesen Jahren nicht nur große Zeugnisse von Widerstand zu sehen, sondern auch tragische und beschämende Beispiele von Versagen. Das liegt in erster Linie an der Auslegung der eigenen Grundsätze. Das hat man nach dem Zweiten Weltkrieg verstanden. Vieles wurde inzwischen verändert:
- Im 2. Vatikanischen Konzil (1962–1965) wurde das Verständnis über das Judentum grundlegend verändert und seitdem ständig weiterentwickelt.
- Im Verhältnis der Konfessionen wird in erster Linie das Verbindende gesucht und auf allen Ebenen zusammengearbeitet.
- Statt eigener konfessionell gebundener Parteien wurden nach dem Krieg bewusst »christliche« Parteien gegründet.
- Toleranz hat das Verhältnis zu anderen Menschen und ihren Überzeugungen zu bestimmen. Das gilt auch zu deren religiösen Überzeugungen. Der alte Glaubenssatz »Der Irrtum hat kein Lebensrecht« wurde im NS-Staat so mörderisch verwirklicht, dass er sich selbst als Irrtum oder als bewusst eingesetztes Mittel zur Durchsetzung der eigenen »Wahrheit« erwiesen hat. So hat das 2. Vatikanische Konzil erstmals den Grundsatz der Religionsfreiheit verkündet.

Das demokratische Prinzip ist unbestritten Teil der Lehre von Mensch und Staat, ja so manche wünschen es sich stärker in der eigenen hierarchisch verfassten Kirche verwirklicht.

Das Erschrecken über das, was Menschen Menschen während der Jahre 1933–1945 angetan haben, und dass die Kirche hierzu – ungewollt – beigetragen hat, trug wesentlich zur Erneuerung der Kirche bei.

Jörgen Sontag

»Aber das Wort sagten sie nicht!«

Die mühsamen Schritte der evangelischen Kirche zur Anerkennung ihrer Mitschuld an der Judenverfolgung

Psalm 32

Sicher werden mir viele darin zustimmen, dass die Psalmen im Alten Testament sich dadurch auszeichnen, dass sie voller Lebenserfahrung sind, voll von im Glauben an den Einen Gott gewonnener Lebenserfahrung. Deshalb spricht dieses Buch über die Zeiten hin die Menschen an, auch solche, die nicht dem darin begegnenden Gott vertrauen.

Ob es eine Situation der Freude und des Dankes ist oder der Suche nach Halt, ob der Beter die Menschen um ihn her nur noch als widerwärtig erlebt oder selbst Gott ihm fraglich wird, immer gibt der Psalter Räume, in denen auch wir heute uns angesprochen und aufgehoben finden können.

Das gilt in besonderem Maße, wenn es um Schuld geht. Für uns als Einzelne und für die Kirche im 20./21. Jahrhundert ist da der 32. Psalm von besonderer Bedeutung.

»*Wohl dem, dem die Übertretungen vergeben sind, dem die Sünde bedeckt ist!*

Wohl dem Menschen, dem der HERR die Schuld nicht zurechnet, in dessen Geist kein Trug ist!

Denn als ich es wollte verschweigen, verschmachteten meine Gebeine durch mein tägliches Klagen.« (Psalm 32, 1-3)

Der Satz *Als ich es wollte verschweigen, verschmachteten meine Gebeine* spricht eine tiefe Wahrheit aus. Wie belastend ist es, wenn etwas unausgesprochen zwischen Menschen steht, und wie befreiend, Schuld anzusprechen, auszusprechen und um Vergebung zu bitten.

Ich bin überzeugt, dass diese Wahrheit nicht nur für Individuen gilt, sondern auch für die Evangelische Kirche in Deutschland nach der Zeit des Nationalsozialismus, nach der Schoa, der offiziell propagierten, vom Staat geplanten und ins Werk gesetzten Vernichtung des europäischen Judentums. Das *Verschmachten der Gebeine* müsste dann unserer Kirche gelten, falls sie ihre Mitschuld an der Schoa verschweigen wollte. Das hieße dann, es könne unserer Kirche nicht gut gehen, wenn sie verschweige, was sie damals getan bzw. gerade nicht getan hat, was viele von ihr erhofft und erwartet hatten, nämlich einzuschreiten und Mund für die Stummgemachten zu sein.

Dies kann ich nur behutsam aussprechen. Ich weiß, dass die Kirche als Leib Christi ein hoch differenziertes Gebilde von vielen einzelnen Gliedern ist. Es hat in der NS-Zeit mutige Christinnen und Christen gegeben, die damals nicht geschwiegen hatten und die (gerade die!) nach 1945 ihren Kirchenleitungen in den Ohren gelegen haben, doch endlich zu sagen, was gesagt werden musste, als sie merkten, dass die Kirchen sich nicht wirklich zu ihrer Mitverantwortung in der Zeit 1933–1945 bekennen und zu ihrer Mitschuld stellen wollten.

Deshalb ist mir das Wort aus Psalm 32 wichtig geworden: *Als ich es wollte verschweigen, verschmachteten meine Gebeine.* Es ist Ausdruck der Sorge, die Kirche könnte etwas Lebenswichtiges versäumen, sie könnte verschmachten.

Die Situation in Deutschland nach 1945

Ich will nun nicht Einsichten, die wir erst in den zurückliegenden Jahrzehnten gewonnen haben und die uns wichtig geworden sind, in die Zeit unmittelbar nach dem Zweiten Weltkrieg hineintragen und an ihnen das damalige Reden und Handeln der Kirchen messen. Deshalb rufe ich zunächst kurz in Erinnerung, was die Jahre gleich nach 1945 geprägt hat und was insbesondere die Situation der Kirche gewesen ist.

Da war zunächst ein allgemeines Aufatmen. Der Krieg war zu Ende. Keine Kampfhandlungen, keine Bombenangriffe mehr.

Nun hatten die elementaren Lebensaufgaben ihr volles Gewicht: Essen, Bekleiden, Wohnen, Gesundheit, Schule. Der Wiederaufbau begann mit dem Wegräumen der Trümmer.

Die vielen Flüchtlinge waren unterzubringen und zu integrieren. Das bedeutete nicht nur organisatorische Arbeit, sondern hatte vor allem eine seelsorgerliche Dimension. Wir wissen, wie schwierig es war, dass Einheimische und Flüchtlinge zueinander fanden. Da war die Kirche in besonderem Maße gefragt mit Seelsorge an den Vertriebenen und den Einheimischen, mit Gottesdiensten als Ersatz für alles Verlorene und mit Diakonie als Aushelfen mit dem Nötigsten zum Leben (Care-Pakete).

Schnell begann in der Kirche eine blühende Jugendarbeit. Viele verbanden damit die Hoffnung, hier könnten der Jugend neue Werte vermittelt werden.

Frauen- und Männerarbeit waren gefragt. Die Älteren brauchten den kleinen geschützten Raum einer Gesprächsgruppe, um ihrer Enttäuschungen Herr zu werden. Viele Jüngere, die sich getäuscht und betrogen empfanden, suchten nach Orientierung, nachdem alles, was vordem galt, zerbrochen war.

Zugleich stand die evangelische Kirche vor der Herausforderung, sich mit sich selbst einig zu werden. Das Verhältnis der deutschen Landeskirchen zueinander war wegen ihres unterschiedlichen Verhaltens in der NS-Zeit gespannt. Das sollte nun auf einmal ohne Folgen und in einer neuen Kirchengemeinschaft (EKD) aufgehoben sein?

Die Kirche hielt sich darauf zugute, dass es die Bekennende Kirche gegeben hatte; der Widerstand wurde von der Kirche insgesamt in Anspruch genommen. Davon profitierten jetzt mehr oder weniger alle. Die Kirche war eine, wenn auch mühsam, durch die NS-Zeit hindurchgerettete Größe. Sie sah sich eher auf der Seite der Sieger. Sie hatte weithin das Vertrauen der Besatzungsmächte. Sie wurde bei der Entnazifizierung gefragt und ernst genommen (›Persilscheine‹); sie geriet dabei oftmals unter Druck und suchte ihren Weg mit einem manchmal nicht ganz überzeugenden ›Wir leben doch alle von der Vergebung‹ zu finden.

So hatten die Mitarbeitenden und die Verantwortlichen in der Kirche, von wenigen abgesehen, nicht die Zeit und Kraft und sahen meist auch keine Veranlassung, die jüngste Vergangenheit ›aufzuarbeiten‹. Auch hatten sie keine Möglichkeit, die eben hinter ihnen liegende Zeit des Nationalsozialismus und die vielen auf sie einströmenden Informationen aufzunehmen und zu verarbeiten. Selbst wenn sie alle diese Möglichkeiten und auch den Willen und die Kraft gehabt hätten, sie hätten in der Bevölkerung wohl kein Gehör gefunden. Im Gegenteil, sie wären beschimpft worden als ›Nestbeschmutzer‹.

So ist es kein Wunder, dass der wunde Punkt des Verhaltens gegenüber den Juden nicht angegangen wurde.

Ich will mit diesen Hinweisen nicht entschuldigen, dass eine intensive Beschäftigung mit einer so oder so gearteten Beteiligung an der Judenverfolgung nicht sofort eingesetzt hat. Ich möchte nur deutlich machen, dass die Rahmenbedingungen dafür nicht günstig waren. Doch sind sie es je? Jedenfalls hat das Verschweigen, von dem Psalm 32 spricht, viele unterschiedliche Gründe gehabt.

Von einer ›Gnade des Nullpunkts‹ kann man nicht sprechen. Es ging irgendwie weiter; es begann nicht etwas Neues.

Situations- und Aufgabenbestimmung in Treysa 1945

Damit diese kleine Skizze der Zeit unmittelbar nach 1945 nicht nur als meine subjektive Sicht erscheint, zitiere ich zwei unterschiedliche Stimmen aus dem Kirchlichen Jahrbuch für die Evangelische Kirche in Deutschland.

Es geht um die Kirchenversammlung in Treysa 1945. Dort trafen sich Ende August Vertreter der inzwischen umgebildeten Kirchenleitungen der Landeskirchen sowie Vertreter des Reichsbruderrates.

In einer Grundsatzrede führte Bischof Wurm/Stuttgart aus:

»*Unsere Tagung hat einen dreifachen Zweck.*

Der erste ist der, uns einen Überblick zu verschaffen über die tatsächliche Lage in den einzelnen Kirchengebieten.

Der zweite Zweck dieser Konferenz ist es, eine Verständigung über ganz aktuelle Probleme und Aufgaben zu erreichen. Das drängendste davon ist die Unterbringung und Verwendung der aus den östlichen Kirchengebieten vertriebenen und geflüchteten Pfarrer und ihre Verteilung auf die einzelnen Landeskirchen. [...]

Zum dritten ist es der Zweck dieser Konferenz, wie ich schon andeutete, der evangelischen Kirche in Deutschland eine vorläufige Leitung zu geben, die vom Vertrauen aller, die in den letzten zwölf Jahren für das Evangelium und die Kirche des Evangeliums gearbeitet, gekämpft und gelitten haben, getragen wird.« [1]

---

[1] Kirchliches Jahrbuch für die Evangelische Kirche in Deutschland 1945–1948 (Hg. von Joachim Beckmann), Gütersloh 1950, S. 10/11.

Es bestand offensichtlich Anlass zur Sorge, einzelne Landeskirchen in Deutschland könnten aufgrund des Kirchenkampfes nicht mehr bereit sein, sich unter dem Dach einer EKD miteinander zu verbinden.

Nach dieser Rede von Bischof Wurm sprach Pastor Martin Niemöller. Er war Sprecher des Reichsbruderrates. Seine Ausführungen erscheinen mir als so grundsätzlich, dass ich sie ausführlicher zitiere:

»[...] *Darüber darf es in unserer Mitte allerdings keinerlei Zweifel geben, wie das ja Herr D. Wurm bereits betont hat, daß eine kirchliche Restauration auf der Grundlage der Zustände vor 1933 auf gar keinen Fall das Ergebnis sein darf, wenn nicht die ganzen Kämpfe, Leiden und Opfer der letzten zwölf Jahre umsonst sein sollen. Wir können nicht einfach weiterarbeiten, als ob nichts geschehen wäre, und wir können nicht einfach einen fröhlichen Schritt vorwärts tun, er könnte sonst der direkte Schritt in die Hölle werden. Ehe wir anfangen, haben wir umzukehren auf den rechten Weg. [...]*

Ich muß hier einen Ton anschlagen, der in allem, was wir bisher gehört haben, zweifellos zu kurz gekommen ist. Gewiß, wir stehen vor großen drückenden Nöten überall, wir stehen vor dem Chaos und vielfach schon mitten drin. Und wir haben zu fragen, was uns dahin gebracht hat. Die Not geht nicht zurück auf die Tatsache, daß wir den Krieg verloren haben; wer von uns möchte denn wünschen, wir hätten ihn gewonnen; wo würden wir erst stehen, wenn Hitler gesiegt hätte! Es ist ja gar nicht auszudenken, was das erst für eine Katastrophe und für ein Chaos geworden wäre. Unsere heutige Situation ist aber auch nicht in erster Linie die Schuld unseres Volkes und der Nazis; wie hätten sie den Weg gehen sollen, den sie nicht kannten; sie haben doch einfach geglaubt, auf dem rechten Weg zu sein! –

Nein, die eigentliche Schuld liegt auf der Kirche; denn sie allein wußte, daß der eingeschlagene Weg ins Verderben führte, und sie hat unser Volk nicht gewarnt [...]

Wir haben jetzt nicht die Nazis anzuklagen, die finden schon ihre Kläger und Richter, wir haben allein uns selber anzuklagen und daraus die Folgen zu ziehen. – Das ist der Ton, den ich hier und anderwärts bislang vermißt habe [...]

Wir sind eine Behördenkirche gewesen, und dieser Umstand hat es uns erleichtert, nur das traditionell Übliche zu tun und nicht weiter zu fragen, was denn eigentlich unsere Verantwortung war; die Kirche der Zukunft wird nie wieder Behördenkirche sein dürfen.«[2]

Dem folgen konkrete Vorschläge, die uns hier nicht beschäftigen müssen. Am Ende dann dieser Satz:

»*Unser Volk wartet auf Wegweisung, die Völker warten auf die Stimme der Kirche in Deutschland, weil wir alle wissen: es geht nun darum, daß ein Neues werde und daß die Kirche, die allein noch etwas in dieser Richtung sagen und beginnen könnte, ihren Mund auftut.«*[3]

Diese so in sich differenzierte evangelische Kirche begleiten wir nun durch die ersten Jahre nach 1945. Wir wollen sehen, wie sie sich zu ihrer Mitverantwortung und Mitschuld an der Judenverfolgung stellte bzw. zu stellen lernte – oder auch nicht.

[2] Ebd., S. 12f.
[3] Ebd., S. 15.

Kirchliche Stellungnahmen 1945–1948

Bei der folgenden Darstellung kirchlicher Erklärungen in den Jahren 1945 bis 48 werde ich das Jahr 1945 ausführlicher behandeln als die nachfolgenden. Denn gleich 1945 wurden die Weichen gestellt, die den weiteren Gang der EKD bestimmten.

Wort des Reichsbruderrates an die Pfarrer (24.8.1945)

Unmittelbar vor der bereits erwähnten Kirchenversammlung von Treysa wandte sich der Reichsbruderrat, die Leitung der Bekennenden Kirche, in Frankfurt an die Pfarrerschaft in Deutschland. Sein Wort beginnt mit merkwürdig distanzierenden Sätzen:

»*In dem Zusammenbruch, der über uns gekommen ist, geben wir uns Rechenschaft über das, was geschehen ist. Wir haben es erlebt, daß eine politische Lehre (!) mit dem Anspruch eines religiösen Glaubens auftrat, sich mit beispiellosem Fanatismus durchsetzte und ihre Gegner schlimmer als Verbrecher behandelte.*«[4]

Diese Weise zu reden wirkt befremdlich: Der Zusammenbruch ist über uns gekommen, eine politische Lehre trat auf wie eine Macht. Diese Macht hat apokalyptische und dämonische Ausmaße usw. Es klingt so: Und wir hatten keine Chance, die Schuld hatte diese Macht …

Aber das ist nur der Anfang dieses ausführlichen Rundbriefs an alle Pfarrer. Später redet er direkter:

»*Moralische Maßstäbe reichen nicht aus, um die Größe der Schuld, die unser Volk auf sich geladen hat, zu ermessen. Immer neue Taten der Unmenschlichkeit werden bekannt. Viele können es immer noch nicht fassen, daß das alles wahr sein soll. In diesem Abgrund unserer Schuld ist Leib und Seele unseres Volkes vom Tode bedroht.*

Wir bekennen unsere Schuld und beugen uns unter die Last ihrer Folgen. Aus der Tiefe schauen wir auf zu Christus, dem Gekreuzigten […] und dem Auferstandenen.«[5]

Die Verbrechen an dem jüdischen Volk werden nicht erwähnt. Aber sie können in den summarischen Beschreibungen mitgemeint sein. Im Ganzen will dieses Wort eine Orientierungshilfe für die Pfarrerschaft sein, die in der Situation und angesichts der Vielzahl der Aufgaben unterzugehen droht.

Das Wort der Kirchenkonferenz von Treysa an die Gemeinden

Nachdem die Kirchenkonferenz von Treysa Ende August 1945 grundlegende Probleme der zu gründenden EKD geregelt hatte, konnte sie ein Wort an die Gemeinden richten.

[4] Ebd., S. 4.
[5] Ebd.

Hier redet die Konferenz deutlicher theologisch. Sie nennt die Verbrechen des Dritten Reiches. Ich gebe einen Ausschnitt:

»*Gottes Zorngericht ist über uns hereingebrochen. Gottes Hand liegt schwer auf uns. Gottes Güte ist es, daß wir nicht gar aus sind.*[...]

Längst ehe die Scheinordnung des Reiches zerbrach, war das Recht verfälscht. Längst ehe man Menschen mordete, waren Menschen zu bloßen Nummern und daher nichtig geworden. Wessen Leben selbst nichtig ist, dem fällt es nicht schwer, Leben zu vernichten. Wer die Liebe verachtet, kämpft nicht für das Recht der andern.

Wo die Kirche ihre Verantwortung ernst nahm, rief sie zu den Geboten Gottes, nannte bei Namen Rechtsbruch und Frevel, die Schuld in den Konzentrationslagern, die Mißhandlung und Ermordung von Juden und Kranken und suchte der Verführung der Jugend zu wehren.«[6]

Das Wort an die Gemeinden spricht von der Befreiung der Kirche, vom Dank und Frieden und schließt da besonders die Gefangenen, Wartenden und Heimatlosen ein.

Die »Stuttgarter Schulderklärung« (19.10.1945)

Ökumenischer Besuch beim Rat der EKD

Am 18. u. 19.Oktober 1945 tagte der Rat der EKD zum zweiten Male. Die Tagung erhielt dadurch eine besondere Bedeutung, dass eine offizielle Delegation des Ökumenischen Rates der Kirchen unter Leitung von Generalsekretär Visser t'Hooft gekommen war.

»*In einer Zeit, in der in ihren Heimatländern alles, was deutsch war oder hieß, mit Haß, Abscheu oder Verachtung betrachtet wurde, wollten sie als Christen im ökumenischen Geist die Verbindung mit den evangelischen Christen in Deutschland wiederaufnehmen, um ihnen in ihrer Not auch materiell nach Kräften zu helfen. Die Voraussetzung dafür war jedoch – und zwar nach der innersten Überzeugung dieser Männer ebenso wie im Blick auf den praktischen Erfolg ihrer Verständigungsbemühungen in ihren Heimatländern und -kirchen – , daß die neue Führungsspitze der evangelischen Kirche, also der Rat der EKD, sich möglichst eindeutig von dem Weg distanzierte, den diese Kirche und ein großer Teil der deutschen evangelischen Christenheit in den vergangenen zwölf Jahren unter dem Nationalsozialismus gegangen waren.*«[7]

Es lag am Anfang eine Spannung und Befangenheit über dem Treffen. Wie würden die unterschiedlichen Voraussetzungen der Deutschen und der ökumenischen Gäste angesprochen werden? Wie konnte ihnen entsprochen werden? Würde es zu einer fruchtbaren Begegnung und zu einem Wiederaufnehmen der ökumenischen Beziehungen kommen?

Visser t'Hooft, Generalsekretär des ÖRK, beendete seine Worte an den Rat der EKD so:

»*Wir brauchen in der Ökumene ein Zeugnis der Evangelischen Kirche in Deutschland. Wir brauchen einen wirklich geistlichen Wiederaufbau des deutschen Volkes. Für uns alle in Europa ist dies eine conditio sine*

---

[6] Ebd., S. 18.
[7] M. Greschat, in: Deutsches Allgemeines Sonntagsblatt vom 20.10.1985, S. 18.

qua non! Wir möchten ganz besonders mithelfen an der Samariterarbeit für die notleidenden Bevölkerungsschichten. Erleichtert wird uns das, da die Leitung der Evangelischen Kirche ausschließlich in Händen von Männern liegt, welche die Bindung der Kirche an ihren Herrn verteidigt haben und als solche angesehen werden.

Es bleiben aber noch Fragen, die wir mit Ihnen besprechen müssen. Es bleiben Hindernisse, wenn wir auf unsere Kirchen blicken. Sie haben gesagt: ›Helfen Sie uns!‹ Und wir wollen das auch tun, geben aber das Wort zurück, indem wir sagen: ›Helfen Sie uns, daß wir helfen können‹.«[8]

Die Spannung wurde durch Pastor Asmussen gelöst.

Er hatte begriffen, dass unter Christen ein Schuldbekenntnis zu sprechen war. Er wusste zugleich, dass dies ein waghalsiger politischer Akt war. Denn solch ein kirchliches Bekenntnis würde sofort neben die nach 1919 dem deutschen Volk aufgezwungene Anerkenntnis der deutschen Schuld am Ausbruch des Ersten Weltkriegs gehalten werden und verheerende Auswirkungen in der deutschen Bevölkerung haben.

Dennoch oder deshalb nahm er das Wort und sagte:

»Meine lieben Brüder! Mir ist eines gewiß. Was auszumachen ist zwischen den Brüdern der Ökumene und uns, ist auszumachen zwischen Gott und uns. Es muß geregelt werden zunächst ohne einen Blick auf die Wirkung, die es für unser Volk haben wird. Es muß ausgemacht werden, als gäbe es nur Gott. Auf diese Weise werden wir auch der Ökumene helfen, daß sie ohne Rücksicht auf Propaganda ihre Dinge ausmachen kann zwischen sich und Gott. Wir wissen, wie schwer das ist. [...]

Wenn ich das aber tue, dann muß ich eines zu euch Brüdern aus der Ökumene sagen: Liebe Brüder, ich habe an euch gesündigt als Glied eines Volkes, weil ich nicht besser geglaubt habe, weil ich nicht reiner gebetet habe, weil ich nicht heiliger Gott mich hingegeben habe. Ob ich damit hätte verhindern können, was geschehen ist, weiß ich nicht. Aber dies will und muß ich euch sagen. [...]

Ich stehe zu dem, was mein Volk tat. Und nun bitte ich: Verzeiht mir!

Ich will noch ein zweites sagen: Ich weiß, daß das, was ich eben sagte, menschlich sehr gefährlich ist. Es ist mir bekannt, daß es mißbraucht werden kann. Aber ich glaube, daß ich alle diese Befürchtungen hintanzustellen habe. Was Ihr aus meinen Worten macht, Ihr Brüder aus der Ökumene, das muß die Liebe Christi in Euch wirken.«[9]

Pfarrer Niemöller nahm Asmussens Wort auf:

»[...] Diese Stimme, die so beweglich ins Herz geklungen ist, ist eine Stimme, in der sich das Gewissen unserer Kirche ausspricht. Ich möchte die Brüder bitten, daß sie uns glauben, daß es uns wirklich ernst ist, in unserer Kirche und unserem Volke einen neuen Anfang zu machen.«[10]

Die Vertreter der Ökumene waren beeindruckt von diesen Worten. Das Eis war gebrochen, die Befangenheit gelöst. Hier wurde die Wahrheit des Psalmwortes erfahren: Im Bekennen kann Leben und Freiheit für neue Aufgaben gewonnen werden. Hier verschmachteten nicht Gebeine, hier lebten sie auf.

---

[8] Kirchliches Jahrbuch 1945–1948, S. 21.
[9] Ebd., S. 21.

Das Schuldbekenntnis

Am nächsten Tag wurde das auf Asmussens Worten aufbauende vom Rat der EKD einstimmig beschlossene Wort den Vertretern des Ökumenischen Rates von Pastor Asmussen mit den Worten überreicht:

»Wir sagen dies Wort Ihnen, weil wir es Gott sagen. Tun Sie das Ihre, daß diese Erklärung nicht politisch mißbraucht wird, sondern zu dem dient, was wir gemeinsam wollen!«[11]

Die später oft ›Stuttgarter Schuldbekenntnis‹ genannte Erklärung hat folgenden Wortlaut:

»Erklärung des Rates der Evangelischen Kirche in Deutschland gegenüber den Vertretern des Ökumenischens Rates der Kirchen.

Der Rat der Evangelischen Kirche in Deutschand begrüßt bei seiner Sitzung am 18. und 19. Oktober 1945 in Stuttgart Vertreter des Ökumenischen Rates der Kirchen.

Wir sind für diesen Besuch um so dankbarer, als wir uns mit unserem Volk nicht nur in einer großen Gemeinschaft der Leiden wissen, sondern auch in einer Solidarität der Schuld. Mit großem Schmerz sagen wir: Durch uns ist unendliches Leid über viele Völker und Länder gebracht worden. Was wir unseren Gemeinden oft bezeugt haben, das sprechen wir jetzt im Namen der ganzen Kirche aus: Wohl haben wir lange Jahre hindurch im Namen Jesu Christi gegen den Geist gekämpft, der im nationalsozialistischen Gewaltregiment seinen furchtbaren Ausdruck gefunden hat; aber wir klagen uns an, daß wir nicht mutiger bekannt, nicht treuer gebetet, nicht fröhlicher geglaubt und nicht brennender geliebt haben.

Nun soll in unseren Kirchen ein neuer Anfang gemacht werden. Gegründet auf die Heilige Schrift, mit ganzem Ernst ausgerichtet auf den alleinigen Herrn der Kirche, gehen sie daran, sich von glaubensfremden Einflüssen zu reinigen und sich selber zu ordnen. Wir hoffen zu dem Gott der Gnade und Barmherzigkeit, daß Er unsere Kirchen als Sein Werkzeug brauchen und ihnen Vollmacht geben wird, Sein Wort zu verkündigen und Seinem Willen Gehorsam zu schaffen bei uns selbst und bei unserem ganzen Volk.

Daß wir uns bei diesem neuen Anfang mit den anderen Kirchen der ökumenischen Gemeinschaft herzlich verbunden wissen dürfen, erfüllt uns mit tiefer Freude.

Wir hoffen zu Gott, daß durch den gemeinsamen Dienst der Kirchen dem Geist der Macht und der Vergeltung, der heute von neuem mächtig werden will, in aller Welt gesteuert werde und der Geist des Friedens und der Liebe zur Herrschaft komme, in dem allein die gequälte Menschheit Genesung finden kann.

So bitten wir in einer Stunde, in der die ganze Welt einen neuen Anfang braucht: Veni creator spiritus!

Stuttgart, den 19. Oktober 1945

gez. Unterschriften«[12]

---

[10] Ebd., S. 22.
[11] Ebd., S. 25.
[12] Zitiert nach: Kirchliches Jahrbuch 1945–1948, S. 26/27.

Für unseren Themenzusammenhang ist festzuhalten, dass die Stuttgarter Erklärung die Judenverfolgung und die Schoa nicht erwähnt. Sicher ist sie mit gemeint. Aber das Wort der Anerkennung ihrer Mitschuld an der Judenverfolgung sagte sie nicht – die EKD damals! (Formuliert in Anlehnung an Alan Paton, *Aber das Wort sagte ich nicht*, 1954.)

Zum anderen fällt auf, wie schnell die Erklärung des Rates der EKD auf den Neuanfang zu sprechen kommt. Das grenzt trotz der mutigen Bekenntnisse einiger an ein Verstecken hinter guten Worten und damit nun doch an eine Art von Verschweigen dessen, was zu sagen war.

Ein Wort an die Christenheit im Ausland

Neben der Stuttgarter Schulderklärung hatte das vom Rat der EKD zu gleicher Zeit beschlossene »Wort an die Christenheit im Ausland« weniger Aufmerksamkeit gefunden. Es ist viel ausführlicher und spricht hinsichtlich unserer Thematik etwas deutlicher. Ich denke an den folgenden Absatz:

»*Wir entschuldigen nichts von den Grausamkeiten und Ungerechtigkeiten, die von Parteistellen und auch manchen militärischen Kommandostellen an der Bevölkerung der besetzten Gebiete begangen worden sind. Wir haben ja manches davon im eigenen Lande zu erleiden gehabt.*

Wir verurteilen insbesondere die Geiselmorde und den Massenmord an den deutschen und polnischen Juden. Wir Christen in Deutschland haben sehr darunter gelitten, daß solche Dinge den deutschen Namen schändeten und die deutsche Ehre befleckten.«[13]

Auch hier wird politisch abgefedert gesprochen. Viele von uns würden heute viel uneingeschränkter von kirchlicher und christlicher Mitschuld sprechen.

Reaktionen auf die Stuttgarter Schulderklärung

Pastor Asmussen hatte vermutet, die Erklärung des Rates der EKD würde starke Reaktionen im In- und Ausland auslösen. So kam es dann auch. Das kirchliche Jahrbuch fasst zusammen: »*Nicht allein die Kirchen und die Christen, auch die breite Öffentlichkeit sahen sich diesem Wort gegenüber zur Stellungnahme aufgefordert. Es wurde begreiflicherweise von vielen mißverstanden, von den einen falsch bejaht, von den anderen falsch verneint. Naturgemäß kam in Deutschland eine heftige Auseinandersetzung über die ›Schuldfrage‹ in Gang. Daß sie entbrannte und unter der Initiative der Evangelischen Kirche entbrannte, das war das Heilsame und Segensreiche inmitten all des Unheilvollen der Gegensätze in der Stellungnahme des deutschen Volkes zu seiner jüngsten Vergangenheit.*«[14]

Es erwies sich also als schwierig, im Sinne des Psalmwortes 32,3 eigene Schuld oder Mitschuld auszusprechen. Nur wenige Christen hatten begriffen und in den folgenden Monaten – wie Niemöller – immer wieder darauf hingewiesen, dass erst diejenigen, die ihre Schuld annehmen, freie

---

[13] Ebd., S. 27/28.
[14] Ebd., S. 29.

Menschen werden, ihre personale Verantwortung zurückgewinnen und imstande sein werden, in neuer Weise zu denken und zu handeln.

Und: Es wurde darüber gestritten, ob ebenso wie einzelne Christen auch eine Kirche als ganze Schuld bekennen könne für alle, ja, ob die Evangelische Kirche in Deutschland eine solche Erklärung für das deutsche Volk aussprechen könne, und dies in der vielfältig unerträglichen Situation von 1945.

Ich kann im Zusammenhang unseres Nachfragens, wo es um die Mitschuld der Kirche an der Schoa geht, nur sehr kurz über die breite und so unterschiedliche Reaktion, die die Stuttgarter Schulderklärung in der Kirche, besonders bei Pastoren, und in der deutschen Bevölkerung ausgelöst hat, sprechen.

In jedem Fall ist Asmussens ernste Frage zu hören:

»*Was bedeutet das Unrecht, das heute an unserem Volke getan wird, für das Bekenntnis unserer Schuld? Es bedeutet zunächst gar nichts. Es ändert an dem, was wir Deutschen in Polen, in Griechenland, in Holland an Bösem getan haben, nicht das geringste. Es deckt unsere Schuld an den Nichtariern in gar keiner Weise zu. Es rechtfertigt unser Schweigen und unser Mitmachen in den bösen zwölf Jahren durchaus nicht. Wohl aber ist es so, daß ein Verschweigen oder Verdecken unserer Schuld uns hindert, den Sieger auf die Seine anzureden. Die nicht bekannte Schuld verschließt uns den Mund und verschließt dem Sieger das Ohr. Ich frage Euch Amtsbrüder, die ihr gegen das Wort von Stuttgart protestiert: Hättet ihr denn den Mut, vor den Altären und auf den Kanzeln den Namen Jesu Christi anzurufen gegen Unrecht, das uns heute geschieht, wenn ihr nicht vorher diesen Namen angerufen habt um Vergebung von dem Unrecht, was wir getan haben?*«[15]

Ich wähle im Folgenden aus den vielen Reaktionen einige wenige Beispiele aus. Dabei achte ich besonders darauf, ob und wie in ihnen die Schoa zur Sprache kommt.

Reaktionen in der EKD

Ich beginne mit einem Wort von Hanns Lilje, das er fast 30 Jahre später niedergeschrieben hat:

»*Wer jetzt [...] Rückblick hält, der muß zugeben, daß im Namen des deutschen Volkes so Unvorstellbares an Brutalität, Gemeinheit, Blutvergießen und Unrecht geschehen ist, daß eine einzelne Erklärung nicht ausreicht, um solche Untaten aus der Welt zu schaffen. Das konnte auch nicht die Absicht der Stuttgarter Erklärung sein* [die L. mitunterschrieben hatte]. *[...] Und dies ist in der Tat die Schuld der Kirchen in Deutschland, unser aller Schuld gewesen, daß wir bei aller Tapferkeit im einzelnen doch an der letzten Entschlossenheit des Widerstandes es häufig haben fehlen lassen.*

Es war nicht einfach, das der deutschen Öffentlichkeit klarzumachen.«[16]

---

[15] Zitiert nach K. Jürgensen: Die Stunde der Kirche. Die Ev.-Luth. Landeskirche Schleswig-Holsteins in den ersten Jahren nach dem Zweiten Weltkrieg, Neumünster 1976, S. 231.

[16] In: Hanns Lilje: Memorabilia. Schwerpunkte eines Lebens, Nürnberg 1973, S. 173.

Ich zitiere aus Erklärungen verschiedener Landessynoden;
- In der Erkärung der Bekenntnissynode Hessen-Nassau vom Juli 1946 finden sich die folgenden Sätze:

»Dieses Wort der Kirche [gemeint ist die Stuttgarter Schulderklärung] *ist mannigfachen Mißdeutungen ausgesetzt gewesen. Das veranlaßt uns, als Bekenntnissynode der Evangelischen Landeskirche Nassau-Hessen ausdrücklich zu bezeugen: Weil wir als Gemeinde Jesu Christi besondere Verantwortung für unser Volk tragen, bekennen wir uns schuldig. Haben wir nicht gewußt um die Entsittlichung in unserem Volk, die Zerreißung der Familien, die Entkirchlichung und Verrohung der Jugend? Haben wir nicht um die Verfolgung und Verschleppung der Juden gewußt? Haben wir nicht um die Vernichtung des sogenannten ›lebensunwerten Lebens‹ gewußt?«*[17]

Im Folgenden stellt sich die Synode bewusst mitten in das Volk und bekennt die Schuld. Sie bittet um Versöhnung und möchte zur Versöhnung beitragen.
- Die Synode von Westfalen hat sich Sommer 1946 in zwölf Sätzen im Stil der Barmer Theologischen Erklärung geäußert:

»3. Unsere Schuld
Wir haben im Anfang allzu leichtgläubig einen Nationalsozialismus, der das Volk zum Götzen machte, nicht durchschaut. Wir haben dann gegen die Ausrottung der Juden und anderer Verfemter nicht laut genug unsere Stimme erhoben. Wir haben uns schließlich immer weniger gegen den Totalitätsanspruch aufgelehnt, so daß uns der Blick auf den lebendigen Herrn verdunkelt wurde [...]
Wir verwerfen es, von fremder Schuld zu reden, ohne die eigene zu bekennen.
Wir ermahnen unsere Brüder und Schwestern, sich vor Gottes Angesicht auf die eigene Verschuldung zu prüfen.«[18]
- In ähnlicher Weise hat sich auch die Rheinische Synode am 20.9.1946 geäußert.

Reaktionen in der Landeskirche Schleswig-Holsteins

In seinem Buch »Die Stunde der Kirche« teilt Kurt Jürgensen mit, dass besonders viele Protestschreiben gegen die Stuttgarter Schulderklärung aus Schleswig-Holstein – einschließlich der Landeskirchen Lübeck und Eutin – gekommen sind.[19] Aus den vielen Beispielen wähle ich zwei prägnante aus:

»Wir müssen diese völlig überflüssige Erklärung als ungerecht mit aller Entschiedenheit ablehnen; wir protestieren um des Gewissens und der Ehre unserer Kirche willen dagegen, daß sie im Namen der ganzen Kirche ausgesprochen wurde.«[20]

»Wenn gegen das Bekenntnis von Stuttgart Sturm gelaufen worden ist, so ist es nur aus Unbußfertigkeit geschehen.«[21]

---

[17] Kirchliches Jahrbuch 1945–1948, S. 45/46.
[18] Ebd., S. 51f.
[19] Jürgensen: Stunde der Kirche, S. 423, Anm. 78.
[20] Pastor Töwe/Langenhorn bei Husum, in ebd., S. 424, Anm. 84.
[21] Landessuperintendent Matthiesen/Ratzeburg, in ebd., S. 425, Anm. 89.

Ausführlicher berichte ich über die Reaktion der vorläufigen Kirchenleitung der Ev.-Luth. Landeskirche Schleswig-Holsteins. Sie bezieht sich auf die Veröffentlichung der Stuttgarter Schulderklärung im ›Kieler Kurier‹ am 27. Oktober 1945. Eine direkte Information der Kirchenleitung durch den Rat der EKD scheint es nicht gegeben zu haben.

Der ›Kieler Kurier‹ bringt die Stuttgarter Erklärung unter der Überschrift: »*Schuld für endlose Leiden*«. Evangelische Kirche bekennt Deutschlands Kriegsschuld.«

Diese Überschrift verfehlt Intention und Inhalt der Stuttgarter Erklärung und spitzt sie in eine bestimmte Richtung zu. Dementsprechend fällt auch die Stellungnahme des Vorsitzenden der vorläufigen Kirchenleitung, Präses Halfmann, aus.

In einem Brief vom 28. Oktober 1945 an die Kanzlei der EKD schreibt er unter anderem:

»*Diese Veröffentlichung hat große Erregung in den Gemeinden hervorgerufen. Die journalistische Aufmachung setzt dem Leser eine dreifache Brille auf durch 2 Überschriften und eine vorgesetzte Einleitung, so daß er nun gar nicht anders kann, als den Text der Erklärung selbst als das glatte Schuldbekenntnis der Ev. Kirche am Gesamtphänomen dieses Krieges zu verstehen, so wie es die Feinde fordern. Es ist ein schwerer Schlag für die Kirche. Schon sind die Stimmen wieder da, die sagen: Also hat ja Hitler doch recht gehabt mit der Kirche.*

Sie hat Landesverrat betrieben und tut's jetzt erst recht. – Ich gebe die Schuld weitgehend der verlogenen Aufmachung. In der vorgesetzten Einleitung ist das Bekenntnis der deutschen Kriegsschuld eine Hinzufügung zu den beiden Punkten, die die Erklärung wirklich bringt: Schuld an den Leiden, Mangel an Widerstand.«[22]

Dann setzt er an zu einer Kritik der Stuttgarter Schulderklärung:

»*Wenn man diese kritischste aller Fragen anfaßt, kommt man mit so wenigen Worten ohne Gefahr schwerer Mißverständnisse nicht aus. Es ist nicht unterschieden zwischen der Schuld vor Gott und der uns imputierten politischen Soloschuld. Es ist nicht unterschieden zwischen der Schuld, die ein Wissen oder Wissenkönnen voraussetzt, und der Verantwortung, die mit der Volksgemeinschaft gegeben ist, ohne daß ein Wissen nötig ist. Zur Volksschuld gehört die Völkerschuld. Zur Solidarität der Schuld möchte man die Solidarität der Not nicht nur mit einem Wort erwähnt sehen, sondern in einem Schutzwort für unser Volk deutlich ausgesprochen finden.*

Die seelische Lage im deutschen Volk ist heute so, daß das Schuldbekenntnis nicht mehr, wie im Frühjahr, gehört und bejaht wird, sondern Frage, Zweifel, Zorn erregt. Die Feinde haben das aufsteigende Wort der Buße uns in den Hals zurückgestoßen. Das ist vielleicht ihre schlimmste Tat. Wenn man aber jetzt unter Deutschen von Schuld redet, dann soll man bedenken, daß unser Volk sich im Zustand des Ermordetwerdens befindet. Was sich ereignet, ist beispiellos. Da wandelt die Kirche nun wieder auf schmalstem Grat, und kein ökumenischer Gruß kann ihr helfen, wenn das eigene Volk sie herabstürzt, weil sie in der Not Salz in seine Wunden gestreut habe. [...]

[22] Abgedruckt in Jürgensen: Stunde der Kirche, S. 292f.

Ich möchte annehmen, der Rat der EKiD habe auch noch anderes gesagt als das veröffentlichte Schuldbekenntnis. Ich möchte den Wunsch aussprechen, daß dies andere doch ja recht bald an die Gemeinden herumkomme. Es geht jetzt um einen entscheidenden psychologischen Augenblick.«[23]

In dieser innerkirchlichen Stellungnahme von Präses (später Bischof) Halfmann mischen sich Sorge und Angst mit Zurückhaltung gegenüber einer Schulderklärung überhaupt. So kann ich diese Stellungnahme einerseits aus der aktuellen (›psychologischen‹) Situation heraus verstehen, muss sie aber insgesamt als verhängnisvoll beurteilen. Es ist in ihr zu wenig Differenzierung und wohl auch zu wenig Vertrauen gegenüber dem, was der Rat der EKD gewollt und wirklich gesagt hat.

Auch wird nirgends erkennbar, was die vorläufige Kirchenleitung an den ›Kieler Kurier‹ als Entgegnung und Richtigstellung gesagt hat.

So vielschichtig hat sich Kirche zu ihrer Verwicklung in die NS-Zeit verhalten.

Aber: Hätten nicht im Bekennen der Schuld ausdrücklich auch die Verbrechen des NS-Regimes an den Juden und anderen Völkern erwähnt und bedacht werden müssen?

Worte zur Judenfrage

Das Kirchliche Jahrbuch 1945–48 widmet der Judenfrage einen eigenen Abschnitt.[24] Durch die halboffizielle Stellung dieses Jahrbuchs in der EKD gewinnt das Gesagte Gewicht. Es unterstreicht die Berechtigung unseres Nachfragens hinsichtlich der Jahre 1945–1948. Die einleitenden Absätze – 1950 formuliert – sprechen eine deutliche Sprache:

»Der Antisemitismus der NSDAP hatte die Evangelische Kirche ungerüstet gefunden. Zwar wehrte sich wenigstens die Bekennende Kirche gegen den Arierparagraphen in der Kirche und gegen die Aussonderung der Judenchristen aus der Evangelischen Kirche in Deutschland, aber gegen den Antisemitismus fand sie kein Wort, und auch bei der Judenverfolgung und ihrer Vernichtung vermochte sie es nicht, offen gegen die Schrecken des Dritten Reiches aufzutreten. Die offizielle Kirche billigte im allgemeinen die Judenpolitik offen oder heimlich und ließ sich die Maßnahmen des NS-Regimes in und außerhalb der Kirche gefallen.

Im Blick auf diese Vergangenheit hätte man es erwarten können, daß die Evangelische Kirche ein Wort zur Judenfrage unmittelbar nach dem Zusammenbruch des NS-Staates gefunden hätte. Aber es geschah immer noch nicht. Zwar wurde im Zusammenhang des Schuldbekenntnisses auch von dieser Sache geredet, aber nicht so, daß die eigentliche Frage des deutschen Antisemitismus angerührt worden wäre. So sah sich der Bruderrat der EKD genötigt, seinerseits das Wort zu sprechen, das nach seiner Meinung die Evangelische Kirche schuldig war. Wegen der Gewichtigkeit dieser Sache wurden die Vorbereitungen gründlich getroffen, so daß erst im April 1948 das Wort der Öffentlichkeit übergeben werden konnte.«[25]

---

[23] Ebd.
[24] Kirchliches Jahrbuch 1945–1948, S. 222–227.
[25] Ebd., S. 222.

Rundschreiben der Oldenburgischen Kirche

Am 6. Dezember 1947 hatte die Oldenburgische Kirche ein Anschreiben an die Pfarrämter wegen der Verpflichtung der Gemeinden gegenüber den Juden veröffentlicht.

Das Rundschreiben ist auf Anregung der Kanzlei der EKD erarbeitet worden. Die »*Stellung der Kirche zur Judenfrage*« wurde verstanden als eine Klärung über den »*Dienst der Kirche an Israel*«. Das ist eine bedeutsame Verschiebung der Thematik, insofern als die Frage der Mitschuld der Kirche am Schicksal der Juden in Europa glatt verdrängt wird. Darin hat dieses Rundschreiben einer Landeskirche exemplarische, d.h. gesamtkirchliche Bedeutung.

Das Rundschreiben formuliert:

»1. Es ist die der christlichen Kirche von Anfang an verliehene und in der Heiligen Schrift bezeugte Erkenntnis, daß das Volk Israel durch den Ratschluß Gottes eine einzigartige Stellung in der Heilsgeschichte hat, daß das Volk Israel durch Verwerfung seines von Gott gesandten Messias für alle Völker ein Beispiel des göttlichen Gerichts geworden ist, *daß der Missionsauftrag, den die Kirche von ihrem Herrn empfangen hat, auch eine besondere Verpflichtung gegenüber den Juden in sich schließt, die es erforderlich macht, die ›Mission an Israel‹ als eine eigene Arbeit neben der ›äußeren Mission‹ zu verstehen und zu üben.*«[26]

Mit Bezug auf kirchliches Versagen gegenüber getauften Christen jüdischer Herkunft in der Zeit des Nationalsozialismus sagt das Rundschreiben im 2. Abschnitt:

»*2. Die getauften Christen jüdischer Abstammung sind durch die Taufe Glieder des Gottesvolkes des Neuen Bundes geworden. Wo diese Bedeutung der Taufe geleugnet wird, da traut die Kirche natürlichen und geschichtlichen Bedingungen eine größere Kraft zu als dem Handeln Gottes. Wir müssen bekennen, daß in den vergangenen Jahren auch Christen sich mehr von staatlichen Maßnahmen und Forderungen und von allgemeinen antisemitischen Stimmungen als von dieser christlichen Verpflichtung haben leiten lassen. Die Tatsache, daß einzelne Glieder der christlichen Kirche in vorbildlicher Treue sich der verfolgten und gefährdeten Mitchristen jüdischer Abstammung angenommen haben, kann diese Schuld nicht ausstreichen.*«[27]

Wort des Bruderrates der EKD: Das ›Darmstädter Wort‹ (8. April 1948)

Dieses Wort ist wesentlich grundsätzlicher gehalten und umfangreicher. Deshalb können hier nur einige besonders prägnante Formulierungen wiedergegeben werden:

»*[...] Man kann uns mit Recht sagen, daß wir nach dem, was geschehen ist, und was wir schweigend geschehen ließen, keine Vollmacht hätten, jetzt zu reden. Wir sind betrübt über das, was in der Vergangenheit geschah, und darüber, daß wir kein gemeinsames Wort dazu gesagt haben. Wir vergessen nicht, daß eine Reihe von Pfarrern und Gemeinden*

---

[26] Ebd., S. 223.
[27] Kirchliches Jahrbuch 1945–1948, S. 223.

dieses Wort fanden, sprachen und dafür litten, und danken dafür Gott und den Brüdern. [...]

II. Die Heilige Schrift bezeugt, und die Bekenntnisse unserer Kirchen und Gemeinden haben es nachgesprochen, daß Jesus von Nazareth ein Jude ist, ein Glied des durch Gottes Erwählung geschaffenen Volkes Israel. Als Gottes ewiges Wort Mensch wurde, hat es Gott gefallen, ihn als den Sohn Abrahams und Davids auf dieser unserer Erde und inmitten dieser unserer Geschichte leben, sterben und auferstehen zu lassen. Damit ist es der Kirche verwehrt zu lehren, es sei gleichgültig, daß Jesus ein Glied des jüdischen Volkes sei, wie es ihr auch verwehrt ist, ihn einem anderen Volke oder einer anderen Rasse zuzuweisen. Das bedeutet für das Verhältnis von Israel und Kirche:

1. Indem Gottes Sohn als Jude geboren wurde, hat die Erwählung und Bestimmung Israels ihre Erfüllung gefunden. Einem anderen Verständnis Israels muß die Kirche grundsätzlich widerstehen, und damit auch dem Selbstverständnis des Judentums, als sei es Träger oder Künder einer allgemeinen Menschheitsidee oder gar der Heiland der Welt.

2. Indem Israel den Messias kreuzigte, hat es seine Erwählung und Bestimmung verworfen. Darin ist zugleich der Widerspruch aller Menschen und Völker gegen den Christus Gottes Ereignis geworden. [...] Darum ist es der Kirche verwehrt, den Juden als den allein am Kreuze Christi Schuldigen zu brandmarken.

3. Die Erwählung Israels ist durch und seit Christus auf die Kirche aus allen Völkern, aus Juden und Heiden übergegangen. [...]

4. Gottes Treue läßt Israel, auch in seiner Untreue und in seiner Verwerfung, nicht los. [...]

6. Weil die Kirche im Juden den irrenden und doch für Christus bestimmten Bruder erkennt, den sie liebt und ruft, ist es ihr verwehrt, die Judenfrage als ein rassisches oder völkisches Problem zu sehen [...].

Es war ein verhängnisvoller Irrtum, als Kirchen und Gemeinden der Neuzeit für die Judenfrage durchweg keine anderen als die säkularen Gesichtspunkte der bloßen Humanität, der Emanzipation und des Antisemitismus kannten und anwandten. Bitter mußte sich rächen, daß nicht nur im Raume des Volkes, das immerhin unter christlichen Zeichen zu stehen schien, nicht nur in den Geistesströmungen der Bildungsschicht und in den Kreisen der Machthaber und des Militärs sich der Antisemitismus regte und mehrte, sondern daß auch die Stimmen führender Christen in diesem Chor nicht fehlten. Und als endlich der radikale, rassisch begründete Antisemitismus von innen unser Volk und unsere Gemeinden zersetzte und sie von außen in seine brutale Gewalt zwang, war die Kraft des Widerstandes nicht vorhanden, weil die Erkenntnis über Israel und die Liebe zu ihm in den Gemeinden verdrängt und erloschen war. [...]

Damit haben wir Christen die Hand geboten zu all dem Unrecht und dem Leid, das unter uns an Israel geschah.

Indem Gottes Wort uns solches lehrt, erkennen wir mit Scham und Trauer, wie sehr wir uns an Israel verfehlt haben und wieviel wir ihm schuldig geblieben sind.«[28]

---

[28] Kirchliches Jahrbuch 1945–1948, S. 224ff.

In dem ›Darmstädter Wort‹ begegnen wir einer ehrlichen Erschütterung über die Schuld der Kirchen gegenüber dem jüdischen Volk. Diese Erschütterung verbindet sich mit der traditionellen christlichen Sicht, wie Kirche sich gegenüber Israel versteht. Es wird aber nicht versucht, diese theologische Position auf die Schoa zu beziehen. Etwa so: Ob nicht gerade diese Theologie der Überlegenheit des christlichen über den jüdischen Glauben den christlichen Antijudaismus begründet und immer wieder genährt habe und dass letztlich dieser Antijudaismus die Kirche gehindert habe, beschützend neben das jüdische Volk zu treten, als es aus antisemitischen Gründen vernichtet werden sollte.

Es wird hier im Gegensatz zu dem markanten Wort von Pastor Niemöller von 1945 nun doch theologisch geredet, als ob nichts geschehen sei.

Christliche Kirche und Theologie hatten zu diesem Zeitpunkt (1948) noch nicht begriffen, wie stark die Schoa in den christlichen Glauben und ihre Theologie eingreift. Sie hatten noch nicht begonnen, theologisch umzulernen.

Erklärung der Synode der Ev.- Luth. Landeskirche Sachsens vom 17./18. April 1948

Anders klingt die Synoden-Erklärung der sächsischen Landeskirche. Darin wird der Judenvernichtung mit tiefer Beschämung gedacht und die Bitte um Vergebung zu Gott und dem Judentum ausgesprochen. Auch diese Synode bekennt sich zu ihrer Verpflichtung und dabei auch zum Christuszeugnis gegenüber dem jüdischen Volk, tut dies aber zurückhaltender als das viel ausführlichere ›Darmstädter Wort‹:

»*Wir empfinden es tief beschämend, daß der umfassendste und grausamste Versuch zur gewaltsamen Ausrottung des Judentums, den die Weltgeschichte kennt, im Namen des deutschen Volkes unternommen worden ist. Millionen Juden, Männer, Frauen und Kinder, ein Drittel des gesamten Volksbestandes, wurden von uns vernichtet. Es bedarf keines Wortes darüber, daß dies den christlichen Grundsätzen der Gerechtigkeit, Duldung und Nächstenliebe im tiefsten widerspricht. Es wäre aber zu billig, die Verantwortung dafür auf die damaligen Machthaber, an denen Gottes Gericht sich erfüllt hat, abzuschieben. Sofern der Rassenhaß unter uns gehegt oder doch ohne ernstlichen Widerstand geduldet worden ist, sind wir mitschuldig geworden.*

Auch unsere sächsische Kirche hat zur Verfolgung der Juden, selbst der christlichen, beigetragen. Seit 1933 wurde durch die damalige Kirchenführung planmäßig der Weg beschritten, die Judenchristen aus der kirchlichen Gemeinschaft auszuschließen. Viele Pfarrer und Gemeinden haben dazu geschwiegen, ja manche haben sich an dieser Haltung sogar persönlich beteiligt. Wenn es auch an bewußt christlicher Gegenwirkung nicht gefehlt hat, so ist es doch durch den Bruch kirchlicher Gemeinschaft mit den Juden zur Verleugnung des Wesens der Kirche gekommen.

Indem wir uns unter diese Schuld beugen, bitten wir Gott um Vergebung der begangenen oder geduldeten Sünde am jüdischen Volk. Mögen auch unsere jüdischen Mitbürger und Mitchristen uns verzeihen! Für die Zukunft schulden wir dem jüdischen Volk:

- *Gerechtigkeit, zu der wir unbedingt verpflichtet sind;*
- *Barmherzigkeit, besonders den von der Hilfeleistung des Weltjudentums ausgeschlossenen Judenchristen gegenüber;*
- *die frohe Botschaft von Jesus, der der Christus auch des jüdischen Volkes ist. Wir sind gewiß, daß, wo das Evangelium bußfertig und gläubig bezeugt wird, es seine Kraft auch an jüdischen Herzen offenbaren wird.*

Wir müssen diesen Aufgaben auch um unseres Volkes willen mehr Aufmerksamkeit zuwenden als bisher. Wir bitten Gott um Weisheit, Kraft und Liebe, sie zu erfüllen.«[29]

Die 1. Vollversammlung des Ökumenischen Rates der Kirchen 1948 in Amsterdam

Die 1. Vollversammlung des Ökumenischen Rates der Kirchen fand vom 22. August bis 4. September 1948 in Amsterdam statt. Ihr Thema: Die Unordnung der Welt und Gottes Heilsplan.

Ihr Zeitpunkt nur drei Jahre nach dem Ende des Zweiten Weltkriegs und der NS-Zeit und die Teilnahme einer großen deutschen Delegation, die auch engagiert mitgearbeitet hat, machen diese ökumenische Versammlung zu einer wichtigen Informationsquelle für unser Nachdenken darüber, wie sich das Empfinden eigener Mitschuld, besonders in der ev. Kirche in Deutschland, entwickelt hat.

Ich schaue die umfangreichen Dokumente der 1. Vollversammlung des ÖRK nur daraufhin an, was dort über die Verfolgung und Ermordung des europäischen Judentums gesagt wurde und wie deutsche Kirchenvertreter sich zu dem Verhalten ihrer Kirchen während der NS-Zeit und besonders zur Frage der Judenverfolgung geäußert haben.

Die Botschaft der 1. Vollversammlung

Die Vollversammlungen des ÖRK pflegen in einer ›Botschaft‹ das zum Ausdruck zu bringen, was sie aktuell für wichtig halten. Das geben sie ihren Mitgliedskirchen zum Bedenken und zum Tun bis zur nächsten Vollversammlung mit.

Die Amsterdamer Vollversammlung von 1948 erwähnt die Schoa mit keinem Wort.

Nur am Anfang ist sehr allgemein von dem sündigen Stolz der Christen die Rede, der sich in Nationalstolz, Klassenstolz und Rassenstolz geäußert hat.

Andere Themen beschäftigen die Kirchenvertreter:

»Überall aber spürt man in der Tiefe eine Angst, Millionen von Menschen leiden Hunger, Millionen sind ohne Obdach, ohne Heimat, ohne

---

[29] Zitiert nach: R. Rendtorff, H.H. Henrix (Hg.): Die Kirchen und das Judentum. Dokumente von 1945–1985, München 1976, S. 544f.

Hoffnung und über der gesamten Menschheit hängt die Drohung des totalen Krieges. Wir selber haben unseren Anteil an der Schuld dieser Welt. [...]

Die Kirchen müssen wieder aufs neue miteinander lernen, mutig im Namen Jesu Christi zu ihren Völkern zu sprechen und zu denen, die Macht über sie haben. Sie müssen lernen, dem Terror, der Grausamkeit, dem Rassenhaß zu widerstehen, dem Ausgestoßenen, dem Gefangenen, dem Flüchtling zur Seite zu sein und die Kirche überall zum Mund zu machen für die Stummen und zur Heimat, in der jeder ein Zuhause finden kann.«[30]

In Amsterdam wurde eine gute Botschaft verabschiedet. Sie passte und sprach in die damalige Zeit. Wir heute vermissen jedoch etwas Entscheidendes: die Auseinandersetzung damit, dass die Kirchen zur Schoa überwiegend geschwiegen haben.

Die Sektionen

Die Amsterdamer Versammlung hatte vier Sektionen gebildet. In jeder wurde eine Vielzahl von Referaten gehalten und Gespräche geführt.

In der Sektion I *Die Kirche in Gottes Heilsplan* ging es um die Lehre von der Kirche. Der deutsche Theologe Edmund Schlink kam mit einem Referat zu Wort: *Das Zeugnis der deutschen Kirche im Kampf.*[31] Darin übte er für die Deutsche Evangelische Kirche in der NS-Zeit deutlich Selbstkritik. Er sprach auch davon, dass die Kirche nicht unterging, sondern durch Gottes Gnade erneuert wurde und dass ihr viele Geistesgaben geschenkt wurden. Es schwang viel Erleichterung und Hoffnung in diesem Referat mit. Im Abstand von über 50 Jahren klingt das alles zu schön. Das Judentum kam bei Schlink nicht vor.

Auch der von der Vollversammlung verabschiedete Bericht der Sektion I erwähnte unsere Fragestellung nicht.

53 Jahre später, im Jahre 2001, hat die Leuenberger Kirchengemeinschaft in ihrer in Belfast verabschiedeten Studie *Kirche und Israel* Israel in der Lehre von der Kirche ganz anders bedenken und würdigen können. Daran merken wir, wie viel in der Zwischenzeit theologisch gearbeitet worden ist.

Im Bericht der Sektion II *Die Kirche bezeugt Gottes Heilsplan* sieht es nicht anders aus. Wieder wurde ein selbstkritisches Bild vom Zeugnis der Kirche gegeben. Die Selbstkritik bezog sich aber nicht auf das Schweigen der Kirchen zur Verfolgung und Ermordung der Juden in der NS-Zeit. Auch die danach genannten *Aufgaben der Kirche heute* sagten nichts zum christlich-jüdischen Verhältnis.

Aufschlussreich ist jedoch ein Blick in die Vorarbeiten zum Bericht. Dort wird u.a. über den Weg des christlichen Zeugnisses *zu Anhängern anderer Religionen* referiert. In diesem Zusammenhang wird das Volk Israel bedacht; der Abschnitt ist überschrieben: *Der Weg zum Volke Israel. Von der französischen Israelsmission.*[32] Ich gebe einen kurzen Eindruck von diesem französischen Beitrag.

---

[30] Vgl. Amsterdamer Ökumenisches Gespräch 1948, Ökumenische Studien, Stuttgart 1948, Band V, S. 7ff.
[31] Ebd., Bd. I, S. 102–112.
[32] Ebd., Bd. II, S. 218–229.

Er setzt ein mit der Darstellung der schlimmen Situation der Juden in Europa nach 1945(!). Er sagt dann:

»So wie sie die tödliche Verfolgung nicht zugegeben hat, die ihr die Nazis bereiteten, wird die Kirche Jesu Christi angesichts des gegenwärtigen Schicksals der Juden nicht gleichgültig bleiben können. Nicht daß sie zu dem politischen Problem ihrer Unterbringung in Palästina Stellung zu nehmen hätte oder zu der Weigerung Englands, sie sich dort einrichten zu lassen, sondern weil die Kirche als das ›neue Israel‹ nicht vergessen darf, daß sie unmittelbar solidarisch ist mit dem Israel nach dem Fleisch, dessen Namen sie angenommen hat.«[33]

Israel braucht nicht das Erbarmen der Kirche, sondern deren Solidarität, die Solidarität und Verkündigung des Evangeliums.

Es folgt eine lange Auseinandersetzung mit Matth. 27,25 *(Sein Blut komme über uns und unsere Kinder)*. Die mündet in eine prägnante Beschreibung der Beziehung von Israel und Kirche:

»Aber Israel ist dieser Verheißung untreu geworden. Im Alten Testament besteht die Untreue wesentlich in einer Weigerung, den einzig wahren Gott anzuerkennen und sich ihm zu weihen, d.h. in einem Götzendienst. Die Strafe für diesen Götzendienst ist die vom Ewigen auferlegte Prüfung. Doch die Heiden, die sich zum Werkzeug dieser Strafe haben machen lassen, sind selber verdammt und geschlagen, weil sie sich an dem Volke Gottes vergangen haben.

Die Kirche muß heute gegenüber Israel, gegenüber den Juden wie gegenüber ihren eigenen Gliedern, die Haltung und Botschaft der Propheten wieder aufnehmen. Botschaft der Buße und Botschaft der Hoffnung. [...] Den Antisemiten dagegen muß die Kirche prophetisch die Verdammung ansagen, die jene trifft, die sich an Gottes Volk vergreifen. Selbst die Untreue Israels kann in keinem Falle die Rechtfertigung des Antisemitismus sein, der immer in letzter Wurzel eine Bekundung der Selbstgerechtigkeit ist. Die Verfolgung gegen Israel trifft immer auch die Kirche, wie auch die Untreue der Juden nur das Abbild der Untreue der Christen ist. [...]

Für den Antisemitismus ist ›Sein oder Nichtsein‹ die grundlegende Frage in unseren Beziehungen zu den Juden, und es ist unerläßlich, daß Juden und Christen sich gemeinsam dafür verwenden (und nicht jeder für sich mit einander widerstreitenden Argumenten), ihn zum Verschwinden zu bringen. Solange die Juden glauben können, daß die Gesamtheit der Christen antisemitisch ist, und die Kirche ihn nicht in allen seinen Gestalten bekämpft, ist es unvermeidlich, daß es unter den Juden eine Abwehrbewegung gibt, die sie vom Evangelium fortführt, das ihnen ihre aufrichtigsten Freunde in der Kirche anbieten wollen.«[34]

Das sind für die damalige Zeit ungewöhnliche Aussagen, sie kommen aus Frankreich.

Am Ende des hier referierten Beitrags wird dargelegt, dass die Kirche ihre Aufgabe darin sieht, auch den Angehörigen des Volkes Israel das Evangelium zu bringen. Dies freilich vornehmlich durch ihr Lebenszeugnis, wie wir heute sagen.

[33] Ebd., S. 218.
[34] Ebd., S. 222ff.

Leider sind von diesem Bericht aus Frankreich keine Gedanken in den Sektionsbericht aufgenommen worden. Es ist aus dem Dokumentationsband auch nicht zu ersehen, wie das Echo auf diesen Bericht gewesen ist.

Die Sektionen III *Die Kirche und die Auflösung der gesellschaftlichen Ordnung* und IV *Die Kirche und die internationale Unordnung* beschäftigen sich mit anderen Problemen als unserem Thema.

Die Arbeit in den Komitees

Von den Komitees, die neben den Sektionen gearbeitet haben, hat sich eines mit dem Thema beschäftigt: *Das christliche Verhalten gegenüber den Juden*.

Der dort erarbeitete Bericht findet noch deutlichere Worte über die christliche Schuld an den Juden als der bereits erwähnte Bericht aus Frankreich:

»*Wir müssen in aller Demut erkennen, daß wir es all zu oft unterlassen haben, unseren jüdischen Nächsten christliche Liebe zu beweisen oder auch nur den entschlossenen Willen zur gewöhnlichen sozialen Gerechtigkeit. Wir haben es unterlassen, mit ganzer Kraft gegen die uralte Unordnung in der Menschenwelt zu kämpfen, die sich im Antisemitismus darstellt. Die Kirchen haben in vergangenen Zeiten dazu geholfen, ein Bild des Juden als des alleinigen Feindes Christi entstehen zu lassen, das den Antisemitismus in der säkularen Welt gefördert hat. In vielen Ländern hat virulenter Antisemitismus noch immer eine bedrohliche Kraft, und in anderen Ländern sind die Juden mancher Entwürdigung ausgesetzt.*

Wir rufen alle von uns vertretenen Kirchen dazu auf, den Antisemitismus, gleichviel welchen Ursprungs, als schlechterdings mit christlichem Bekenntnis und Leben unvereinbar zu verwerfen. Der Antisemitismus ist eine Sünde gegen Gott und Menschen.

Nur in dem Maße, in dem wir unseren jüdischen Nächsten den Beweis dafür geben, daß wir für sie das gleiche Recht und die gleiche Würde anstreben, die Gottes Wille für Seine Kinder sind, können wir ihnen in einer Weise begegnen, die es uns ermöglicht, mit ihnen das Beste zu teilen, das uns Gott in Christus gegeben hat.«[35]

Zusammenfassung

Weshalb muss bei dieser Thematik ausführlich über die Weltkirchenkonferenz von Amsterdam 1948 gesprochen werden? Die Antwort lautet: Hier ist kirchlich zum ersten Mal auf Weltebene und mit starker deutscher Beteiligung die Katastrophe des Dritten Reichs in den Blick genommen worden, einschließlich Judenverfolgung durch den NS-Staat und seine Helfershelfer, auch wenn sich davon in den offiziellen Dokumenten nicht viel findet. Man wird daher fragen müssen, warum diese Frage in den Schlussdokumenten nicht Erwähnung findet.

Ich vermute, dass es zwei Gründe gewesen sind, die dazu geführt haben:

---

[35] Amsterdamer Ökumenisches Gespräch, Bd. V, S. 214/5.

- In diesen Jahren standen alle, die öffentlich Verantwortung auszuüben und zu tragen hatten, vor riesengroßen aktuellen Problemen. In Europa, besonders in Deutschland, herrschte große Not. Es gab die Befürchtung, hier könnte eine neue Radikalisierung einsetzen. Zu erinnern ist auch an den eskalierenden Ost-West-Konflikt und die Angst vor einem Atomkrieg.
- Sodann müssen wir den Kirchenvertretern in Amsterdam wie den Theologen in der EKD zugestehen, dass sie theologisch noch nicht so weit waren, dass sie die Mitschuld der Kirchen an der Schoa theologisch, also nicht nur in großer persönlicher Betroffenheit, artikulieren konnten. Diese Fragen waren nicht in ihrem Bewusstsein. An dieser Stelle gibt es auch keine nennenswerten Unterschiede zwischen Lutheranern, Reformierten, Unierten, Methodisten usw. Sie alle haben sicher gar nicht gemerkt, dass – nach unserem heutigen Urteil – in ihren Worten etwas Wesentliches fehlte. Das bemerken erst wir im Abstand.

Das zeichnet sich überhaupt als Ergebnis unseres Nachdenkens ab: Wir erkennen, dass Kirche und Theologie eine sehr lange Zeit gebraucht haben und noch brauchen, um zu begreifen, wie die Schoa und die kirchliche Verflochtenheit in sie Auswirkungen auf die Auslegung des Evangeliums und ihr Kirchesein hat. Und selbst heute, zwei Generationen später, ist das noch nicht Allgemeingut in Kirche und Theologie.

Äußerungen bis zum Berliner Kirchentag 1961

Der Landesbischof der Ev.-Luth. Landeskirche in Bayern

Neben der bemerkenswerten Erklärung der sächsischen Synode vom 17./18. April 1948, also noch vor Amsterdam, kenne ich aus den 1940er Jahren nur noch ein kirchliches Wort, das es verdient, in diesem Zusammenhang erwähnt zu werden. Es handelt sich um die Einladung des bayerischen Landesbischofs Meiser zu einer Tagung in der Ev. Akademie in Tutzing im Herbst 1949:

»*Sehr verehrte Damen und Herren!*

Zwischen den Juden und dem deutschen Volk ist Furchtbares vorgefallen. Schwere Schuld hat unser Volk auf sich geladen, von der sich auch seine christlichen Glieder nicht freisprechen können.

Haben auch die Christen jene schrecklichen Vorgänge nicht gewollt, so haben sie doch nichts Entscheidendes dagegen getan. Außerdem bleibt die drängende Frage, ob nicht im Bewußtsein mancher <u>Reste jenes alten Wahnes zurückgeblieben sind, aus dem sich Christen berufen glaubten, eine angebliche Verwerfung Israels durch Gott selbst vollziehen zu sollen.</u>

Hier muß eine aufrichtige Prüfung einsetzen, die unterscheidet zwischen biblischer Wirklichkeit und Verfälschungen aus der Sphäre jener Leidenschaften, die, von Grund auf böse, sich gerne hinter religiösen Motiven verstecken.

Nach allem, was vorgefallen ist, kann uns nicht erlaubt sein, wieder Haus an Haus mit jüdischen Menschen zu wohnen, ohne überhaupt Notiz von ihnen zu nehmen. Wir, die wir uns als das neue Israel bezeichnen, dürfen nicht zögern, ein Gespräch mit dem alten Bundesvolk zu beginnen. Die Tatsache, daß das Neue Testament auf dem Alten Testament gründet u. daß Gott die Geschichte der Christenheit auf der Erde im Anfang wie in der Eschatologie mit dem jüdischen Volk verbunden hat, sollte uns zu tiefem Respekt vor der Geschichte dieses Volkes und zu Gehorsam gegen Gottes Führung verpflichten.

In solchem Geiste wollen wir versuchen, miteinander eine ernste Besinnung zu halten. Jeder, der das Drängende dieses Problems im Gewissen empfindet, sei zu der Begegnung ›Christentum und Judentum‹ in Tutzing herzlich eingeladen.«[36]

EKD-Synode von Weißensee 1950

Im März 1950 veranstaltete der ›Deutsche evangelische Ausschuss für Dienst an Israel‹ in Kassel seine 2. Studientagung über Kirche und Judentum. Dieser Ausschuss bestand aus Männern, die der Arbeit des ›Ev.-luth. Zentralvereins für Mission unter Israel‹ nahestanden bzw. ihm angehört hatten. Er war am 21.10.1947 in Assenheim/Hessen auf Veranlassung der Kanzlei der EKD erstmals zusammengetreten.[37]

Die Teilnehmer der Studientagung wandten sich nun mit einer Entschließung an die Synode der EKD:

»Die in Kassel [...] Versammelten bitten die Synode der Ev. Kirche in Deutschland, bei ihren Erwägungen zur Frage ›Was kann die Kirche für den Frieden tun?‹ auch die Judenfrage zu bedenken und dem in ihrer Entschließung Ausdruck zu geben. Das Schweigen in dieser uns von Gott gestellten Frage liegt weithin wie ein Bann auf den Christen in Deutschland. Wir möchten daher mit unserer Bitte an die Synode ihre Bereitschaft stärken und ihre Freudigkeit mehren, ein wirklich heilendes und helfendes Wort zum Frieden zu sagen.«[38]

Die EKD-Synode in Berlin-Weißensee befasste sich vom 23.- 27. April 1950 dann tatsächlich mit der ›Judenfrage‹. In der Aussprache über den Beitrag der Kirche zum Frieden setzte sich die Überzeugung durch, »die Kirche müsse vor einem Wort zum Frieden ein Wort der Kirche zur Judenfrage sagen. Nur dann sei sie bevollmächtigt, auch zum Frieden zu reden«.[39]

Es war die einhellige Meinung, dass dieses Wort schon 1945 hätte gesagt werden müssen. Dementsprechend war die Bereitschaft in der Synode groß; alle Sprecher im Plenum unterstrichen Recht und Notwendigkeit dieses Wortes.

»Wort zur Judenfrage

Gott hat alle beschlossen unter den Unglauben, auf daß er sich aller erbarme. Röm. 11,32

---

[36] Zitiert nach: Die Kirchen und das Judentum, S. 546f.
[37] Vgl. Die Kirchen und das Judentum, S. 536ff.
[38] Kirchliches Jahrbuch für die Evangelische Kirche in Deutschland 1953 (Hg. von Joachim Beckmann), Gütersloh 1954, S. 305.
[39] Kirchliches Jahrbuch für die Evangelische Kirche in Deutschland 1950 (Hg. von Joachim Beckmann), Gütersloh 1951, S. 5.

Wir glauben an den Herrn und Heiland, der als Mensch aus dem Volk Israel stammt.

Wir bekennen uns zu der Kirche, die aus Judenchristen und Heidenchristen zu einem Leib zusammengefügt ist und deren Friede Jesus Christus ist.

Wir glauben, daß Gottes Verheißung über dem von ihm erwählten Volk Israel auch nach der Kreuzigung Jesu Christi in Kraft geblieben ist.

Wir sprechen es aus, daß wir durch Unterlassen und Schweigen vor dem Gott der Barmherzigkeit mitschuldig geworden sind an dem Frevel, der durch Menschen unseres Volkes an den Juden begangen worden ist.

Wir warnen alle Christen, das, was über uns Deutsche als Gericht Gottes gekommen ist, aufrechnen zu wollen gegen das, was wir an den Juden getan haben; denn im Gericht sucht Gnade den Bußfertigen.

Wir bitten alle Christen, sich von jedem Antisemitismus loszusagen und ihm, wo er sich neu regt, mit Ernst zu widerstehen und den Juden und Judenchristen in brüderlichem Geist zu begegnen.

Wir bitten die christlichen Gemeinden, jüdische Friedhöfe innerhalb ihres Bereiches, sofern sie unbetreut sind, in ihren Schutz zu nehmen. [Darauf lag in der Vorbereitung, besonders auch seitens des Deutschen Evangelischen Ausschusses für Dienst an Israel, ein starkes Gewicht.]

Wir bitten den Gott der Barmherzigkeit, daß er den Tag der Vollendung heraufführe, an dem wir mit dem geretteten Israel den Sieg Jesu Christi rühmen werden.«[40]

Weitere kirchliche Äußerungen

In dem Dokumentenband ›Die Kirchen und das Judentum‹ sind für die 1950er Jahre nur drei offizielle kirchliche Verlautbarungen abgedruckt.
- Im Oktober 1957 hat die Synode der Ev. Kirche von Westfalen die Heidenmission als untrennbar mit der Mission an Israel verknüpft erklärt. Sie ruft die Gemeinden auf, in der Passionszeit eine Kollekte dafür zu sammeln.[41]
- Die Synode der EKD ruft am 30.4.1958 zu der ›Aktion Versöhnungszeichen‹ (später ›Aktion Sühnezeichen‹) auf. Darin heißt es unter anderem:
»*Wir bitten um Frieden*

Wir Deutschen haben den Zweiten Weltkrieg begonnen und schon damit mehr als andere unmeßbares Leiden der Menschheit verschuldet; <u>*Deutsche haben in frevlerischem Aufstand gegen Gott Millionen von Juden umgebracht*</u>*. Wer von uns Überlebenden das nicht gewollt hat, der hat nicht genug getan, es zu verhindern.*

Wir haben vornehmlich darum noch keinen Frieden, weil zu wenig Versöhnung ist. Dreizehn Jahre sind erst in dumpfer Betäubung, dann in neuer angstvoller Selbstbehauptung vergangen. Es droht zu spät zu werden. Aber noch können wir, unbeschadet der Pflicht zu gewissenhafter politischer Entscheidung, der Selbstrechtfertigung, der Bitterkeit und dem Haß eine Kraft entgegensetzen, wenn wir selbst wirklich vergeben, Vergebung erbitten und diese Gesinnung praktizieren.

---

[40] Kirchliches Jahrbuch 1950, S. 5f.
[41] Die Kirchen und das Judentum, S. 549f.

Des zum Zeichen bitten wir die Völker, die Gewalt von uns erlitten haben, daß sie uns erlauben, mit unseren Händen und mit unseren Mitteln in ihrem Land etwas Gutes zu tun, ein Dorf, eine Siedlung, eine Kirche, ein Krankenhaus oder was sie sonst Gemeinnütziges wollen, als Versöhnungszeichen zu errichten [...]« [42]

- Im Januar 1960 hat die Synode der Ev. Kirche in Berlin-Brandenburg eine Erklärung gegen den Antisemitismus abgegeben. Dabei nimmt sie Bezug auf das Wort der EKD-Synode von Berlin-Weißensee 1950 und stellt fest: »*Wir müssen heute bekennen, daß wir diesen Verpflichtungen nur unzureichend nachgekommen sind. [...] Der immer wieder durchbrechende Judenhaß ist offenkundige Gottlosigkeit.*«[43]

Im Folgenden werden angemahnt verstärkte Arbeit an den biblischen Texten, das Gespräch zwischen den Generationen, Wiedergutmachungsleistungen und mehr noch *Gesinnungswandlung*, Verzicht auf alles Rechten und das Gebet »*um den Frieden Gottes mit Israel, um den Frieden Israels unter den Nationen, an den Grenzen seines Staates und in unserer Mitte.*«[44]

- Schließlich der Deutsche Evangelische Kirchentag in Berlin (22. 6. 1961).

Hier wird die Arbeitsgemeinschaft Juden und Christen beim Deutschen Evangelischen Kirchentag gegründet. Damit beginnt eine neue Phase in der theologischen Arbeit über das Verhältnis von Christen und Juden.

In der Erklärung ›Juden und Christen‹ (22.6.1961) wird die unlösbare Verbundenheit von Juden und Christen betont, die christliche Judenfeindschaft als eine der Hauptursachen der Judenverfolgung bezeichnet und schließlich von der ›Einsicht‹ gesprochen, »*daß Juden und Christen gemeinsam aus der Treue Gottes leben*«:

»Juden und Christen sind unlösbar verbunden. Aus der Leugnung dieser Zusammengehörigkeit entstand die Judenfeindschaft in der Christenheit. Sie wurde zu einer Hauptursache der Judenverfolgung. Jesus von Nazareth wird verraten, wenn Glieder des jüdischen Volkes, in dem er zur Welt kam, als Juden mißachtet werden. Jede Form von Judenfeindschaft ist Gottlosigkeit und führt zur Selbstvernichtung. Der gegenwärtig in Jerusalem stattfindende Prozeß (sc. Eichmann-Prozeß) geht uns alle an. Wir evangelischen Christen in Deutschland erkennen, daß wir darin schuldhaft verwickelt sind. Im Zeichen des Umdenkens und der Umkehr bitten wir die deutsche Öffentlichkeit, für folgendes einzutreten:

1. *Eltern und Erzieher sollten gegenüber der jungen Generation das Schweigen brechen, eigenes Versagen eingestehen und die Ursprünge der Verbrechen ans Licht bringen, damit wir gemeinsam lernen, unsere Gegenwart zu bestehen. [...]*
2. *Die Unmenschlichkeit zwangsläufiger Befehlssysteme und die Berufung auf den sog. Befehlsnotstand müssen uns vor den unmenschlichen Möglichkeiten moderner Gesellschafts- und Staatsorganisationen warnen. [...]*

---

[42] Ebd., S. 550.
[43] Ebd., S. 551f.
[44] Ebd.

3. Wo Juden unter uns leben, sind wir verpflichtet, ihr Leben und Wohlergehen nach bestem Vermögen zu fördern. Auch muß von uns Deutschen alles getan werden, was dem Aufbau und dem Frieden des Staates Israel und seiner arabischen Nachbarn dient. [...]
4. Gegenüber der falschen, in der Kirche jahrhundertelang verbreiteten Behauptung, Gott habe das Volk der Juden verworfen, besinnen wir uns neu auf das Apostelwort: ›Gott hat sein Volk nicht verstoßen, das er zuvor ersehen hat‹ (Röm. 11,2). Eine neue Begegnung mit dem von Gott erwählten Volk wird die Einsicht bestätigen oder neu erwecken, daß Juden und Christen gemeinsam aus der Treue Gottes leben, daß sie ihn preisen und ihm im Lichte der biblischen Hoffnung überall unter uns Menschen dienen.«

Schlussbetrachtung

Die Beschäftigung mit den Bemühungen der Evangelischen Kirche in Deutschland nach 1945, ihre Mitschuld an der Schoa zu erkennen und zu bekennen, zeigt uns einiges Wichtige.

Von wenigen Persönlichkeiten abgesehen, hat es lange gedauert, bis Bischöfe und Präsides, Gremien und Synoden sich deutlich zur Mitschuld der evangelischen Kirchen und evangelischer Christen an der Schoa haben stellen können. Dafür gibt es vielerlei Gründe. Neben aktuellen Gründen, die in den unmittelbaren Nöten der Nachkriegszeit gelegen haben, spielt eine wesentliche Rolle der Versuch, das NS-Regime mit allen seinen schaurigen und verbrecherischen Bestandteilen so schnell wie möglich hinter sich zu lassen und einen Neuanfang zu versuchen. Beteiligte und Hauptverantwortliche tauchten bei uns unter und fanden in der Bevölkerung viele Helfer, die ihnen und damit allen das Verdrängen erleichterten.

So blieben, wieder von wenigen abgesehen, die Ansätze zu einer befreienden Buße in der evangelischen Kirche blass und ihre Äußerungen zunächst recht allgemein. Der seelsorgerliche Rat von Psalm 32 wurde meist nicht gehört. Wo er gehört wurde und wo Menschen und Gremien ein Wort ehrlicher Buße wagten, blieben sie jedoch theologisch im Konventionellen verhaftet. Das ist nicht verwunderlich. Erst allmählich dämmerte die Erkenntnis, dass die Schoa und die Verwicklung der christlichen Kirchen in die Schoa erhebliche theologische Konsequenzen hat. Martin Niemöllers Wort, man könne in der christlichen Theologie nie mehr so arbeiten, als hätte es die Schoa nicht gegeben, dieses Wort hat sich als ein prophetisches erwiesen.

Das zu begreifen und in neue theologische Fragestellungen und auch Antwortversuche umzusetzen, brauchte Zeit.

Der Beginn des Umlernens in der Deutschen Evangelischen Kirche wird meist auf den Berliner Kirchentag von 1961 datiert.

Dieses Umlernen des christlichen Glaubens und der christlichen Theologie ist eine Aufgabe für unsere und für künftige Generationen. Was in fast 2000 Jahren verfehlt worden ist, kann nicht in 15 Jahren oder in einem Menschenalter überwunden werden. Wichtig ist, den notwendigen Weg zu beschreiten. Auf diesem Weg müssen christlicher Glaube und christliche Theologie erweisen, ob sie in Wahrheit christlich, also in Wort und Tat Christus gemäß sind.

Ausstellung in der Ansgarkirche in Kiel, am 8. Februar 2002

Joachim Liß-Walther

Credo – Ich glaube an Gott, den Gott Israels.

Über die Wunden und das Verbindende im Verhältnis zwischen Christen und Juden, Kirche und Israel[1]

Wohl auf kaum einem anderen Feld der Theologie – die feministische ausgenommen – haben sich nach Auschwitz, seit den 60er Jahren und verstärkt seit den 80er Jahren, derartige Um- und Neuorientierungen vollzogen wie auf dem des christlich-jüdischen Diskurses. Dabei gilt gerade auf diesem Gebiet, dass es auf andere theologische Disziplinen ausstrahlt. So hat sich immer deutlicher herausgestellt, dass die sog. ›Judenfrage‹ im Grunde nie eine solche war, sondern zutiefst eine Christenfrage, eine Frage an das Selbstverständnis der Christen, in Gedanken, Worten und Werken. Diese Neu-*orient*-ierung – ex oriente lux, ex okzidente crux – fördert dabei alte Einsichten zutage, die, so selbstverständlich sie sich heutzutage auch darstellen mögen, dennoch keineswegs im christlichen Bewusstsein allgemein als selbstverständlich erachtet werden und verankert sind.

So mag an dieser Stelle bereits ganz schlicht auf zwei altneue, fast banale Tatsachen hingewiesen werden:

Erstens ist die Grundlage der Kirche, die Bibel, Altes und Neues Testament umfassend, ausschließlich von Juden verfasst. Anders gesagt: Gottes Wort erklingt hebräisch, selbst wenn es sich der griechischen Sprache bedient.

Und zweitens ist Jesus, der Christus, Jude; der Herr der Kirche ist ohne Wenn und Aber durch und durch jüdischer Mensch und als solcher Ecce homo, der wahre Mensch.

Solche Sätze stecken für uns Heidenchristen voller Implikationen und Konsequenzen. Die Neubestimmung des Verhältnisses von Christen und Juden dürfte *das* reformatorische Thema sein, durch das wir unserer Wurzeln, unseres Glaubens und unserer Aufgaben erneut und neu gewahr werden.

Zunächst möchte ich mich dem Thema nähern, indem ich an Ereignisse und Geschichten aus der schwarzen Zeit deutscher Geschichte anknüpfe und einen Exkurs über Luther einfüge. Sodann werde ich sehr knapp den mittlerweile erreichten Konsens zum Verhältnis von Christen und Juden skizzieren. Abschließend berühre ich sieben Problemkreise, die die gegenwärtige Diskussion bestimmen und für die innerchristliche Selbstverständigung von zentraler Bedeutung sind.

Vortrag vor der Synode des Ev.-Luth. Kirchenkreises Hamburg-Harburg am 24. Februar 2000, ergänzt und überarbeitet erneut gehalten im Rahmen der Vortragsreihe ›Zeitansagen – Kirche nimmt Stellung‹ am 10. Mai 2000 in Kiel. Vorlage zur Synode des Ev.-Luth. Kirchenkreises Kiel am 20. September 2000.

Annäherungen

»Die wahre Geschichte vom wiederhergestellten Kreuz«

»Dort, wo man Bücher verbrennt, verbrennt man auch am Ende Menschen« – dies geflügelte Wort stammt von Heinrich Heine, aus der Tragödie ›Almansor‹, die er um 1820 schrieb. 113 Jahre später war es so weit – in Deutschland, vor dem dem Juden Heine schon damals grauste: *»Denk ich an Deutschland in der Nacht, so bin ich um den Schlaf gebracht.«* Am 10. Mai 1933 verbrannten in Deutschland überall auf Scheiterhaufen Bücher über Bücher, bis dann Menschen über Menschen denunziert, enteignet, verfolgt, vertrieben, ermordet, vergast und schließlich in den modernen Scheiterhaufen, den Todesfabriken, verbrannt wurden. Die Werke weltbekannter und weltweit geachteter deutscher Schriftsteller und Dichter wurden als undeutsch, deutsches Ansehen schädigend, deutschem Geist (!) unwürdig und unwert erachtet und den Flammen übergeben. Neben den Büchern der Brüder Thomas und Heinrich Mann, von Bertold Brecht, Carl von Ossietzky, Erich Maria Remarque, Leonhard Frank, Georg Kaiser fielen vor allem die Werke von Schriftstellern jüdischer Provenienz dem Feuer zum Opfer: Stefan Zweig, Arnold Zweig, Jacob Wassermann, Lion Feuchtwanger, Kurt Tucholsky, Alfred Kerr, Anna Seghers, Martin Buber, Joseph Roth, Alfred Döblin, Ernst Bloch, Walther Mehring, Siegfried Krakauer, Egon Erwin Kisch, Johannes R. Becher, Carl Sternheim, Carl Zuckmayer, Ernst Toller, Franz Werfel u.a. Die Bibel, das Alte Testament, die hebräischen Schriften und das Neue Testament, die griechischen Schriften, geschrieben von Juden, die Bibel war nicht unter den verbrennenden Büchern – noch nicht. Noch nicht, denn noch brauchte das nationalsozialistische Regime die Kirche, obwohl es genau das Buch der Bücher war, aus dessen Geist sich der Geist vieler der ›verbrannten Dichter‹ nährte.

Franz Werfel erzählt *»Die Geschichte des Kaplans vom wiederhergestellten Kreuz«* in seinem unvollendeten Roman *»Cella oder die Überwinder«*[2], geschrieben vom September 1938 bis März 1939 im vorläufigen Exil in Frankreich. Um eine Rahmenhandlung ergänzt und einige Passagen erweitert, erschien die Erzählung 1942 als *»Die wahre Geschichte vom wiederhergestellten Kreuz«*[3] in Amerika, dem letzten Zufluchtsort Werfels, der dort am 26. August 1945 starb.

Die Geschichte spielt in den Tagen der Annektierung Österreichs durch das nationalsozialistische Deutschland. Am Ende dieser Erzählung ereignet sich folgende Szene: Zur ungarischen Grenze getrieben von einer Nazibande, warten der Rabbi Fürst und seine Familie auf den Ausgang der zähen Grenzübertrittsverhandlungen. Der Anführer der Bande stapft heran, in den Händen ein armseliges hölzernes Grabkreuz, das er durch

---

[2] Franz Werfel: Cella oder die Überwinder. Versuch eines Romans, 1970, S. 209–232
[3] Franz Werfel: Erzählungen, 1966, S. 498–531.

dünne angenagelte Querbrettchen in ein Hakenkreuz verwandelt hat, und er schreit den Rabbi Fürst an, das Hakenkreuz zu küssen. Was tut der Rabbi? Wie im Traum knickt er »*eins nach dem andern die nur lose angenagelten Seitenbrettchen ab, die aus dem Kreuz ein Hakenkreuz machten.*«[4] Er büßt dafür mit dem Leben, und der die Familie Fürst begleitende Kaplan erzählt später: »*Ein jüdischer Rabbi hat das getan, was eigentlich ich, der Priester, hätte tun müssen ... Er stellte das geschändete Kreuz wieder her (...)*«[5]

In einem Gespräch, das der Kaplan und der Rabbi einige Tage zuvor geführt hatten, fasste Rabbi Fürst seine Überzeugung zusammen: »*Wir gehören zusammen, Hochwürden, aber wir sind keine Einheit. Im Römerbrief steht geschrieben, wie Sie wohl besser wissen als ich ›Die Gemeinde des Christus fußt auf Israel‹. Ich bin überzeugt davon, dass, solange die Kirche besteht, Israel bestehen wird, doch auch, dass die Kirche fallen muss, wenn Israel fällt ...*«

»*Und woher kommen Ihnen diese Gedanken*«, fragte der Kaplan.

»*Aus unserem Leid bis auf den heutigen Tag*«, versetzte der Rabbi, »*denn glauben Sie vielleicht, dass Gott uns so viele Jahrhunderte hätte zwecklos erdulden und überstehen lassen?*«[6]

Und im Vollzug, im Tun dieser Überzeugung stellte der Rabbi das geschändete Kreuz wieder her, der Kaplan tat es nicht, wohl wissend, dass er es hätte tun müssen; doch ihm war angedroht worden, dass man durchaus auch mit Pfaffen in unangenehmster Weise werde verfahren können.

Mit diesem Bekenntnis des Rabbi formulierte Werfel, dieser christusgläubige, doch nicht getaufte Jude, nichts anderes als sein eigenes. In seinem schriftstellerischen Werk setzte er sich immer wieder mit der Zusammengehörigkeit und der Differenz von Judentum und Christentum auseinander und strebte nach deren Versöhnung.[7] Das Schicksal des Rabbi Fürst hätte auch ihn fast ereilt, kurz nach der Niederschrift der Erzählung, kurz vor dem rettenden Ufer.

Noch vor Auschwitz konnte Werfel dieses ineinander geschobene Gefüge von Israel und Kirche in äußerster Konzentration verdichten und formulieren, was die christlichen Kirchen nie hätten vergessen dürfen: Die Kirche fußt auf Israel. Die Kirchen jedoch waren demgegenüber fast blind. Hitler hingegen wusste um diesen Zusammenhang sehr genau: Das Christentum, die Kirche, war für ihn nur eine Spielart des Judentums, das auszurotten er angetreten war. Für seine Zwecke konnte er große Teile der einflussreichen Kirchen einspannen und ihnen schmeicheln, da sie die Pervertierung des Kreuzes zum Hakenkreuz mitmachten, paganisiert wie sie waren, losgerissen von ihrer Wurzel Israel, geprägt von einer ›so viele Jahrhunderte‹ langen Herrschaftsgeschichte.

---

[4] Ebd., S. 528.
[5] Ebd.
[6] Ebd., S. 505.
[7] Vgl. das Drama ›Jacobowsky und der Oberst‹ in: Franz Werfel, Dramen, 1973, S. 419–538; Das Geschenk Israels an die Menschheit, 1992, S. 54–62; Theologumena, 1992, bes. Von Christus und Israel, S. 233–250, beides in: Franz Werfel, »Leben heißt, sich mitteilen«. Betrachtungen, Reden, Aphorismen, 1992; auch die Dramatische Legende ›Paulus unter den Juden‹, 1926.

Das änderte nichts daran, dass Hitler sich von Beginn an geschworen hatte, »*das Christentum in Deutschland mit Stumpf und Stiel, mit allen seinen Fasern und Wurzeln*« auszurotten, denn für das deutsche Volk sei es entscheidend, »*ob es den jüdischen Christenglauben und seine weiche Mitleidsmoral habe oder einen starken heldenhaften Glauben an Gott in der Natur, an Gott im eigenen Volke, an Gott im eigenen Schicksal, im eigenen Blut(...)*«[8] Der letzte Feind des Dritten Reiches sei das christliche Gewissen. Das christliche Gewissen aber hat eine Wurzel: »*Wir beenden einen Irrweg der Menschheit. Die Tafeln vom Berge Sinai haben ihre Gültigkeit verloren. Das Gewissen ist eine jüdische Erfindung. Es ist wie die Beschneidung, eine Verstümmelung des Menschenwesens*«, so Hitler in vertraulichen Gesprächen.[9]

Als dann der Kirchenpolitik Hitlers, vor allem durch die Bekennende Kirche und katholische Einsprüche, der Erfolg versagt blieb, setzte er ungerührt darauf, dass mit dem Krieg, nach dem Krieg und nach der ›Endlösung‹ auch der Kirche endlich der Garaus gemacht würde, die Kirche abfaulen müsse ›wie ein brandiges Glied‹.

Seltsam und doch bezeichnend, dass der hellsichtige Blick des christusgläubigen Juden Werfel und der diabolisch geschulte Blick Hitlers das Gleiche erkannten – der eine im Versöhnungswillen, der andere im Vernichtungswillen: Israel und die Kirche sind untrennbar miteinander verbunden.

Wenn Werfel für eine versöhnte Beziehung von Christentum und Judentum das Wort ergreift, tut er das auf dem Hintergrund einer Jahrhunderte währenden Geschichte, in der die Juden von Christen und ihren Kirchen verfolgt, vertrieben, gemartert, zur Taufe gezwungen, verleumdet, ermordet wurden – auf dem langen Weg, der schließlich nach Auschwitz-Birkenau führte. Man könnte geradezu formulieren für den Weg des jüdischen Volkes: »*Gelitten unter den Christen, gekreuzigt und gestorben.*«

Nur eine ›Vision‹?

Auf diesem Weg ist auch folgende Begebenheit einzutragen, die einen anderen Blickwinkel ermöglicht:

Im Herbst 1933 laufen Verleumdung und Ausschluss der Deutschen jüdischer Herkunft aus allen Bereichen des öffentlichen Lebens auf Hochtouren. Eines Tages veröffentlicht das Breslauer Wochenblatt ›Evangelischer Ruf‹ auf der ersten Seite in großen Buchstaben folgende ›Vision‹: »*Gottesdienst. Das Eingangslied ist verklungen. Der Pfarrer steht am Altar und beginnt: ›Nichtarier werden gebeten, die Kirche zu verlassen!‹ Niemand rührt sich. ›Nichtarier werden gebeten, die Kirche zu verlassen!‹ Wieder bleibt alles still. ›Nichtarier werden gebeten, die Kirche zu verlassen!‹ Da steigt Christus vom Kreuz des Altars herab und verlässt die Kirche.*«[10]

---

[8] Hermann Rauschning, Gespräche mit Hitler, 1940, S. 50.
[9] Ebd., S. 210, vgl. auch darin die Kapitel ›Der Antichrist‹, S. 48ff. und ›Der ewige Jude‹, S. 220ff. mit den Ausführungen Hitlers zu Kirche und Freimaurern.
[10] In: Wolfgang Gerlach: Als die Zeugen schwiegen. Bekennende Kirche und die Juden, 1993, S. 120f.

Wenige Tage später war das Blatt verboten. Einige Jahre danach hätte das Blatt vielleicht den Text folgendermaßen fortschreiben können: »Christus verlässt die Kirche und reiht sich stumm ein in den Zug seines Volkes nach Auschwitz, um das Todeslos mit seinen Brüdern und Schwestern zu teilen.« Undenkbar wäre das nicht. Denn nach neutestamentlichem Zeugnis hat Jesus sich an keiner Stelle aus der Solidarität mit seinem Volk herausgelöst. Die Kirche hingegen hat genau das getan, was sie nie hätte tun dürfen: Sie hat – welcher Couleur auch immer – Jesus seines Judeseins beraubt, ihn seinem Volk entfremdet, gar enteignet. Sie hat Jesus als Christus universalisiert und ihn dabei – gegen das biblische Zeugnis – geradezu in Gegensatz zu seinem Volk, in dem er lebte und lehrte, gebracht.

Der wohl berüchtigste Versuch wurde in den 30er Jahren unternommen von international anerkannten deutschen Neutestamentlern. Johannes Leipoldt handelte bereits 1923 und intensiver dann 1935 die Frage ab: War Jesus Jude?[11] Vor allem ist auf Walter Grundmann hinzuweisen, dessen Nachkriegsschriften zum Neuen Testament und dessen Umwelt noch heute in vielen Pfarrhausbibliotheken zu finden sind. Seine ›Völkische Theologie‹ erschien 1937, 1939 folgte ›Die Entjudung des religiösen Lebens als Aufgabe deutscher Theologie und Kirche‹, 1940 ›Jesus der Galiläer und das Judentum‹. Den schrecklichen institutionellen Rahmen schuf Grundmann mit dem 1939 gegründeten Eisenacher ›Institut zur Erforschung und Beseitigung des jüdischen Einflusses auf das deutsche kirchliche Leben‹. Das Ergebnis seines zuletzt genannten Buches sei zitiert: »*Wir können ... mit größter Wahrscheinlichkeit behaupten, dass Jesus kein Jude gewesen ist.*«[12] Die Begründung lautet: »*Aus der unserer Zeit geschenkten Erkenntnis der Einheit seelischer Haltung und blutsmäßigen Erbes ergibt sich mit Notwendigkeit, dass aller Wahrscheinlichkeit nach Jesus, da er aufgrund seiner seelischen Artung kein Jude gewesen sein kann, es auch blutsmäßig nicht war.*«[13] Nach dieser verblendet-verqueren Logik hätte Jesus Christus seinen Platz am Kreuz nicht räumen müssen. Doch er hinge weiterhin dort als der, von dem – in Abänderung des Credo – zu sagen wäre: »Gelitten unter Christen, gekreuzigt und gestorben.«

Werfel und das Breslauer Wochenblatt betonen zwei Seiten einer Medaille: Die Gemeinde Jesu Christi fußt auf Israel und Jesus, der Jude, ist und bleibt Jude unter Juden, inmitten seines Volkes. Wer diesen Zusammenhang sprengt, schafft immer erneut die Bedingungen von Barbarei. Vergessen wir nicht, dass es in aller Regel ›getaufte Christen‹ waren, die ihre mörderische Arbeit in den Konzentrations- und Vernichtungslagern verrichteten.

---

[11] Vgl. Johannes Leipoldt: Gegenwartsfragen in der neutestamentlichen Wissenschaft, 1935, S. 17–64.
[12] Walter Grundmann: Jesus der Galiläer und das Judentum, 1940, S. 199.
[13] Ebd., S. 205.

Martin Luther und der theologische Antijudaismus

Doch wir müssen noch einen Schritt weitergehen, um uns klar zu werden, welche Tradition zu Auschwitz führte. Dabei soll nun nicht auf die Anfänge des Auseinandertretens von Christentum und Judentum, von Kirche und Synagoge eingegangen werden; dazu wäre gewiss viel zu sagen und manches liegt dabei noch im Dunkeln oder ist umstritten. Ich möchte aber auf die für die unsere Kirche so fatalen Aussagen ihres Gründungsvaters Luther eingehen. Denn selbst, wenn das Judesein Jesu anerkannt und betont wird, wird es damit noch längst nicht in seiner Bedeutung für christliches Leben und Lehren verstanden.

1523 erschien Luthers Schrift ›Dass Jesus Christus ein geborener Jude sei‹. Darin finden sich die Kernsätze: »*Und wenn wir [Christen] uns gleich hoch rühmen, so sind wir dennoch Heiden, die Juden aber von dem Geblüt Christi. Wir sind Schwäger und Fremdlinge, sie sind Blutsfreunde, Vettern und Brüder des Herrn. Darum, wenn man sich des Bluts und Fleisches rühmen sollte, so gehören ja die Juden näher zu, denn wir, wie auch Paulus Röm. 9 (4) sagt. Auch hat's Gott wohl mit der Tat bewiesen, denn solche große Ehre hat er nie einem Volk unter den Heiden getan als den Juden. Denn es ist ja kein Patriarch, kein Apostel, kein Prophet aus den Heiden, dazu auch gar wenig rechter Christen erhoben. Und obgleich das Evangelium aller Welt kundgetan ist, so hat er doch keinem Volk die heilige Schrift, das ist das Gesetz und die Propheten, befohlen, denn den Juden, wie Paulus sagt Röm. 3 (2) und Ps. (147/19–20):* ›*Er verkündigt sein Wort Jakob und seine Rechte und Gesetze Israel. Er hat keinem Volk also getan und seine Rechte ihnen offenbart.*‹ *Ich bitte hiermit meine lieben Papisten, ob sie schier müde werden, mich einen Ketzer zu schelten, dass sie nun anfangen, mich einen Juden zu schelten.*«[14]

Diese aufrührerischen Erklärungen, gegen die traditionelle Judenverachtung auch seiner Zeit gerichtet, wendet Luther einige Seiten später sozial- und kirchenkritisch. Freimütig äußert er: Wäre er in den zurückliegenden Zeiten ein Jude gewesen und hätte er am eigenen Leib erfahren, wie Christen mit Juden umgehen, so wäre er »*lieber eine Sau geworden denn ein Christ*«. Luther empfiehlt dagegen einen humanen Umgang mit den Juden.

Wie verhalten sich nun diese Aussagen zu den späteren in seiner Schrift ›Von den Juden und ihren Lügen‹ von 1542/43? Da kommt das Judesein Jesu nicht mehr zum Tragen. Da heißt es dann: »*Wer nun den Jesum von Nazareth, Marien, der Jungfrauen, Sohn leugnet, lästert, flucht, der leugnet, lästert, flucht auch Gott den Vater selbst, der Himmel und Erde geschaffen hat. Solches thun aber die Juden.*«[15] Das wird vielfältig variiert vorgetragen. Unter der Hand wird das passive Verhalten der Juden, dass sie Jesus nicht akzeptieren, in ein höchst aktives, negatives Tun umgemünzt. Die Argumentationskette lautet dann: »*Weil sie uns aber verfluchen, so verfluchen sie unseren HErrn auch. Verfluchen sie unseren HErrn, so verfluchen sie auch GOtt den Vater, Schöpfer Himmels und der*

---

[14] Dr. Martin Luthers Werke. Kritische Gesamtausgabe, Weimar (WA) Bd. 11, S. 315f.
[15] WA 53, S. 531.

Erde.«[16] Denn: der »*Sohn GOttes, das ist GOtt selbst der Vater, Schöpfer Himmels und der Erden«.*

Alles, was Juden daher tun im Leben, Danken, Beten und Lehren, charakterisiert Luther als »*eitel Gotteslästern, Fluchen, Abgötterei«.*[17] Von daher ergeben sich all die schlimmen Ratschläge, die Luther seinen lieben Christen ans Herz legt, damit sie im Jüngsten Tag vor Gott bestehen können: Die Synagogen zu verbrennen, die Häuser der Juden zu zerstören, ihnen die Gebetbücher, Bibeln und Talmude zu entreißen, ihren Rabbinern das Lehren zu untersagen, ihnen das Kreditgeschäft zu verbieten, sie zu harter Fronarbeit zu zwingen, sie am besten aber zu vertreiben.[18]

Diese beiden, 20 Jahre auseinander liegenden, so sehr widersprüchlich scheinenden Traktate haben ein theologisches Herz, das in beiden schlägt und auf den kurzen Nenner gebracht werden kann: Solus Christus, allein Christus. Schon die frühe Schrift ist in eine umfassende Zielsetzung eingebunden: »*Lass sie* [die Juden] *zuvor Milch saugen und aufs erste diesen Menschen Jesus für den rechten Messias erkennen. Danach sollen sie Wein trinken und auch lernen, wie er wahrhaftiger Gott sei.«*[19] Das Betonen des Judeseins Jesu hat für Luther die Funktion, die Juden zu Christen zu machen. Die Weigerung der Juden, ihre von Luther vorformulierte Antwort, aufgrund ihrer Erfahrungen mit Christen wohl eher Säue zu werden denn Christen, führte Luther dann zu seinen maßlosen Sätzen. Solche Folgerungen stellen sich notwendig ein, wenn Gott ausschließlich von Jesus Christus her bestimmt wird. Von jüdischer Schriftauslegung wollte Luther nichts hören, da er die Auslegung des Alten Testamentes fast ausschließlich von Christus her betrieb: »*Denn was wir Christen nicht verstehen oder auslegen, das können sie* [die jüdischen Gelehrten] *auch nicht verstehen oder auslegen; denn sie haben den Verstand oder Sinn der heiligen Schrift nicht. Die heilige Schrift aber lesen ohne Glauben an Christus, ist nichts Anderes denn in Finsternis wandeln; wie Christus sagt Joh. 8, 12: ›Ich bin das Licht der Welt.‹ Und dieweil die Juden desselben Lichts beraubt sind, ist es unmöglich, dass sie auch nur Eine Stelle oder Spruch der Verheißung recht verstehen sollten.«*[20]

Ein Doppeltes passiert hier: Die Betonung des Solus Christus hat zur Folge, dass der zweite Artikel des Glaubensbekenntnisses den ersten völlig verschlingt, indem Jesus Christus mit Gott dem Schöpfer umstandslos identifiziert wird. Und zugleich damit wird den Juden bestritten, dass sie ihre eigenen heiligen Schriften, die von ihnen selbst aufgeschriebene Geschichte Gottes mit ihnen, verstehen könnten. Luther enteignet ihnen geradezu Gott, Gottes Wort und ihre Geschichte. Dann allerdings ist es ein folgerichtiger Schritt, die Existenz der Juden überhaupt in Frage zu stellen. Kein Wunder also, wenn diese antijudaistischen Vorstellungen weiterwucherten, wenn die Schrift ›Von den Juden und ihren Lügen‹ 1936 wieder aufgelegt wurde, wenn Julius Streicher, Herausgeber des Hetz-

---

[16] WA 53, S. 539.
[17] WA 53, S. 536.
[18] Vgl. WA 53, S. 535ff.
[19] WA 11, S. 336.
[20] Zit. nach Joh. Georg Walch: Dr. Martin Luthers sämtliche Schriften I–XXIII, Nachdruck der 2., überarbeiteten Auflage von 1880–1910, 1986–1987, Bd. 22, S. 15–43; vgl. zum Zusammenhang: Klaus Wengst: Jesus zwischen Juden und Christen, 1999, S. 29–34.

blattes »Der Stürmer« sich am 29.4.1946 vor dem Internationalen Militärtribunal in Nürnberg auf Luther berief: »*Dr. Martin Luther säße heute sicher an meiner Stelle auf der Anklagebank, wenn dieses Buch von der Anklagevertretung in Betracht gezogen worden wäre.*«[21]

Nach Auschwitz

Nach Auschwitz ist jede christliche Theologie und Verkündigung in sich selbst fragwürdig geworden, die weitermacht und lehrt, wie wenn es Auschwitz nicht gegeben hätte. Durch den Holocaust, durch die Shoa sind uns allmählich die Augen und Ohren geöffnet worden für all das, was sich an antijudaistischen Verzerrungen und Verdrehungen in christlicher Theorie und Praxis breit gemacht hat. Auschwitz ist kein geschichtliches Ereignis, das mit anderen zu vergleichen und damit zu nivellieren wäre, von dem zu reden, an das zu erinnern irgendwann einmal überflüssig sein könnte. Denn mit der Vernichtung des gesamten jüdischen Volkes sollte Gott selbst vernichtet, der ›Endlösung‹ zugeführt werden. Der Angriff gegen das jüdische Volk war zugleich der Angriff gegen den Gott Israels, der sich namentlich an ›Dieses Volk‹ (Leo Baeck) gebunden hat, der als der Gott Abrahams, Isaaks und Jakobs in die Geschichte eingeht, der an zentralen Stellen von sich und seinem Volk Israel sagt: »*Wer euch antastet, der tastet mich, meinen Augapfel an*« (5. Mose 32,10; Sachaja 2,12). Ohne sein Volk wäre dieser Gott nicht einmal zu denken. Nichts sollte nach einer gelungenen ›Endlösung‹ mehr an diesen Gott Israels, an den Vater des Juden Jesus in Erinnerung bleiben, an seine Stelle wäre das Fatum, die arisch-barbarische Vorsehung getreten.

Denkwürdigerweise ist die Shoa eine wesentliche Bedingung der Existenz des Staates Israel geworden. Die Juden sind nach fast 2000 Jahren des Exils nicht mehr gezwungen, im Exil zu leben, sondern haben wieder ›ihr‹ Land, ihr Heimatrecht – mit all den Problemen, von denen wir fast täglich hören und lesen.

So sind wir nicht nur durch Auschwitz und das, was durch christlichen Antijudaismus dazu beitrug, herausgefordert, unsere Grundaussagen zu überprüfen und zu korrigieren, sondern auch durch die Existenz des Staates Israels in eine neue Situation gestellt. Zumal dadurch, dass viele Jüdinnen und Juden neu zu uns gekommen sind und viele darunter gewillt sind, mit uns zusammenzuarbeiten und in einen Dialog zu treten, in dem vielleicht zum ersten Mal seit vielen Jahrhunderten ein gleichberechtigter Austausch möglich wird. Dabei ist es für uns wichtig, in die Schule des Judentums zu gehen. Sicher auch deshalb, um wenigstens darin der Opfer zu gedenken, die auch durch kirchliche Mitschuld umgebracht wurden. Sicher auch deshalb, um die Überlebenden besser zu verstehen. Vor allem aber, um uns selbst auf diesem Weg in dem, was wir als Christen glauben und worauf wir bauen, besser verstehen zu lernen und überlieferte Vorurteile abzubauen.

Hören wir gewissermaßen als Leitlinie dazu einige Sätze von Karl Barth, der mit einer kleinen Zahl von Wissenschaftlern aus der Beken-

---

[21] Der Prozess gegen die Hauptkriegsverbrecher vor dem Internationalen Militärgerichtshof, 1947, Bd. 12, S. 346.

nenden Kirche gegen alle Versuche, einen arischen und germanischen Christus zu erfinden, protestiert hat.

1936/37 verfasst und 1938 veröffentlicht, heißt es in seiner Kirchlichen Dogmatik Band I,2 geradezu provozierend: »*Die Bibel als Zeugnis von Gottes Offenbarung ist in ihrer Menschlichkeit ein Erzeugnis des israelitischen Geistes oder sagen wir es gleich deutlicher: des jüdischen Geistes ... Wollten wir es anders haben, so müssten wir nicht nur das Alte Testament, sondern auch das ganze Neue Testament streichen und durch irgend etwas Anderes, das dann eben nicht mehr das Zeugnis von Gottes Offenbarung wäre, ersetzen ... hier wird uns, hier wird den Menschen aller Völker durch Juden zugemutet, nicht nur sich auf jüdische Dinge einzulassen, sondern in einem gewissen, aber letztlich geradezu entscheidenden Sinn selbst Juden zu werden.*«[22] Oder: »*Indem die Bibel als Zeugnis von Gottes Offenbarung in Jesus Christus ein jüdisches Buch ist, indem sie gar nicht gelesen, verstanden und erklärt werden kann, wenn wir uns nicht auf die Sprache, das Denken, die Geschichte der Juden in gänzlicher Offenheit einlassen wollen, wenn wir nicht bereit sind, mit den Juden Juden zu werden, damit fragt sie uns, wie wir uns zu dem in der Weltgeschichte geführten natürlichen Gottesbeweis durch die Existenz der Juden bis auf diesen Tag zu stellen, ob wir ihn zu bejahen oder ob wir ihm gegenüber mit den Wölfen zu heulen gedenken.*«[23]

Sind wir so weit? Die Aufgabe allerdings ist damit nach wie vor formuliert: Es gilt, erneut und neu auf die Bibel zu hören.

Unstrittiges

Als bisheriges Ergebnis dieses erneuten Hörens auf die jüdischen Schriften lassen sich folgende theologische Einsichten festhalten, die kaum noch umstritten sein dürften, jedenfalls durch die Erklärungen protestantischer Kirchen als auch durch römisch-katholische Stellungnahmen seit dem 2. Vatikanischen Konzil abgesichert sind. Erst langsam allerdings beginnen – durch Predigt und Unterricht, Gruppenarbeit und Diskussionen – diese Erkenntnisse ins Bewusstsein der Gemeinden einzudringen, wobei sie jedoch auch Widerstände hervorrufen und nicht selten auf affektive, tief verwurzelte Abwehrmechanismen stoßen. Die gewonnenen Erkenntnisse betonen dabei vor allem das Christen und Juden Verbindende.

1. Es ist der eine Gott, der biblisch bezeugt wird sowohl im Ersten Testament, den Hebräischen Schriften, als auch im Zweiten Testament, dem von jüdischen Autoren in griechischer Sprache verfassten Neuen Testament. Es gibt keinen wie auch immer gearteten Gott des Alten Testamentes, der zu dem von Jesus verkündeten Gott im Gegensatz zu bringen wäre, wie es jahrhundertelang behauptet wurde. Der Gott Abrahams, Isaaks und Jakobs ist und bleibt der Gott, den Jesus Vater nennt und dessen Sohn für uns Jesus der Christus ist. Das Bekenntnis also zum Gott Israels verbindet Juden und Christen. Dies haben wir immer mit zu bedenken, wenn wir im Credo bekennen: »*Ich glaube an Gott, den Allmäch-*

---

[22] Karl Barth: Kirchliche Dogmatik, I,2, Zürich 1938, S. 566.
[23] Ebd., S. 567.

tigen, Schöpfer des Himmels und der Erde«, denn das explizite »Ich glaube an den Gott Israels« steht schließlich nicht da.[24] Der Gott, den wir bekennen, ist kein Allerweltsgott, sondern der Gott, der Geschichte treibt und schreibt, mit seinem Volk, sodann mit der Kirche und der Welt.

2. Der eine Gott hat seinen Bund am Sinai mit dem Volk Israel geschlossen und sich damit an Israel gebunden. Damit erneuerte er die Bünde, die er mit Abraham und Isaak und Jakob eingegangen ist. Auch die weiteren Bünde, etwa mit David und die Verheißungen eines neuen Bundes Jeremia 31,31-34 sind Bestätigungen des grundlegenden Bundes oder Ankündigungen einer Bundeserneuerung. An keiner Stelle wird die Bundestreue Gottes durch Gott selbst infrage gestellt. Klage und Anklage allerdings kann Gott führen, wenn sein Volk aus seiner Rolle fällt. Nach Paulus gilt und bleibt in Geltung, dass Gott seinen Bund mit seinem Volk nicht gekündigt hat; er »*hat sein Volk nicht verstoßen*« (Römer 11,2). »*Wie der Bund Gottes mit Israel das Identitätsmerkmal Israels ist, so ist der Bund mit Israel ein Identitätsmerkmal Gottes.*«[25]

3. Der Gott Israels ist der Gott Jesu, der Vater des erstgeborenen Sohnes. Das christliche Bekenntnis zu Jesus Christus ist das Bekenntnis zu Jesus dem Juden. Die Zugehörigkeit Jesu zu seinem Volk ist ohne Einschränkung mit gemeint, wenn es im Credo heißt: »*Und an Jesus Christus.*« Christen gewinnen dadurch, dass sie sich in ein positives Verhältnis zum Judentum setzen, Zugang zur jüdischen Quelle ihres Glaubens. Die Besonderheit des christlichen Glaubens wird nicht länger durch eine negative Darstellung des Judentums und somit auf Kosten von Juden hervorgehoben werden dürfen. Christliche Identität wird nirgends im Neuen Testament durch Abgrenzung und Feindschaft gegenüber Juden gewonnen.

4. Konsens ist ebenfalls, dass die Christen durch Jesus Christus mit dem Volk Gottes verbunden sind. Die Formulierung des rheinischen Synodalbeschlusses von 1980: »*Wir bekennen uns zu Jesus Christus, dem Juden, der als Messias Israels der Retter der Welt ist und die Völker der Welt mit dem Volk Gottes verbindet*«[26], hat allerdings Proteste hervorgerufen. Hier werde dem Judentum vorgeschrieben, wer sein Messias zu sein habe, wurde von jüdischer Seite eingewandt. Und von christlicher Seite erhob sich der Einwand, dass diese Wendung die fundamentale Unterschiedenheit von jüdischer und christlicher Messiasvorstellung verdecke. Der Vorschlag von H. Kremers: »*Messias aus Israel*« war klarer und sollte heute wieder aufgegriffen werden.[27]

5. Inhaltlich werden sowohl die Juden als auch die Christen zur Aufgabe gerufen, in der Bewahrung der Schöpfung nach Shalom – Frieden – und Zedaka – Gerechtigkeit – zu streben. Gott, der die Menschen nach seinem Bild geschaffen hat, wird gerade darin geehrt, dass die Menschen der Thora, seinen Weisungen und Geboten, folgen. Die Thora selbst ist

---

[24] Vgl. dazu: Frank Crüsemann und Udo Theissmann (Hg.): Ich glaube an den Gott Israels. Fragen und Antworten zu einem Thema, das im christlichen Glaubenbekenntnis fehlt. Gütersloh 1999.
[25] Christen und Juden III: Eine Studie der Evangelischen Kirche in Deutschland [im Auftrag des Rates der Evangelischen Kirche in Deutschland hrsg. vom Kirchenamt der EKD], Gütersloh 2000, S. 44.
[26] Rolf Rendtorff und Hans Hermann Henrix (Hg.): Die Kirchen und das Judentum. Dokumente von 1945–1985, Paderborn 1988, S. 594.
[27] Vgl. dazu auch Wengst, S. 73f.

auf segensreiches Gelingen des Lebens orientiert und fundiert in der Selbstcharakteristik Gottes: »*HERR, HERR, Gott, barmherzig und gnädig und geduldig und von großer Gnade und Treue*« (2. Mose 34,6).

6. Juden als auch Christen leben – wenn auch unterschieden – von der gemeinsamen Hoffnung auf das Kommen des Reiches Gottes. Die Bibel quillt geradezu über von Bildern, die die Utopie malen und skizzieren, sei es in Bildern vom paradiesischen Garten zu Beginn (1. Mose 2), sei es in den ›Visionen‹ des Jesaja (Kapitel 7, 9 und 11) in der Mitte, sei es im Bild vom himmlischen Jerusalem, von dem neuen Himmel und der neuen Erde am Ende (Offenbarung 21).[28] Das Reich Gottes allerdings kommt, wenn Gott will, nicht wenn Christen oder Juden es ›utopisch‹ herbeizwingen wollen. Es ist jedoch nicht ausgeschlossen, dass Bedingungen der Möglichkeit, dass Gott sein Reich errichten wird, durch die Erfüllung seiner Weisungen befördert werden können.

7. Unstrittig ist schließlich – wie schon ausgeführt –, dass keine antijudaistischen Aussagen mehr in Theologie und Kirche Platz haben dürfen, allein deshalb nicht, weil das Christentum aus Israel hervorwuchs und auch in dem, worin es sich von Israel unterscheidet – im Bekenntnis zu Jesus Christus – an Israel gebunden bleibt.

Tendenz zum Konsens

Im Folgenden möchte ich exemplarisch einige Problemkreise behandeln, die in den Versuchen, das Verhältnis von Christentum und Judentum neu zu bestimmen, diskutiert werden und keineswegs unumstritten sind, in denen sich aber doch bereits die Tendenz zum Konsens andeutet.

Wir haben jahrhundertelang theologische Wissenschaft betrieben, ohne rabbinische Erfahrungen und Einsichten auch nur zur Kenntnis zu nehmen und stellen nun langsam, erst seit einer Generation, fest, dass Juden in dem Buch zu Hause sind, das wir, von Wittenberg oder von Rom geleitet, fast ausschließlich mit christlicher Brille gelesen haben. Und wir müssen uns schließlich belehren lassen, dass das, was wir als unser Ureigenstes begriffen haben, ›unser‹ Neues Testament, von Juden geschrieben, jüdische Gedanken, jüdische Erfahrungen, jüdische Lehren sind, wenn auch in griechischer Sprache aufgezeichnet. Die Herrschaft des lutherischen ›Solus Christus‹ hat uns den Blick getrübt. Die Blickrichtung vom Neuen Testament auf das Erste Testament muss zumindest ergänzt werden durch den Blick vom Alten Testament auf das Neue. Diese wechselweise Betrachtung erschließt uns mehr als wir glauben, stellt manchen Glauben gewiss auf eine harte Probe, eröffnet aber vor allem neue und bereichernde Einsichten.

1. Wenn wir eine Umfrage machen wollten unter Christen, die der Bibel und der Kirche nicht allzu ferne stehen und die Frage stellten: »Mit welchen Worten beginnt das Neue Testament?« – was wäre die meistgenannte Antwort? In der Regel hieße sie: »*Im Anfang war das Wort, und das Wort war bei Gott, und Gott war das Wort.*« Damit wäre sogleich die

---

[28] Friedrich-Wilhelm Marquardt hat dazu jüngst einen großen Entwurf vorgelegt: *Eia wärn wir da. Eine theologische Utopie*, Gütersloh 1997.

sog. Hohe Christologie zitiert, die das 4., das Johannesevangelium einleitet. In diesem Evangelium sind interessanterweise auch die meisten sog. judenkritischen oder gar judenfeindlichen Stellen versammelt, die Luther gegen die Juden ins Feld führte. Das Neue Testament aber beginnt anders, nämlich mit den Worten des Matthäusevangeliums: »*Dies ist das Buch von der Geschichte Jesu Christi, der da ist ein Sohn Davids, des Sohnes Abrahams.*« Und dann folgt der ganze Stammbaum Jesu: Von Abraham über David und über die Babylonische Gefangenschaft bis Jesus – drei mal vierzehn Glieder. Das aber heißt, dass hier außerordentlicher Wert darauf gelegt wird, Jesus in die für Israel so entscheidenden Toledot, die Geschlechterfolgen, einzuordnen; es geht – jenseits der Frage übernatürlicher Zeugung – darum, dass in Jesus die Repräsentanten Israels, ja Israel selbst verkörpert, eingefleischt sind: Abraham, Isaak, Jakob, David, Salomo, die Exilserfahrung in Babylon usw. In diesem einen lebt Israel: Jeschua – Gott rettet, Immanuel – Gott mit uns. Bei Lukas, im 3. Kapitel (23-38), finden wir den Stammbaum wieder, diesmal in umgekehrter Reihenfolge und ausgreifender, denn von Jesus geht es über David und Abraham zu Noah und dann die Geschlechterfolge weiter zurück bis Adam und: Gott. Hier ist also Israel und die gesamte Menschheit im Blick. Dem entspricht der Lobgesang des Simeon, der mit den Worten endet: »*Meine Augen haben deinen Heiland gesehen, welchen du bereitet hast vor allen Völkern, ein Licht zu erleuchten die Heiden, und zum Preis deines Volkes Israel*« (Lukas 2,30-32, unter Aufnahme von Jesaja 49,6).

2. Was es näherhin heißt, dass Jesus Jude und in jüdischer Tradition, Geschichte und Lehre zu Hause war, wird allmählich klarer, ohne dass in dieser Frage Konsens schon erreicht wäre. Einerseits gilt sicher noch häufig die Auffassung Käsemanns, zusammengefasst in zwei Sätzen: Jesus »*ist wohl Jude gewesen und setzt spätjüdische Frömmigkeit voraus, aber er zerbricht gleichzeitig mit seinem Anspruch diese Sphäre*«[29] und: »*Jesus hat mit einer unerhörten Souveränität am Wortlaut der Thora und der Autorität des Moses vorübergehen können.*«[30] Dabei nutzt Käsemann, um den ›authentischen‹ Jesus ›herauszufinden‹ das Differenzkriterium: Ein Jesuswort sei echt, wenn es »*weder aus dem Judentum abgeleitet noch der Urchristenheit zugeschrieben werden kann*«.[31] Andererseits setzt sich langsam – belehrt auch durch jüdische Exegese – die Auffassung durch, dass Jesus nur aus der jüdischen Tradition heraus verstanden werden kann.[32]

Es ließen sich dafür viele Beispiele anführen. Als zentraler Text gilt dabei die Bergpredigt, in der Jesus seine Stellung zum ›Gesetz‹, zur Thora verdeutlicht: »*Ihr sollt nicht meinen, dass ich gekommen bin, die Thora oder die Propheten aufzulösen; ich bin nicht gekommen, aufzulösen, sondern zu erfüllen. Denn wahrlich ich sage euch: Bis dass Himmel und Erde vergehe, wird nicht vergehen der kleinste Buchstabe noch ein Tüpfelchen von der Thora, bis es alles geschieht. Wer nun eines von diesen kleinsten Geboten auflöst und lehrt die Leute so, der wird der Kleinste*

---

[29] Ernst Käsemann: Das Problem des historischen Jesus, in: Exegetische Versuche und Besinnungen I, 1964, S. 206.
[30] Ebd., S. 208.
[31] Ebd.
[32] Vgl. Gerd Theissen/Annette Merz: Der historische Jesus. Ein Lehrbuch, 1996, mit der These vom ›historischen Plausibilitätskriterium‹, S. 117.

heißen im Himmelreich; wer es aber tut und lehrt, der wird groß heißen im Himmelreich« (Matthäus 5,17-19). Charakteristisch jüdisch ist dabei die Voranstellung des Tuns vor dem Lehren; die alttestamentliche Entsprechung findet sich an zentraler Stelle: Mose, herabgestiegen vom Berge Sinai, »nahm das Bundesbuch und las es dem Volk vor. Und sie sprachen: Alles, was der Herr geboten hat, wollen wir tun und darauf hören« (2. Mose 24,7). Erst kommt das Tun, dann das Hören und Lehren.

Jesus ist daher keineswegs das ›Ende des Gesetzes‹, wie wir gewohnt sind, im Römerbrief 10,4 zu lesen. Römer 10,4 lässt sich sachgemäßer auch übersetzen »*Christus ist die Erfüllung der Thora*«: Wer die Thora tut, wird leben (vgl. 3. Mose 18,5; 5. Mose 4,1). Auch die sog. Anti-Thesen der Bergpredigt zu einzelnen Geboten – ›Ich aber sage euch‹ – enthüllen sich bei näherem Zusehen als Auslegung dessen, was in der Thora geboten ist, selbst das Gebot der Feindesliebe.[33] Jesus wird in den Evangelien bis in Einzelheiten hinein als derjenige gezeigt, der in einzigartiger Weise in den Weisungen Gottes lebt, also den Willen Gottes tut.

3. Wir haben meist gelernt, Gesetz und Evangelium zu unterscheiden, wobei mit Gesetz meist die 613 Gebote und Verbote des AT gemeint sind, zu denen die Zehn Gebote zählen, die gläubigen Juden zu halten geboten sind. Ich kann nun nicht auf die Bedeutung dieser lutherischen Unterscheidung eingehen, auch nicht darauf, wieweit uns als Heidenchristen zugemutet wird, diese Gebote zu beachten. Die Zehn Gebote etwa gehören ja gemeinhin zum eisernen Bestand christlicher Lehre und wir sind ›evangelisch‹ nicht so frei, uns darüber hinwegzusetzen. Meist allerdings kürzen wir die Zehn Gebote um die Passagen, die sich auf die Geschichte Gottes mit seinem Volk Israel beziehen. Mit anderen Worten: Unser Gebrauch der Zehn Gebote ist von dem jüdischen Umgang damit verschieden. Zugespitzt: Wir sehen sie eher als naturrechtliche Grundregeln, während sie im jüdischen Verständnis grundlegende und konstitutive Geschichte enthalten. Grundsätzlich nämlich gilt: Alle Gebote der Thora sind dem jüdischen Volk gegeben und zwar, um als Bundesvolk Gottes überhaupt leben, auch: überleben zu können. Wer die Thora tut, wird leben – das ist die frohe Botschaft Gottes an sein Volk. Das Gesetz ist nicht knechtend, sondern befreiend. Denn in der Thora wird Gott als der richtungweisende Befreier zum Leben erkannt. Es ist der Gott Israels, der Israel aus dem Sklavenhaus Ägyptens befreit hat, um seinem Volk – und zwar erst danach – die Weisungen zum Leben zu geben. Als Befreite sagen die Menschen dieses Volkes Ja und Amen zum befreienden Gott. Und für diesen Gott legt das jüdische Volk als erstes Zeugnis ab und sich ins Zeug vor aller Welt, vor den Völkern – bis heute. An jedem Passahfest wird die Erinnerung an die Befreiung aus der Sklaverei wach, indem sie vergegenwärtigt wird. Wir können von daher verstehen, wenn für Juden im ›Gesetz‹, in der Thora nichts anderes gegeben ist als: Evangelium. Deshalb gibt es das Fest Simchat Thora, Freude an der Thora. Und weil hinter der Thora die Erfahrung der Befreiung steckt, deshalb kreisen so viele der Gebote um den Schutz der Witwen, Waisen und Fremden, um den Rechtsschutz, um Asyl – unser Asylrecht leitet sich von daher ab –, um den Schabbat, an dem auch die Nutztiere ruhen sollen, um das Schabbatjahr, um

---

[33] Vgl. Pinchas Lapide: Die Bergpredigt – Utopie oder Programm?, 1983 (3. Aufl.), S. 44–141.

das ›Jobeljahr‹, das Schuldenerlassjahr – gerade im Jahr 2000 aktuell und brisant. Und über allem steht das Gebot, den Namen Gottes zu heiligen und ihm ein heiliges Volk zu sein.

4. Nun ist auch Jesus in Streitgespräche über die Thora verwickelt, und es ist durchaus nicht selten, dass judenkritische, ja judenfeindliche Töne in solchen Zusammenhängen zu erklingen scheinen. Manche fallen im Zusammenhang des Umgangs Jesu mit Zöllnern und Sündern, Kranken und Unreinen. Viele Antworten Jesu lassen durchaus erkennen, dass es ihm darum geht, zur Umkehr zu Gott zu rufen, Gott zu heiligen, indem er heilt: »*Die Gesunden bedürfen des Arztes nicht, sondern die Kranken. Ich bin gekommen, die Sünder zur Umkehr zu rufen und nicht die Gerechten*« (Lukas 5,31). Wir sind dabei, erstmals wahrzunehmen, dass uns judenfeindlich erscheinende Aussagen etwa im Johannesevangelium oder im Matthäusevangelium durchaus in den Rahmen innerjüdischer Auseinandersetzungen fallen. Wir haben noch kaum einen Begriff davon, wie vielfältig die Gruppierungen im damals von Römern besetzten und unterdrückten Land waren: Sadduzäer, Pharisäer, Essener, Zeloten, Anhänger und Schüler vieler unterschiedlicher Rabbinen. Verständlich als innerjüdische Streitigkeiten werden uns die Polemiken, wenn wir etwa an die heftigen, oft genug blutigen innerchristlichen Auseinandersetzungen denken. Luther scheute sich bekanntlich nicht, ›seine lieben Papisten‹ mit den übelriechendsten Worten zu belegen und den Papst als Antichristen zu bezeichnen. Und Jesus scheute sich nicht, selbst seinen Anhänger Petrus, auf den er baute, auch einmal mit dem Wort zu belegen: »*Geh weg von mir, Satan! Du bist mir ein Ärgernis; denn du meinst nicht was göttlich, sondern was menschlich ist*« (Matthäus 16,23). Es ist durchaus plausibel zu machen, dass Jesus der wichtigen und vielfältigen Gruppe der Pharisäer zugerechnet werden kann. Die Pharisäer waren – entgegen ihrem bei uns noch verbreiteten Leumund – auf strikte Einhaltung der Thora, auf die Heiligung des Namens Gottes bedacht. In einer gewissen Distanz zum alltäglichen Leben des Volkes verstanden sie sich vor allem als Bewegung im Volk für die Heiligung des Volkes.

5. In Römer 9,4f. führt Paulus auf, was nach Römer 11,29 unwiderruflich Gottes Gnadengaben an Israel sind und bleiben: An erster Stelle steht die Sohnschaft Israels, dann »*die Herrlichkeit und der Bund und die Thora und der Gottesdienst und die Verheißungen, auch die Väter, aus welchen Christus herkommt nach dem Fleisch*«. In der hebräischen Bibel gilt Israel als Gottes erstgeborener Sohn (2. Moses 4,22; Hosea 11,1). ›Mein Sohn‹ kann auch die Bezeichnung werden für Einzelne, die Israel repräsentieren, etwa David (Psalm 89,28). »*Paulus lässt also hier von seinen nicht an Jesus als Messias glaubenden Landsleuten etwas gelten, was er und die übrigen neutestamentlichen Zeugen von Jesus aussagen. (...) Was für Jesus als Sohn Gottes gilt, gilt für Israel schon vorher und auch weiterhin ohne die Vermittlung Jesu, denn sie hatten und haben Zugang zum Vater durch den Bund mit ihm und die Thora.*«[34]

Welche Bedeutung hat dann jedoch das Wort Jesu, das zur Begründung des Absolutheitsanspruchs, der Überlegenheit des Christentums immer wieder herangezogen wurde: »Ich bin der Weg, die Wahrheit und das Leben; niemand kommt zum Vater denn durch mich« (Johannes 14,6)?

---

[34] Wengst, S. 81.

Bekannt ist mittlerweile die Deutung dieses Wortes durch Franz Rosenzweig, die er im Brief an seinen zu Christentum konvertierten Vetter Rudolf Ehrenberg am 1. November 1913 schreibt: »*Was Christus und seine Kirche in der Welt bedeuten, drüber sind wir einig; es kommt niemand zum Vater denn durch ihn. Es kommt niemand zum Vater – anders aber, wenn einer nicht mehr zum Vater zu kommen braucht, weil er schon bei ihm ist. Und dies ist nun der Fall des Volkes Israel (nicht des einzelnen Juden).*«[35] Man denke in diesem Zusammenhang an das so zentrale Gleichnis Jesu vom verlorenen und daheimgebliebenen Sohn (Lukas 15,11-32). Und schließlich kann die Aussage Jesu: »*Das Heil kommt von den Juden*« (Johannes 4,22) in ihrer Bedeutung kaum überschätzt werden.

6. Durchaus noch umstritten ist das damit implizit angesprochene Thema der Judenmission. Nicht nur die Scham angesichts unserer Schuldgeschichte gegenüber dem jüdischen Volk verlangt nach Verzicht auf jede Form von Mission an Juden. Sondern vor allem die theologische Einsicht, dass Gottes Bund mit seinem Volk ungekündigt in Kraft bleibt, verlangt dies. Denn wer an der Treue Gottes gegenüber Israel zweifelt, muss angesichts dessen, was die Kirche im Namen Jesu Christi unter den Juden angerichtet hat, weit mehr zweifeln an der Treue Gottes zu seiner Kirche. »*Im Neuen Testament gibt es keinerlei Hinweise darauf, dass ein Heidenchrist gegenüber Juden missionarisch aufgetreten wäre*«[36]. Umgekehrt – exegetisch allerdings nicht allgemein geteilt – richtet sich das Taufgebot Jesu an seine elf jüdischen Jünger, die ›panta ta ethne‹, ›alle die Völker‹ zu Jüngern zu machen haben (Matthäus 28,19f.). Israel dürfte damit nicht mitgemeint sein, zumal wenn wir uns erinnern an die Worte Simeons: Jesus, »*ein Licht zu erleuchten die Heiden und zum Preis deines Volkes Israel*«.

Die französische Bischofskonferenz hat bereits 1973 in klaren Worten am Schluss ihrer Erklärung Stellung bezogen: »*Das jüdische Volk ist sich bewusst, infolge seiner besonderen Berufung eine universale Sendung unter den Völkern erhalten zu haben. Die Kirche vertritt ihrerseits die Meinung, dass der Platz ihrer eigenen Sendung innerhalb (!) dieses universalen Heilsvorhabens zu sehen ist.*«[37] Damit wird gesagt, dass die Sendung der Kirche, ihre Mission unter den Völkern, der Sendung des jüdischen Volkes unter die Völker zugeordnet ist, Kirche Teilhabe hat an der universalen Sendung, den Gott Israels als den einen Gott vor und in den Völkern zu bezeugen. Diese Sätze lehnen also die Mission an Juden nachdrücklich ab, betonen hingegen die Mission der Juden als missio Dei. Sie beziehen sich auf Jesaja 49,6: »*Gott spricht: Es ist zu wenig, dass du [Israel] mein Knecht bist, die Stämme Jakobs aufzurichten und die Zer-*

---

[35] Franz Rosenzweig: Briefe und Tagebücher I (1900–1918), hg. v. Rachel Rosen und Edith Rosenzweig-Scheinmann, 1979, S. 135.
[36] Wengst, 82; Galater 2,3. Der Grieche Titus ist Zeuge, nicht Missionar.
[37] G. B. Ginzel (Hg.): Die Haltung der Christen gegenüber dem Judentum. Erklärung des Komitees der französischen Bischofskonferenz 1973, in: Auschwitz als Herausforderung für Juden und Christen, 1980, S. 294; vgl. dazu auch: Bertold Klappert: Dialog mit Israel und Mission unter den Völkern, in: Wendung nach Jerusalem. Friedrich-Wilhelm Marquardts Theologie im Gespräch, Hg. Hanna Lehming, Joachim Liß-Walther, Matthias Loerbroks und Rien van der Vegt, 1999, S. 230ff.

streuten Israels wiederzubringen, sondern ich habe dich auch zum Licht der Heiden gemacht, dass du seist mein Heil bis an die Enden der Erde.« Jerusalem, nicht Rom oder Wittenberg, ist das Ziel der Völkerwallfahrt.

Von Seiten des Rates der EKD wurde nach einem Gespräch mit dem Zentralrat der Juden auf der EKD-Synode am 7.11. 1999 durch den Ratsvorsitzenden deutlich erklärt: »*Die Mitglieder der EKD-Delegation bekräftigten, dass alle Gliedkirchen der EKD eine spezielle Ausrichtung dieser* [der christlichen] *Verkündigung auf Juden, etwa im Sinne einer auf Belehrung ziehenden organisierten ›Judenmission‹ aus theologischen und historischen Gründen ablehnen.*«

Die Einsicht, dass nach Römer 11,1 Gott sein Volk nicht verstoßen hat, lässt auch die EKD-Studie darauf vertrauen, »*Gott werde sein Volk die Vollendung seines Heils schauen lassen. Er bedarf dazu unseres missionarischen Wirkens nicht*«.[38]

7. Als problematisch wird sich noch erweisen die Deutung der Kirche als ›Volk Gottes‹, zwar nicht mehr anstelle des Volkes Gottes, also Israels, doch als zweites neben Israel. Es gibt einige wenige Stellen im Neuen Testament (1. Petrus 2,9; Titus 2,14), die diesen Ausdruck verwenden, jedoch ohne bestimmten Artikel. Dennoch hält das Neue Testament grundsätzlich an der alttestamentlichen Unterscheidung von dem Volk und den Völkern fest, eben weil Gott der Gott Israels ist. Auch im Taufgebot ist dies erkennbar. Die Neigung zum Götzendienst, zur Vergötzung des Geschöpflichen und Selbstproduzierten in allen Völkern wird negiert, wenn sich die Völker hinwenden zum Gott Israels, dem einen und einzigen Gott. Das Nationalistische, die Vergötzung des eigenen Volkes wie im Nationalsozialismus wird dadurch entkräftet und die Völker werden in ihrer Verschiedenheit gleichwertig. Die Kirche sollte sich daher – zurückhaltend – ›nur‹ noch als Kirche in und aus den Völkern verstehen, die durch Jesus Christus Zugang zu dem Gott Israels gewonnen hat und gewinnt. Selbst die Formulierung, dass Gott »in Jesus Christus die Kirche in seinen Bund hineingenommen« hat, wie die Ev.-ref. Kirche erklärt, dürfte sich nach den gründlichen Untersuchungen der EKD-Studie nicht halten lassen.[39] Durch Jesus Christus, in dem sich die Sohnschaft Israels verkörpert, werden wir »*Mitbürger der Heiligen und Gottes Hausgenossen*« (Epheser 2,19), »*Miterben ... , Mitgenossen der Verheißung in Jesus Christus durch das Evangelium*« (Epheser 3,6). Durch Jesus Christus glauben wir an den Gott Israels und fragen nach der ›Thora für die Völker‹, kommt »*der Segen Abrahams unter die Heiden*« (Galater 3,14), haben wir Abraham zum Vater (Römer 4,16f.) und teil an den geistlichen Gaben Israels (vgl. Römer 15,27): »*Freut euch, ihr Heiden, mit seinem Volk*«, schreibt Paulus (Römer 15,10 unter Bezug auf 5. Mose 32,43).

Die III. EKD-Studie fasst ihre Erörterungen zum Bund Gottes zusammen: »*Bei der Frage, was der Bundesbegriff für das Selbstverständnis der christlichen Kirche zu leisten vermag, ist davon auszugehen, dass ein eigener Bund Gottes mit der Völkerwelt bzw. der christlichen Kirche weder im Alten noch im Neuen Testament belegt ist. Eine gewisse Ausnahme bildet der Noahbund... Weder spricht das Neue Testament davon, dass Gott mit der Gemeinschaft der Christusgläubigen einen Bund geschlos-*

---

[38] Christen und Juden III, S. 60.
[39] Vgl. Christen und Juden III, S. 11 und 45.

sen habe wie einst mit Israel am Sinai, noch bezeichnet es die individuelle Zu- und Aneignung der Christusgemeinschaft als Eintritt in einen Bund.«[40]

Schlussbemerkung

Wir befinden uns also in einem weiterhin unabgeschlossenen Prozess, der eine Reihe von Einsichten, Klärungen und Übereinstimmungen erbracht hat, dadurch aber auch eine Reihe weiterer Fragestellungen zu Tage fördert.

Für die Praxis in den Gemeinden wird es wichtig sein zu verdeutlichen, was der christliche Gottesdienst dem jüdischen, dem Synagogengottesdienst verdankt. Es ist viel mehr als uns in der Regel bewusst ist.[41] Für die Verkündigung müsste zu gelten haben, dass – soweit möglich und nötig – der jeweilige Predigttext auf seinen hebräischen Hintergrund und Kontext ausgeleuchtet wird. Auch das Verständnis des Herrenmahls wird in seiner engen, ursprünglichen Beziehung zum Passahmahl erneut erörtert werden.

Kompliziert und mühsam wird es werden für die theologische Diskussion, wenn die Trinitätslehre, das trinitarische Bekenntnis, sowohl das apostolische als auch das Glaubensbekenntnis von Nizäa-Konstantinopel, im christlich-jüdischen Gespräch erneut ›übersetzt‹ wird auf der Grundlage biblischer Theologie.[42]

---

[40] Christen und Juden III, S. 45. Kompliziert und für Laien kaum verständlich ist das Ergebnis, das deshalb jedoch nicht vorenthalten sein soll: »*Die einzige und damit entscheidende Verbindung von Bund und Heil für die Völker liegt in der Herrenmahlstradition. Durch die Formel vom »Blut des Bundes«, das »für die Vielen vergossen ist«, wird dem Tod Jesu eine dem Sinaibund entsprechende Sühnewirkung – jedoch auch für die Völkerwelt – zugeschrieben. In Jesus und seinem Tod verdichtet sich das, was einige alttestamentliche Texte vom Bund Gottes mit Israel sagen: In und mit ihm ist eine Perspektive für das eschatologische Heil der Völker, für ihr Kommen zum Gott Israels, gegeben. So wird der Begriff des Bundes in der neuen, durch das Christusgeschehen eröffneten Heilserfahrung aufgenommen.*« (S. 45) »*Offenkundig ist nach übergreifendem neutestamentlichen Verständnis der Bundesgedanke an der Christologie und an der Eschatologie orientiert – nicht jedoch an der Ekklesiologie.*« (S. 43)

[41] Vgl. Zurück zur Wurzel. Beitrag des Nordelbischen Arbeitskreises Christen und Juden zum synodalen Prozess »Erneuerung des Verhältnisses von Juden und Christen«, IX. Gottesdienst, 6, abgedruckt in: Nordelbische Kirchenzeitung Nr. 39 v. 23.9.2001, S. 5.

[42] Um wenigstens anzudeuten, worum es dabei geht, seien folgende Stichpunkte genannt: Von Seiten der Juden wird dem trinitarischen Bekenntnis der Vorwurf gemacht, dass es dazu neige, drei Götter statt eines Gottes zu lehren und zu bekennen. Eine Möglichkeit, das Credo in seiner ursprünglichen Intention zu verdeutlichen, wäre gegeben, wenn die Trinität Gottes als verschiedene Erscheinungsweisen des Gottes Israels dargetan werden könnte, der den Christen – anders als den Juden-Zugang zu ihm nur durch Jesus Christus eröffnet. Selbst in der hebräischen Bibel ist von verschiedensten Erscheinungsweisen Gottes die Rede: So schwebt der Geist Gottes, die Ruach, über den Wassern (1. Mose 1,2). So spielte die Weisheit, »*eingesetzt von Ewigkeit her,*

Verweisen möchte ich abschließend auf ein Geschenk aus dunkler Zeit, das auszupacken wir erst heute Gelegenheit haben. Rabbi Fürst – wir erinnern uns – hat getan, stellvertretend, was eigentlich der Kaplan hätte tun sollen. In anderer Weise hat der große Rabbiner Leo Baeck, seit 1933 Leiter der ›Reichsvertretung der deutschen Juden‹ stellvertretend für die Israel vergessene Theologie und Kirche 1938 ein Büchlein veröffentlicht, in dem er die Ergebnisse seiner Arbeit seit 1933 zusammenfasste, in ständiger Anspielung auf die in seiner Zeit herrschenden Unverhältnisse. Der Titel lautet »*Das Evangelium als Urkunde jüdischer Glaubensgeschichte*«. Es ist das überaus anregende Unternehmen, die nach seiner intimen Kenntnis ältesten Teile des Neuen Testaments als jüdische Glaubensgeschichte für uns Christen verstehbar und fruchtbar zu machen.[43]

Im letzten Jahr des letzten Jahrhunderts, 1999, konnte ich in der Lutherischen Erlöserkirche in Jerusalem – es war der 10. Sonntag nach Trinitatis, der Israelsonntag – ein Credo mitsprechen, das am Ende stehen soll.

Glaubensbekenntnis

Wir glauben an den einen Gott, der Himmel und Erde geschaffen hat und uns Menschen zu seinem Bild. Er hat Israel erwählt, ihm die Gebote gegeben und seinen Bund aufgerichtet zum Segen für alle Völker.

Wir glauben an Jesus von Nazareth, den Nachkommen Davids, den Sohn der Maria, den Christus Gottes. Mit ihm kam Gottes Liebe zu allen Menschen, heilsam, tröstlich und herausfordernd. Er wurde gekreuzigt unter Pontius Pilatus, aber Gott hat ihn auferweckt nach seiner Verheißung, uns zur Rettung und zum Heil.

Wir glauben an den heiligen Geist, der in Worten und Zeichen an uns wirkt. Er führt uns zusammen aus der Vielfalt des Glaubens, damit Gottes Volk werde aus allen Völkern befreit von Schuld und Sünde, berufen zum Leben in Gerechtigkeit und Frieden. Mit der ganzen Schöpfung hoffen wir auf das Kommen des Reiches Gottes. Amen.

---

von Anfang, ehe die Erde war«, als »*Gottes Liebling*« »*vor ihm alle Zeit*« *(Sprüche 8,22-36).* So wird das jüdische Volk begleitet von der Schechina, der Gegenwart Gottes, selbst im Exil. So wird das jüdische Volk insgesamt oder stellvertretend in Einzelnen als ›Sohn Gottes‹ bezeichnet.
Vgl. dazu auch Friedrich-Wilhelm Marquardt: Wie verhält sich die christliche Lehre vom dreieinigen Gott zur jüdischen Betonung der Einheit Gottes? in: Ich glaube an den Gott Israels, S. 37–44 (siehe Anmerkung 24). In seiner Dogmatik nimmt Marquardt mehrere Anläufe, das trinitarische Bekenntnis im christlich-jüdischen Gespräch zu erläutern.

[43] Leo Baeck: Das Evangelium als Urkunde der jüdischen Glaubensgeschichte (1938), in: Leo Baeck: Werke, Bd. 4, 2000, S. 401–473.

Joachim Liß-Walther, Bernd Gaertner

Gottesdienst zum Abschluss der Ausstellung und zur Eröffnung der Woche der Brüderlichkeit am 3. März 2002

I. Joachim Liß-Walter

Gen 4,1-16
Adam verkehrte mit seiner Frau Eva, und sie wurde schwanger. Sie brachte einen Sohn zur Welt und sagte: »Mit Hilfe des Herrn habe ich einen Sohn geboren.« Darum nannte sie ihn Kain. Später bekam sie einen zweiten Sohn, den nannte sie Abel. Abel wurde ein Hirt, Kain ein Bauer. Einmal brachte Kain von seinem Ernteertrag dem Herrn ein Opfer dar. Abel tat es ihm gleich: Er nahm die Erstgeborenen unter seinen Lämmern, schlachtete sie und brachte die besten Stücke davon Gott als Opfer dar. Der Herr blickte freundlich auf Abel und sein Opfer, aber Kain und sein Opfer schaute er nicht an. Kain stieg das Blut in den Kopf, und er starrte verbittert vor sich hin. Der Herr sah es und fragte Kain: »Warum brütest du vor dich hin? Was hast du vor? Wenn du Gutes im Sinn hast, kannst du den Kopf frei erheben; aber wenn du Böses planst, lauert die Sünde vor der Tür deines Herzens und will dich verschlingen. Du mußt Herr über sie sein!« Kain sagte zu seinem Bruder: »Komm und sieh dir einmal meine

Liebe Gemeinde,
die Geschichte von Kain und Abel, vom ersten Mord, der ein Brudermord war, ist reich an Möglichkeiten sie auszudeuten, denn sie enthält eine ganze Palette von unterschiedlichen Aspekten. Etwa die erste Arbeitsteilung zwischen Schäfer und Ackermann; oder Gottes unterschiedliche Reaktion auf die beiden Opfer; oder das merkwürdige Gespräch zwischen Gott und Kain vor dem Totschlag; oder das seltsame Wort vom Lauern der Sünde vor der Tür; oder das Schreien des Blutes; oder das Schutzzeichen, das Kainsmal, die Absage an die Blutrache, das Vergeltungsprinzip ›Blut für Blut‹. Am bekanntesten ist die trotzige Antwort Kains auf die Frage Gottes: »Wo ist dein Bruder Abel?«: »*Ich weiß nicht; soll ich meines Bruders Hüter sein?*« Und nur darauf möchte ich mich beziehen.

Diese Antwort ist Abwehr der Verantwortung, die Brüder und Schwestern, die Menschen überhaupt haben und tragen. Im Grunde weiß Kain, dass er seinen Bruder hätte anders behandeln müssen, schließlich war er von Gott selbst ermahnt worden: »*Beherrsche du die Sünde, die gerade jetzt vor der Tür lauert und von dir Besitz ergreifen will.*« Gott redet mit ihm, auch wenn er Kains Opfer nicht angenommen hat. Mit Gott also hätte Kain darüber weiterreden müssen, statt seinen Bruder anzusprechen und zu erschlagen. Kain aber hat nicht auf die Stimme Gottes gehört, sich hinreißen lassen und will die Tat nun auch noch leugnen. Er ahnt schon, dass da noch etwas kommen wird, dass er nicht rauskommt aus den Folgen seiner Untat. Die Strafe allerdings fällt überraschend gnädig aus. Zwar verändert sich – kein Wunder – die Existenzweise Kains, er wird anders leben als vor dem Mord, doch er wird geschützt durch das Zeichen Gottes, damit nicht Mord auf Mord sich häufe. Wir sind die Hüter unserer Brüder und Schwestern, wir tragen Verantwortung füreinander, lautet die eindringliche Botschaft dieser Geschichte von Kain und Abel.

Heute sitzen wir in dieser Kirche zum letzten Mal inmitten der Ausstellung ›Kirche, Christen, Juden in Nordelbien 1933–1945‹. Die Aussage dieser Ausstellung mutet an wie eine aktuelle Variante der Geschichte vom Brudermord. Wie verhielten sich die damaligen Kirchenleitungen, hochrangige Amtsträger der Kirche, Gemeinden und Christenmenschen gegenüber ihren evangelischen Mitgliedern, ihren eigenen Brüdern und Schwestern jüdischer Herkunft? Die Antwort ist nüchtern gesagt: ernüchternd und erschreckend. In der Regel – die von Ausnahmen bestätigt wird – lautet sie: Sie waren nicht Hüter ihrer Brüder und Schwestern, sie waren beteiligt an der Ausgrenzung und Verfolgung ihrer evangelisch-jüdischen Mitglieder, ließen deren Deportation und Ermordung zu. Sie hätten aber ihre Hüter sein können und müssen. Und im weiteren Sinn waren die christlichen Kirchen schon gar nicht Hüter ihres älteren Bruders, des Judentums, denn auch für die jüdischen Gemeinden in unmittelbarer Nachbarschaft hätten sich die Kirchen einsetzen können. Dass sie es nicht oder kaum taten, hat eine lange Vorgeschichte. Wenn wir die Reihenfolge Kain, dann Abel nur einmal umgedreht auf das Verhältnis Christentum-Judentum beziehen, dann ergibt sich – kurz gesagt – Folgendes: Der junge Bruder, stark und mächtig, das staatstragende Christentum verriet seinen älteren, schwächeren Bruder, Israel, das Judentum und schlug immer wieder auf ihn ein. Das Christentum behauptete, Gott hätte seinen Bund mit Israel gekündigt und zerbrochen und er hätte einen neuen Bund allein und ausschließlich mit seiner Kirche geschlossen. Jesus von Nazareth, der Sohn Gottes, der als wahrer Mensch Jude war und blieb, inmitten des jüdischen Volkes, der jüdischen Lehre, des jüdischen Lebens, Jesus wurde *entjudet*, seinem Volk entrissen, entwurzelt und gegen sein Volk, ohne das er nicht existierte und denkbar war, gestellt. Die Kirche blendete sich damit selbst, wurde antijüdisch, also antibrüderlich, blind gegen das Daseinrecht und die Bedürfnisse des älteren Bruders, ohne den es die Kirche doch überhaupt nicht gegeben hätte. Die Kirche hätte von der Synagoge, vom älteren Bruder, in dem Jesus lebte und wirkte, ungeheuer viel lernen können, sie tat es aber nicht, sondern wurde ›lieber‹ tätlich, attentätlich.

Erst seit drei, vier Jahrzehnten beginnen die Kirchen, nach Auschwitz und durch Auschwitz erschüttert und in Frage gestellt, zu lernen, was sie dem Judentum, der hebräischen Bibel, in der und aus der Jesus lebte und lehrte, verdanken. Die christliche Theologie wird durch das Gespräch mit den jüdischen Geschwistern bereichert wie kaum je zuvor, fragt neu gegen alteingeschliffene Urteile und Vorurteile an, arbeitet – wie diese Ausstellung – selbstkritisch, saugt aus ihren jüdischen Wurzeln alte Erkenntnisse neu heraus. Wer allerdings behauptet, dass es zunehmend Theologen gäbe, die das Glaubensbekenntnis nur auf den Satz »Ich glaube an den Gott Israels« eindampfen wollten und die bereit wären, zugunsten des christlich-jüdischen Gesprächs fast alles aufzugeben, die also nur noch, weil sie verpflichtet wären, die ›Formel‹: ›Im Namen Gottes des Vaters, des Sohnes und des Heiligen Geistes‹ sprächen wie ein Lippenbekenntnis – wer solches behauptet, schießt blind, trifft daneben oder sich selbst. Ich jedenfalls kenne keine Theologen und Kollegen, die sich mit dem Verhältnis von Christentum und Judentum beschäftigen und dies nicht als Bereicherung, besser noch: als Vertiefung und Erweiterung des christlichen Glaubensbekenntnisses ›erfahren‹, das Bekenntnis zu Jesus, dem Juden, der Christus ist und bleibt für uns Christen. Diese Ausstellung zeigt, wohin es führt, wenn ›christliche Theologie‹ Jesus Christus aus seinem Zusammenhang mit seinem Vater, dem Gott Israels, und dessen Geschichte und Bund mit seinem Volk herausschneidet. Amen.

Felder an!« Als sie aber draußen waren, fiel er über seinen Bruder her und schlug ihn tot. Der Herr fragte Kain: »Wo ist dein Bruder Abel?« »Was weiß ich?« antwortete Kain. »Soll ich ständig auf meinen Bruder aufpassen?« »Warum hast du das getan?« fragte der Herr. »Hörst du nicht, wie das Blut deines Bruders von der Erde zu mir schreit und Vergeltung fordert? Du stehst von nun an unter einem Fluch. Wenn du den Acker bebauen willst, wird er dir den Ertrag verweigern. Du hast ihn mit dem Blut deines Bruders getränkt, deshalb mußt du das fruchtbare Land verlassen und als heimatloser Flüchtling umherirren.« Kain sagte zum Herrn: »Diese Strafe ist zu hart. Du vertreibst mich vom fruchtbaren Land und aus deiner Nähe. Als heimatloser Flüchtling muß ich umherirren; ich bin vogelfrei, jedermann kann mich ungestraft töten.« Der Herr antwortete: »Nein! Sondern wer dich tötet, soll siebenfach dafür büßen.« Er machte Kain ein Zeichen auf die Stirn, damit jeder wußte: Kain steht unter dem Schutz des Herrn. Dann mußte Kain aus der Nähe des Herrn weggehen. Er wohnte östlich von Eden im Land Nod.

II. Bernd Gaertner

Kain und Abel – ein tragischer Bruderzwist, der in der Geschichte leider immer wieder vorkommt. Die Geschichte ist sehr knapp erzählt, nur die wichtigsten Fakten sind dargestellt.

Kain – der Täter, der nur sich selbst im Blick hat. Er fühlt sich ungerecht behandelt, zurückgesetzt, nicht beachtet. Gott warnt ihn noch liebevoll: Pass auf, was du machst. Du bist auf dem Weg in die Irre! – Kain reagiert nicht darauf. Nach der Tötung im Affekt verleugnet er erst die Tat, und er distanziert sich von seiner Verantwortung für seinen Bruder: Bin ich der Hüter meines Bruders? Doch mit dem Erweis seiner Schuld konfrontiert, bricht er zusammen, es sprechen Angst und Hoffnungslosigkeit, aber auch Selbstmitleid aus seinen Worten: »*Meine Schuld ist so groß, wer mich findet, wird mich töten.*« Angst und Hoffnungslosigkeit – aber kein Mitfühlen mit dem Schicksal seines Opfers. Doch sogar jetzt erfährt er noch die Liebe Gottes, der das Urteil für die Schuld ausspricht, der aber auch seinen Tod ausschließt, ihm zum Schutz dagegen ein Zeichen auf die Stirn macht.

Abel hat in der Geschichte nur eine kleine Rolle – die des sprachlosen Opfers. Es ist die Rolle, die viele Opfer in der Geschichte haben: der Schwächere zu sein, angreifbar, nach dem Verbrechen spurlos beseitigt. Nach der Tat kümmert man sich nicht mehr um sie, lässt sie mit ihrem Schicksal allein.

Abel – das Opfer, das Opfer eines Bruderzwistes, wie es so viele gibt. Es funktioniert nicht richtig mit der Brüderlichkeit. In der Familie, im Verein, in den Religionsgemeinschaften, in der Politik. Je näher Menschen miteinander verbunden sind, je mehr sie miteinander zu tun haben, desto erbarmungsloser scheinen ihre Rivalität, ihr Kampf zu sein.

Hilde Domin, eine jüdische Dichterin der Gegenwart, hat ein Gedicht zu dieser Geschichte geschrieben: »*Abel steh auf.*« In ihm heißt es: »*Abel steh auf, damit es anders anfängt zwischen uns allen.*«

Es ist eine Aufforderung, ja gleichsam ein Befehl: Steh auf Abel, lass es uns ungeschehen machen, was dir geschah. Es darf nicht sein, dass dein Bruder zu dir sagt: Ich bin nicht dein Hüter! Ich bin nicht verantwortlich für dich! Dein Schicksal ist mir gleichgültig. Nein, du, Abel, musst aufstehen, denn wir gehören zusammen. Du bist mir nicht gleichgültig! Du bist mein Bruder.

Steh auf, damit es anders wird, damit die Welt anders wird: damit Abels Kinder sich nicht mehr fürchten müssen vor Kains Kindern. Keine Eifersucht, keine Angst, kein Sehen nur auf sich und Gott, sondern auch auf das Schicksal des Nächsten.

Steh auf, Abel, wehr dich gegen die Unterdrückung, die du als Kleiner und Schwacher immer erfährst. Wehr dich dagegen, immer Opfer zu sein.

Steh auf, Abel, damit der Tod nicht den Sieg behält, damit sich nicht der Irrtum ausbreiten kann, was uns stört, könne aus dem Weg geräumt werden – und dann sei es erledigt.

Die Gesellschaften für Christlich-Jüdische Zusammenarbeit in Deutschland haben diesen Satz als Motto der »Woche der Brüderlichkeit« 2002 gewählt. Heute wird sie eröffnet.

Christen und Juden – die beiden Bruderreligionen – haben sich auseinandergelebt in der Geschichte. Heute lernen wir Christen wieder neu: Jesus von Nazareth war Jude. Das macht uns mit vielen Worten und Taten Jesu, mit den Evangelien wieder ganz neu und besser vertraut. Wir können viel von den Juden lernen über den Glauben Jesu und für unseren Glauben an Jesus.

Die Geschichte zwischen Juden und Christen ist eine Geschichte wie zwischen Kain und Abel – wie viel Leid hat dieser Bruderzwist über die Menschen gebracht!

»*Abel, steh auf, damit es anders anfängt zwischen uns allen.*«: dass Versöhnung möglich wird. Ist der Hass zwischen dem Opfer Abel und dem Täter Kain zu überwinden, um einen Neuanfang zu ermöglichen? Ich finde es schon erstaunlich, dass manche jüdischen Opfer die Kraft haben, zu verzeihen nach all dem, was sie erlebt und erlitten haben. Einer sagte vor einigen Tagen im Fernsehen: Ich habe so viel Schreckliches erlebt, habe fast meine ganze Familie im KZ verloren, aber ich hasse nicht *die* Deutschen, denn ich habe auch einen jungen SS-Mann erlebt, der sich weigerte, eine Frau und ihr kleines Kind zu erschießen; einen Oscar Schindler, der 1000 jüdische Frauen und Männer mit Phantasie, Beharrlichkeit und guten Beziehungen gerettet hat; deutsche Männer und Frauen, die Juden versteckt haben. Mir geht es darum, dass so etwas nicht wieder geschieht. Darum gehe ich in Schulen und erzähle Jugendlichen meine Erlebnisse, halte Vorträge – auch wenn es mich immer wieder aufwühlt und mir dann den Schlaf raubt.

Papst Johannes XXIII. soll einmal zu einer jüdischen Besuchergruppe gekommen sein mit den Worten: Ich bin Joseph, euer Bruder. Ein Anfang für ein neues Verhältnis, das in den folgenden Jahren beim 2. Vatikanischen Konzil und danach in vielen Dokumenten neu formuliert wurde.

In den ev. Kirchen gibt es seit mehreren Jahrzehnten ebenfalls solche Bemühungen, das Verhältnis zum Judentum neu zu bestimmen.

Jüdische Theologen anerkennen inzwischen diese christlichen selbstkritischen Erkenntnisse und Erklärungen.

Die Gesellschaften für Christlich-Jüdische Zusammenarbeit haben seit dem Zweiten Weltkrieg das Gespräch zwischen den Theologen gesucht und das praktische Miteinander von Juden und Christen unterstützt, so auch wir in Kiel in den letzten Jahren.

»*Abel, steh auf, damit es anders anfängt zwischen uns allen.*« Dann haben wir Hoffnung auf Zukunft – Juden und Christen gemeinsam – bei aller Unterschiedenheit. Gott liebt alle seine Geschöpfe. Das sieht man an Kain. Aber die Bibel zeigt auch: Parteiisch ist er für die Unterdrückten und Schwachen, für die Opfer – für Abel. Wenn Versöhnung möglich ist – dann ist Abel beim Aufstehen. Amen.

Verzeichnis der Autorinnen und Autoren

Bergler, Siegfried, Mag. theol., Dr. theol., von 1986–1992 Studienleiter für Fragen des christlich-jüdischen Dialoges in Hannover, seit 1993 Rektor des »Diakoniewerkes Jerusalem e.V. Hamburg« und Pastor der Jerusalem-Kirche, zugleich Lehrbeauftragter für »Rabbinische Literatur« an der Uni Hamburg.

Buss, Hansjörg, M.A., geb. 1971, Studium der Mittleren und Neueren Geschichte am Historischen Seminar der Christian-Albrechts-Universität zu Kiel.

Gaertner, Bernd, geb. 1946 in Hamburg, Studium der Theologie in Münster und Insbruck, Geschichte in Münster, seit 1980 Referent für Erwachsenenbildung beim Bistum Osnabrück/Hamburg in Kiel. Seit 1990 katholischer Vorsitzender, seit 1998 geschäftsführender Vorsitzender der Gesellschaft für Christlich-Jüdische Zusammenarbeit in Schleswig-Holstein e.V.

Göhres, Annette, geb. 1960 in Braunschweig, Studium der Geschichte und Biologie für das Höhere Lehramt in Braunschweig, 1. Staatsexamen 1985, Promotion über die soziale Stellung von Unterschichtenfrauen im frühen 19. Jahrhundert im Herzogtum Braunschweig-Wolfenbüttel, Ausbildung für den Höheren Archivdienst in Detmold und Marburg, seit 1993 Leiterin des Nordelbischen Kirchenarchivs in Kiel.

Goldberg, Bettina, Dr. phil., wissenschaftliche Mitarbeiterin am Institut für Geschichte und ihre Didaktik der Universität Flensburg. Zahlreiche Veröffentlichungen zur deutschen und amerikanischen Sozial-, Bildungs- und Minderheitengeschichte, darunter: Schulgeschichte als Gesellschaftsgeschichte, Berlin 1994; Matrosenanzug – Davidstern: Bilder jüdischen Lebens aus der Provinz, Neumünster 2002 (zusammen mit Gerhard Paul). Derzeitiger Forschungsschwerpunkt: die jüdischer Minderheit in Schleswig-Holstein (1918–1945).

Linck, Stephan, geb. 1964, Historiker, Dr. phil., wissenschaftlicher Angestellter im Nordelbischen Kirchenarchiv. Forschungsschwerpunkte: Polizei- und Kirchengeschichte in der ersten Hälfte des 20. Jahrhunderts. Veröffentlichungen: Der Ordnung verpflichtet. Deutsche Polizei 1933–1949. Der Fall Flensburg, Paderborn 2000, sowie verschiedene Aufsätze zu Polizei, Kriminalitätsbekämpfung, Kriegsende und britischer Besatzungspolitik.

Liß-Walther, Joachim, M.A. der Erziehungswissenschaften und Soziologie, Bildungsreferent in der Bundesgeschäftsstelle an der Ev. Schülerarbeit 1976–84, Studium der Theologie und Philosophie, seit 1991 Pastor in Kiel, seit 1998 als Pastor für ›Kirche in der Stadt‹ tätig. Beauftragter des Kirchenkreises für christlich-jüdische Zusammenarbeit, ev. Vorsitzender der Gesellschaft für Christlich-Jüdische Zusammenarbeit in Schleswig-Holstein. Mitherausgeber diverser Bücher, u.a. »Wendung nach Jerusalem. Zur Theologie Wilhelm Friedrich Marquardts«.

Reumann, Klauspeter, Historiker, Dr. phil, geb. 1934 in Schleswig, Lehrtätigkeit für allgemeine Geschichte an einem Flensburger Gymnasium (1960–79), für Landesgeschichte an der Zentralstelle für Landeskunde des SHHB (1983–88) und für Mittelalterliche Geschichte am Historischen Seminar der Universität Kiel (1979–83 und 1989–94); seither im Ruhestand. Wissenschaftliche Forschungsfelder: Sozial- und Herrschaftsgeschichte der frühen Neuzeit, gesellschaftliche Kirchengeschichte im mittelalterlichen, neuzeitlichen und zeitgeschichtlichen Schleswig-Holstein, Geschichtsdidaktik.

Schwichtenberg, Bernhard, geb. 1938, Künstler und Prof. für Grafik-Design 3D an der Muthesius-Hochschule für Kunst und Gestaltung Kiel, Vorsitzender des Berufsverbandes Bildender Künstler Schleswig-Holstein. Zahlreiche Einzelausstellungen und Ausstellungsbeteiligungen.

Sontag, Jörgen, geb. 1935 in Kiel, Propst em., seit etwa 30 Jahren im christlich-jüdischen Dialog und Vorsitzender des Nordelbischen Arbeitskreises Christen und Juden; leitete als solcher seit 1986 Nordelbische Pastoralkollegs zum Thema, die in Israel und Auschwitz stattfanden; leitete u.a. den Nahostausschuss des Nordelbischen Missionszentrums und war Vorsitzender des Synodenausschusses Christen-Juden, der die Themensynode der Nordelbischen Kirche im Herbst 2001 vorbereitete.